俄 国 史 译 丛 · 经 济

Серия переводов книг по истории России

Россия

Зарождение финансового капитала в России

俄国金融资本的起源

〔俄〕鲍维金·瓦列里·伊万诺维奇 / 著
Бовыкин Валерий Иванович

张广翔　高笑 / 译

社会科学文献出版社
SOCIAL SCIENCES ACADEMIC PRESS (CHINA)

Зарождение финансового капитала в России.

-М.: Издательство Московского университета, 1967.-294 с.

本书根据莫斯科大学出版社 1967 年版本译出

本书获得教育部人文社会科学重点研究基地
吉林大学东北亚研究中心资助出版

俄国史译丛编委会

著者简介

鲍维金·瓦列里·伊万诺维奇（Бовыкин Валерий Иванович）　史学博士，莫斯科大学历史系教授。主要从事俄国经济史、国际关系史研究，以及史料学和档案学研究。俄罗斯科学院俄罗斯历史研究所高级研究员，"俄国企业家活动史"协会董事会主席。撰写或编写《俄国金融资本的产生》(1967)、《俄国金融资本的形成》(1968)、国际金融（*International Banking，1870–1914*，1991）等多部著作，发表学术论文多篇。

译者简介

张广翔　历史学博士，吉林大学东北亚研究院和东北亚研究中心教授，博士生导师。

高　笑　吉林大学东北亚研究院和东北亚研究中心博士研究生。

总　序

　　我们之所以组织翻译这套"俄国史译丛"，一是由于我们长期从事俄国史研究，深感国内俄国史方面的研究严重滞后，远远满足不了国内学界的需要，而且国内学者翻译俄罗斯史学家的相关著述过少，不利于我们了解、吸纳和借鉴俄罗斯学者有代表性的成果。有选择地翻译数十册俄国史方面的著作，既是我们深入学习和理解俄国史的过程，还是鞭策我们不断进取、培养人才和锻炼队伍的过程，同时也是为国内俄国史研究添砖加瓦的过程。

　　二是由于吉林大学俄国史研究团队（以下简称"我们团队"）与俄罗斯史学家的交往十分密切，团队成员都有赴俄进修或攻读学位的机会，每年都有多人次赴俄参加学术会议，每年请2~3位俄罗斯史学家来校讲学。我们与莫斯科大学（以下简称"莫大"）历史系、俄罗斯科学院俄国史研究所和世界史所、俄罗斯科学院圣彼得堡历史所、俄罗斯科学院乌拉尔分院历史与考古所等单位学术联系频繁，有能力、有机会与俄学者交流译书之事，能最大限度地得到俄同行的理解和支持。以前我们翻译鲍里斯·尼古拉耶维奇·米罗诺夫的著作时就得到了其真诚帮助，此次又得到了莫大历史系的大力支持，而这是我们顺利无偿取得系列书的外文版权的重要条件。舍此，"俄国史译丛"工作无从谈起。

　　三是由于我们团队得到了吉林大学校长李元元、党委书记杨振斌、学校职能部门和东北亚研究院的鼎力支持和帮助。2015年5月5日李元元校长访问莫大期间，与莫大校长萨多夫尼奇（В. А. Садовничий）院士，俄罗斯科学院院士、莫大历史系主任卡尔波夫教授，莫大历史系副主任鲍罗德金教授等就加强两校学术合作与交流达成重要共识，李元元校长明确表示吉林大学将大力扶植俄国史研究，为我方翻译莫大学者的著作提供充足的经费支持。萨多夫尼奇校长非常欣赏吉林大学的举措，责成莫大历史系全力配合我方的相关工作。吉林大学主管文科科研的副校长吴振武教授、社科处霍志刚处长非常重视我们团队与莫大历史系的合作，2015 年尽管经费很紧张，还是为我们提供了一定的科研经费。2016 年又为我们提供了一定经费。这一经费支持将持续若干年。

我们团队所在的东北亚研究院建院伊始，就尽一切可能扶持我们团队的发展。现任院长于潇教授上任以来，一直关怀、鼓励和帮助我们团队，一直鼓励我们不仅要立足国内，而且要不断与俄罗斯同行开展各种合作与交流，不断扩大我们团队在国内外的影响。在 2015 年我们团队与莫大历史系新一轮合作中，于潇院长积极帮助我们协调校内有关职能部门，和我们一起起草与莫大历史系合作的方案，获得了学校的支持。2015 年 11 月 16 日，于潇院长与来访的莫大历史系主任卡尔波夫院士签署了《吉林大学东北亚研究院与莫斯科大学历史系合作方案（2015～2020 年)》，两校学术合作与交流进入了新阶段，其中，我们团队拟 4 年内翻译莫大学者 30 种左右学术著作的工作正式启动。学校职能部门和东北亚研究院的大力支持是我们团队翻译出版"俄国史译丛"的根本保障。于潇院长为我们团队补充人员和提供一定的经费使我们更有信心完成上述任务。

2016 年 7 月 5 日，吉林大学党委书记杨振斌教授率团参加在莫大举办的中俄大学校长峰会，于潇院长和张广翔等随团参加，在会议期间，杨振斌书记与莫大校长萨多夫尼奇院士签署了吉林大学与莫大共建历史学中心的协议。会后莫大历史系学术委员会主任卡尔波夫院士、莫大历史系主任杜奇科夫（И. И. Тучков）教授（2015 年 11 月底任莫大历史系主任）、莫大历史系副主任鲍罗德金教授陪同杨振斌书记一行拜访了莫大校长萨多夫尼奇院士，双方围绕共建历史学中心进行了深入的探讨，有力地助推了我们团队翻译莫大历史系学者学术著作一事。

四是由于我们团队同莫大历史系长期的学术联系。我们团队与莫大历史系交往渊源很深，李春隆教授、崔志宏副教授于莫大历史系攻读了副博士学位，张广翔教授、雷丽平教授和杨翠红教授在莫大历史系进修，其中张广翔教授三度在该系进修。我们与该系鲍维金教授、费多罗夫教授、卡尔波夫院士、米洛夫院士、库库什金院士、鲍罗德金教授、谢伦斯卡雅教授、伊兹梅斯杰耶娃教授、戈里科夫教授、科什曼教授等结下了深厚的友谊。莫大历史系为我们团队的成长倾注了大量的心血。卡尔波夫院士、米洛夫院士、鲍罗德金教授、谢伦斯卡雅教授、伊兹梅斯杰耶娃教授、科什曼教授和戈尔斯科娃副教授前来我校讲授俄国史专题，开拓了我们团队及俄国史研究方向的硕士生和博士生的视野。卡尔波夫院士、米洛夫院士和鲍罗德金教授被我校聘为名誉教授，他们经常为我们团队的发展献计献策。莫大历史系的学者还经常向我们馈赠俄国史方面的著作。正是由于双方有这样的合作基础，在选择翻译的书目方面，很容易沟通。尤其是双方商定拟翻译的 30 种左右的莫大历史系学者著作，需要无偿转让版权，在这方面，莫大历史系从系主任到所涉及的作者，克服一切困难帮助我们解决关键问题。

五是由于我们团队有一支年富力强的队伍，既懂俄语，又有俄国史方面的基础，进取心强，甘于坐冷板凳。学校层面和学院层面一直重视俄国史研究团队的建设，一直注意及时吸纳新生力量，使我们团队人员年龄结构合理，后备充足，有效避免了俄国史研究队伍青黄不接、后继无人的问题。我们在培养后备人才方面颇有心得，严格要求俄国史方向硕士生和博士生，以阅读和翻译俄国史专业书籍为必修课，硕士学位论文和博士学位论文必须以使用俄文文献为主，研究生从一入学就加强这方面的训练，效果很好：培养了一批俄语非常好、专业基础扎实、后劲足、崭露头角的好苗子。我们组织力量翻译了米罗诺夫所著的《俄国社会史》《帝俄时代生活史》，以及在中文刊物上发表了 70 多篇俄罗斯学者论文的译文，这些都为我们承担"俄国史译丛"的翻译工作积累了宝贵的经验，锻炼了队伍。

译者队伍长期共事，彼此熟悉，容易合作，便于商量和沟通。我们深知高质量地翻译这些著作绝非易事，需要认真再认真，反复斟酌，不得有半点的马虎。我们翻译的这些俄国史著作，既有俄国经济史、社会史、城市史、政治史，还有文化史和史学理论，以专题研究为主，涉及的领域广泛，有很多我们不懂的问题，需要潜心研究探讨。我们的翻译团队将定期碰头，利用群体的智慧解决共同面对的问题，单个人无法解决的问题，以及人名、地名、术语统一的问题。更为重要的是，译者将分别与相关作者直接联系，经常就各自遇到的问题发电子邮件向作者请教，我们还将根据翻译进度，有计划地邀请部分作者来我校共商译书过程中遇到的各种问题，尽可能地减少遗憾。

"俄国史译丛"的翻译工作能够顺利进行，离不开吉林大学校领导、社科处和国际合作与交流处、东北亚研究院领导的坚定支持和可靠后援；莫大历史系上下共襄此举，化解了很多合作路上的难题，将此举视为我们共同的事业；社会科学文献出版社的恽薇、高雁等相关人员将此举视为我们共同的任务，尽可能地替我们着想，使我们之间的合作更为愉快、更有成效。我们唯有竭尽全力将"俄国史译丛"视为学术生命，像爱护眼睛一样地呵护它、珍惜它，这项工作才有可能做好，才无愧于各方的信任和期待，才能为中国的俄国史研究的进步添砖加瓦。

上述所言与诸位译者共勉。

吉林大学东北亚研究院和东北亚研究中心

2016 年 7 月 22 日

目　录

绪　论

1914 年，列宁在描述马克思主义学说的基本原理时写道："资本主义社会必然要转变为社会主义社会这个结论，马克思完全是从现代社会的经济的运动规律得出的。劳动社会化通过无数种形式日益迅速地向前发展，在马克思去世后的半个世纪以来，特别明显地表现在大生产与资本家的卡特尔、辛迪加和托拉斯的增长以及金融资本的规模和势力的巨大增长上——这就是社会主义必然到来的主要物质基础。"[1]

从中可以看出，在某个阶段，资本主义生产社会化的进程为资本主义向社会主义过渡提供了物质基础。这种观点奠定了列宁帝国主义理论（包括"帝国主义是垂死的资本主义"[2] 和 "帝国主义是社会主义革命的前夜"[3] 等）的基础。列宁在他的著作《帝国主义是资本主义的最高阶段》中写道："帝国主义是作为一般资本主义基本特性的发展和直接继续而生长起来的。但是，只有在资本主义发展到一定的、很高的阶段，资本主义的某些基本特性开始转化成自己的对立面，从资本主义到更高级的社会经济结构的过渡时代的特点已经全面形成和暴露出来的时候，资本主义才变成了资本帝国主义。

---

[1]　Ленин В. И. , Соч. , т. 21, С. 54. 译者注：照录中共中央编译局编译《列宁全集》第 26 卷，人民出版社，1998，第 74 页。

[2]　Ленин В. И. , Соч. , т. 22, С. 288. 译者注：照录中共中央编译局编译《列宁全集》第 27 卷，人民出版社，1990，第 X 页。

[3]　Ленин В. И. , Соч. , т. 22, С. 175. 译者注：照录中共中央编译局编译《列宁全集》第 22 卷，人民出版社，1990，第 468 页。

在这一过程中，经济上的基本事实，就是资本主义的自由竞争为资本主义的垄断所代替。自由竞争是资本主义和一般商品生产的基本特性；垄断是自由竞争的直接对立面，但是我们眼看着自由竞争开始转化为垄断：自由竞争造成大生产，排挤小生产，又用更大的生产来代替大生产，使生产和资本的集中达到这样的程度，以致从中产生了并且还在产生着垄断，即卡特尔、辛迪加、托拉斯以及同它们相融合的十来家支配着几十亿资金的银行的资本。"①

谈论到"俄国社会主义的物质准备"这一具有重大实际意义的问题时，列宁充分证明了尽管俄国资本主义的发展具有世界资本主义发展的一般规律和全部特征，但也为进行社会主义改造提供了必要条件。他写道："对于社会主义问题，我们的社会革命党人和孟什维克是抱着学理主义的态度，即根据他们背得烂熟但理解得很差的教条来看待的。他们把社会主义说成是遥远的、情况不明的、渺茫的未来。其实，社会主义现在已经在现代资本主义的一切窗口中出现，在这个最新资本主义的基础上前进一步的每项重大措施中，社会主义已经直接地、实际地显现出来了。"②

在《大难临头，出路何在?》一文中，列宁在谈到银行和辛迪加国有化的要求时，强调俄国资本主义的发展过程产生了这种国有化的需求。他解释说："资本主义与资本主义前的旧的国民经济体系不同，它使国民经济各部门之间形成了一种极密切的联系和相互依存的关系。顺便说一句，要是没有这一点，任何走向社会主义的步骤在技术上都是不能实现的。由银行统治生产的现代资本主义，又使国民经济各部门之间的这种相互依存关系发展到了最高峰。银行和各大工商业部门不可分割地长合在一起。"他又引用了"石油业"的例子，继续说道："资本主义先前的发展已经使石油业在极大程度上'社会化'了。两三个石油大王——就是他们操纵着几百万以至几亿资金，靠剪息票为生，从那个在事实上、技术上、社会意义上都已经在全国范围内组织起来并

---

① Ленин В. И., Соч., т. 22, С. 252 - 253. 译者注：照录中共中央编译局编译《列宁全集》第27卷，人民出版社，1990，第400页。

② Ленин В. И., Соч., т. 25, С. 333. 译者注：照录中共中央编译局编译《列宁全集》第32卷，人民出版社，1992，第219页。

且已经由数百数千个职员、工程师等经营着的'事业'中获取惊人的利润。"①

在《布尔什维克能保持国家政权吗?》一文中,列宁概述了社会主义改造的具体方案,他写道:"在现代国家中,除常备军、警察、官吏这种主要是'压迫性的'机构以外,还有一种同银行和辛迪加关系非常密切的机构,它执行着大量计算登记工作(如果可以这样说的话)。这种机构不能打碎,也用不着打碎。应当使它摆脱资本家的控制,应当割去、砍掉、斩断资本家影响它的线索,应当使它服从无产阶级的苏维埃,使它成为更广泛、更包罗万象、更具有全民性的机构。只要依靠大资本主义所取得的成就(一般说来,无产阶级革命只有依靠这种成就,才能达到自己的目的),这些都是可以做到的。资本主义建立了银行、辛迪加、邮局、消费合作社和职员联合会等这样一些计算机构。没有大银行,社会主义是不能实现的。大银行是我们实现社会主义所必需的'国家机构',我们可以把它当作现成的机构从资本主义那里拿过来,而我们在这方面的任务只是砍掉使这个极好机构资本主义畸形化的东西,使它成为更巨大、更民主、更包罗万象的机构。那时候量就会转化为质。统一的规模巨大无比的国家银行,连同它在各乡、各工厂中的分支机构——这已经是十分之九的社会主义机构了。这是全国性的簿记机关,全国性的产品生产和分配的计算机关,这可以说是社会主义社会的骨骼。"②

伟大的十月社会主义革命的历史经验表明,若想实现社会主义改造,就必须有最低限度的先决物质条件(该条件为俄国向社会主义过渡提供物质基础)。然而,正是因为仅仅只能达到最低限度的物质条件,俄国建设社会主义具有特殊的复杂性。

正如我们所看到的那样,向社会主义过渡的先决物质条件是否成熟是社会主义革命的主要问题之一。

在社会主义先决物质条件的发展过程中,金融资本的出现是一个重要的

---

① Ленин В. И., Соч., т. 25, C. 310 - 312. 译者注:照录中共中央编译局编译《列宁全集》第 32 卷,人民出版社,1992,第 195 ~ 196 页。

② Ленин В. И., Соч., т. 26, C. 81 - 82. 译者注:照录中共中央编译局编译《列宁全集》第 32 卷,人民出版社,1992,第 300 页。

里程碑。列宁指出："金融资本是同银行资本融合的垄断工业资本。"① 由于这种融合，国民经济的各部门相互依存，共同发展。当资本主义的发展达到了向社会主义过渡这一客观必然的阶段，在实践中就有跨入社会主义的可能。资产阶级经济学家在描述最新资本主义时常用"交织""不存在孤立状态"等说法，同时断言马克思主义者对"公有化"的"预测""没有实现"。对此列宁写道："但是隐藏在这种交织现象底下的，构成这种交织现象的基础的，是正在变化的社会生产关系。既然大企业变得十分庞大，并且根据对大量材料的精确估计，有计划地组织原料的供应，其数量达几千万居民所必需的全部原料的 2/3 甚至 3/4，既然运送这些原料到最便利的生产地点（有时彼此相距数百里数千里）是有步骤地进行的，既然原料的依次加工直到制成许多种成品的所有工序是由一个中心指挥的，既然这些产品分配给数千万数万万的消费者是按照一个计划进行的（在美、德两国，煤油都是由美国煤油托拉斯销售的），那就看得很清楚，摆在我们面前的就是生产的社会化，而决不是单纯的'交织'；私有经济关系和私有制关系已经变成与内容不相适应的外壳了，如果人为地拖延消灭这个外壳的日子，那它就必然要腐烂，——它可能在腐烂状态中保持一个比较长的时期（在机会主义的脓疮迟迟不能治好的最坏情况下），但终究不可避免地要被消灭。"②

列宁认为，金融资本产生是历史发展的必然结果。他分析了先进的西欧发达资本主义国家出现和建立垄断的历史，指出将垄断从难以察觉的胚胎转变为全部经济生活的基础之一耗费了近半个世纪。同时，他将垄断的历史划分为以下三个阶段："（1）19 世纪 60 年代和 70 年代是自由竞争发展的顶点即最高阶段。这时垄断组织还只是一种不明显的萌芽。（2）1873 年危机之后，卡特尔有一段很长的发展时期，但卡特尔在当时还是一种例外，还不稳

---

① Ленин В. И.，Соч.，т. 22，С. 253. 译者注：照录中共中央编译局编译《列宁全集》第 28 卷，人民出版社，1990，第 69 页。

② Ленин В. И.，Соч.，т. 22，С. 288. 译者注：照录中共中央编译局编译《列宁全集》第 27 卷，人民出版社，1990，第 438 页。

固，还是一种暂时现象。（3）19 世纪末的高涨和 1900—1903 年的危机。这时卡特尔成了全部经济生活的基础之一。"① 他认为银行就由中介人的普通角色发展成为势力极大的垄断者，它们支配着所有资本家和小业主几乎全部的货币资本，以及本国和许多国家的大部分生产资料和原料产地。随着银行业的发展，资本集中在少数几个机构的现象逐渐产生。为数众多的普通中介人成为极少数垄断者的这种转变，是资本主义发展成为资本帝国主义的基本过程之一。② 垄断前的资本主义，即自由竞争占主导地位的资本主义，在 19 世纪 60 年代和 70 年代发展到顶点。现在我们又看到，正是在这个时期以后，开始了夺取殖民地的"大高潮"，瓜分世界领土的斗争达到了极其尖锐的程度。所以，毫无疑问，资本主义向垄断资本主义阶段的过渡，即向金融资本的过渡，是同瓜分世界的斗争的尖锐化联系着的。③ 正如普遍认为的那样，20 世纪初此过渡完成。

在西欧国家，金融资本在 19 世纪 60 ~ 70 年代的过渡时期之前产生。那么，俄国的情况是怎样的呢？它走上资本主义的发展道路比西欧国家晚得多。20 世纪 20 年代中期，苏联历史学家基于列宁帝国主义理论，探讨了 19 世纪末至 20 世纪初俄国的经济发展过程。第一个尝试给出答案的是 H. H. 瓦纳格，他在 1925 年提出了"俄国金融资本附属成分"的概念。根据 H. H. 瓦纳格的说法，俄国资本主义的发展"没有走得那么远"，以至于本该在此基础上产生的金融资本并没有出现。至于俄国金融资本的最终形成，是因为 1906 ~ 1910 年，俄国工业不景气，西欧银行资本战胜了俄国工业资本。他写道："俄国资本主义的落后（首先体现在资本市场的发展十分薄弱），导致了俄国垄断资本主义制度的独特性。在工业停滞期，俄国重工业需要长期贷款，而俄国银行根本无法提供这些贷款。因此，革命后的金融重

---

① Ленин В. И., Соч., т. 22, С. 190. 译者注：照录中共中央编译局编译《列宁全集》第 27 卷，人民出版社，1990，第 337 ~ 338 页。

② Ленин В. И., Соч., т. 22, С. 198. 译者注：照录中共中央编译局编译《列宁全集》第 27 卷，人民出版社，1990，第 346 页。

③ Ленин В. И., Соч., т. 22, С. 242 – 243. 译者注：照录中共中央编译局编译《列宁全集》第 27 卷，人民出版社，1990，第 391 页。

组始于俄国工业与西欧银行资本的融合。此外，由于与俄国股票相结合带来的可观利润以及俄国重工业垄断的前景，西欧银行资本自觉涌入俄国的采矿冶金业。在工业企业金融重组的同时，欧洲银行资本控制了俄国银行系统，加强了欧洲银行资本与俄国工业的联系。控制俄国银行系统之后（在战争前夕，欧洲银行资本控制了整个俄国银行体系的 3/4），欧洲银行很容易控制俄国所有的重工业部门。因此，俄国垄断资本主义制度不是一项独立的制度，而是西欧发达的垄断体系链条中的一环。"[1]

H. H. 瓦纳格在《世界大战前夕俄国的金融资本》一书中陈述并论证了他的观点，引起了苏联历史学家和经济学家对俄国金融资本形成和性质问题的广泛讨论。这次讨论从 20 世纪 20 年代下半期持续到 30 年代初。[2] 苏联历

---

[1] Ванаг Н. Н., Финансовый капитал в России накануне мировой войны. Опыт историко - экономического исследования системы финансового капитала в России, изд. 2. М., Изд - во Коммунистического ун - та им. Свердлова Я. М., 1925. С. 151（курсив мой. - В. Б.）.

[2] 许多专著、期刊和评论都反映了这一点。参阅 Солнцев Е., Рецензия на книгу Ванага Н. Н. // Плановое хозяйство. 1925. № 1；Леонтьев Ал., Имела ли место национализация русского капитализма накануне воины（о книге Ванага Н. Н.）// Вестник Коммунистической академии. 1925, кн. XI；Ванаг Н. Н., Реабилитирована ли теория 《национализации》 русского капитализма（Ответ т. Леонтьеву А.）// Вестник Коммунистической академии. 1925, кн. XI；Ронин С. Л., Иностранный капитал и русские банки. К вопросу о финансовом капитале в России. М., Изд - во Коммунистического ун - та им. Свердлова. 1926；Гиндин И. Ф., Банки и промышленность в России до 1917г. К вопросу о финансовом капитале в России. М, - Л., Промиздат, 1927；Гольман М. Б., Русский империализм. Очерк развития монополистического капитализма в России. Л., Прибои, 1927；Сидоров А. Л., Влияние империалистической войны на экономику России// Очерки по истопий Октябрьской революции. т. 1. М, - Л., Госиздат, 1927；Грановский Е. Л., Когда русский капитализм вступил в фазу монополистического развития? // Историк - марксист. 1927. № 4；Грановскии Е. Л., Иностранный капитал в системе монополистического капитализма в России // Вестник Коммунистической академии. 1927, кн. XXII；Гиндин И. Ф., Новая книга об империализме в России（о книге Гольмана М. Б.）// Историк - марксист. 1927. № 5；Сидоро А. Л., Рецензия на книгу Грановского Е. Л. // Пролетарская революция. 1929. № 5；Гиндин И. Ф., Некоторые итоги в области изучения финансового капитала в России（о книге Е. Л Грановского）// Вестник Коммунистической академии. 1929, кн. XXXI；Ванаг Н. Н., К методологии изучения финансового капитала в России // Историк - марксист. 1929. № 12；Гиндин И. Ф., Некоторые спорные вопросы проблемы финансового капитала （转下页注）

史科学在激烈的讨论中形成。与此同时，涌现出一批年轻的苏联历史学家。他们掌握了马克思列宁主义的历史方法论，吸收了现成的历史知识，学习了科学研究的方法论，并在研究原始档案方面迈出了第一步。[1]

在讨论中，外资在俄国经济发展中的作用问题争论最为激烈。其中一组参与者——"非国有化支持者"（Н. Н. 瓦纳格、М. Б. 戈利曼、С. Л. 罗恩尼等），认为该作用不断增强；另一组参与者——"国有化支持者"（Е. Л. 格拉诺夫斯基、И. Ф. 金丁、А. Л. 西多罗夫等），则持相反意见。[2] 外国资本的作用问题在本质上是一个派生问题，它的出现只是因为其结论对于确定俄国金融资本的性质和发展是必要的。但是随着讨论的展开，这个问题开始具有越来越多的独立意义。然而，尽管这个问题是讨论中的核心问题，却并没有得到解决。此外，这场讨论的主要人物——Н. Н. 瓦纳格和 Е. Л. 格拉诺夫斯基，对于最具争议性的问题的看法非常接近。他们都认为"在俄国金融资本的产生中，外国资本发挥了决定性的作用，而且俄国金融资本在出现时主要是法国、比利时和德国的金融资本体系的组成部分"。[3] 他们的意见分歧在于对俄国金融资本兴起的年代界定不同。Н. Н. 瓦纳格将金融资本

（接上页注②）в России // Вестник Коммунистической академии. 1929, кн. XXXI; Ванаг Н. Н., К методологии изучения финансового капитала в России // Историк - марксист. 1929. № 12; Ванаг Н. Н., Финансовый капитал в России накануне мировой войны. 3 - е переработанное издание. Харьков., Пролетарий, 1930; Рейхардт В. В., К проблеме монополистического капитализма в России // Проблемы мапкзизма. 1931. № 5 - 6.

[1] Тарновский К. Н., Советская историография российского империализма. М., Наука, 1964. 该书说明了苏联史学中俄国帝国主义发展的一般规律，在一定程度上阐明了俄国金融资本起源的历史。

[2] 译者注："国有化支持者"研究金融资本发展的内部过程，"非国有化支持者"研究金融资本发展中的外部因素。

[3] Грановский Е. Л., Монополистический капитализм в России. Л., Прибой, 1929. С. 129. 其中解释了金融资本具体是如何产生的，Е. Л. 格拉诺夫斯基写道："19世纪90年代下半期，在先进的西欧资本主义国家，资本主义已经发展到了一定的程度，银行开始管理国家大部分的货币资本。因此，早在90年代，俄国工业中已经引入外资，其中起决定性作用的是通过外国银行引入的外资。90年代，法国和比利时的资本在俄国的外国资本中占据绝大部分，这种情况是非常特殊的，导致了外国银行资本与俄国工业特有的'融合'。这种融合具有金融资本主义组织的全部本质特征。"参阅 Грановский Е. Л., Монополистический капитализм в России. Л., Прибой, 1929. С. 13 - 14。

的产生与 1905 年革命联系起来。但根据 E. Л. 格拉诺夫斯基的说法,金融资本的产生早于 1905 年革命。[①] 此外,E. Л. 格拉诺夫斯基认为"俄国金融资本体系建立的时间主要是 1895 ~ 1904 年,而不是 1906 ~ 1910 年。早在 19 世纪 90 年代末到 20 世纪初期,俄国金融资本已经形成"。[②]

E. Л. 格拉诺夫斯基的论点无人赞同,并没有引起人们的广泛讨论。H. H. 瓦纳格坚持认为,俄国金融资本的形成不早于 1906 年,但他的这种观点亦没有得到多少人的支持。关于俄国金融资本的性质问题,П. И. 梁申科与 H. H. 瓦纳格的结论有些许不同,而 A. Л. 西多罗夫是 П. И. 梁申科结论的主要反对者之一。

П. И. 梁申科和 H. H. 瓦纳格都认为俄国金融资本主义具有从属性和依赖性。[③] П. И. 梁申科还指出俄国金融资本主义制度中本国元素的重要性,并说明俄国金融资本主义制度并非完全从属于殖民主义国家和西方资本主义制度对非资本主义经济要素的剥削。[④]

---

① A. Л. 西多罗夫注意到,H. H. 瓦纳格和 E. Л. 格拉诺夫斯基对俄国金融资本产生的描述非常相似。A. Л. 西多罗夫对 E. Л. 格拉诺夫斯基著作的评论中指出,E. Л. 格拉诺夫斯基重复了 H. H. 瓦纳格的论证,但对他在 1890 ~ 1910 年内提出的观点提出异议。参阅 Сидоро А. Л., Рецензия на книгу Грановского Е. Л. // Пролетарская революция. 1929. № 5. C. 189。

② Грановский Е. Л., Монополистический капитализм в России. Л., Прибой, 1929. C. 40, 45. E. Л. 格拉诺夫斯基写道:"我们可以肯定的是,1895 ~ 1904 年,俄国走上垄断发展的道路,这段时期正好是一个经济周期,由于日俄战争和 1905 ~ 1906 年革命而终止。与此同时,1895 ~ 1899 年为工业增长期,其特点是银行和工业的金融资本融合得到了加强。1900 ~ 1904 年,在对工业感兴趣的银行的领导下,创建了最大的资本主义垄断工业企业。因此,日俄战争爆发前,俄国最重要的工业部门在垄断衰落的情况下幸存下来。"参阅 Грановский Е. Л., Монополистический капитализм в России. Л., Прибой, 1929. C. 11。

③ Лященко П. И., История русского народного хозяйства, изд. 2. М. – Л., Госиздат, 1930. C. 493.

④ Лященко П. И., История русского народного хозяйства, изд. 2. М. – Л., Госиздат, 1930. C. 505. 应该指出的是,П. И. 梁申科的修正意见是矛盾的。他谈道:"一个独立的资本主义体系已经在俄国建立,亦足够强大","但它仍然是一个依赖的、附属的金融体系"(курсивной. – В. Б.)。随后谈论的不再是关于独立的本国资本主义体系的问题,而是"在外国资本的强大影响下"发展起来的"金融资本主义体系"中存在"本国资本的重要部分"。参阅 Лященко П. И., История русского народного хозяйства, изд. 2. М. – Л., Госиздат, 1930. C. 505 – 506。此外,П. И. 梁申科在这个问题上的观点并不坚定。在 1927 年出版的第一部作品中,他更强调俄国金融资本对西欧金融体系的从属地位。 (转下页注)

在此问题上，П. И. 梁申科批评了 Н. Н. 瓦纳格采用错误的方法来定义外国资本的作用，并在某种程度上夸大了它的作用。

但是 П. И. 梁申科又完全同意 Н. Н. 瓦纳格关于俄国金融资本主义"开始时期"的观点。他写道："Н. Н. 瓦纳格对此问题的观点非常合理，也非常正确。总的来说，应采用 Н. Н. 瓦纳格的观点。他的观点考虑到了在俄国引入帝国资本主义，尤其是金融资本增加这一重要的时刻，他认为这些现象是在 1905 年之后才形成的。我们必须承认，从整体上来看，这种观点是正确的。帝国资本主义的个别特征在俄国早已存在（更不用说极高的关税、高度集中的工业形式及工业与银行、辛迪加的联系）。但是从 1905 年起，俄国金融垄断资本主义开始形成，到第一次世界大战时，金融垄断资本主义似乎已经完全形成。"[1]

А. Л. 西多罗夫则提出了如下观点："在发达的资本主义国家中，资本主义于 19 世纪 80 年代开始转变为帝国主义，到 19 世纪末，转变过程已经结束。有一些客观原因导致俄国垄断资本主义占据主导地位的时间相对较晚。例如：改革后农奴制的残余和农民相对较晚的解放，长期阻碍了工业资本的发展；俄国的铁路建设较晚且进度缓慢，仅在 90 年代才开始掀起建设铁路的高潮，部分铁路建设与工业资本经济发展是同时发生的，工业资本经济发展亦刺激了部分铁路的建设；工商业农奴主榨尽民脂民膏，使农村赤贫如洗，国家的贫困限制了工业的发展。从 19 世纪末开始，在外国资本的参与下，俄国工业实现了飞跃式的发展，开始赶上之前领先俄国的很多国家。不过，欧洲依然遥遥领先于俄国，所以 90 年代的飞跃还不够。20 世纪的过渡以严重的工业危机为特征，工业萧条几乎持续了十年。长期性的萧条推迟了银行垄断的开始，但与此同时，又促进了垄断资本主义先决条件的形成

（接上页注④）在第二部作品中，在批评 Н. Н. 瓦纳格主张的影响下，П. И. 梁申科稍微改变了他的措辞。参阅 Лященко П. И., История русского народного хозяйства. М. – Л., Госиздат, 1927. С. 467 – 469。

[1] Лященко П. И., История русского народного хозяйства, изд. 2. М. – Л., Госиздат, 1930. С. 502 – 503.

（在萧条期间，银行与工业之间的联系大大加强；银行长期向工业界投入大量的资本，积累了广泛参与工业事务的丰富经验）。最大的垄断资本组织是在工业界形成的，改变俄国资本主义结构的'转折点'是在工业增长时期。在此期间，垄断资本的各个要素正在形成，银行资本与工业更加紧密地融合在一起。"①

В. В. 列伊哈尔德特批评了 Н. Н. 瓦纳格和 А. Л. 西多罗夫关于俄国金融资本产生时间的观点。他写道："Н. Н. 瓦纳格的看法与 1895～1905 年间俄国垄断资本主义要素产生的事实相悖。与西欧，特别是德国相比，俄国资本主义的技术和经济相对落后。但正是这种情况导致了外国资本的流入和金融资本主义关系的引入。与其他'非国有化支持者'一样，Н. Н. 瓦纳格只看到了已形成的明显的垄断资本主义形式，却未注意到这些形式的产生和发展过程。"

В. В. 列伊哈尔德特指责 А. Л. 西多罗夫像"非国有化支持者"一样，仅认为"体系完整形成的时刻"是改变俄国资本主义结构的转折点。В. В. 列伊哈尔德特说："垄断制度、垄断行业与银行的联系开始形成，不过，并不是 А. Л. 西多罗夫所想的那样在战前上升期时形成。早在 19 世纪 90 年代，工业集中产生了资本进入国外市场和吸引资本的问题。结果，在 1900～1901 危机之前，工业企业与国内外银行都建立了联系，而且，这种联系显然是属于金融资本主义范畴的。在革命前对这一时期的研究中，可以找到关于银行与工业之间新型关系的说明。"②

---

① Сидоров А. Л. , Влияние империалистической войны на экономику России // Очерки по истории Октябрьской революции, т. I. М. - Л., Госиздат, 1927. С. 27 - 28. 随后，А. Л. 西多罗夫改变了他的观点。1939 年，他在文章 "Ошибки М. Н. Покровского в оценке русско - японской войны 1904 - 1905 годов" 中写道："19 世纪末 20 世纪初，俄国资本主义尽管年轻、落后和软弱，但仍具有西欧资本主义垄断和金融资本的全部特征。"参阅 Покровскийʼ М. Н. , Ошибки М. Н. Покровского в оценке русско - японской войны 1904 - 1905 годов // Против исторической концепции Покровского М. Н. , ч. I. М - Л. , Изд - во АН СССР, 1939. С. 463 - 464。

② Рейхардт В. В. , К проблеме монополистического капитализма в России // Проблемы марксизма. 1931. № 5 - 6. С. 198 - 199.

　　虽然 С. Л. 罗恩尼和 И. Ф. 金丁分别代表"非国有化支持者"和"国有化支持者"，但他们都认为俄国金融资本的产生始于 19 世纪 90 年代，并且俄国金融资本的出现是俄国资本主义发展的自然结果。在他们看来，尽管在俄国金融资本出现的过程中，外国资本的作用非常重要，但不是决定性的。他们之间的分歧在于对外国资本作用后续演变的理解不同。С. Л. 罗恩尼认为这一作用随后急剧增强，在战前工业繁荣期，外国资本控制了俄国银行，导致俄国金融资本制度具有附属性质。因此，他的观点与 Н. Н. 瓦纳格的观点非常接近。但是，针对 Н. Н. 瓦纳格"这个时期银行业和工业资本之间的关系尚未超出支付中介的模式"的观点，С. Л. 罗恩尼则认为俄国金融资本的出现改变了 90 年代工业增长期间俄国银行与工业之间的关系，他说："显然，无论何时，Н. Н. 瓦纳格都以二选一的形式描述银行与工业的关系：支付中介或融合。这两种形式未涵盖一种关系到另一种关系的过渡期。Н. Н. 瓦纳格的主要错误在于，他没有辩证地看待这个问题，且用非常简易的量化指标来衡量这个问题。"С. Л. 罗恩尼特别指出 1898 年底银行证券中存在极少数量的股票，他总结道："极少数量的股票没有支配某个工业企业的权力……如果 Н. Н. 瓦纳格的推理是正确的，那么在后期谈论工业从属于银行业是不切实际的。"

　　С. Л. 罗恩尼认识到了"90 年代金融资本的萌芽已经产生"，并写道："当时生产集中度达到了相当高的比例。俄国大企业的比例高于许多其他更先进的资本主义国家的比例。工业对银行贷款有巨大需求。因此，大型银行的主导作用和银行业集中的趋势越来越突出。由于俄国的政治经济条件阻碍了资本主义的发展，国家的资本积累远远小于其巨大的需求，工业界极其依赖银行贷款。80 年代和 90 年代，德国银行的职能不仅限于创造资本，还包括管理资本。由于具有更有利的发展条件，银行业稳固发展，货币市场的资金相对宽裕，在新的基础上发展了银行与工业企业之间的关系。这种关系始于信贷、协议关系，并在不断发展的生产集中和不断增长的资本信贷需求的基础上逐步加强，最终以发行纸币、有价证券，以及银行和工业资本的融合而告终。基于这些条件，创造资本也是俄国银行晚期的主要任务之一。多年的经济萧条使俄国的工业，尤其是重工业，不能稳固地发展，并面临着迫切需要进行经济技术改革的问题。只有在信贷机构的积极参与下，发行纸币、有价证券，才能筹集到所需的大量资本。90年代，工业与银行之间形成的密切联系，成为银行与工业进一步融合及向垄断资本主义过渡的直接出发点。"①

И. Ф. 金丁认为，俄国银行与工业之间的关系发展可分为四个阶段：第一阶段——19世纪90年代的工业增长期；第二阶段——1900~1908年；第三阶段——1909~1913年；第四阶段——1914~1917年。他解释道："前两个阶段经历了从最初产生到成熟的发展历程。尤其是在第一阶段，银行刚刚走上了工业融资的道路，尚未显示出银行与工业之间的新型关系的特征，我们不清楚银行的新政策措施，不清楚融资是否会变成冒失的投机，也不清楚融资时银行是否应该越权。只有在第三阶段，才在工业融资的基础上建立起了完全成熟的相互关系。"②

值得注意的是，分析俄国金融资本起源的史学家们主要研究俄国银行与工业的关系，并不研究工业垄断产生的历史。这种解决问题的方法源自 Н. Н. 瓦纳格。Н. Н. 瓦纳格完全按照自己的观点，尤为特别地解释了俄国工业垄断的过程。关于"俄国辛迪加和托拉斯的出现及其活动的特定条件""一部分商业资本代表和传统自由竞争者坚守过时的经济形式"，Н. Н. 瓦纳格写道："在这种情况下，当然没有必要将德国或美国广泛的托拉斯和辛迪加网与俄国的托拉斯和辛迪加网进行比较。俄国的托拉斯和辛迪加网与先进资本主义国家的托拉斯和辛迪加网无法相提并论，但俄国在垄断资本主义的发展受阻时，没有直接清除阻碍，而是创造了与这些阻碍并存的形式，建立起了'落后的'垄断资本主义。这种特殊形式就是大型工业企业与银行辛

① Ронин С. Л. , Иностранный капитал и русские банки. К вопросу о финансовом капитале в России. М. , Изд - во Коммунистического ун - та нм. Свердлова Я. М. , 1926. С. 38 - 39 . （курсив мой. - В. Б. ）

② Ронин С. Л. , Иностранный капитал и русские банки. К вопросу о финансовом капитале в России. М. , Изд - во Коммунистического ун - та нм. Свердлова Я. М. , 1926. С. 38 - 39 . （курсив мой. - В. Б. ）

迪加紧密结合。工业企业的一般融资问题，甚至是各种产品的总生产值和总分布等问题在办公厅里得到了解决。虽然这种联合被迫放弃了例如托拉斯等的合法形式，但实际上仍履行了托拉斯的职能。尽管这种联合在法律上不被承认，但事实上确实存在。"① 换句话说，俄国的垄断实际上是引入了控制俄国银行的外资。因此，Н. Н. 瓦纳格使用了"通过银行资本垄断工业"这一特定术语进行描述。

Е. Л. 格拉诺夫斯基的观点与 Н. Н. 瓦纳格的观点类似，唯一的区别在于 Е. Л. 格拉诺夫斯基认为工业垄断开始于更早的时期，他指出："19 世纪 90 年代下半期至 20 世纪初期，俄国最重要的工业部门出现垄断，具体而言，就是俄国银行和外国银行的融合达到相当高的程度时，银行和工业一起朝着垄断的方向发展。"②

在多年的讨论中，这些观点饱受争议。Ал. 列昂季耶夫指责 Н. Н. 瓦纳格几乎完全从金融组织的角度分析俄国工业垄断的过程，而没有考虑垄断组织生产和营销的问题。③ М. Б. 戈利曼和 Г. В. 齐佩罗维奇不仅研究了银行与工业的关系，还从不同的角度考虑了上述过程。

Н. Н. 瓦纳格的搭档 М. Б. 戈利曼研究了俄国金融资本的性质问题。分析俄国工业集中的过程后，М. Б. 戈利曼得出一个结论："19 世纪 90 年代的股份制公司有着非常成熟和发达的机制，在很大程度上促成了俄国（以及西欧）辛迪加的出现。"④ 研究俄国工业的历史后，他得出了另一个重要的结论，即"在 90 年代工业高涨时期，冶金工业的集中生产促进了辛迪加的产生"，同时他补充道，"值得一提的是，自 80 年代初以来，政府机关是钢铁的主要消费者，国家的铁路建设需要大量的车辆、铁轨和其他产品，这种

① Ванаг Н. Н. , Финансовый капитал в России накануне мировой войны. 3 - е переработанное издание. Харьков. , Пролетарий, 1930. С. 110 – 111.
② Грановский Е. Л. , Монополистический капитализм в России. Л. , Прибой, 1929. С. 11.
③ Леонтьев Ал. Имела ли место национализация русского капитализма накануне войны // Вестник Коммунистической академии. 1925. кн. XI. С. 353.
④ Гольман М. Б. , Русский империализм. Очерк развития монополистического капитализма в России. Л. , Прибой, 1927. С. 129.

集中的需求有助于消除大型企业主们在供应方面的竞争。因此，90 年代，首次出现了钢轨轧制厂之间的临时协议，俄国第一个辛迪加开始向政府和地方自治局销售铁轨、轮箍、车轴、管道和车辆"。[①] M. Б. 戈利曼的作品中还提到了 19 世纪 80 年代到 90 年代出现的其他一些垄断性协会，如专门的糖业辛迪加、石油出口辛迪加等。[②] 他认为，"虽然在此期间，辛迪加还没有大规模发展，并没有涵盖到全部工业部门，并不是主要的形式，但是到了 20 世纪初期，集中的客观过程为俄国工业进入垄断发展阶段做好了充足的准备。问题在于俄国银行无法独立成为俄国工业垄断的领导者"。[③] 他进一步解释道："到 90 年代末，俄国银行系统主要是在本国积累的基础上发展起来的，尚未进入垄断阶段。因此，从结构意义上讲，到 20 世纪初期，俄国银行体系尚未为俄国工业进入垄断阶段发挥作用。"[④] 因此，有必要引用外资注入俄国银行，从而形成俄国金融资本。

　　Г. В. 齐佩罗维奇长期从事垄断研究，对俄国垄断组织产生的历史进行了最为完整而有趣的分析。早在第一次世界大战之前，他就发表了一系列关于俄国垄断组织的文章。[⑤] 1918 年，他出版了《俄国的辛迪加和托拉斯》一书。这本书是马克思主义者分析俄国垄断发展特征的第一次尝试，现世后

---

① Гольман М. Б. , Русский империализм. Очерк развития монополистического капитализма в России. Л. , Прибой, 1927. С. 165 – 166.

② Гольман М. Б. , Русский империализм. Очерк развития монополистического капитализма в России. Л. , Прибой, 1927. С. 133.

③ Гольман М. Б. , Русский империализм. Очерк развития монополистического капитализма в России. Л. , Прибой, 1927. С. 130.

④ Гольман М. Б. , Русский империализм. Очерк развития монополистического капитализма в России. Л. , Прибой, 1927. С. 270.

⑤ Объединенный капитал и организованный труд // Образование. 1908. No 6; Можно ли бороться с трестами? // Современный мир. 1908. No 8; Синдикаты и тресты в России // Современный мир. 1909. No 3; Законодательство различных государств о синдикатах и трестах // Современный мир. 1910. No 7; Чугунным голод // Сооременнын мир. 1911. No 8; Индустриальный абсолютизм // Современник. 1912. No 10; Угольный голод // Современник. 1913. No 2; Успехи картельного движения в России // Современник. 1913. No 4; Благоприятна ли русская действительность для образования синдикатов и трестов? // Современный мир. 1913. No 9.

红极一时，1918～1920 年三次出版，[1] 不过本书对于俄国早期垄断的阐述不多。1927 年出版的第四版中，用整整一章的内容阐述了 19 世纪70～80 年代的垄断协会。[2] Г. В. 齐佩罗维奇对革命前文学中包含的早期垄断信息进行了系统化整理，从中发现了一些必然的、分散的现象（在国家经济生活中的重要性较低），还有俄国必然形成垄断资本主义的初步迹象。

当然，正如 Т. Д. 克鲁皮纳指出的那样[3]，Г. В. 齐佩罗维奇的观察结果反映了他对实际问题的研究程度。随着 Л. Б. 卡芬豪斯认为线材制钉厂厂主间的垄断协议是出现重工业垄断的最重要表现，Г. В. 齐佩罗维奇据此很自然地得出结论："总的来说，1875～1900 年，俄国金属业初步摸索垄断组织的道路，出现了大量卡特尔和辛迪加。具体步骤为首先覆盖各种类型的企业，然后按地区划分归类，最后基于当地经验和当地关系，在全国范围内重新合并。与此同时，组织形式变得更为复杂和稳定。成员重视契约精神，精心制定了罚款条款。不但在理论上，而且在实践中也开始形成控制和监管。这时，进入了典型的垄断准备阶段。轻工业的情况则有所不同。轻工业主要生产大量日用必需品，在我们所研究的时间内生产集中的过程发展飞速，并在许多方面达到较高程度。其中，制糖业是集中发展最快的行业。"[4] 因此他断言，"俄国垄断不是始于重工业"，[5] 而是

---

① 参阅 Цыперовпч Г. В. , Синдикаты и тресты в России, изд. 1. Пг. , 1918；изд. 2. М. , 1919；изд. 3. Пг. , 1920。

② 参阅 Цыперович Г. В. , Синдикаты и тресты в дореволюционной России и в СССР. Из истории организационных форм промышленности за последние 50 лет. Л. , Техника и производство, 1927。

③ 参阅 Крупина Т. Д. , К вопросу об особенностях монополизации промышленности в России // Об особенностях империализма в России. М. , Изд - во АН СССР, 1963. С. 198。

④ Цыперович Г. В. , Синдикаты и тресты в дореволюционной России и в СССР. Из истории организационных форм промышленности за последние 50 лет. Л. , Техника и производство, 1927. С. 118.

⑤ Цыперович Г. В. , Синдикаты и тресты в дореволюционной России и в СССР. Из истории организационных форм промышленности за последние 50 лет. Л. , Техника и производство, 1927. С. 137. 与此同时，他提出了一项修正意见："如果是这样的话，那么仅限于制造可快速销售的产品（钉子、铁丝、铁制品、针头等），或销售事先得到保障（政府订单）的产品。"这项修正意见显然与上文矛盾。

"始于轻工业"。[①]

尽管如此，Г. В. 齐佩罗维奇的研究表明，如果对工业进行仔细和全面的分析，仅能查明非常少的事实。基于上述分析，Г. В. 齐佩罗维奇得出结论，即 19 世纪最后 25 年是俄国垄断史上的一个重要阶段，为之后的快速发展奠定了基础。该阶段应划分为以下两个时期：1875～1885 年和1885～1900 年。Г. В. 齐佩罗维奇写道："1875～1885 年，囤积（临时投机买卖联盟）、协议和辛迪加在俄国是一种偶然的现象，更确切地说，是一种相当罕见的现象。它们的垄断性质微乎其微，且仅来自消费者方面。1885～1900 年，它们的作用显著增强……但这两个时期内，仅在少数几个工业部门中形成垄断，因此不能被视为典型的垄断。不过，在糖和油这两个行业中，尤其是在糖产业中，垄断突然发展到顶峰。综上，1875～1885 年和 1885～1900 年，垄断组织的发展仍然十分薄弱，极少数形成垄断的工业部门仍然处于高水平的资本主义控制和监管之中。政府通过办公厅或执行部监控国内外的市场状况，并对生产和消费进行了数据统计。辛迪加在一段时间内设定并维持市场价格，除了偶尔几个不守规章的企业，市场上的货物都是按照设定的价格进行交易，不会因竞争而以变动幅度较大的价格销售。"[②]

围绕 H. H. 瓦纳格的书展开的讨论，动摇了 H. H. 瓦纳格概念的基础。H. H. 瓦纳格认为俄国银行是外国资本支配俄国工业的工具，这一观点遭到了激烈的反对；[③] 他关于"本国积累不足"的主张亦引起了人们的

[①] Цыперович Г. В., Синдикаты и тресты в дореволюционной России и в СССР. Из истории организационных форм промышленности за последние 50 лет. Л., Техника и производство, 1927. С. 176. 值得注意的是，其中包括轻工业中的石油生产和加工。

[②] Цыперович Г. В., Синдикаты и тресты в дореволюционной России и в СССР. Из истории организационных форм промышленности за последние 50 лет. Л., Техника и производство, 1927. С. 136 – 142.

[③] И. Ф. 金丁和 Е. Л. 格拉诺夫斯基证明该观点基于许多错误的前提。参阅 Гиндин И. Ф., Некоторые спорные вопросы проблемы финансового капитала в России // Вестник Коммунистической академии. 1929. кн. XXXI. С. 190 – 197; Грановский Е. Л., Монополистический капитализм в России. Л., Прибой, 1929. С. 98 – 125。

怀疑；① 他关于俄国金融资本的形成与 1905 年革命有关的观点被证明是最没有说服力的，几乎无人支持这一观点，甚至连他的同事——С. Л. 罗恩尼和 М. Б. 戈利曼这两位非国有化支持者亦持不同意见。Н. Н. 瓦纳格被迫寻求新的论据来支持自己的观点。在第一次全联盟马克思主义历史学家会议上，Н. Н. 瓦纳格发表了题为《关于俄国金融资本的特征》的报告，其中说道："通过比较外国流入资本和国家积累资本的数值，解决俄国资本主义整体特征的问题，特别是金融问题。"正如过去几年的经验所表明的那样，由于历史现实比这些算术计算更为复杂，因此这类计算并未带来乐观的结果。要想解决俄国金融资本的性质问题，需要全面研究经济统计材料，还需要在总体上把握俄国金融资本制度形成的经济社会条件。② 这种观察事物和处理问题的方法开始被称为方法论。

不久之后，Н. Н. 瓦纳格又在《马克思主义历史学家》杂志上解释了他的观点。他认为"俄国金融资本主导地位的时间及其国有或非国有性质等问题与其说是数学问题，不如说是方法论问题"。③ М. Б. 戈利曼在第一次全联盟马克思主义历史学家会议上公开支持 Н. И. 瓦纳格的新观点，他直言不讳地说："我们已经在各种尘封的档案中挖掘出足够的信息，但坦率地说，我们暂时无法提供新的统计资料。当后人研究法国银行和英国银行的档案时，说不定能够找到更多有关俄国银行与外国金融资本融合程度的信息。"④ 在未发现俄国股份制商业银行和财政部信贷办公厅的丰富档案时，就有人提出类似观点。

П. О. 戈林在第一次全联盟马克思主义历史学家会议上评价了 Н. Н. 瓦

① Ал. Леонтьев认为该观点不符合事实。参阅 Леонтьев Ал. Имела ли место национализация русского капитализма накануне войны // Вестник Коммунистической академии. 1925, кн. XI. С. 364 - 366.

② Труды Первой Всесоюзной конференции историков - марксистов. М., Изл - во Коммунистической академии, 1930. С. 318.（курсив мой. - В. Б.）

③ Ванаг Н. Н., К методологии изучения финансового капитала // Историк - марксист. 1929. № 12. С. 5.（курсив мой. - В. Б.）

④ Труды Первой Всесоюзной конференции историков - марксистов. М., Изл - во Коммунистической академии, 1930. С. 370.

纳格新方法的意义:"H. H. 瓦纳格试图用统计数据支持他的研究结论,但每当需要反击对手时,他却忽略了统计数据,而是声称统计数据对于研究人员而言是没有必要的。"①

H. H. 瓦纳格再次强调"只有在 1905 年俄国革命结束后,金融资本才开始形成"。他进一步解释道:"1905 年革命揭示了 19 世纪末俄国工业资本主义发展中隐藏的矛盾;20 世纪初的工业危机以及市场情况,揭露了指导该国资本主义发展的'真正的俄国人'。当不在农奴制的统治条件下发展,而是适应地主经济资本化的需求时,工业没有自己的销售市场。与解决农业危机有关,满足地主经济对工业的直接需求正在逐渐退居次要地位(参见铁路建设)。由于封建残余的存在,国内市场没有通过工业创造财富的可能;重工业市场牢牢掌握在外国人手中。俄国工业本身根本无法在市场上维持稳定,更不用说排挤外国产品。工业危机是资本主义发展规律的表现,更确切地说,是在封建地主的统治下,产生了资本主义生产体系的危机。在这个阶段,旧方法无法获得积极的结果。只有改变那些导致危机的条件,才能解决危机。因此,为了解决危机,必须推翻农奴主和专制制度的统治。工业资本主义的进一步发展与 1905 年革命密不可分。但是,革命的任务是破坏封建农奴主的统治,因此革命不应成为分析俄国资本主义工业问题的中心。我认为 1905 年革命是俄国资本主义发展的转折点,其结果是地主被迫扫除了资产阶级革命的障碍。随后,为缓解资本主义工业矛盾,地主被迫进行工业资本主义制度的转型,走上金融资本主义的道路……"② 结果,在俄国农奴制和专制统治的条件下,产生了形成金融资本的机会,正如 H. H. 瓦纳格长期以来所说的那样,正是在外国资本的作用下才形成了俄国金融资本。

① Труды Первой Всесоюзной конференции историков - марксистов. М. , Изл - во Коммунистической академии, 1930. С. 359.

② Ванаг Н. Н. , К методологии изучения финансового капитала // Историк - марксист. 1929. № 12. С. 25. (курсив мой. - В. Б.) Н. Н. Ванаг 瓦纳格在第一次全联盟马克思主义历史学家会议的一份报告中提出了同样的想法。Труды Первой Всесоюзной конференции историков - марксистов. М. , Изл - во Коммунистической академии, 1930. С. 325 - 338.

这就是 H. H. 瓦纳格针对"俄国金融资本制度的非国有性"的旧论题所采取的新"方法"。如果说在早些时候，H. H. 瓦纳格提出自己的概念时借用数据计算和事实说明，那么随着深入了解俄国金融资本的形成过程，他试图用针对这一过程的讨论来代替这些数字计算和事实说明。

值得注意的是，H. H. 瓦纳格提出的"俄国的经济生活现象要从资本主义经济规律和封建农奴主统治这两个角度来综合考虑"[1] 并没有引起任何反对意见。但 H. H. 瓦纳格的反对者们显然没有意识到为什么用不同的方法可以得出相同的结论（之前，他基于可疑的数字计算和事实得出一样的结论）。他们从方法论层面进行讨论，并认为本次讨论是在研究俄国金融资本的形成中应用马克思主义辩证法的过渡。И. Ф. 金丁和 E. Л. 格拉诺夫斯基站在这种立场上批评 H. H. 瓦纳格的书、《马克思主义历史学家》杂志中的文章（以及上文提到的 H. H. 瓦纳格的文章），并充分证明，文章中包含的概念基于未经证实的论点、错误的数字计算和对事实的错误解读，不仅违背了辩证法，还违背了逻辑。换句话说，H. H. 瓦纳格的概念是错误的，因为它不符合真实的历史现实。[2]

为了回应反对者的言论，H. H. 瓦纳格在第三版书中特别强调"数字计算和事实"并不重要，这只是一种证明方法。与此同时，H. H. 瓦纳格还明确表示，他所给出的答案是唯一真实的答案，因为它符合列宁对俄国资本主义发展特征的理解。H. H. 瓦纳格说："我们分析的前提条件是俄国这个特定的大背景。帝俄时，黑帮地主在该国的统治为资本主义的引入与发展提供了客观条件，所以只能得出这个唯一的答案。批评者从反对数字计算和事实，到反对这个方法论的基本框架，不仅批评我们这些普通的学者，还谴责了弗拉基米尔·伊里奇·列宁等现代科学思想巨匠。"[3]

①《Историк – марксист》, 1929, № 12. C. 19.

② 参阅 Гиндин И. Ф., Некоторые спорные вопросы истории финансового капитала в России. C. 47 – 90; Грановский Е. Л., Спорные вопросы проблемы финансового капитала в России. C. 91 – 114。

③ Ванаг Н. Н., Финансовый капитал в России накануне мировой войны. 3 – е переработанное издание. Харьков., Пролетарий, 1930. C. 53 – 54.

为了加强这一说法，证明其"关于俄国金融资本发展问题的陈述"来自"列宁阐述的关于俄国发展资本主义的两种方式"，[①] 1931 年 2 月，H. H. 瓦纳格在马克思主义历史学家会议上发表了题为《列宁作品中俄国资本主义两种发展方式的问题》的报告。[②] 他的报告引起了激烈的讨论，并受到了猛烈的抨击。反对者们认为 H. H. 瓦纳格愈加脱离历史事实，愈来愈陷入先验理论的窘境。[③]

在 1932 年春天出版的一封写给《马克思主义历史学家》杂志编辑部的信中，H. H. 瓦纳格承认他歪曲了列宁关于俄国历史发展的观点。他写道："我在金融资本的书中犯了一个政治错误，未详细介绍俄国资本主义和金融资本发展的根源和基础问题，未考虑金融资本的背景，为托洛茨基主义关于沙皇俄国的殖民性、落后性和俄国经济发展滞后性等思想奠定了基础。与 20 世纪初资本主义典型的技术文化水平相较，沙皇俄国的经济发展是落后的。但是，从 19 世纪末和 20 世纪初资本主义发展的速度来看，沙皇俄国正在追赶发达资本主义国家，迈入了中等弱势发展水平的资本主义国家之列。列宁认为，如果沙皇俄国的资本主义发展没有达到一定的程度，那么'我们无法成功'，即苏联无产阶级无法成功地建立社会主义的经济基础，确保社会主义的胜利。"[④] 需要强调的一点是，笔者没有充分地揭示这一方面的问题。

H. H. 瓦纳格的信是对 20 世纪 20 年代下半期到 30 年代初讨论的总结。这一讨论虽然没有解决俄国金融资本的起源问题，但是初步制定了解决方案。A. Л. 西多罗夫写道："从我们这些先驱者的经验来看，只用一种方法

---

① 参阅 Стенограмму заключительного слова Ванага Н. Н. по докладу 《Проблема двух путей развития капитализма в России в работах Ленина》. 《Историк – марксист》, 1931, № 22. С. 132。

② Стенограмма доклада опубликована в 《Историке – марксисте》, 1931, № 22. С. 77 - 99. Переработанный его текст опубликован отдельным изданием: Ванаг Н. Н. , Ленинская концепция двух путей развития капитализма в России. М – Л. , Соцэкгиз, 1931.

③ 参阅 Стенограмму обсуждения доклада. 《Историк – марксист》, 1931, № 22. С. 99 - 131。

④ 《Историк – марксист》, 1932, № 4 - 5. С. 355 - 359。

不足以得出正确的结论。"①

讨论的主要目的是弄清楚马克思、恩格斯、列宁所描述的资本主义发展的一般规律在俄国历史中是如何表现的。这个问题的提出意味着俄国的历史研究向前迈出了一大步。但要解决这个问题,不仅要了解资本主义发展的一般规律,还要了解俄国发展的具体方式。由于参与讨论的人员缺乏上述知识,因此他们试图用非常有限的事实材料得出结论。谈到20世纪20年代下半期发表的关于俄国金融资本问题的著作,А. Л. 西多罗夫指出:"不能否认这些作品的作者展开了大胆的想象。但是,他们主要总结了已出版的专著、论文及新闻评论,却丝毫不重视研究档案材料。而且,当时没有人能说出自己的总结涵盖了哪些具体内容。"② 受命参与讨论的人员并不总能为自己的总结提供有力的证明。例如,Н. Н. 瓦纳格在证实其缺少数字计算和事实支撑的结论时,都以失败而告终。

因此,20世纪20年代下半期到30年代初期的讨论表明,不能以构建抽象的社会学方案的方式,而是应该从列宁的帝国主义学说入手,研究俄国金融资本形成的具体过程。

研究俄国金融资本起源的历史学家和经济学家将面临巨大的挑战。在对馆藏档案进行系统研究之前,他们需要投入大量的工作对档案进行分类整理。这项工作被第二次世界大战打断,拖延了多年,直到50年代下半期才整理了位于列宁格勒国家历史档案馆的俄国商业银行档案。

此外,20世纪30年代中期,苏联历史科学中形成的关于俄国半殖民地依赖性的观点,严重阻碍了对19世纪末至20世纪初俄国资本主义发展过程的研究。③ 这里需要指出,俄国转变为半殖民地的主要原因是

---

① Сидоров А. Л. , Некоторые размышления о труде и опыте историка // История СССР. 1964. No 3. C. 131.

② Сидоров А. Л. , Некоторые размышления о труде и опыте историка // История СССР. 1964. No 3. C. 130.

③ 俄国半殖民地依赖性观点的起源参阅 Тарновский К. Н. , Советская историография российского империализма. М. , Наука, 1964。

外国资本控制了俄国最重要的工业部门，只有俄国金融资本的附属性得到承认，才能证明俄国半殖民地依赖性的这一论点。当俄国国民经济的关键位置，特别是最重要的工业生产部门，被外国资本支配（甚至被控制）时，俄国金融资本应运而生。如果外资在俄国的主要工业中占主导地位，那么俄国金融资本的附属性结论是完全合理的。相反，如果外国资本在俄国国民经济中并没有占据领导地位，那么俄国金融资本是独立存在的。因此，只有坚持 H. H. 瓦纳格的初始立场，证明俄国金融资本的附属性，才有可能证明外国资本支配俄国最重要的工业部门。俄国半殖民地依赖的论点极大地推动了历史学家们对 H. H. 瓦纳格理论的认同。

H. H. 瓦纳格理论为 1939 年 П. И. 梁申科出版的《苏联国民经济史》一书中对金融资本问题的阐述奠定了基础。[①] 我们可以确定，20 世纪 20 年代下半期到 30 年代初期，П. И. 梁申科的观点与 H. H. 瓦纳格的俄国金融资本附属性理论非常接近。开始时，П. И. 梁申科加入了一些保留意见，认为 H. H. 瓦纳格夸大了外国资本的作用。后来，П. И. 梁申科几乎完全复制了 H. H. 瓦纳格的理论。他认为俄国金融资本的形成与 1905 年革命后的几年（特别是世界大战前的最后一年）外国资本对俄国银行体系的入侵密不可分。[②] H. H. 瓦纳格一度坚持："工业资本向金融资本转型的过程，促使俄国工业走上了更广阔的道路，但是也完全保留了俄国落后、资本市场发展不良以及银行体系不发达的特征。工业企业的重组需要大笔资金，由于俄国银行无法满足这个需求，工业企业被迫向欧洲银行寻求援助（主要是法国银行，也有英国银行和德国银行）。俄国垄断资本主义的发展与国际银行的资本息息相关，导致了国际银行在俄国工业中的地位不断加强及俄国金融资本体系的形成。这种制度在封建地主阶级统治和封建专制制度的条件下形

---

① 参阅 Лященко П. И., История народного хозяйства СССР, М., Соцвкгиз, 1939. Эта книга представляла собой обновленный вариант прежней его работы。

② Лященко П. И., История народного хозяйства СССР, М., Соцвкгиз, 1939. С. 591.

成，具有非国有性。"①

许多年后，П. И. 梁申科写道："1900～1903 年危机严重破坏了工业资本的独立性。在危机、股份制工业企业及银行贷款亏损的情况下，银行不得不进行所谓的财务重组，以避免这些企业彻底倒闭……所有这些措施都使得工业直接依赖于银行资本。虽然在 1909～1913 年间，俄国银行体系和银行资本迅速发展，但仍无法满足工业重组对资本的需求。因此，为了加强金融基础，俄国银行资本在与工业融合的同时，不得不求助于外国银行资本。因此，俄国工业不但与俄国银行资本融合，而且与外国资本融合，俄国金融资本具有非独立性和依赖性。"②

正如我们所看到的，Н. Н. 瓦纳格认为："根据银行章程，外国银行资本在俄国工业领域中不断扩大影响范围，从而掩盖了其在俄国工业中的实际意义。"③ П. И. 梁申科对此持相同看法，他说道："外国银行资本主要通过俄国银行控制俄国工业，有时外国银行也会通过直接发行股票的形式对俄国工业进行控制。"④

谈到俄国银行和工业与外资的从属关系，Н. Н. 瓦纳格认为各种外资是

---

①　Ванаг Н. Н.，Финансовый капитал в России накануне мировой войны. 3 - е переработанное издание. Харьков.，Пролетарий，1930. С. 52 - 53. 在前两个版本中，表述方式有所不同。Н. Н. 瓦纳格曾说："1905 年革命没有解决存在的经济问题，反而导致了长期的工业萧条。在这种情况下，无论信贷机构实施哪种政策，都无法发展俄国的工业资本。"他补充道："工业资本需要贷款，特别是长期贷款。为了寻求长期贷款，工业企业停止了由银行机构进行财务改造……我虽然概述了 1905 年后工业资本与银行融合的过程，但对股份制商业银行统计数据的分析表明，俄国银行体系不能满足俄国工业资本的需求。因此，俄国垄断资本主义发展的开始与国际银行资本密切相关，国际银行资本不仅促进了工业企业的初级重组，还加深了银行与俄国工业的联系。事实上，在革命前夕，国际银行几乎垄断了全国的工业资本体系，这种垄断的本质是通过俄国股份制商业银行，国际银行资本征服了俄国工业。"参阅 Ванаг Н. Н.，Финансовый капитал в России накануне мировой войны，изд. 2. С. 18 - 25。

②　Лященко П. И.，История народного хозяйства СССР，М.，Соцвкгиз，1939. С. 593 - 594. 在 1948 年版本中重复了同样的内容。参阅 Лященко П. И.，История народного хозяйства СССР，т. II. Капитализм. М.，Госполитиздат，1948. С. 371 - 372。

③　Ванаг Н. Н.，Финансовый капитал в России накануне мировой войны，изд. 3. С. 104.（изд. 2. С. 54.）

④　Лященко П. И.，История народного хозяйства СССР，М.，Соцвкгиз，1939. С. 595.

统一的，其行动始终相互协调，旨在实现同一目标，这种做法极大地加快了它的发展速度。值得说明的是，如果在一个特定的企业中，外国投资的比例占股份资本的 50% 以上，那么该从属关系就是很明确的。此外，还需计算附属企业在该行业的总股本（或总生产值）中所占的比例。在这种情况下，基于将外国资本的影响和沙皇政府的外交政策趋向相关联的角度，H. H. 瓦纳格通常将外国投资分为三类：法国的、英国的和德国的。法国和英国是盟友，共同与德国竞争。H. H. 瓦纳格甚至将法国资本和英国资本称为协约资本。

此外，П. И. 梁申科亦研究了外国资本在俄国的作用。继 H. H. 瓦纳格之后，П. И. 梁申科完全忽略了同一国家不同金融资本群体之间的矛盾，只重视协约资本和德国资本之间的斗争。П. И. 梁申科总结外国资本的影响时写道："1917 年前，在俄国股份制企业的建设中，协约资本（英国—法国—比利时）占了 69.5%，而德国资本只占 20%。这种情况也预示了俄国参与世界大战的性质问题。"[1]

毫无疑问，П. И. 梁申科的主张与 H. H. 瓦纳格的结论没有太大差异。П. И. 梁申科对俄国工业垄断进行了如下描述："由于俄国的垄断企业普遍存在经济落后和依赖于外国金融资本的问题，因此在资本家联盟瓜分世界的斗争中，俄国没有发挥独立积极的作用。俄国的垄断企业往往是外国帝国主义对半殖民地俄国剥削的对象。俄国重要的辛迪加组织要么是国际垄断性协会的成员，要么是外国垄断公司的子公司和分支机构，有的甚至还是外国垄断公司在俄国境内的办事处。水泥、烟草、铁锰矿、农业机械、管道、运粮车、橡胶工业、海洋盐业、火柴等辛迪加或受到相关国际垄断组织的领导，或直接依赖于国际垄断组织。即便是在世界市场中占有重要比例的俄国石油工业，实际上亦完全从属于外国垄断组织。"[2]

---

[1] Лященко П. И., История народного хозяйства СССР, М., Соцвкгиз, 1939. С. 599. 在 1948 年版本中重复了该提法。参阅 Лященко П. И., История народного хозяйства СССР. М., Госполитиздат, 1948. С. 379。

[2] Лященко П. И., История народного хозяйства СССР, М., Соцвкгиз, 1939. С. 575 – 576. 在 1948 年版本中重复了该特征。参阅 Лященко П. И., История народного хозяйства СССР. М., Госполитиздат, 1948. С. 345 – 346。

关于俄国金融资本主义制度，П. И. 梁申科说道："1909～1914 年的俄国金融资本主义制度实现了快速而又广泛的发展。但就整体体系而言，俄国帝国主义还不是一个完全独立的国家体系。落后的社会经济导致沙皇俄国成为西方帝国主义列强的附属国。"①

П. И. 梁申科与 Н. Н. 瓦纳格的分歧在于对俄国帝国主义的开始时期判断不同。П. И. 梁申科写道："列宁建立的'西方资本主义垄断发展的历史阶段'未直接揭示俄国帝国主义发展的主要阶段。我们应该指出，俄国的前两个垄断阶段被推迟了，卡特尔的广泛发展时期不早于 20 世纪初。1900～1903 年危机后，垄断成为帝国主义的主要标志之一。20 世纪初是俄国帝国主义的开端。"

不过，资本主义的帝国主义阶段并非在某一年立即开始的，而是在工业资本主义的统治下，根据最新的历史特征而准备和发展起来的（正如列宁所指出的西欧情况）。19 世纪末以来，俄国一直努力将资本主义转变为帝国资本主义。准备阶段中最重要的因素是：优于其他国家的工业集中；工业与银行的联系；统一协会的广泛发展。1900～1903 年危机对于俄国资本主义最终过渡到帝国主义起到了至关重要的作用。在危机中淘汰了实力较弱的、技术不完善的企业，保留了更强大的资本主义企业。这场危机迫使资本主义工业从技术、经济和组织层面进行革新和重组，从而加快了集中和垄断的趋势。1904 年日俄战争后，日俄重新划分了殖民地，因此日俄战争已经是一场纯粹的帝国主义战争。自 1909～1913 年工业崛起以来，垄断、银行、金融资本和参与国际垄断性协会的作用愈加重要。②

在"帝国主义时期划分"这一定义尚不清晰的情况下，П. И. 梁申科宣称"20 世纪初也是俄国帝国主义的开端"。与此同时，他表示俄国卡特尔的广泛发展（根据列宁的分期，出现在帝国主义前的时期）不早于 20 世纪

---

①　Лященко П. И. , История народного хозяйства СССР, М. , Соцвкгиз, 1939. С. 601.

②　Лященко П. И. , История народного хозяйства СССР, М. , Соцвкгиз, 1939. С. 539 – 540. 在 1948 年版本中重复了该评论。参阅 Лященко П. И. , История народного хозяйства СССР. М. , Госполитиздат, 1948. С. 229 – 230。

初。随后，突然之间，人们普遍意识到，早在 19 世纪末，俄国辛迪加就得到了广泛发展，并出现了工业集中及工业与银行紧密联系的现象。但 П. И. 梁申科说："这些现象只是准备将资本主义转变为帝国主义。"

П. И. 梁申科在已出版的作品中坚持反对 19 世纪末俄国资本主义进入垄断阶段的说法。之前，П. И. 梁申科和 Н. Н. 瓦纳格一样，认为 1905 年之后俄国资本主义进入垄断阶段。[①] 现在，他主张俄国资本主义向帝国主义的最终过渡始于 1900~1903 年危机。

想必这是 20 世纪 30 年代下半期，苏联历史学家和经济学家在研究列宁主义时，对 М. Н. 波克罗夫斯基的理论进行深入研究的结果。通过对 М. Н. 波克罗夫斯基理论的批判性分析，苏联历史学家和经济学家比之前更加关注到列宁主义的一些特征。有人注意到，列宁对 20 世纪初俄国社会关系的评估，是从金融资本（或金融资本主义）存在的事实出发的。[②] 显然，正是这种情况，引起了 20 世纪 30 年代末对 20 世纪初俄国垄断协会的研究。[③]

П. И. 梁申科在 1948 年出版的新版《苏联国民经济史》一书中阐释了俄国垄断的历史。[④] 新版本主要是在档案材料的基础上编写的，其中大部分内容专门描述顿涅茨克矿物燃料贸易公司和俄国冶金企业产品销售公司的情况。П. И. 梁申科发现了莫斯科金属合伙企业（6. 古容）的档案（位于莫

---

① Лященко П. И. , История народного хозяйства, изд. 2. С. 502.

② 参阅 Сидоров А. Л. , Ошибки Покровский М. Н. в оценке русско - японской Войны 1904 - 1905 годов // Против исторической концепции Покровский М. Н. . М. - Л. , Изд - во АН СССР, 1939. С. 465; Пясковский А. В. , Критика антиленинских взглядов Покровский М. Н. на буржуазно - демократическую революцию в России // Против исторической концепции Покровский М. Н. М. - Л. , Изд - во АН СССР, 1939. С. 398; Лященко П. И. , История народного хозяйства СССР, М. , Соцвкгиз, 1939. С. 535。

③ Тарновский К. Н. , Советская историография российского империализма. М. , Наука, 1964. С. 71 - 73. (о группе А. Ф. Кона)

④ На этот раз работа Лященко П. И. вышла в двух томах. Ниже будут ссылки лишь на 2 - й том: Лященко П. И. , История народного хозяйства СССР, т. II. Капитализм. М. , Госполитиздат, 1948.

斯科地区的历史档案馆）后，出版了承包协议。①

　　1948 年出版的《苏联国民经济史》表明，曾经普遍认为的俄国工业垄断没有得到广泛发展的观点是错误的，工业垄断主要通过与银行融合以及在此基础上形成银行垄断而发生。П. И. 梁申科在作品中引用的新事实材料证实了早在 20 世纪初，工业企业的垄断协会（主要是辛迪加）已成为俄国重工业的决定性力量。

　　然而，在研究俄国垄断企业方面迈出重要的一步后，П. И. 梁申科对研究俄国早期垄断协会失去了兴趣。② 他没有继续探寻俄国早期垄断协会与 20 世纪初垄断企业之间的继承关系，而是继续将俄国垄断视为外国垄断公司的附属。③ 他认为，垄断俄国经济的过程是发达资本主义国家垄断发展的一种表现，并写道："本质上，俄国垄断加入国际垄断联盟及俄国参与世界划分等问题是外国资本在创建俄国垄断组织中的作用问题。"④

　　因此，根据 П. И. 梁申科的说法，俄国工业的垄断完全是将外国垄断引入俄国国民经济的结果。因此，俄国工业垄断的转型只花费了极少的时间。正如我们所看到的那样，П. И. 梁申科将垄断的开始与 1900～1903 年危机

---

① 参阅 Лященко П. И. ， Из истории монополий в России. Контрагентские договоры 《Продаметы》 как орудие монополистической политики // Исторические записки. 1946，т. 20. С. 150 – 188。

② 广泛研究俄国早期垄断协会后，П. И. 梁申科总结道："在俄国资本主义的历史中，19 世纪 70～80 年代，第一次出现企业之间的协议。当时最大的保险公司签订了垄断公约，以建立单一的保险关税。1886 年，线材制钉行业辛迪加出现。1887 年，糖业辛迪加在政府的协助下成为规范制糖业最重要的形式。1892 年，主要石油公司之间签订了一个辛迪加式的协议，并试图将煤炭企业和冶金企业等结合起来。自 1927 年以来，这一特征一直没有改变。" 参阅 Лященко П. И. ， История русского народного хозяйства, изд. 1. С. 41。

③ Лященко П. И. ， История народного хозяйства СССР，т. II. Капитализм. М. ， Госполитиздат，1948. С. 345.

④ Лященко П. И. ， История народного хозяйства СССР，т. II. Капитализм. М. ， Госполитиздат，1948. С. 344.（курсив мой. – В. Б.）值得注意的是，П. И. 梁申科同时指出："向垄断协会过渡的一般条件是高度集中的工业。"（С. 289）然而，在随后出版的书中，П. И. 梁申科发现有必要澄清俄国的工业集中只不过是外国资本渗透的结果。他写道："工业的集中度在很大程度上受到外国资本的影响。外国资本以控制俄国工业为重要手段来实现对俄国的殖民统治。" 参阅 Лященко П. И. ， История народного хозяйства СССР，1952. С. 290。

联系起来。他说:"20 世纪的第一个十年结束时,俄国的任何一个行业或运输部门都出现了垄断和辛迪加。此外,辛迪加已经完全实现了它的主要目标,即垄断市场和提高价格。"①

在银行与俄国工业融合的过程中,П. И. 梁申科认为外国资本起了决定性的作用。他注意到 90 年代后期工业企业越来越依赖于银行资本,但"外国资本对俄国银行体系的积极攻势发生在 1905 年革命后的几年,特别是在世界大战前的最后一年"。② 为了证明从革命前文学中得知的俄国银行在工业企业中的"利益"案例,以及 19 世纪 90 年代并非银行资本与工业资本融合的开始,П. И. 梁申科利用了 Н. Н. 瓦纳格的理论。他指出:"银行拥有一部分股份公司的股票和债券,③ 但银行股票主要并非来自企业的融资,而是来自股票投机。"④ 根据 П. И. 梁申科的说法,到 20 世纪 20 年代,俄国金融资本体系"已经取得了广泛而有力的发展"。⑤

关于这一点,П. И. 梁申科的想法与 Н. Н. 瓦纳格的理论完全相符。П. И. 梁申科认为,就垄断资本主义的起源而言,俄国与其他发达资本主义国家存在着本质上的不同。在其他发达资本主义国家,垄断的出现和形成发生在旧自由资本主义内部。起初,垄断只是几乎看不见的胚胎;随后,出现了第一个萌芽;接着,萌芽的数量开始迅速增加,但是这些萌芽依然十分脆弱,往往出现后很快就消失了;最后,越来越多的幼苗出现,并逐渐适应了

① Лященко П. И., История народного хозяйства СССР, т. II. Капитализм. М., Госполитиздат, 1948. С. 342.
② Лященко П. И., История народного хозяйства СССР, т. II. Капитализм. М., Госполитиздат, 1948. С. 361.
③ 通过引用 Б. Ф. 勃兰特关于银行总存量中工业证券的数据(也被 П. И. 梁申科使用),Н. Н. 瓦纳格证明了 90 年代银行与工业资本的关系未超出支付中介的范畴,并补充道:"所列数据均未经过任何工业企业的处理。"参阅 Ванаг Н. Н., Финансовый капитал в России накануне мировой войны, изд. 2. С. 15. 这一论点受到了 Е. Л. 格拉诺夫斯基和 С. Л. 罗恩尼的批评。结果,在第三版中,Н. Н. 瓦纳格被迫将其删除。
④ Лященко П. И., История народного хозяйства СССР, т. II. Капитализм. М., Госполитиздат, 1948. С. 371.
⑤ Лященко П. И., История народного хозяйства СССР, т. II. Капитализм. М., Госполитиздат, 1948. С. 387.

环境条件、自然选择。由于经济社会条件和立法规范的不同，英国和法国、美国和德国的垄断及金融资本的组织形式不同。19世纪后30年，自由竞争的资本主义统一客观地转变为垄断资本主义。每个资本主义国家都有各自独特而具体的形式。扩大垄断的影响范围和改善垄断的组织形式构成垄断成熟过程中的两个方面，并转变为经济生活的基础之一。垄断成熟的过程是在自由竞争的统治下发生的，是垄断前资本主义向帝国主义发展的主要内容，列宁将欧洲国家的这一时期界定为1860～1903年。

在 П. И. 梁申科的描述中，俄国垄断前资本主义向帝国主义的转变则完全不同。由于垄断和金融资本不是逐渐从俄国资本主义的内部发展出来，而是由外国资本从外部带来的"现成品"，因此这里没有也不可能有发展期。1900～1910年，俄国确立了垄断主义，这段时间非常短暂，因为垄断协会并不同时出现在工业和运输业的全部部门（根据 П. И. 梁申科的观点，它们在第一个十年结束时出现），但它们在各地奠定了坚实的基础，首次尝试就占领了垄断地位；最初，它们采取了相当成熟的组织形式，随后几乎没有发生任何变化。П. И. 梁申科认为俄国的垄断和金融资本从雄厚的外国资本中孕育而出、华丽现世，是外国资本的结晶。

"俄国历史上是否存在从垄断前向垄断资本主义的过渡及其时间"问题一直充满争议，因此俄国垄断和金融资本的附属性质值得探讨。为了证实这一点，笔者引用了 И. Ф. 金丁和 П. А. 赫罗莫夫的作品，它们几乎与 П. И. 梁申科的书同时出版。

再次谈到俄国金融资本形成的问题，И. Ф. 金丁坚信"俄国金融资本的弱点及其特征不应主要通过外部影响来解释，而应从受俄国封建残余影响的、俄国资本主义发展的一般条件出发"。[①] 在不否认外国资本对俄国金融

---

① Гиндин И. Ф. , Русские коммерческие банки. Из истории финансового капитала в России. М. , Госфиниздат, 1948. С. 8. К. Н. Тарновский肯定了 И. Ф. 金丁研究的出发点，并研究了俄国帝国主义问题的历史地位。参阅 Гиндин И. Ф. , Русские коммерческие банки. Из истории финансового капитала в России. М. , Госфиниздат, 1948. С. 81 – 82, 91 – 94。笔者同意他们的观点。

资本的形成有影响的情况下，他从俄国资本主义本身寻求根源。

与之前的研究相比，И. Ф. 金丁的研究节点从 19 世纪 60 年代开始，大大扩展了研究俄国银行史的时间范围。他对银行业的分析表明，直到 90 年代，工业信贷和工业融资尚未发展。但与此同时，随着彼得堡银行与外国信贷机构投机业务（俄国纸币和有息证券）的广泛发展，"彼得堡银行准备参与 19 世纪 90 年代的工业融资"。①

根据 И. Ф. 金丁的说法，19 世纪 90 年代的工业高涨期是俄国银行史的转折点。他写道："在工业高涨期，主要是彼得堡银行（国际银行、贴现贷款银行、俄国对外贸易银行）和私营股份制银行开始首次建立大量股份制工业企业……通过发行辛迪加，股份制银行的发行活动首次有了重要进展。这些业务都由非保证证券作抵押，扩大透支。由于发行和创建业务，以及向个别企业提供大量工业贷款，银行资本在一些工业企业中牢固地联系在一起。"② 确定在工业高涨期内，俄国银行与工业的联合开始发展并壮大后，И. Ф. 金丁得出结论："19 世纪 90 年代的工业高涨具有资本主义从自由竞争发展为垄断的时代特征。"③

应当指出，这一结论基于对俄国商业银行活动的专门研究，并附有一些保留意见。在 19 世纪 90 年代银行和工业之间的关系中，出现了能够证明垄断资本主义即将来临的新现象，И. Ф. 金丁认为在解释它们时，有必要考虑到俄国工业垄断过程的薄弱环节，这反映了 20 世纪 40 年代末至 50 年代初的普遍认识："鉴于垄断的先决条件（工业的高度集中；重工业中出现少数大型股份制企业的形式；糖业的标准化）极大增强，工业垄断没有形成各种各样的卡特尔（范围广泛但尚未强大），19 世纪

---

① Гиндин И. Ф. , Русские коммерческие банки. Из истории финансового капитала в России. М. , Госфиниздат, 1948. С. 64.

② Гиндин И. Ф. , Русские коммерческие банки. Из истории финансового капитала в России. М. , Госфиниздат, 1948. С. 89 - 90.

③ Гиндин И. Ф. , Русские коммерческие банки. Из истории финансового капитала в России. М. , Госфиниздат, 1948. С. 102 - 103. （курсив мой. - В. Б. ）

90 年代卡特尔还处于起步阶段。"① 因此他在评估俄国银行与工业企业融合的价值时非常谨慎。

事实上，在 19 世纪末没有掌握工业垄断数据的情况下，声明俄国资本主义进入了向帝国主义的过渡期是不严谨的。这一观点显然与历史学家和经济学家的俄国早期垄断独特性观点相矛盾。因此，苏联国民经济史研究者面临两难选择：要么将过渡时期定于 20 世纪初，② 要么对 19 世纪末俄国工业垄断进程的软弱性提出质疑。

继 П. И. 梁申科之后，П. А. 赫罗莫夫发表了一篇题为《19 ~ 20 世纪俄国经济的发展》的评论文章，表示自己更倾向于第二个选择。他绝不主张淡化俄国经济对外国资本的依赖，却认为由于俄国资本主义本身的发展，在俄国建立垄断资本主义与外国资本的影响无关。П. А. 赫罗莫夫认为，俄国在 20 世纪初进入垄断阶段，是由 1875 ~ 1900 年的生产集中和垄断的发展过程所导致的。他写道："19 世纪末，俄国很多工业部门出现了生产集中的现象，70 ~ 80 年代出现了个别辛迪加；90 年代辛迪加的发展进入了一个新时期；在危机之后，即 20 世纪初，垄断成为俄国经济生活的基础之一。"③ П. А. 赫罗莫夫使用重要的事实材料论证了 19 世纪末俄国的生产集中度。然而，关于早期垄断，他仅举出糖业辛迪加这一个实例。这显然不足以说明"70 ~ 80 年代出现了个别辛迪加"的观点，并且完全不足以证实"90 年代辛迪加的发展进入了一个新时期"的论断。П. А. 赫罗莫夫基于 20 世纪初俄国垄断协会的发展水平，提出了一个先验假设。但笔者认为，只有对俄国早期垄断进行完整研究才能证实上述

①　Гиндин И. Ф., Русские коммерческие банки. Из истории финансового капитала в России. М., Госфиниздат, 1948. С. 100. 他的意见基于以下关于俄国早期垄断的信息："在 1893 ~ 1899 年工业高涨之前，在政府主持下，建立了第一批糖业辛迪加（1887 年）和石油出口辛迪加（1892 年）。然而，近年来，冶金业和燃料业的工业垄断尚未形成。"参阅 Гиндин И. Ф., Русские коммерческие банки. Из истории финансового капитала в России. М., Госфиниздат, 1948. С. 75。

②　Бакулев Г. Д., Черная металлургия юга России. М., Металлургиздат, 1953.

③　Хромов П. А., Экономическое развитие России в XIX - XX веках, 1800 - 1917 гг. М., Госполитиздат, 1950. С. 297 - 298.

观点的正确与否。

20 世纪 40 年代下半期至 50 年代上半期，经济学家和历史学家的注意力主要集中在 20 世纪初的俄国垄断。他们在研究中付出了前所未有的巨大努力。[1] 在 П. И. 梁申科的启发下，研究人员去档案馆寻找有根据的新信息，然后研究了煤炭业、石油工业、冶金业、机车制造业以及糖业的垄断协会。

最初，这项研究严格按照 П. И. 梁申科提出的方向进行。《苏联国民经济史》的作者指出："俄国垄断资本主义组织的特殊之处在于，一方面，辛迪加的发展遭遇了停滞，没有发展到最高的组织形式——托拉斯；另一方面，辛迪加通常只是外国垄断协会的分支机构，是其附属组织。"[2] 继 П. И. 梁申科之后，研究人员首先研究了辛迪加类型的垄断协会，认为辛迪加的出现与俄国工业引入外资有关。П. И. 梁申科的研究意义重大，多年来无人超越他的研究成果（包括对石油工业领域的研究）。在革命前的文献中，最有

---

[1] 1948 ~ 1955 年，Б. Ю. 阿洪多夫、А. Л. 别拉科夫斯基、А. Д. 布列伊捷尔曼、П. В. 沃洛布耶夫、М. Я. 格弗捷尔、М. И. 扎卡良、Т. Д. 克鲁平、М. М. 利特温、И. Д. 利特维诺夫、М. Ф. 洛热奇基纳、Н. И. 米涅耶娃、Т. Г. 巴尤索娃、В. И. 彼得连科、И. С. 斯塔尔切斯卡娅、К. Н. 塔尔科夫斯基、У. М. 乌瓦罗夫、И. В. 福柳舍夫等人发表了十几篇关于俄国垄断历史的论文。此外，还出版了一系列专著。例如：Шполянекий Д. И.，Монополии угольно - металлургической промышленности Юга России в начале XX века. М.，Изд - во АН СССР，1953；Бакулев Г. Д.，Черная металлургия Юга России. М.，Металлургиздат，1953；Лисичкин С. М.，Очерки по истории развития отечественной нефтяной промышленности. Дореволюционный период. М. – Л.，Гостоптехиздат，1954；Потребилский А. П.，Очерки истории финансов дореволюционной России（XIX – XX пп.）. М.，Госфинлздат，1954；Пажитнов К. А.，Очерки истории текстильной промышленности дореволюционном России. Шерстяная промышленность. М.，Изд - во АН СССР，1955；Нестеренко А. А.，Очерки истории промышленности и положения пролетариата Украины в конце XIX и начале XX в. М.，Госполитиздат，1954；Яковлев А. Ф.，Экономические кризисы в России. М.，Госполитиздат，1955；Лившиц Р. С.，Размещение промышленности в дореволюционной России. М.，Изд - во АН СССР，1955。

[2] Лященко П. И.，История народного хозяйства СССР，т. II. Капитализм. М.，Госполитиздат，1948. С. 225.

分量的研究是 Б. Ю. 阿洪多夫[①]的博士学位论文，但其中仅回顾性地提到了90 年代的垄断协会。

事实上，М. Я. 格弗捷尔的研究是唯一与既定规律相反的研究。М. Я. 格弗捷尔致力于研究糖业辛迪加的历史。作为垄断协会的研究对象，糖业辛迪加的出现显然与外国资本的流入无关。这与多年来研究俄国垄断的结论相反。

为了在不把俄国垄断协会归类为外国垄断分支的前提下了解它的产生，М. Я. 格弗捷尔以 19 世纪 80 年代为时间节点着手进行研究。因此，他的文章与当时的其他作品不同，其中包含对早期垄断历史的深刻分析。此外，М. Я. 格弗捷尔对 П. И. 梁申科关于"俄国垄断止步于辛迪加阶段"的主张表示怀疑。在研究俄国银行在制糖业中的作用后，М. Я. 格弗捷尔表示"在第一次世界大战前夕，由于工业和银行资本的融合加强，制糖业向最高级别的托拉斯过渡"。[②]

М. Я. 格弗捷尔对 19 世纪 80 ~ 90 年代的糖业垄断过程产生了极大的兴趣。经研究，М. Я. 格弗捷尔得出了一个非常重要的结论："在俄国从垄断资本主义以前的资本主义到垄断资本主义过渡的一般条件的影响下，19 世纪 80 年代后期出现的基辅辛迪加涵盖了绝大多数糖厂。"[③] 然而，为了支持俄国早期垄断行业具有独特性的普遍看法，М. Я. 格弗捷尔认为有必要指出基辅辛迪加是一种"单一的、在某种意义上甚至是特殊的现象"。综上，根

---

① 参阅 Ахундов Б. Ю., Монополистический капитал в бакинском нефтяной промышленности. Докт. дне. М., 1950。该学位论文的内容被以下文章和专著引用：Развитие бакинской нефтяной промышленности после отмены откупной системы // Известия АН АзССР. 1949, № 10. С. 03 – 91; К вопросу об иностранном капитале в дореволюционной бакинской промышленности // Известия АН АзССР. 1953. № 4. С. 77 – 99; Ахундов Б. Ю., Монолистнческий капитал в дореволюционной бакинской нефтяном промышленности. М., Соцэкгиз, 1959。

② Гефтер М. Я., Из истории монополистического капитализма в России (сахарный синдикат） // Исторические записки. 1951, т. 38. С. 151.

③ Гефтер М. Я., Из истории монополистического капитализма в России (сахарный синдикат） // Исторические записки. 1951, т. 38. С. 149.

据一项具体研究得出的结论是无效的。如果糖业垄断是一个例外情况，那么就没有理由谈论俄国资本主义向帝国主义的转变。毕竟，凭个别现象草率进行判断是不明智的。[①]

尽管 20 世纪 40 年代末和 50 年代初的研究存在各种缺点，但它们在俄国垄断的研究中发挥了重要作用。20 世纪前十年，人们研究了国民经济的重要部门。20 世纪 50 年代初，人们研究了垄断在沙皇俄国政治经济体系中的地位，以及垄断资本与专制之间的关系性质等问题。

1952 年斯大林提出的"将资本主义国家的国家机关从属于垄断"的准则对研究有一定的影响。[②] 这条准则似乎概括了多年来俄国垄断与专制统治之间的关系，可以解释在明显损害财政部和土地所有者的经济利益的前提下，沙皇政府为什么纵容垄断，甚至支持垄断。后来，俄国垄断与沙皇专制之间的关系充满了复杂性和矛盾性，而这条片面的准则再也无法正确阐释它们之间的关系。[③] 然而，从属关系的准则无疑使苏联经济学家和历史学家改变了"俄国垄断协会赢弱"的长期观念，并且使人们开始怀疑 П. И. 梁申科关于"这些垄断性协会组织发展不足"的主张的正确性。[④] 值得注意的是，正是在这个时候，М. Я. 格弗捷尔和 П. В. 沃洛布耶夫所著的研究俄国

[①] 几年后，大约在 1954 年 3 月，莫斯科国立大学历史系苏联历史教研室的 М. Я. 格弗捷尔做了一篇题为《俄国从垄断前向垄断资本主义的转变》的报告。在报告中，基于更广泛的事实基础，考虑到当时已发现的 19 世纪 80 ~ 90 年代俄国金属工业的垄断协会，首次（据笔者所知）尝试描述俄国资本主义过渡时期的特征和时间框架。遗憾的是，М. Я. 格弗捷尔的报告没有公布。

[②] 参阅 Сталин И. В., Экономические проблемы социализма в СССР. М., Госполитиздат, 1952. С. 101 – 102。

[③] 参阅 Бовыкин В. И., Гиндин И. Ф., Тарновский К. Н., Государственно - монополистический капитализм в России // История СССР. 1959, № 3. С. 83 – 117。

[④] Г. Д. 巴库列夫在 1953 年出版的《Черная металлургия юга России》一书中证明了这些想法是有根据的。Г. Д. 巴库列夫通过分析俄国垄断的"若干特征"，"将俄国垄断协会与西方垄断组织区分开"后，指出，"俄国辛迪加虽不经常在俄国南部出现，但也已经在市场上占据垄断地位。俄国辛迪加对工业发展的影响明显较小，在组织上不如西欧的垄断协会稳定，在国内的影响范围有限，并且在国际市场上影响不大"。参阅 Бакулев Г. Д., Черная металлургия юга России. М., Металлургиздат, 1953. С. 147 – 148。（курсив мой. – В. Б.）

托拉斯的第一部作品问世了。[①]

　　П. И. 梁申科的另一个结论，即"俄国重要的辛迪加组织要么是国际垄断性协会的成员，要么是外国垄断公司的子公司和分支机构，有的甚至还是外国垄断公司在俄国境内的办事处"[②] 也受到了质疑。第一个对此产生怀疑的是 П. И. 梁申科本人。他在 1948 年版的《苏联国民经济历史》中说明，在大量的垄断协会中，只有两个——管道辛迪加和一家石油公司（即英国 - 荷兰壳牌石油托拉斯公司的分部），看起来像是外国垄断公司的子公司。П. И. 梁申科指出，俄国冶金企业产品销售公司的真正所有者在巴黎，并由神秘的巴黎委员会控制。俄国冶金企业产品销售公司和顿涅茨克矿物燃料贸易公司的领导机构位于国外这一事实，只能作为外国资本大量参与协作公司的标志。为了确定俄国垄断协会的附属性，有必要证明大部分垄断协会均为外国公司的分支机构，或者隶属于海外工业垄断企业或金融集团。同时，П. И. 梁申科本人承认："俄国冶金企业产品销售公司的代销点至少包括三个来源不同的群体，分别为法国部分（南俄第聂伯、俄国 - 比利时、新俄罗斯、顿涅茨克、普罗维登斯等工厂企业），由法国里昂信贷银行、巴黎银行等领导；与德国的混合资本（克拉马托尔斯克工厂、波兰的大部分工厂），由一家德国银行领导；俄国 - 法国 - 比利时混合资本（布良斯克、塔甘罗格、顿涅茨克 - 尤里耶夫等工厂企业），由俄国国际银行下属的法国 - 比利时银行、亚速 - 顿河银行和俄国对外贸易银行领导。"[③]

　　随后的研究表明，俄国冶金企业产品销售公司的内部关系要复杂得多。俄国冶金企业产品销售公司并不是由任何外国垄断企业或金融辛迪加创建

①　参阅 Гефтер М. Я. , Борьба вокруг создания металлургического треста в России в начале XX в // Исторические записки. 1954, т. 47. С. 124 - 148; Волобуев П. В. , Из истории монополизации нефтяной промышленности дореволюционной России (1903 - 1914 гг.) // Исторические записки. 1955, т. 52. С. 94 - 111.

②　Лященко П. И. , История народного хозяйства СССР, т. II. Капитализм. М. , Госполитиздат, 1948. С. 345.

③　Лященко П. И. , История народного хозяйства СССР, т. II. Капитализм. М. , Госполитиздат, 1948. С. 296 - 297.

的，而是由属于不同金融辛迪加的企业签订协议而成立的。在这种情况下，垄断已经从俄国自身的自由竞争中发展起来。

М. Я. 格弗捷尔对 1908 年阻止建立冶金业托拉斯的分析更清楚地表明，俄国冶金企业产品销售公司的外国所有者产生了建立托拉斯的想法。根据 М. Я. 格弗捷尔的分析，未能在俄国建立冶金业托拉斯的主要原因是：在托拉斯的组织者和其背后的银行之间，存在着尖锐的矛盾和冲突。

М. Я. 格弗捷尔写道："我想强调的最后一点是，在我们的文献中，外国资本经常被描绘成一个整体，这使我们无法看到其各部分之间的矛盾（以及外国资本和俄国资本之间的矛盾）。"①

顿涅茨克矿物燃料贸易公司既不是外国煤炭垄断公司的分支机构，也不是外国金融辛迪加的子公司。根据 П. В. 沃洛布耶夫对顿涅茨克矿物燃料贸易公司产生和活动的研究，可以看出与俄国冶金企业产品销售公司一样，它是基于各种协议而产生的，旨在终止成员之间的竞争。②

因此，在俄国垄断的具体研究中，产生了证明从属性观点错误的大量证据。人们逐渐意识到，不应从国外寻求 20 世纪初俄国垄断的根源，而应从 19 世纪后期俄国的经济生活条件着手。通过研究 19 世纪 90 年代俄国南部煤炭工业的垄断趋势，П. В. 沃洛布耶夫撰写了关于顿涅茨克矿物燃料贸易公司的文章。

虽然俄国早期垄断协会具有独特性的概念深深植根于历史学家和经济学家的思想中，但到了 20 世纪 50 年代中期，迫切需要对俄国垄断的最初阶段进行更彻底的研究。1955 年 7 月，В. Е. 莫特廖夫在《历史问题》杂志上发表了题为《关于 19 世纪末 20 世纪初俄国工业发展的独特性》的文章说明这个问题。有趣的是，作者通过与其他资本主义国家的类似过程进行对比，来研究俄国工业的发展。这种比较的方法使作者立

---

① Гефтер М. Я., Борьба вокруг создания металлургического треста в России в начале XX в // Исторические записки. 1954, т. 47. С. 148.

② Волобуев П. В., Из истории синдиката 《Продуголь》 // Исторические записки. 1956, т. 58. С. 107 – 144.

足现实，确定俄国工业发展的特征，因此，俄国历史上的一些问题，特别是俄国落后的问题，以全新的角度被阐述。例如，B. E. 莫特廖夫提醒研究俄国历史的专家，尽管俄国落后，但是到了 19 世纪末，俄国在石油生产方面超过了美国，在冶铁方面超过了法国。B. E. 莫特廖夫对俄国高度集中的工业生产性质以及外国资本在俄国工业中的作用进行了深入研究，他的文章利用了已有的文献，并未提出创新观点。但是，在总结俄国工业的发展时，B. E. 莫特廖夫不但解释了已知的事实材料，而且提出了一些新想法，这些想法有时与既定的观点相悖。例如，当时人们普遍认为"垄断的广泛发展时期（主要是辛迪加），始于 1902 年"，他指出，"在文献中，关于俄国垄断发展的初期情况（直至 1905～1907 年革命）阐述得特别不到位"。①

　　然而，到本书出版时，历史学家和经济学家针对俄国垄断资本主义的问题，研究了大量的档案资料，已经取得了初步成果。1954 年 1 月，笔者在彼得堡国际银行的档案（藏于苏联国家历史档案馆）和普梯洛夫公司②董事会的文件（藏于列宁格勒国家历史档案馆）中发现，19 世纪 80～90 年代俄国金属业存在一系列垄断协会：1882～1887 年——钢轨制造商联盟；1884～1892 年——桥梁工厂联盟；1884～1891 年——钢轨配件制造商联盟；1889～1897 年——铁路配件制造工厂联盟；1884～1891 年——钢轨工厂联盟。③ 几乎在同一时间，M. Я. 格弗捷尔在涅伊德加

---

① Мотылев В. Е. , Об особенностях промышленного развития России в конце XIX – начале XX века // Вопросы истории. 1955, № 7. C. 24 – 25.

② 译者注：为了尽量忠实于原文，原文为"Общество Путиловских Заводов"，此处译作"普梯洛夫公司"，下文还出现"Путиловский завод"，译作"普梯洛夫工厂"。类似情况采用同样的办法处理。

③ Документы по истории монополистического капитализма в России // Материалы по истории СССР, т. VI, М. , Изд - во АН СССР, 1959. C. 11 – 45. 这些文件动摇了俄国早期垄断协会具有独特性的观点。笔者从列宁格勒返回后，立即着手编写的文章在《历史档案》杂志编辑部存稿几年，迟迟没有发表。因此，笔者只能发表关于这类文件的简短信息。参阅《Вестник Московского университета》，историко - филологическая серия，1956，№ 1. C. 181 – 187。

尔特枢密官的监察文件（藏于苏联国家历史档案馆）中找到了铁路配件制造工厂代表会议的纪要，从中可以清楚地看到这些联盟在 1889 年之前出现。[1]

　　1956 年，在 К. Н. 塔尔诺夫斯基进修班工作的莫斯科国立大学历史系学生 Е. А. 扎奇基娜，从列宁格勒国家历史档案馆中发现了罗森克兰茨轧铜制管公司之前未公开的垄断协议，其中一个于 1886 年签订。[2] 大约在同一时间，列宁格勒历史学家 С. И. 波托洛夫对 19 世纪末乌克兰采矿业垄断的问题产生了兴趣，于 1958～1959 年发表了一系列文章。[3] 通过研究俄国南部矿商代表大会的材料，С. И. 波托洛夫获取了有关顿巴斯煤炭工业垄断的信息，并首次指出 19 世纪 90 年代在俄国车辆制造业中存在垄断协会。

　　《1883～1914 年俄国石油工业的垄断资本》文件集是俄国早期垄断研究史上的一个重要里程碑。[4] 其中近一半的内容描述了 1883～1903 年的垄断历史，还有一些文献阐明了 19 世纪 80～90 年代石油工业的垄断过程。[5] С. И.

---

[1]　М. Я. 格弗捷尔向笔者传达了这个协议，该协议与上述文件一起出版。

[2]　1886 年 4 月 23 日，罗森克兰茨轧铜制管公司和科利丘金黄铜轧铜公司签订的协议。本协议附于 Е. А. 扎奇基娜的毕业论文——《1880～1914 年俄国轧铜和电缆行业垄断协会的历史》之后。（1957 年 4 月，在莫斯科国立大学历史系资本主义时期的苏联史教研室答辩。）

[3]　参阅 Потолов С. И. , Початок монополизации гирничой и гирничозаводсько промисловости Украини в кинци XIX ст // Украйнський историчний журнал. 1958, № 2, С. 21 – 38; Потолов С. И. , Из истории монополизации угольной промышленности Донбасса в конце XIX в // Из истории империализма в России. М. – Л. , Изд - во АН СССР, 1959. С. 5 – 25。

[4]　Сост. Гулиев А. Н. , Найдель М. И. , Нардова В. А. , Монополистический капитал в нефтяной промышленности России. 1883 – 1914. М. – Л. , Изд - во АН СССР, 1961.

[5]　参阅 Фурсенко А. А. и Шепелев Л. Е. , Нефтяные монополии России и их участие в борьбе за раздел мирового рынка в 90 - х годах XIX в // Материалы по истории СССР, т. VI. М. , Изд - во АН СССР, 1959; Фурсенко А. А. , Из истории русско - американских отношений на рубеже XIX – XX вв // Из истории империализма в России. М, – Л. , Изд - во АН СССР, 1959; Гефтер М. Я. иШепелев Л. Е. , О проникновении английского капитала в нефтяную промышленность России（1898 – 1902 гг. ）// Исторический архив. 1960, № 6; Фурсенко А. А. , Парижские Ротшильды и русская нефть // Вопросы истории. 1962, № 8; Фурсенко А. А. , Первый нефтяной экспортный синдикат в России（1893 – 1897 гг. ）// （转下页注）

纪。В. И. 列宁注意到 60～70 年代资本主义社会经济生活中出现的新现象。他将 80～90 年代描述为卡特尔广泛发展的时期。19 世纪俄国的垄断进程虽然与西方发达国家相比较为滞后，但整体上走上了垄断的道路……自 80 年代初以来，俄国形成垄断的现象不再是偶然的、稀少的，而是系统性的。"根据 Т. Д. 克鲁皮纳的计算，"1880～1899 年，俄国有几十个（至少 50 个）具有垄断性质的协议生效"。[①]

　　因此，多年来人们普遍认为，由于 19 世纪末俄国工业垄断进程的软弱性，俄国早期垄断的独特性受到了冲击。

　　与此同时，通过研究战前工业增长期间（即外国资本最大限度地涌入俄国股份制企业期间）俄国银行与工业之间的关系，可以发现俄国金融资本起源的基本内容是外国资本通过俄国银行控制俄国工业，不过这些推测并没有足够的依据。随着 20 世纪 50 年代中期以来对银行档案的深入研究，越来越明显的结论是，除少数情况外，俄国股份制商业银行不是外国金融资本体系的成分，而是随着俄国经济发展所产生的俄国金融资本的重要因素。正是从这一观点出发，20 世纪 50 年代下半期到 60 年代初期的文献研究了俄国银行与工业的融合过程、更高形式的垄断协会的形成以及第一次世界大战前夕和期间俄国银行业垄断的形成。[②]

[①]　参阅 Крупина Т. Д. , К вопросу об особенностях монополизации промышленности в России // Об особенностях империализма в России. С. 198。

[②]　参阅 Гиндин И. Ф. , Московские банки в период империализма（1900 - 1917）// Исторические записки. 1956, т. 58; Бовыкин В. И. , Тарновский К. Н. , Концентрация производства и развитие монополий в металлообрабатывающей промышленности России // Вопросы истории. 1957, № 2; Волобуев П. В. , Гиндин И. Ф. , К истории концерна Стахеева И. // Исторический архив. 1957, № 3; Шацилло К. Ф. , Финансовый капитал и развитие морской судостроительной промышленности России накануне первой мировой войны // Научные доклады Высшей школы, исторические науки. 1958, № 3; Шепелев Л. Е. , Частнокапиталистические торгово - промышленные предприятия России в конце XIX - начале XX вв. и их архивные фонды // Информационный бюллетень ГАУ МВД СССР. 1958, № 10; Шепелев Л. Е. , Архивные фонды акционерных коммерческих банков // Проблемы источниковедения. 1959, т. VII; Бовыкин В. И. , Банки и военная промышленность России накануне первой мировой войны // Исторические записки. 1959, т.　（转下页注）

通过上述研究，明显可以得出，虽然在战前和战争年代，垄断的发展最
为迅猛，但垄断的源头可以追溯到更早的时期。И. Н. 舍米亚金撰写了一篇
题为《关于伟大的十月社会主义革命的一些经济先决条件（基于俄国金融
资本的历史）》的文章①，重新关注俄国金融资本起源的问题。他写道："垄
断资本主义是自由竞争时代资本主义及其性质的延续和发展。金融资本的形
成是一个过程，它起源于金融资本占主导地位之前的历史时期，即 19 世纪
的最后几十年向帝国主义过渡的时期。沙皇俄国在 60 年代初才摆脱了农奴
制的束缚，向金融资本转变的趋势大约在 80 年代初开始出现，在 90 年代尤
为明显。"И. Н. 舍米亚金仔细研究了 19 世纪 90 年代银行与工业融合的事
实后，得出结论："它们是初始的、萌芽的金融资本形式。"②

（接上页注②）64；Бовыкин В. И. , Из истории взаимоотношений банков с промышленностью
накануне первой мировой войны // Материалы по истории СССР, т. VI, М. , Изд - во АН
СССР, 1959, т. VI；Гиндин И. Ф. , Тарновский К. Н. , История монополии Boray（торгового
дома《Boray и K°》）// Материалы по истории СССР, т. VI, М. , Изд - во АН СССР, 1959；
Китанина Г. М. , Из истории образования концерна Стахеева // Из истории империализма в
России；Шемякин И. Н. , О некоторых экономических предпосылках Великой Октябрьской
социалистической революции（из истории финансового капитала в России）//
Социалистические преобразования в СССР и их экономические предпосылки. М. , изд.
МГЭИ, 1959；Шацилло К. Ф. , Формирование финансового капитала в судостроительной
промышленности Юга России // Из истории империализма в России；Шацилло К. Ф. ,
Монополии и строительство подводного флота в России накануне и в период первой мировой
войны // Вестник Московского университета, сер. историческая. 1960, № 3；Шацилло
К. Ф. , К вопросу о наличии в России монополистических организаций высшего типа //
Исторический архив. 1960, № 3；Гиндин И. Ф. , Шепелев Л. Е. , Банковские монополии в
России накануне Великой Октябрьской социалистической революции // Исторические
записки. 1960, т. 66；Корелин А. П. , Группа Русско - Азиатского банка в 1914 - 1915 гг. //
Научные доклады Высшей школы, исторические науки 1960, № 1 и др.

① 参阅 Под ред. Шемякина И. Н. , Социалистические преобразования в СССР и их
экономические предпосылки. М. , изд. МГЭИ, 1959。俄国帝国主义的研究者对此论文集
几乎一无所知。尽管该论文集存在一些缺点，但它仍然值得关注。（它的缺点在于档案资料
的使用过于零散、准确性低；它的优点在于材料新颖、视野宽广和来源独创。）

② Шемякин И. Н. , О некоторых экономических предпосылках Великой Октябрьской
социалистической революции（из истории финансового капитала в России）//
Социалистические преобразования в СССР и их экономические предпосылки. М. , изд.
МГЭИ, 1959. С. 24.

因此，研究 20 世纪初俄国银行与工业融合的过程，最终动摇了俄国金融资本派生起源的理论，促使我们寻找其在国家经济发展中的真正根源。

与此同时，20 世纪 50 年代下半期，列宁格勒的一批历史学家对 19 世纪末外国资本渗透到俄国工业的方式和方法进行了研究。他们的最新研究成果表明，Е. Л. 格拉诺夫斯基的观点证据不足。因为除了俄国银行之外，这种渗透通常是由于外国银行资本与俄国工业的直接融合。А. А. 富尔先科、Ю. Б. 索洛维约夫、В. С. 佳金和 С. И. 波托洛夫通过对彼得堡国际银行的档案材料进行研究，发现外国金融辛迪加寻求与俄国的主要银行建立联系和合作。①

虽然这些研究仅在外国银行或金融集团的联合行动方面阐明了俄国工业与银行的关系，但是其中包含了大量事实，证明了俄国最大银行的活动与俄国工业的垄断进程密切相关。一些工业和银行集团出现后，随即在俄国金融资本体系中占有重要地位，这再次表明有必要研究其初始阶段。

资料文献通过不同方式反映了俄国金融资本的出现过程。其中，俄国商业银行和工业企业的档案材料具有最重要的意义。它们奠定了这项研究的基础。

在我们所研究的时间范围内，俄国大型银行的档案材料的保存程度并不

---

① 参阅 Фурсенко А. А. , Из истории русско‐американских отношений на рубеже XIX‐XX вв // Из истории империализма в России. М. , ‐Л. , Изд‐во АН СССР, 1959; Фурсенко А. А. , Парижские Ротшильды и русская нефть // Вопросы истории. 1962, № 8; Фурсенко А. А. , Нефтяные тресты и мировая политика. 1880‐е годы‐1918 г. М. ‐Л. , Наука, 1965; Соловьев Ю. Б. , Петербургский Международный банк и французский финансовый капитал в годы первого промышленного подъема в России (образование и деятельность 《Генерального общества для развития промышленности в России》), 《Монополии и иностранный капитал в России》. М. ‐Л. , Изд‐во АН СССР, 1962; Соловьев Ю. Б. , Петербургский Международный банк и французский финансовый капитал накануне кризиса 1900‐1903 гг. 《Очерки по истории экономики и классовых отношений в России конца XIX ‐начала XX в》; Дякин В. С. , Из истории проникновения иностранных капиталов в электропромышленность России (《Большой русский синдикат 1899 г. 》). 《Монополии и иностранный капитал в России》; Потолов С. И. , Начало монополизации грозненской нефтяной промышленности (1893‐1903 гг.) // Монополии и иностранный капитал в России. М. , Изд‐во АН СССР, 1962。

相同。相比其他银行，彼得堡国际银行和彼得堡私人银行的档案材料保存得最为完整。① 国立列宁格勒中央历史档案局保存的彼得堡国际银行的全套档案最具价值，涉及的主要时间段是 19 世纪的最后十年。

当然，不可否认该档案存在一些重大缺陷，但是它仍然是历史学家们梦寐以求的重要资料。

首先，值得关注的是银行领导的专用通信。通过对其进行研究，可以了解到各种金融计划是如何形成的、发起人的真正动机和目标是什么以及银行与合作伙伴的关系具有哪些特征。

此外，在准备和开展银行业务的过程中储存的文件具有特殊价值，包括银行董事会与顾客和合作伙伴的官方通信，以及银行行长在执行特定业务时所需的来源不同的材料。这些文件对于研究银行与工业的关系非常重要。

银行向任何工业企业提供大额贷款或发行新股时，都会收集有关公司的各种信息。因此，在银行档案中，有章程、报告、股份公司的详细收支及财务状况证明等资料。通常，向专家咨询发展前景，并组建主管委员会后，才能建立新的股份公司。收集的材料被归纳到相应的档案中。这类信息材料清楚地证明了银行对工业的兴趣。如果收集的资料有利，银行就开始执行业务。在档案中，与银行辛迪加②的组织和活动有关的大量通信，确保了募股的顺利进行。从这种通信中我们可以看出这些股份在谁手中。银行的创始发行业务，通常导致银行或多或少地长期参与所指导公司的股票募股。因此，这些公司活动的信息不断汇集到银行；银行还将企业代表引入自己的董事会中，将相关代表的材料保存在自己的档案中（例如，股东会议整套纪要和许多股份公司的董事会会议记录）。

随着银行对特定公司越来越看重，与该公司相关的存档资料的性质正在逐渐改变。纯粹的信息材料退居次位，能够加强银行与公司之间金融联

---

① 国立列宁格勒中央历史档案局保存了董事会位于彼得堡的全部银行的档案。莫斯科银行的档案保存在国立莫斯科中央档案馆。

② 在俄国，这样的财团被称为辛迪加。

系的文件占据主导地位，例如贷款来往公文、公司的各种金钱债务、公司与银行之间的债务信息等。公司董事会发送的信函文稿、缔结的协议草案等开始出现在银行档案中，并证明银行解决了公司活动中最重要的问题。通过研究国际银行的档案资料，我们可以非常清晰地看到"银行为某些资本家办理往来账，似乎是在从事一种纯粹技术性的、完全辅助性的业务。而当这种业务的范围扩展到很大的时候，极少数垄断者就控制整个资本主义社会的工商业业务，就能通过银行的联系，通过往来账及其他金融业务，首先确切地了解各资本家的业务状况，然后加以监督，用扩大或减少、便利或阻难信贷的办法来影响他们，以至最后完全决定他们的命运，决定他们的收入，夺去他们的资本，或者使他们有可能迅速而大量地增加资本等"。①

国际银行的档案材料对于研究俄国的早期垄断至关重要。毕竟，19世纪 80～90 年代内几乎一半垄断协议的文本都存储在该档案中。②

相比之下，彼得堡私人银行的档案非常匮乏。但是由于其中保留了银行董事会的纪要和银行业务的材料，所以我们可以更全面地了解银行与工业的关系。

彼得堡贴现贷款银行和伏尔加－卡马银行保存的档案虽然很有价值，但这些档案都是零碎的。在我们关注的时期内，俄国对外贸易银行和俄国工商业银行的档案几乎完全缺失。

至于莫斯科银行的档案，其中有关莫斯科商业银行的档案保存得最为完好，这足以证明 И. Ф. 金丁对该银行特征的概括是合理的。③

---

① Ленин В. И. , Соч. , т. 22, С. 202 - 203. 译者注：照录中共中央编译局编译《列宁全集》第 27 卷，人民出版社，1990，第 350 页。

② 这里之所以存在垄断协议文本及早期垄断的一些其他文件，是因为国际银行是参与者的担保人。担保材料、相关协议的副本或摘录被转寄给银行。同时，银行还会收到公司组成变化和活动的信息。到目前为止，这些文件只在国际银行的档案中被发现，但其他一些银行也可以扮演类似的角色，很可能保留了我们尚不了解的一些垄断协会的担保材料。

③ 参阅 Гиндин И. Ф. , Московские банки // Истории Москвы. М. , Изд - во АН СССР, 1954；Гиндин И. Ф. , Московские банки в период империализма // Исторические записки. 1956, т. 58。

也存在一些规模相对较小的工业企业的档案材料。不过，它们的总量是巨大的。与 19 世纪末有关的档案达到了几百本。[1] 此外，这些档案分散在许多档案馆中。

只有部分档案可以供学者进行系统性研究。因此，学者的任务是从中选择那些最有可能涵盖所研究过程的档案。对 1900~1917 年工业垄断进程及工业与银行融合的研究表明，机械制造和金属加工业、冶金业、石油和煤炭开采业的垄断发展最快。其原因可能是这些行业比其他行业更早地开始发展。

首先，历史学家们研究了机械制造和金属加工业的档案，它们的数量很多。事实上，列宁格勒国家历史档案馆和国立莫斯科中央档案馆提供了该行业中一些生产部门的大型企业的全部材料。[2] 不过这些材料也能够在其他几个档案中找到。[3] 据悉，最重要的档案是：普梯洛夫公司董事会的整套档案、罗森克兰茨轧铜制管公司的整套档案（在列宁格勒国家历史档案馆）、科洛缅卡机械制造公司董事会的整套档案、索尔莫沃钢铁机械公司和科利丘金黄铜轧铜公司的整套档案（在国立莫斯科中央档案馆）、

---

[1] 国立列宁格勒中央历史档案局藏有大约 50 本这样的档案，列宁格勒国家历史档案馆藏有 130 多本，国立莫斯科中央档案馆约藏有 160 本。

[2] 参阅 Государственный исторический архив Ленинградской области. Краткий путеводитель. Л., 1960. С. 31 – 36; Государственный исторический архив Московской области. Путеводитель. М., 1961. С. 126 – 160, 302 – 315.

[3] 一些企业的资料分为几个部分，分别存放在不同的档案馆中，并形成单独的档案。其中，索尔莫沃钢铁机械公司董事会的档案被分为三个部分：第一部分位于国立莫斯科中央档案馆（ф. 323）；第二部分位于列宁格勒国家历史档案馆（ф. 1446）；第三部分位于高尔基州州立档案馆（ф. 2014）。此外，在高尔基天文测地学会还有一个单独的索尔莫沃企业档案（ф. 442）。布良斯克钢轨轧制、制铁和机械公司的整套董事会档案存放在国立莫斯科中央档案馆（ф. 313）和列宁格勒国家历史档案馆（ф. 1524）；布良斯克企业档案的残存部分存放在布良斯克地区国家档案馆（ф. 220）；凤凰汽车制造和机械公司的董事会档案保存在国立列宁格勒中央历史档案局（ф. 1431）和列宁格勒国家历史档案馆（ф. 1161）；里加企业的全套材料保存在拉脱维亚苏维埃社会主义共和国中央国家档案馆（ф. 1787）；科洛缅卡机械制造公司董事会的整套档案保存在国立莫斯科中央档案馆（ф. 318）和列宁格勒国家历史档案馆（ф. 1445）；哈特曼机械制造公司董事会的整套档案保存在列宁格勒国家历史档案馆（ф. 1488）；卢甘斯克蒸汽机车制造公司的整套档案保存在卢甘斯克地区的州立档案馆（ф. 2）。

俄国蒸汽机车及机械制造公司董事会的整套档案（在哈尔科夫州州立档案馆）。

此外，历史学家们还研究了冶金和煤炭企业的档案材料，并取得了一些进展。乌拉尔工厂的档案保存得相对较好，[①] 但在研究垄断方面的意义较小，因为乌拉尔工业受垄断的影响最小。[②] 俄国南部冶金企业的档案在第二次世界大战期间损毁严重，主要内容没有保存下来。[③] 位于第聂伯罗彼得罗夫斯克档案馆和克里沃伊罗格档案馆的布良斯克公司亚历山德罗夫工厂、俄国轧管公司叶卡捷琳诺斯拉夫工厂（6. 绍杜阿尔）、南俄第聂伯冶金公司第聂伯工厂、克里沃伊罗格铁矿公司格丹采夫铸铁炼铁厂和顿涅茨克 - 尤里耶夫冶金公司的档案都被损毁。顿涅茨克地区的档案馆曾存有新俄罗斯公司最全面的档案，但幸存下来的只有毫无价值的残损信息。[④] 只有储存在罗斯托夫地区国家档案馆中的塔甘罗格冶金公司和苏林公司的档案未受影响。[⑤]

此外应该提到，俄国南部一些冶金企业的部分原档案保存于国立列宁格勒中央历史档案局。[⑥] 但其中有关 19 世纪后期的文献很少。

---

① 这些档案要么形成单独的档案（其中许多保存在国立列宁格勒中央历史档案局中），要么是企业所有者个人档案的一部分。

② 它们很晚才出现在这里。参阅 Вяткик М. П. ，Горнозаводской Урал в 1900 - 1917 гг. М. - Л. ，Наука，1965.

③ 没有有关档案馆存档材料的信息。为了了解乌克兰档案馆中有关俄国南部工业企业档案的构成和内容，笔者于 1958 年前往哈尔科夫、第聂伯罗彼得罗夫斯克、扎波罗热、顿涅茨克和卢甘斯克，得出的结果比悲观的预期还要糟糕。

④ 参阅 Под ред. Шемякина И. Н.，Материалы по истории СССР，т. VI，М.，Изд - во АН СССР，1959. С. 381 - 461；此外，顿涅茨克州立档案馆存有俄国政府的小型档案和俄国主要铸铁铸钢企业的全套档案；俄国采矿和冶金联盟的尼科波尔 - 马里乌波尔采矿冶金公司的全套档案以及 19 世纪末俄国普罗维丹斯公司的全套档案几乎全部损毁。

⑤ 战争期间，这些档案都被撤离。参阅《Государственный архив Ростовской области》. Путеводитель. Ростов - на - Дону Ростовское книжное издательство，1961. С. 4. 塔甘罗格冶金企业的全套档案中，自创立起的前 5 年（即 1895 ~ 1899 年）的文件相当齐全。遗憾的是，笔者无法了解苏林公司的档案，因为该档案不提供给研究人员。

⑥ 这些是新俄罗斯彼得堡委员会的全套档案（ф. 1498）和俄国普罗维丹斯公司的全套档案（ф. 1502）的小型（按统一存储的数量）档案，以及工商企业文件集中多家冶金公司的材料（ф. 1425）。

储存在卡拉奇那档案馆的顿巴斯煤炭企业的档案也在二战期间被损毁。① 在其他档案馆中，关于煤炭企业的档案数量很少。并且，其中只有两份档案——阿列克谢耶夫采矿公司和亚速煤炭公司的档案（在国立列宁格勒中央历史档案局），是我们研究时间段内的材料。

B. A. 纳尔多娃等人在编撰《俄国石油工业的垄断资本》资料集时，详细研究了石油企业的档案，② 同时出版了研究过程中发现的重要文件。③ 其中不仅有详细的注释，还有合理的阐述，因此这项具体研究是值得信赖的，为总体研究奠定了坚实的基础。

在研究过程中，也需向其他行业企业的档案馆寻求帮助。其中包括俄国金矿开采公司、勒拿公司、莫斯科玻璃工业公司、阿姆贡采金公司、北部玻璃工业公司、柳比莫夫轻碱灰合资公司、俄国南部制造销售碳酸钠公司以及其他化学产品公司的档案馆。还需查阅某些企业的档案，例如莫斯科生产及销售水泥等建筑材料的股份制公司的档案（在国立列宁格勒中央历史档案局）、莫斯科玻璃工业公司的档案（在列宁格勒国家历史档案馆）和里加水泥公司的档案（在拉脱维亚苏维埃社会主义共和国中央国家档案馆）。

19 世纪 80~90 年代工业企业的档案材料保存得非常不完善，给研究早期垄断协会带来巨大不便。在我们所研究的问题中，这些材料的意义甚微，仅在其基础上总结 19 世纪末俄国工业垄断发展的总体情况是不可能的。不过，我们也能够从这些材料中找出俄国工业垄断过程的重要特征。

这些文件包含性质和来源不同的各类信息，主要是垄断协议的文本。这些文本如果是协议原件或副本，能让我们准确地了解签订日期、成员构成和

---

① 煤炭企业的幸存材料目前集中在顿涅茨克和卢甘斯克的档案馆中，其中大多数是关于 20 世纪初的材料。

② Сост. Гулиев А. Н. , Найдель М. И. , Нардова В. А. , Монополистический капитал в нефтяной промышленности России. 1883 – 1914. М. – Л. , Изд – во АН СССР, 1961. С. 27 – 31.

③ 除上述资料集外，还可以参阅 Фурсенко А. А. , Шепелева Л. Е. , Нефтяные монополии России и их участие в борьбе за раздел мирового рынка в 90 – х годах XIX в. // Материалы по истории СССР, т. VI, М. , Изд – во АН СССР, 1959. С. 47, 156。

条款，是垄断组织存在的最佳证明。在其他文件中难以找到关于垄断协会的组织结构、产品性质、垄断方式等完整信息。当然，根据协议文本，无法确认垄断协会之后的发展情况（协议可能提前终止或者续签；其成员构成和条款也可能发生变化）。

在工业企业的档案中已发现许多垄断协议的文本，特别是 19 世纪 80 年代的协议文本。因为这种单独存储的文件非常容易丢失，所以每一个文本都极其珍贵。

协会领导机关寄给公司董事会的文件（包括会议记录的副本、信件等）极具价值。但这些文件极为罕见。

垄断协会的活动反映在成员董事会之间的通信中。但是，很多档案中都没有这种通信信息。保存下来的通信通常缺失了极为重要的信息，而且，缺失的信息并不容易找到。

因此，公司档案中包含了大量参与垄断协会的信息，但是这些档案损失的概率非常高。因此，如果在某公司的档案中没有找到此类文件，并不意味着它没有参与垄断协会。

关于协议规定的分配订单、划分销售市场等的信息通常保存在公司董事会的会议记录中。只有在保留董事会会议记录的情况下，才能完全确定公司是否参与垄断协会。同时，该记录中还会提到协议各方的组成及有效期，有时也会说明协议的条款。作为研究早期垄断的信息来源，董事会会议记录也有它的缺点（关于垄断协会组织结构的内容极少，也几乎完全没有反映出协会的活动情况）。但是董事会会议记录也有一个非常重要的优势，即它们通常以小册子的形式流传，包含较长一段时间内某公司完整的董事会会议记录。因此，我们可以知道某公司在相应时间段内全部垄断协议的信息。遗憾的是，只有少数股份公司的档案中保留了董事会会议记录。

除了上文提到的文件之外，各种报告材料，特别是关于公司现状和发展、产品性质及其在市场上的地位等文件，对于研究工业垄断的过程具有重要意义。其中，也存在主要材料丢失的情况，但在特定情况下，即使是零碎的数据，也具有非常重要的价值。

综上，股东大会和董事会的会议记录、股东名单、报告、通信等工业企业的档案材料反映了这些企业与银行融合的过程。

档案的缺损或保存不足，在一定程度上可通过其他材料得到弥补。在这方面需要特别关注的是财政部一些部门的档案，这些部门负责监督私营商业企业的活动。股份公司董事会寄到此处的文件主要是关于股份事务的，也就是说，在特殊卷宗中，归档了关于建立股份公司或更改其章程的各种材料。每份此类档案，除其他文件外，还包含公司第一次股东大会的会议记录副本及决定修改章程的会议内容。会议记录副本通常附有股东名单。①

在股份制工业公司、垄断协会、商业银行的办公室中直接出现的文件，包含有关工业垄断及工业与银行融合过程的最完整、最可靠的信息。这些材料使我们可以从内部，而不是从外部观察这些过程。

当然，关于我们正在研究的过程，所参考的信息可能来源于不同的资料。但大多数情况下，信息来源于垄断者本身，即从事工业的商人和银行的生意人。虽然垄断协会在俄国是被法律禁止的，但它们的发起人并没有向政府隐瞒垄断协会的存在。在某些情况下，他们获得了沙皇的同意，甚至在沙皇的支持下行事。正是在这种情况下，产生了俄国糖业资本家和煤油生产商的垄断协会。财政部档案的通信包含有关这些垄断协会的大量信息，也就不足为奇了。②

就像 Ст. 克姆普涅尔描述的那样，糖业资本家和煤油生产商的垄断协会"消除了俄国一系列卡特尔"。③ 如果垄断者更愿意秘密地采取行动，情

---

① 有关股份制企业档案和股份制事务文件的详细说明，参阅 Шепелев Л. Е., Частнокапиталистические торгово – промышленные предприятия России в конце XIX – начале XX в. и их архивные фонды // Информационный бюллетень. ГАУ МВД СССР, 1958，№ 10。

② 这些机构的档案还包括垄断的组织者或反对者提交的文件。关于这些文档的内容，可以通过《Монополистический капитал в нефтяной промышленности России》文件集了解。参阅 Сост. Гулиев А. Н., Найдель М. И., Нардова В. А., Монополистический капитал в нефтяной промышленности России. 1883 – 1914. М. – Л., Изд – во АН СССР, 1961。

③ Кемпнер Ст., Промышленные синдикаты // Русское экономическое обозрение. 1898，№ 8. С. 46 – 47.

况会有所不同。在这种情况下，有关部门掌握了极为稀缺的信息。例如，铁道部文件中包含的有关工厂垄断协会的信息——各种铁路材料的供应商（国立列宁格勒中央历史档案局，ф. 219），不仅没有说明这些协会的组织结构和活动，而且在大多数情况下，甚至不允许确定它们的组成。

有关银行活动、工业融资等方面的信息，被专门的信贷业务办公厅收集，这些材料曾存放在人民委员会的档案中，但后来遗失了。[①]

在这项研究工作中，笔者还参考了俄国定期期刊和统计资料。

列宁确定了研究金融资本历史的主要问题。他写道："生产的集中；从集中生长起来的垄断；银行和工业日益融合或者说长合在一起，——这就是金融资本产生的历史和这一概念的内容。"[②]

基于对 19 世纪末俄国的生产集中度、垄断的发展以及银行与工业融合的研究，笔者试图阐明俄国金融资本出现的最初阶段，即其起源时期。

---

① 参阅 Левин И. И. , Акционерные коммерческие банки в России. Петроград : тип. Т – ва Птгр. печ. пр – ва И. Р. Белопольского и К°, 1917；Ронина С. Л. , Иностранный капитал и русские банки. М. : Изд. Ком. Ун – та им. Свердлова, 1926.

② Ленин В. И. , Соч. , т. 22, С. 214. 译者注：照录中共中央编译局编译《列宁全集》第27卷，人民出版社，1990，第362页。

第一章
19世纪末之前俄国的生产集中

第一节　生产集中的统计数据

在 19 世纪最后 1/3 的时间里，俄国进入了一个前所未有的资本主义快速发展期。列宁指出："我们知道，资本主义的生产是在世界所有先进国家的协助下用几十年的时间建立起来的。"[1] 他在著作《俄国资本主义的发展》中，分析了采矿工业的统计数据，并指出："采矿工业的发展在俄国比西欧快些，在某种程度上甚至比北美还快。"他写道："在 1870 年，俄国生铁的产量占世界产量的 2.9%（74500 万普特中的 2200 万普特），而在 1894 年则占 5.1%（158420 万普特中的 8130 万普特）（1897 年《财政与工商业通报》第 22 期）。在最近 10 年（1886—1896 年）中，俄国的生铁产量增加了两倍（由 3250 万普特增至 9650 万普特），而法国经过了 28 年（1852—1880 年）才做到这一步，美国经过了 23 年（1845—1868 年），英国经过了 22 年（1824—1846 年），德国经过了 12 年（1859—1871 年；见 1897 年《财政与工商业通报》第 50 期）。"[2]

---

[1]　Ленин В. И. , Соч. , т. 17, С. 95 – 96. 译者注：照录中共中央编译局编译《列宁全集》第 41 卷，人民出版社，1992，第 93 页。

[2]　Ленин В. И. , Соч. , т. 3, С. 428 – 429. 译者注：照录中共中央编译局编译《列宁全集》第 3 卷，人民出版社，1984，第 449 页。

19世纪末，俄国在经济发展方面取得了巨大飞跃，一些最重要的工业生产指标甚至接近发达资本主义国家。在铁矿石开采、生铁冶炼、钢铁生产和机械制造的产量方面，俄国领先法国，居世界第四位；在棉花消费量和棉花产业的发展水平方面，俄国也领先法国；在糖产量方面，俄国不仅领先法国，而且领先德国；在石油生产方面，俄国位居世界第一。

П. И. 梁申科、П. А. 赫罗莫夫、А. Ф. 雅科夫列夫和 Р. С. 利夫希茨的著作中体现了19世纪下半叶俄国工业发展的主要阶段和结果。[1]

这里需要注意，俄国工业发展的高速度主要得益于大型工业企业的快速增加。

列宁分析俄国资本主义发展的过程时，特别关注大型企业发展的高速度。根据1876年、1879年、1890年和1894/1895年的企业统计数据而编制的表格（首先是企业数量，其次是机械学校的数量，再次是工人人数，最后是生产总量）显示了大型企业的增加情况。根据雇用的工人人数将企业分为三组：A类为拥有100~499名工人的工厂；B类为拥有500~999名工人的工厂；C类为拥有1000名工人及以上的工厂。[2] 这充分表明，企业规模越大，发展速度越快。

列宁将计算出的数据与工厂企业统计资料进行比较，在此基础上得出结论："越来越多的工人在开始使用机器的大企业里集中起来。"[3] 得出这一结论的《俄国资本主义的发展》中，只指出了1879年、1890年和1894/1895

---

[1] 参阅 Лященко П. И.，История народного хозяйства СССР，т. II. М.，Госполитиздат，1948；Хромов П. А.，Экономическое развитие России в XIX – XX веках. М.，Гостюлитиздат，1950；Хромов П. А.，Экономика России периода промышленного капитализма. М.，Изд – во ВПШ и АОН при ЦК КПСС，1963；Яковлев А. Ф.，Экономические кризисы в России. М.，Госполитиздат，1955；Лившиц Р. С.，Размещение промышленности в дореволюционной России. М.，Изд – во АН СССР，1955。除了这些一般性研究，还有大量关于个别工业和工业区发展的研究。

[2] Ленин В. И.，Соч.，т. 3，С. 445 – 448. 译者注：照录中共中央编译局编译《列宁全集》第3卷，人民出版社，1984，第496页。

[3] Ленин В. И.，Соч.，т. 3，С. 451. 译者注：照录中共中央编译局编译《列宁全集》第3卷，人民出版社，1984，第379页。

年大型工厂所占的百分比，而列宁在《论我国工厂统计问题》中引用了1879 年和 1890 年的数据（摘自奥尔洛夫先生的《工厂一览表》），指出1894/1895 年数据的附带条件。[1] 这些数据具有很强的可比性，可以进行一些额外的观察。1879 ~ 1890 年，全部工厂企业的总生产值增加了 3.527 亿卢布。与此同时，根据列宁的计算，大型企业的生产总量（工人数量达到100 人及以上）增加了 2.287 亿卢布。因此，大型企业的增长量占总数的64.8%。

正如列宁所指出的那样，使用这种一般数据，必须牢记"并非每个行业都有大企业"。[2] 因此，按行业确定大企业的比重非常重要。由于我们所掌握的企业统计数据不足，因此这项任务极为复杂。列宁对这些统计数据进行了精彩的分析。[3] 他说："目前收集和研究这一类大企业（现在大家都把它叫作'工厂'）的统计材料的制度应该说是非常不能令人满意的。第一个缺点是各个'主管机关'把工厂统计分散了，没有一个专门的、纯粹做统计工作的机关来集中收集、审核和研究关于一切工厂的所有资料。要研究俄国目前的工厂统计材料，你会感到好象是处在各个'主管机关'（它们各有一套特殊的登记方法和手段）的交叉管辖范围以内。有时甚至会发生在一家工厂内部划分管辖范围的情况，以致工厂的某一部门（例如铸铁部门）属于矿业司管辖，而另一部门（例如铁制品生产部门）则属于工商业司管辖。"[4] 有时同一工业企业被统计在两个部门的统计出版物中也就不足为奇了。

"当然，这样的'工厂'标志是十分不够的，因为靠现在收集资料的方

---

① Ленин В. И., Соч., т. 4, C. 15. 译者注：照录中共中央编译局编译《列宁全集》第 3 卷，人民出版社，1984，第 379 页。

② Ленин В. И., Соч., т. 22, C. 186. 译者注：照录中共中央编译局编译《列宁全集》第 3 卷，人民出版社，1984，第 379 页。

③ Ленин В. И., Соч., т. 3, C. 399 - 409；т. 4, C. 1 - 31. 译者注：照录中共中央编译局编译《列宁全集》第 3 卷，人民出版社，1984，第 9 ~ 39 页。

④ Ленин В. И., Соч., т. 4, C. 27. 译者注：照录中共中央编译局编译《列宁全集》第 4 卷，人民出版社，1984，第 35 页。

法，要把生产总额超过 1000 卢布的企业完全登记下来是根本谈不到的；把同农业有关的行业中的'工厂'划分出来，是完全带偶然性的，例如，在某些省份、某些年代把水力磨坊、风力磨坊算作工厂，而在另一些省份、另一些年代又不算工厂。"①

此外，工厂企业统计数据的出版物中没有对统计信息进行研究，仅按省和行业对工厂企业进行分类。列宁在谈到更深入和更详细地研究统计资料的必要性时指出，除了按地区分类和生产部门分类之外，"工厂必须按工人人数、发动机种类和生产量来分类"。他同时解释说："目前我国工厂统计的出版物中最根本的缺点就在于没有这样分类（这在按地区分类和生产部门分类中是必要的），这些书只是确定了一些常常引起严重错误的完全虚构的'平均数'。"②

这就是为什么只有这样的统计出版物（其中包含有关每个工业企业的信息）才适合解决上面提出的问题。首先，它们将相对可靠的材料与完全不可靠的材料分开，其次，根据生产规模对企业进行分组，否则就无法确定大型企业的生产集中度。类似的统计出版物数量不多。其中最有价值的是《工厂索引》（分三个版本，分别于 1879 年、1884 年和 1890 年出版）③ 以及每年出版的《俄国采矿工业统计数据汇编》。④

第二版和第三版《工厂索引》中的表格按年总生产值对工厂企业进行

① Ленин В. И., Соч., т. 4, С. 5. 译者注：照录中共中央编译局编译《列宁全集》第 3 卷，人民出版社，1984，第 423～424 页。
② Ленин В. И., Соч., т. 4, С. 30. 译者注：照录中共中央编译局编译《列宁全集》第 4 卷，人民出版社，1984，第 38 页。
③ 参阅 Орлов П. А., Указатель фабрик и заводов Европейской России в Царства Польского. СПб., 1881（сведения за 1879 г.）и СПб., 1887（сведения за 1884 г.）. 俄属波兰的数据在专门一章中突出显示。Орлов П. А. и Будагов С. Г., Указатель фабрик и заводов Европейской России. СПб., 1894.（сведения за 1890 г.）俄属波兰的数据未包含在此版本中。因此，该版本的任何数据，都没有考虑俄属波兰的企业。
④ Сборник статистических сведений о горнозаводской промышленности России, СПб., 1804 - 1918（за период с 1876 г. по 1880 г. эта издание носила название《Горнозаводская производительность России》）. 本书包含整个俄国的信息，包括其位于俄属波兰和俄属芬兰的领土。

了分组。遗憾的是，编者只限于统计每组的机构数量，并未表明每组在总生产值中所占的比例。然而，其中提出了 1884 年和 1890 年大型企业在俄国各行业中的作用。比较各年份的统计信息并不总会显示出发展趋势。尽管在这种情况下选择这两个年份是因为获得了必要的统计资料，但是，这两个年份代表了一个经济周期的开始和终结，即 1881～1883 年危机之后的萧条时期和 80 年代末的复兴期，所以将其进行比较是合理的。1879 年和 1890 年的工厂数还可以用另一种方法来比较，即把生产额在 2000 卢布及以上的工厂挑出来。[①] 这类企业的数字可以说大致上是适于比较的（尽管根据我国统计的现状，这一类企业永远不可能有完整的清单）。[②] 列宁指出"至少有 15 名工人"或"有蒸汽机"被视为"企业"的标志，强调这两个标志在任何情况下都不应该加以扩大，因为在现行收集材料的制度下，甚至连这种比较大的企业也未必能够毫无遗漏地登记下来。[③]

与此同时，正如笔者对 1884 年许多行业的计算所显示的那样，总生产值至少为 2000 卢布的企业数量，通常超过工厂企业概念下的机构数量。在化学生产中，不包括火柴和化妆品，这两个数值分别为 292 和 123；砖、石灰和水泥的数值分别为 770 和 309；机械制造业的数值分别为 257 和 237；在其他金属产品的制造中（钟和珠宝除外），数值分别为 467 和 326。[④]

这样一来，生产值至少为 2000 卢布的企业涵盖了大量的小型手工业企业。1890 年的数据也证明了这一点，我们能够根据 1890 年版《工厂索引》中包含的工人数量对工业企业进行分组。将工人人数至少为 16 人的企业数量、生产值至少为 2000 卢布的企业数量进行比较（见表 1－1），可以发现，第三列数

---

① Ленин В. И. , Соч. , т. 4, C. 13. 译者注：照录中共中央编译局编译《列宁全集》第 3 卷，人民出版社，1984，第 476 页。

② Ленин В. И. , Соч. , т. 4, C. 13. 译者注：照录中共中央编译局编译《列宁全集》第 3 卷，人民出版社，1984，第 476 页。同时，列宁提出了附加条件："而磨坊则只有使用蒸汽发动机的才能列入。"

③ Ленин В. И. , Соч. , т. 4, C. 28. 译者注：照录中共中央编译局编译《列宁全集》第 3 卷，人民出版社，1984，第 426 页。

④ 根据 1884 年版《工厂索引》进行计算，工厂企业包括拥有超过 15 名工人或拥有蒸汽机（不超过 15 名工人）的企业。

字大多高于第一列数字。说明在大多数部门中，生产值至少为10000卢布的企业数量多于至少拥有16个工人的企业数量。当然，应该记住的是，第三列数字不包括全部"企业"，因为它不包括工人人数较少但装有蒸汽机的企业。

表1-1 工人人数至少为16人、生产值至少为2000卢布的企业数量比较

单位：个

产品/生产部门	企业数量		
	工人人数至少为16人	生产值至少为2000卢布	生产值至少为10000卢布
棉	388	476	383
毛线	464	736	579
亚麻线	112	166	107
丝线	204	233	179
染色、填料和精工	195	396	238
麻绳	85	240	125
漆布、帽子	28	55	36
纸和纸制品	178	223	196
木材加工	466	883	571
化学	111	377	250
加工脂油和蜡	99	938	517
皮革和毛皮	241	1759	893
其他动物产品的加工	48	139	81
砖、石灰和水泥	369	1263	364
陶器、瓷器和玻璃	264	422	304
金属加工	647	1120	811
营养和调味品	679	5669	4130
应缴纳货物税的产品（白酒和白酒生产、啤酒酿造和发酵、甜菜制糖和方糖、烟草和火柴）	1390	3335	3039
其他生产	135	312	227

这就是笔者根据《工厂索引》的表格编制的汇总表（见表1-2）中，包含生产值分别为2000卢布和10000卢布的企业数量的原因。对于生产

表1-2 1884年和1890年各生产部门的生产值（单位：万卢布）对应的企业数量对照

单位：个

产品/生产部门	1884年								1890年							
	0.2及以上	1及以上	10及以上	10~50	50~100	100~200	200~500	500及以上	0.2及以上	1及以上	10及以上	10~50	50~100	100~200	200~500	500及以上
棉	437	287	151	76	26	21	25	3	476	383	160	62	30	31	30	7
毛线	634	465	154	124	21	6	2	1	736	579	166	131	25	7	3	—
亚麻线	154	93	46	26	14	6	—	—	166	107	46	24	17	4	1	—
丝线	197	127	33	29	3	1	—	—	233	179	31	26	4	1	—	—
染色、填料和精工	294	200	74	42	18	7	7	—	396	238	76	41	15	10	7	3
麻绳	223	114	14	12	2	—	—	—	240	125	9	7	2	—	—	—
漆布、帽子	60	40	8	8	—	—	—	—	55	36	5	5	—	—	—	—
纸和纸制品	198	139	47	41	4	2	—	—	223	196	47	38	6	3	—	—
木材加工	694	354	49	46	3	—	—	—	883	571	74	70	3	1	—	—
化学	435	223	39	35	2	1	1	—	377	250	53	42	10	1	—	—
加工脂油和蜡	971	390	51	41	5	2	3	—	938	517	50	41	4	3	2	—
皮革和毛皮	1382	524	69	57	10	2	—	—	1759	893	58	51	6	1	—	—
其他动物产品的加工	330	141	17	15	2	—	—	—	139	81	4	3	1	—	—	—
砖、石灰和水泥	770	156	9	6	3	—	—	—	1263	364	15	12	3	—	—	—

续表

产品/生产部门	1884 年								1890 年							
	0.2 及以上	1 及以上	10 及以上	10~50	50~100	100~200	200~500	500 及以上	0.2 及以上	1 及以上	10 及以上	10~50	50~100	100~200	200~500	500 及以上
陶器、瓷器和玻璃	365	222	26	23	3	—	—	—	422	304	36	33	3	—	—	—
机械制造	257	218	68	51	4	11	2	—	501	410	90	56	13	8	10	3
其他金属制品的制造	626	338	70	55	4	8	3	—	619	401	51	41	3	6	1	—
白酒和白酒生产	2152	2092	847	708	108	27	4	—	1816	1808	845	737	84	18	5	1
啤酒酿造	750	285	28	22	5	—	1	—	703	508	38	33	4	—	1	—
甜菜制糖和方糖	236	236	228	156	47	9	11	5	202	202	198	117	54	12	9	6
烟草和火柴	342	311	68	50	9	5	3	1	281	272	65	49	9	3	3	1
橡胶	2	2	1	—	—	—	—	1	—	—	—	—	—	—	—	—
钎焊材料	—	—	—	—	—	—	—	—	261	177	8	8	—	—	—	—
营养和调味品	—	—	—	—	—	—	—	—	5669	4130	375	341	24	10	—	—
其他产品	—	—	—	—	—	—	—	—	312	227	39	30	6	2	—	1

值至少为 10 万卢布的大型企业，表中将其划分为五组，从而突出生产值超过 100 万卢布的特大企业。

不难看出，大型企业数量较多的是白酒和白酒生产业与甜菜制糖和方糖业。这两个生产部门在俄国工业中非常突出，大型企业在企业总数中所占的比例也很高。在甜菜制糖和方糖业中，没有生产值少于 1 万卢布的企业，生产值为 1 万至 10 万卢布的企业数量：1884 年为 8 个，1890 年为 4 个。该生产部门几乎完全由大型企业组成。就大型和超大型（生产值至少为 500 万卢布）企业的数量而言，它也是居首位的生产部门之一。尽管有关大型企业的数量信息不足以判断这些企业的生产集中度，但在这种情况下，有充分的理由认为，早在 19 世纪 80 年代初，甜菜制糖和方糖业的生产集中度就已经非常高了。

在白酒和白酒生产业中，生产值为 2000 至 10000 卢布的企业数量很少（1884 年为 60 个，1890 年为 8 个），在大型企业中所占比例很低。至于大型企业，其在 1884 年约占总数的 2/5，在 1890 年约占总数的 1/2。尽管白酒和白酒生产业中生产值超过 200 万卢布的企业数量少于甜菜制糖和方糖业和其他生产部门，然而，该生产部门的生产集中度也非常高。

就生产值不少于 100 万卢布的大型企业的数量而言，纺织业在俄国的工业部门中居首位。

现在让我们更详细地研究这些生产部门的生产集中水平。根据 1884 年版和 1890 年版《工厂索引》，笔者统计了金属加工业、化学业和建筑材料业中工人人数超过 15 人或使用蒸汽机的企业（人数不足 15 人）的数量，结果显示在表1-3和表1-4中。生产部门是按照《工厂索引》划分的。第一组对应《工厂索引》的第三章，该组涵盖化工生产，不包括火柴和化妆品；第二组对应第六章，该组涵盖石灰、砖、陶和玻璃的生产，不包括瓷器和陶瓷，以及雕刻玉石、纪念碑和石雕；第三组对应第七章，该组涵盖金属加工工业，不包括钟和珠宝；最后，第四组对应第十章，该组涵盖先前各组未包括的各种生产部门，分为三类：橡胶；矿物油和润滑油、油毡和沥青；火药和子弹。在当时，前两组确实是完全独立的生产部门，第三组则涵盖了不同种类的机构，其中一些接近化学工业，而另一些则属于金属加工工业。

为了弄清垄断出现的条件，不仅要确定单个大型企业的生产集中度，还要确定集中在少数法人手中的同类企业的生产集中度（无论这些法人是个体经营者、合资公司还是股份制公司），在表1-3和表1-4中，关于生产值的数据不是按照企业的数量进行分组，而是按照法人实体的数量进行分组。

我们将从表1-3和表1-4的第I组开始研究，其中包括四类产品，分别为：化学染料；硝石；碳酸钾；漆和火漆。注意到"化学工业本身的资料是比较可靠的"，列宁写道："这些资料特别值得注意，因为化学工业具有非常重要的意义，它为大机器工业制造辅助材料，即生产性消费品（不是个人消费品）。"①

在实际的化学染料生产中，生产值超过10万卢布的大型企业的优势是显而易见的。但是，通过比较1884年和1890年的数据，发现这里没有出现生产集中的过程。大型企业在生产总量中所占的比例之所以保持不变，仅是因为这类企业的总数增加了一半。1884年，每家大型企业的平均生产值为38.2万卢布（占总生产值的3.2%），1890年降至31.9万卢布（占总生产值的2.1%）。1884年，两家最大的公司脱颖而出——里加的E. 久博斯克合资公司和敖德萨油漆生产公司的生产值之和占总生产值的1/3以上，后来这两家公司失去了领先地位，1890年，这两家公司的规模又达到了相当高的水平，生产值大于50万卢布小于100万卢布。

但是在硝石的生产中，生产集中的过程是显而易见的。1884年，除了俄国生产销售火药公司以外，还有14家小企业生产销售硝石，其生产值约占总生产值的1/3，1890年，这些小企业全部消失了，硝石的生产完全掌握在俄国生产销售火药公司手中，该公司还在火药生产中起着决定性作用（1884年占总生产值的47.2%，1890年占总生产值的56.5%）。

---

① Ленин В. И., Соч., т. 3, С. 415-416. 译者注：照录中共中央编译局编译《列宁全集》第3卷，人民出版社，1984，第435页。

表1-3 1884年各生产部门工人人数超过15人或使用蒸汽机的企业数量及生产值

单位：个、千卢布、%

	产品/生产部门	全部企业			其中年生产值超过100的企业（包括abcd四类）			a. 年生产值为100~500的企业			b. 年生产值为500~1000的企业			c. 年生产值为1000~3000的企业			d. 年生产值为3000以上的企业		
		企业数量	生产总值	平均各企业生产值	企业数量	生产总值	占总数的比例	企业数量	生产总值	占总数的比例	企业数量	生产总值	占总数的比例	企业数量	生产总值	占总数的比例	企业数量	生产总值	占总数的比例
I	化学染料业	89	12015	135.0	26	9933	82.7	23	4661	38.8	1	995	8.3	1	1277	10.6	1	3000	25.0
	制硝业	15	464	30.9	1	315	67.9	1	315	67.9	—	—	—	—	—	—	—	—	—
	碳酸钾业	7	26	3.7	—	—	—	—	—	—	—	—	—	—	—	—	—	—	—
	漆和火漆	10	2011	201.1	5	1987	98.8	4	770	38.3	—	—	—	1	1217	60.5	—	—	—
II	石灰、水泥和建筑用石膏	37	2655	71.8	4	1960	73.8	1	277	10.4	3	1683	63.4	—	—	—	—	—	—
	制砖业	273	4375	16.0	6	871	19.9	6	871	19.9	—	—	—	—	—	—	—	—	—
	陶器和瓷砖业	28	290	10.3	—	—	—	—	—	—	—	—	—	—	—	—	—	—	—
	玻璃制品	163	8454	51.9	15	4848	57.3	13	1982	23.4	—	—	—	2	2866	33.9	—	—	—
	铸铁业	73	1732	23.7	1	315	18.2	1	315	18.2	—	—	—	—	—	—	—	—	—
III	铸钢、钢轨和轧铁业	19	15825	832.1	8	15558	98.3	2	472	3.0	—	—	—	4	6321	39.9	2	8765	55.4
	机械制造业	227	34308	151.1	59	28684	83.6	44	9055	26.4	3	2010	5.9	11	14207	41.4	1	3412	9.9
	电线和制钉业	41	8717	212.6	16	8099	92.9	12	2022	23.2	—	—	—	4	6077	69.7	—	—	—
	各种金属制品	100	4782	47.8	12	2204	46.1	12	2204	46.1	—	—	—	—	—	—	—	—	—
	铜和青铜	85	6707	78.9	14	4684	69.8	12	2134	31.7	1	784	11.8	1	1766	26.3	—	—	—

续表

产品/生产部门		全部企业			其中年生产值超过100的企业（包括abcd四类）			a. 年生产值为100~500的企业			b. 年生产值为500~1000的企业			c. 年生产值为1000~3000的企业			d. 年生产值为3000以上的企业		
		企业数量	生产总值	平均各企业的生产总值	企业数量	生产总值	占总数的比例	企业数量	生产总值	占总数的比例	企业数量	生产总值	占总数的比例	企业数量	生产总值	占总数的比例	企业数量	生产总值	占总数的比例
橡胶		2	6885	3442.5	2	6885	100.0	1	200	2.9	—	—	—	—	—	—	1	6885	97.1
矿物油和润滑油、油毡和沥青		22	3978	180.8	10	3782	95.1	8	1469	37.0	1	540	13.5	1	1773	44.6	—	—	—
火药和子弹		8	1803	225.4	3	1636	90.7	2	486	26.9	—	—	—	1	1150	63.8	—	—	—
其中	火药	4	551	137.1	2	486	88.2	2	486	88.2	—	—	—	—	—	—	—	—	—
	子弹	4	1252	313.0	1	1150	91.8	—	—	—	—	—	—	1	1150	91.8	—	—	—

IV

表1-4 1890年各生产部门工人人数超过15人或使用蒸汽机的企业数量及生产值

单位：个、千卢布、%

产品/生产部门		全部企业			其中年生产值超过100的企业（包括abcd四类）			a. 年生产值为100~500的企业			b. 年生产值为500~1000的企业			c. 年生产值为1000~3000的企业			d. 年生产值为3000以上的企业		
		企业数量	生产总值	平均各企业的生产值	企业数量	生产总值	占总数的比例	企业数量	生产总值	占总数的比例	企业数量	生产总值	占总数的比例	企业数量	生产总值	占总数的比例	企业数量	生产总值	占总数的比例
I	化学染料业	136	15253	112.1	39	12448	81.6	31	5802	38	7	5618	36.9	1	1028	6.7	—	—	—
	制硝业	1	524	542.0	1	524	100	—	—	—	1	524	100	—	—	—	—	—	—
	碳酸钾业	1	75	75.0	—	—	—	—	—	—	—	—	—	—	—	—	—	—	—
	漆和火漆	5	883	176.6	4	840	95.1	4	840	95.1	—	—	—	—	—	—	—	—	—
II	石灰、水泥和建筑用石膏	62	3370	54.3	7	2752	81.7	4	893	26.5	3	1859	55.2	—	—	—	—	—	—
	制砖业	298	5014	16.8	7	1400	27.9	7	1400	27.9	—	—	—	—	—	—	—	—	—
	陶器和瓷砖业	44	524	11.9	—	—	—	—	—	—	—	—	—	—	—	—	—	—	—
	玻璃制品	162	9185	56.7	20	4902	53.4	18	3143	34.3	1	692	7.5	1	1067	11.6	—	—	—
	铸铁业	85	3174	37.3	4	1705	53.7	2	310	9.8	2	1395	43.9	—	—	—	—	—	—
III	铸钢、钢轨和轧铁业	20	40028	2001.4	8	39834	99.5	1	262	0.6	—	—	—	2	6650	16.7	5	32922	82.2
	机械制造业	274	39953	145.8	67	33131	82.9	49	10182	25.5	9	5415	13.5	8	12926	32.4	1	4608	11.5
	电缆和制钉业	42	9829	234.0	15	8880	90.3	10	2504	25.4	1	500	5.1	4	5876	59.8	—	—	—

续表

产品/生产部门	全部企业			其中年生产值超过100的企业(包括 abcd 四类)			a. 年生产值为 100~500 的企业			b. 年生产值为 500~1000 的企业			c. 年生产值为 1000~3000 的企业			d. 年生产值为 3000 以上的企业		
	企业数量	生产总值	平均各企业的生产值	企业数量	生产总值	占总数的比例	企业数量	生产总值	占总数的比例	企业数量	生产总值	占总数的比例	企业数量	生产总值	占总数的比例	企业数量	生产总值	占总数的比例
III 各种金属制品	149	6430	43.1	15	3165	49.2	15	3165	49.2	—	—	—	—	—	—	—	—	—
铜和青铜	87	8055	92.6	10	6140	76.2	8	1339	16.6	—	—	—	2	4801	59.6	—	—	—
橡胶	4	10313	2578.2	4	10313	100	2	603	5.9	1	710	6.8	—	—	—	1	9000	87.3
矿物油和润滑油、油毡和沥青	35	5330	152.3	12	4562	85.6	7	1279	24	5	3283	61.6	—	—	—	—	—	—
IV 火药和子弹	7	2712	386.8	4	2663	98.3	3	914	33.7	—	—	—	1	1749	64.6	—	—	—
其中 火药	3	819	273	2	797	97.3	2	797	97.3	—	—	—	—	—	—	—	—	—
子弹	4	1893	473.2	2	1866	98.6	1	117	6.2	—	—	—	1	1749	92.4	—	—	—

　　漆和火漆的生产情况更加复杂。总生产值急剧下降，甚至下降了一半以上。大小企业均遭受了损失。1884 年，位于里加的哈特曼企业的生产值几乎和全国的总生产值持平，但后来逐渐失去了领先地位。结果，漆和火漆的生产集中在四家公司的手中，这四家公司的生产规模相差无几。

　　在研究第二组数据之前，先分析一下橡胶业的数据。1860 年成立的俄美橡胶制造公司占据了该生产部门的垄断地位。1884 年，它唯一的竞争对手是里加的蒙杰利制造厂。1890 年，除了蒙杰利制造厂（生产值为 19.5 万卢布）之外，俄美橡胶制造公司出现了更强大的竞争对手：俄法向导制造公司（生产值为 71 万卢布）和莫斯科橡胶制造公司（生产值为 40.8 万卢布）。但是，这两家公司的总生产值几乎只占俄美橡胶制造公司总生产值的 1/8。

　　现在我们来看第二组。这组产品的生产集中度非常突出。小型的石灰和建筑用石膏企业通常与大型的水泥企业合并在一起。如果对它们进行区分，那么水泥生产部门中，大型企业的生产集中度非常高（见表 1-5）。1884 年，生产值超过 10 万卢布的企业的生产值占总生产值的 93.7%，1890 年占总生产值的 97.0%。但是，最大企业所占的比例略有下降。

表 1-5　1884 年和 1890 年水泥企业的数量及生产值

单位：个，千卢布，%

年份	生产水泥的全部企业		生产值为 100~500 的企业			生产值为 500 以上的企业		
	企业数量	生产总值	企业数量	生产总值	占总数的比例	企业数量	生产总值	占总数的比例
1884	9	2091	1	277	13.2	3	1683	80.5
1890	11	2601	2	665	25.5	3	1859	71.5

　　1884 年，在玻璃业中，两家最大的公司脱颖而出——马利措夫公司和 IO.C. 涅恰耶夫-马利措夫公司，它们的生产值之和占总生产值的 1/3 以上。在该生产部门中，小企业的数量十分可观，但是生产值超过 10 万卢布的企业数量不到企业总数的 1/10，生产值之和约占总生产值的 3/5。

　　到 1890 年，上述最大的两家公司的生产值减少了近 40%；小型企业的增长值约占总增长值的 92.6%；生产值为 10 万至 50 万卢布的企业约占 34.3%；小企业生产值占生产总值的比例从 42.7% 提高到 46.6%；生产值为 10 万至 50 万卢布的企业产值占生产总值的比例从 23.4% 降至 34.3%；最大的两家公司所占的份额从 33.9% 下降到 19.1%。

至于制砖业、陶器和瓷砖业，在第一个生产部门中大型公司的作用很小，在第二个生产部门中大型公司没有发挥任何作用。在这方面，1890 年和 1884 年的数据相差无几。

第三组包括六种产品或生产部门：铸铁业；铸钢、钢轨和轧铁业；机械制造业；电线和制钉业；各种金属制品；铜和青铜。因为受不同部门各自组织的、分散割裂的统计数据的影响最大，前两个部门的数据在一定程度上具有偶然性。矿山技术检查处监督管辖下的炼铁生产不包括在该《工厂索引》内。《工厂索引》包括的所谓铸铁企业，远非生铁铸造的全部企业，主要是专注于生铁铸造的小型企业，生产用于制造炉灶的铸铁。

大多数铸钢厂也在矿山技术检查处的监督管辖范围内，其中一些包含在《工厂索引》内。尚不完全清楚《工厂索引》纳入某企业所遵循的标准。在 1884 年的版本中，我们看到了受矿山技术检查处监督管辖的新俄罗斯公司尤佐夫工厂。同时，没有提及乌拉尔冶金厂。在 1890 年的版本中，除了尤佐夫工厂之外，还包括另外两个新的南部冶金企业——南俄第聂伯卡缅冶金公司和布良斯克公司亚历山德罗夫工厂（也受矿山技术检查处监督管辖）以及乌拉尔的企业——别洛舍尔 - 别洛泽尔大公的卡塔夫 - 伊万诺夫工厂。类似例子的数量不断增加。因此，下面将根据更完整和可靠的采矿工业统计数据，来考虑冶金业的生产集中问题。

在第三组中，机械制造业在公司数量方面排名第一。1884 年，该生产部门的生产集中度很高。生产值为 10 万卢布以上的大型企业约占机械制造厂总数的 1/4，占总生产值的 4/5 以上，生产值为 100 万卢布以上的 12 家企业的生产值之和超过总生产值的 1/2。

80 年代下半期，机械制造业的生产集中度并未提高。80 年代初危机和随之而来的萧条动摇了许多大型企业的生产。波罗的海造船机械公司破产。

法俄公司、涅夫公司和其他一些公司减产。结果，在最大的企业中，有1890 年产量高于 1884 年产量的例子（例如，80 年代俄国最大的机械制造厂——科洛缅卡公司的生产值增加了 100 万卢布以上）。尽管如此，生产值为 100 万卢布以上的企业占总生产值的比重略有下降（从 1884 年的 51.3%降至 1890 年的 43.9%）。但是，由于这类企业的数量减少了（从 12 家减少到 9 家），每家企业的生产值占总数的比例不仅没有减少，反而增加了（从4.3% 增至 4.9%）。

根据 1884 年版《工厂索引》，在电线和钉子生产中，生产值为 10 万卢布以上的公司的生产值占总生产值的 90% 以上。在该生产部门中，最大的四家公司脱颖而出：贝克尔合资公司、里加线材生产公司、莫斯科金属公司和彼得堡轧铁线材公司。这四家公司的生产值之和占总生产值的近 70%。

1890 年，这四家公司的生产值之和在总生产值中所占的比例明显低于1884 年。同时，生产值为 10 万至 100 万卢布的企业所起到的作用也有所增强。但是这些变化并没有削弱四大公司在电线和钉子生产部门中的主导地位。

各种金属产品的生产部门出现生产集中的特点。该生产部门主要由小工厂组成，这些工厂生产锡、锡制品、刀、剪刀、镰刀、针、别针、纽扣、钩子、电报设备、电子照明设备、金属铭文、徽章、锁等。

早在 1884 年，铜和青铜生产部门的生产集中度就非常高。根据 1890 年版《工厂索引》，80 年代下半期，该生产部门的生产集中度急剧上升。《工厂索引》中不包括生产铜和青铜的弹药厂。如果将其纳入，那么生产集中度将更高（见表 1 - 6）。1890 年，三家公司（罗森克兰茨轧铜制管公司、科利丘金黄铜轧铜公司和 Ф. Г. 吉连什米德特、Г. И. 斯坦杰尔特舍利德、К. С. 舍卡拉津贸易公司）的产量之和占铜产品总产量（共 91 家公司）的3/5 以上。它们在生产规模上远远大于其他公司。早在 19 世纪 80 年代，这些轧铜企业就以其专业化程度而著称。罗森克兰茨轧铜制管公司生产铜板和黄铜板，同时生产其他两家公司不生产的铜管。Ф. Г. 吉连什米德特、Г. И.斯坦杰尔特舍利德、К. С. 舍卡拉津贸易公司专门从事子弹和弹壳的生产。科利丘金黄铜轧铜公司在生产铜片和黄铜片的基础上，还生产铜丝。至于

《工厂索引》所包括的生产铜和青铜的其他企业，大多数生产茶炊、盆、纽扣、徽章、釉、烛台、枝形烛台、各种青铜饰品等。

表 1-6　1884 年和 1890 年铜、青铜企业的数量及生产值

单位：个，千卢布，%

年份	全部企业			年生产值超过 100 的企业（包括 abc 三类）			a. 年生产值为 100~500 的企业			b. 年生产值为 500~1000 的企业			c. 年生产值为 1000 以上的企业		
	公司数量	生产总值	平均每家公司的生产值	公司数量	生产总值	占总数的比例	公司数量	生产总值	占总数的比例	公司数量	生产总值	占总数的比例	公司数量	生产总值	占总数的比例
1884	89	7959	89.4	15	5834	73.3	12	2134	26.8	1	784	9.9	2	2916	36.6
1890	91	9948	109.3	12	8006	80.5	9	1456	14.7	—	—	—	3	6550	65.8

第四组（矿物油和润滑油、油毡和沥青生产）的数据将放在下文，与采矿工业统计数据中的石油业数据共同分析。

现在让我们看一下根据 1884 年和 1890 年的《俄国采矿工业统计数据汇编》而编制的表格。在统计信息及分组方面，《俄国采矿工业统计数据汇编》与《工厂索引》有本质的不同。《工厂索引》将不同生产部门作为分组的基础，按生产部门对企业进行分组，编者通常会评估各生产部门的整体生产状况。《俄国采矿工业统计数据汇编》将产品作为分组的基础，描述了采矿业中最重要的产品（生铁、钢、煤炭、石油等）的生产情况，并未提供有关企业生产的整体信息。还有一个区别：《俄国采矿工业统计数据汇编》不包含《工厂索引》中的产量数据，而是提供了产品数据。因此，《工厂索引》和《俄国采矿工业统计数据汇编》的数据不具有可比性，我们无法编制既涵盖工厂企业数据，又涵盖采矿业数据的汇总表。

让我们从描述炼铁业生产集中度的表格（见表 1-7）开始分析。这里的统计数据按工厂（而不是公司，因为在这种情况下，《俄国采矿工业统计

数据汇编》不提供有关工厂所有者的信息）进行分组，体现了工厂的生产量和所属的工业区。《俄国采矿工业统计数据汇编》按地区分组，但并未提供所有地区的数据，仅提供了最重要的四个地区的数据。① 俄国南部和沃伦省的工厂被人为地合并在一起，因此笔者将"俄国南部和西南部"继续划分为两个小组。与之前一样，编制此表时未考虑国有企业及工人人数少于16人的"工厂"。②

表1-7既表现出生铁冶炼量的快速增长，又涉及80年代下半期生铁生产的集约化过程。

1884年，俄国生铁生产中的主要角色是每年生产10万至50万普特生铁的企业。大型工厂的产量仅占生铁冶炼总量的1/3以上。其中，只有新俄罗斯公司尤佐夫工厂的冶炼量超过了100万普特。乌拉尔的特点是存在大量生铁产量接近的企业。1884年，乌拉尔一半的工厂冶炼了20万至40万普特铁。应该注意到俄国冶金业的另一个古老中心——莫斯科地区。但是，这里工厂的平均生产力明显低于乌拉尔工厂的平均生产力。早在80年代初，波兰最古老的冶金企业之一——古特班科夫工厂在生产规模方面就十分突出。1884年，它的产量占波兰炼铁总量的2/5。当时，在俄国南部，尤佐夫工厂独占鳌头。由苏林工厂进行的无烟煤炼铁还停留在试验阶段。

到1890年，情况发生了显著的变化。我们所研究地区的炼铁量几乎翻了一番。此外，炼铁量超过50万普特的工厂的增长量之和占总增长量的4/5，冶炼量之和约占冶炼总量的3/5。

生产集中的过程对旧乌拉尔的影响最小。炼铁量为10万到50万普特的工厂的产量之和仍然占冶炼总量的一半以上。尽管这些工厂的数量增加了，但它们所占的比重却略有下降。同时，炼铁量超过50万普特的工厂的重要性

---

① 不包括北部工厂和西伯利亚工厂的数据。在1890年《俄国采矿工业统计数据汇编》的基础上，提供了俄国南部和西南部地区的数据。在1884年的版本中，将俄国西部地区和南部地区的工厂合并在一起。但是，除了顿河区、叶卡捷琳诺斯拉夫省和沃伦省的工厂（在1890年的版本中，被分为一个单独的工业区）之外，我们在此处只看到维尔诺省的另外一家工厂。此外，它的工人人数还不足16人。

② 在表1-7涵盖的区域中，1884年这样的工厂只有一家。1890年没有这样的工厂。

表1-7　1884年和1890年俄国各地区生铁冶炼厂的生产情况

单位：个、千普特、%

| 工厂产量 | I 乌拉尔 | | | II 莫斯科地区 | | | III 波兰 | | | IV 俄国南部和西南部 | | | | | |
| | | | | | | | | | | 顿河区以及叶卡捷琳诺斯拉夫省 | | | 沃伦省 | | |
	工厂数量	产量	占该地区的比例	工厂数量	产量	占该地区的比例	工厂数量	产量	占该地区的比例	工厂数量	产量	占该地区的比例	工厂数量	产量	占该地区的比例
1884 年															
少于100	5	149.6	0.8	15	930.7	25.4	10	463.7	19.7	1	42.9	2.4	3	160.6	100.0
100~500	37	11153.6	62.4	13	2731.2	74.6	5	928.6	39.4	—	—	—	—	—	—
500~1000	10	6576.7	36.8	—	—	—	1	964.6	40.9	—	—	—	—	—	—
1000 以上	—	—	—	—	—	—	—	—	—	1	1764.8	97.6	—	—	—
总计	52	17879.9	100.0	28	3661.9	100.0	16	2356.9	100.0	2	1807.7	100.0	3	160.6	100.0
1890 年															
少于100	3	137.8	0.6	4	252.0	4.4	12	715.4	9.2	1	447.6	3.4	5	189.6	100.0
100~500	41	14031.8	58.4	19	3465.9	60.2	7	22003.1	25.8	—	—	—	—	—	—
500~1000	10	7701.0	32.1	3	2035.8	35.4	2	1515.9	19.5	—	—	—	—	—	—
1000 以上	2	2141.9	8.9	—	—	—	11	3534.4	45.5	3	12780.4	96.6	—	—	—
总计	56	24012.5	100.0	26	5753.7	100.0	222	7768.8	100.0	4	13228.0	100.0	5	189.6	100.0

增加了，其中两个炼铁量突破"百万普特"的工厂脱颖而出，它们分别是别洛列茨基工厂和下萨尔金工厂。

在莫斯科地区发生了按生产规模对老工厂进行"分化"的特殊过程。

波兰的炼铁业突然出现生产集中的过程。在这里，三家最大的企业（共 22 家）集中了生铁冶炼总量的 65%。在俄国南部，由于创建了另外两家大型工厂——卡缅工厂（南俄第聂伯冶金公司）和亚历山德罗夫工厂（布良斯克公司），从而破坏了尤佐夫工厂的垄断地位。1890 年，这三家工厂冶炼了一半以上的生铁，是同年乌拉尔其他 56 家工厂的生产量之和。

表 1-8、表 1-9 列出了两种主要类型的成品钢材（型钢和钢轨）的生产集中度数据，其中表 1-8 基于 1884 年的数据，表 1-9 基于 1890 年的数据。两个表均涵盖了整个俄罗斯帝国（不包括芬兰）这些产品的私人生产的全部数据。

即使仅根据 1884 年的数据判断，80 年代初期钢轨的生产集中度也非常高。三个最大的工厂（普梯洛夫工厂、华沙铸钢厂和新俄罗斯工厂）的产量之和在 1884 年占总产量的 3/5，年产量超过 50 万普特的 6 家工厂的产量之和占这一年钢轨总产量的 9/10。[①] 1884 年是 80 年代上半期钢轨生产量下降幅度最大的一年。与 1881 年相比，这一年的钢轨产量减少了一半以上。1879~1880 年古特班科夫工厂生产了 100 多万普特的钢轨，1884 年只生产了 59.88 万普特的钢轨。1880 年布良斯克工厂的产量接近 300 万普特，而 1884 年的产量仅为 42.59 万普特。

因此，几乎全部的钢轨生产都是由七大工厂完成的，其中每家工厂的产量都不低于 50 万普特。

相比之下，1884 年型钢的生产规模比较有限。彼得堡的亚历山德罗夫工厂、普梯洛夫工厂、布良斯克工厂、古特班科夫工厂和埃廷根工厂等最大

---

① 除了上述列举的三家工厂外，还包括卡塔夫-伊万诺沃工厂、古特班科夫工厂和下萨尔金工厂。

的生产商在这一年的产量均为 10 万至 20 万普特。尽管如此，它们的产量之和仍占俄国型钢总产量的 71.8%。

表 1-8　1884 年俄国各地区型钢、钢轨的生产情况

单位：个，千普特，%

工厂产量	型钢										
	I乌拉尔		II莫斯科地区		III波兰		IV北部		全俄		
	工厂数量	产量	工厂数量	产量	工厂数量	产量	工厂数量	产量	工厂数量	产量	占总数的比例
少于100	5	102.1	2	72.6	1	81.8	3	9.1	11	265.6	28.5
100~500	—	—	1	112.3	1	109.1	3	446.1	5	667.5	71.5
500~1000	—	—	—	—	—	—	—	—	—	—	—
1000以上	—	—	—	—	—	—	—	—	—	—	—
总计	5	102.1	3	184.9	2	190.9	6	455.2	16	933.1	100.0

工厂产量	钢轨												
	I乌拉尔		II莫斯科地区		III波兰		IV北部		V南部		全俄		
	工厂数量	产量	工厂数量	产量	工厂数量	产量	工厂数量	产量	工厂数量	产量	工厂数量	产量	占总数的比例
少于100	—	—	2	32.8	—	—	1	75.5	—	—	3	108.3	1.8
100~500	—	—	1	425.9	—	—	—	—	—	—	1	425.9	7.1
500~1000	2	1187.6	—	—	1	598.8	—	—	—	—	3	1786.4	29.8
1000以上	—	—	—	—	1	1240.6	1	1310.7	1	1125.6	3	3676.9	61.3
总计	2	1187.6	3	458.7	2	1839.4	2	1386.2	1	1125.6	10	5997.5	100.0

1890 年的局势更为有利。在长期停滞之后，钢轨的产量再次上升。与 1884 年的产量相比，1890 年的产量几乎翻了一番。这时，生产钢轨的工厂的构成发生了一些变化：华沙工厂停止了钢轨生产，而古特班科夫工厂在短时间内中断了生产，与此同时，出现了新的大型钢轨生产商——卡缅工厂和亚历山德罗夫工厂（布良斯克公司）。

1890 年，布良斯克工厂、尤佐夫工厂、卡缅工厂和普梯洛夫工厂的产量之和已占钢轨总产量的 4/5 以上。这还不包括 1890 年首次生产钢轨、产量为 31.92 万普特的亚历山德罗夫工厂。

与 1884 年相比，1890 年的型钢产量增长了近 3 倍。最大的生产商是古

特班科夫工厂，1890 年，该工厂的产量占俄国型钢总产量的近一半（44.8%）。这一年，三大工厂的产量之和占总产量的 81.4%。[①]

表 1-9 1890 年俄国各地区型钢、钢轨的生产情况

单位：个，千普特，%

工厂产量	型钢											
	I 乌拉尔		II 莫斯科地区		III 波兰		IV 北部		V 南俄		全俄		
	工厂数量	产量	工厂数量	产量	工厂数量	产量	工厂数量	产量	工厂数量	产量	工厂数量	产量	占总数的比例
少于 100	6	43.3	3	30.3	—	—	2	54.0	—	—	11	127.6	3.5
100 ~ 500	—	—	1	273.0	1	110.0	—	—	1	172.5	3	555.5	15.1
500 ~ 1000	—	—	—	—	—	—	2	1344.5	—	—	2	1344.5	36.6
1000 以上	—	—	—	—	1	1644.3	—	—	—	—	1	1644.3	44.8
总计	6	43.3	4	303.3	2	1754.3	4	1398.5	1	172.5	17	3671.9	100.0

工厂产量	钢轨										
	I 乌拉尔		II 莫斯科地区		III 北部		IV 南部		全俄		
	工厂数量	产量	工厂数量	产量	工厂数量	产量	工厂数量	产量	工厂数量	产量	占总数的比例
少于 100	1	0.2	2	6.7	—	—	—	—	3	6.9	0.1
100 ~ 500	—	—	—	—	—	—	1	319.2	1	319.2	3.1
500 ~ 1000	2	1387.9	—	—	—	—	—	—	2	1387.9	13.7
1000 以上	—	—	1	2699.0	1	1354.8	2	4366.9	4	8420.7	83.1
总计	3	1388.1	3	2705.7	1	1354.8	3	4686.1	10	10134.7	100.0

表 1-10、表 1-11、表 1-12 显示了采矿业中最重要的部门——煤炭业和石油业的生产集中情况。在之前的表格中，仅考虑了工人人数至少为 16 人（或使用蒸汽机）的工厂，而在这些表格中，与工人人数无关，全部的煤矿和油田都被考虑在内。毕竟，主要是由于数据不完整，我们在研究加工工业统计数据时，才没有考虑到少于 16 名工人（无蒸汽机）的企业。同时，在与矿产资源开发有关的采矿业方面，矿山技术检查处提供了更为完整的数据（包括全部企业，甚至是最小型的企业）。此外，16 名工人或使用蒸

[①] 三大工厂为古特班科夫工厂、亚历山德罗夫工厂（位于彼得堡）和贝克尔公司。

汽机的准则用于确定加工企业是否为工厂企业，是否适用于采矿工业（煤矿、油田等）是令人怀疑的。值得注意的是，列宁利用《俄国采矿工业统计数据汇编》中顿巴斯地区煤炭生产的数据说明南方工业体系。首先，他考察了全部矿场；其次，基于工人人数，除了按照工厂进行分组，还突出了其他分组。[1] 顺便一提，在煤炭开采中，少于 16 名工人的煤矿的作用完全可以忽略不计。1890 年，少于 16 名工人的煤矿在顿巴斯地区无烟煤生产中所占的比例约为 1.5%。对于煤炭的开采，顿巴斯地区的开采量占全国总开采量的 10%，波兰地区的开采量占全国总开采量的 1/1000。

表 1-10 反映了 1884 年的数据，得出的结论是，早在 80 年代初，俄罗斯帝国最大的煤田就具有生产异常集中的特点。在这方面，波兰的煤炭工业尤为突出，几乎所有的煤炭开采活动都是由 16 家最大的煤矿进行的，并且其中 4 家煤矿的产量之和占总产量的一半以上。在顿巴斯地区，最大的 19 家煤矿的产量之和占总产量的 4/5。

与 1884 年的版本不同，1890 年的《俄国采矿工业统计数据汇编》包含了有关矿主的必要信息，从而使我们可以更全面地了解 90 年代初俄罗斯帝国煤炭工业的社会化程度。因此，表 1-11 中包含 1890 年的数据，煤炭产量指标未按矿场分组，而是按照公司分组（其中很多公司拥有不同的矿场）。结果非常明显，1890 年，顿巴斯地区最大的 5 家公司的产量之和占煤炭总产量的一半以上。[2] 同年，波兰最大的 5 家公司的采煤量之和占全部煤矿开采总量的 4/5 以上。[3]

---

[1] Ленин В. И., Соч., т. 3, C. 430. 译者注：照录中共中央编译局编译《列宁全集》第 3 卷，人民出版社，1984，第 451 页。

[2] 包括：南俄矿业公司（一个开采量为 2207.5 万普特的矿场）、新俄罗斯公司（一个开采量为 1647.35 万普特的矿场）、伊洛瓦伊斯克家族公司（一个开采量为 1505.66 万普特的矿场）、戈卢博夫斯基·别列斯托沃-博戈杜霍夫公司（四个矿场，总产量为 1387.13 万普特）和阿列克谢耶夫卡采矿公司（三个矿场，总产量为 1171.89 万普特）。

[3] 格·丰·克拉姆斯特采矿公司（两个矿场，总开采量为 4627.38 万普特）、法国意大利联合公司（两个矿场，总开采量为 2758.79 万普特）、华沙煤采矿公司（两个矿场，总开采量为 2297.85 万普特）、格拉夫·列纳尔德采矿公司（三个矿场，总开采量为 1930.14 万普特）、维克托煅炼采矿场（开采量为 1163.49 万普特）。

表 1-10 1884 年莫斯科近郊区与顿巴斯地区的煤炭生产情况

单位：个，千普特，%

开采量分类		I 莫斯科近郊区			II 顿巴斯地区					
		煤			煤			无烟煤		
		矿场数量	开采量之和	占该地区开采量的比例	矿场数量	开采量之和	占该地区开采量的比例	矿场数量	开采量之和	占该地区开采量的比例
100 以下		—	—	—	?	880.6	1.3	?	1905.6	6.2
100 ~ 500		3	630.5	2.6	20	4684.5	6.6	34	7434.2	24.0
500 ~ 1000		4	3334.3	13.9	10	6915.1	9.8	8	5125.0	16.6
1000 以上（包括 abcd 四类）		5	20044.7	83.5	19	58146.5	82.3	8	16453.3	53.2
其中	a. 1000 ~ 3000	4	8525.1	35.5	13	19797.5	28.0	6	7825.8	25.3
	b. 3000 ~ 5000	—	—	—	2	8070.8	11.4	2	8627.5	37.9
	c. 5000 ~ 10000	—	—	—	3	19385.8	27.4	—	—	—
	d. 10000 以上	1	11519.6	48.0	1	10892.4	15.5	—	—	—
总计		12	24009.5	100.0	?	70626.7	100.0	?	30918.0	100.0

开采量分类		III 波兰			IV 乌拉尔					
		煤			褐煤			煤		
		矿场数量	开采量之和	占该地区开采量的比例	矿场数量	开采量之和	占该地区开采量的比例	矿场数量	开采量之和	占该地区开采量的比例
100 以下		9	199.9	0.2	—	—	—	2	100.0	1.3
100 ~ 500		3	953.4	0.9	—	—	—	—	—	—
500 ~ 1000		1	980.5	0.9	1	656.6	100.0	—	—	—
1000 以上（包括 abcd 四类）		16	100682.8	98.0	—	—	—	4	7693.0	98.7
其中	a. 1000 ~ 3000	7	14474.6	14.1	—	—	—	4	7693.0	98.7
	b. 3000 ~ 5000	2	6885.0	6.7	—	—	—			
	c. 5000 ~ 10000	3	22818.7	22.2	—	—	—			
	d. 10000 以上	4	56504.5	56.0	—	—	—			
总计		29	102816.6	100.0	1	656.6	100.0	6	7793.0	100.0

表1-11　1890年莫斯科近郊区与顿巴斯地区的煤炭生产情况

单位：个、千普特，%

开采量分类	I 莫斯科近郊区 煤			II 顿巴斯地区 褐煤			II 顿巴斯地区 煤		
	矿场数量	开采量之和	占该地区开采量的比例	矿场数量	开采量之和	占该地区开采量的比例	矿场数量	开采量之和	占该地区开采量的比例
100以下	—	—	—	?	880.6	1.3	?	1905.6	6.2
100~500	3	630.5	2.6	20	4684.5	6.6	34	7434.2	24.0
500~1000	4	3334.3	13.9	10	6915.1	9.8	8	5125.0	16.6
1000以上（包括abcd四类）	5	20044.7	83.5	19	58146.5	82.3	8	16453.3	63.2
其中 a.1000~3000	4	8525.1	35.5	13	19797.5	28.0	6	7825.8	25.3
b.3000~5000	—	—	—	2	8070.8	11.4	2	8627.5	37.9
c.5000~10000	—	—	—	3	19385.8	27.4	—	—	—
d.10000以上	1	11519.6	48.0	1	10892.4	15.5	—	—	—
总计	12	24009.5	100.0	?	70626.7	100.0	?	30918.0	100.0

续表

开采量分类	II顿巴斯地区 无烟煤			III波兰 煤			IV乌拉尔 褐煤			IV乌拉尔 煤		
	矿场数量	开采量之和	占该开采量的比例	矿场数量	开采量之和	占该地区开采量的比例	矿场数量	开采量之和	占该地区开采量的比例	矿场数量	开采量之和	占该地区开采量的比例
100 以下	95	2919.9	8.0	2	29.0	0.0	—	—	—	2	1.2	0.0
100~500	31	6136.5	16.8	1	287.1	0.2	—	—	—	—	—	—
500~1000	2	1370.4	3.7	1	641.1	0.4	—	—	—	—	—	—
1000 以上（包括 abcd 四类）	9	26055.9	71.5	10	148629.5	99.4	1	1205.8	100	4	15105.9	100.0
其中 a.1000~3000	5	11210.8	30.7	2	4501.4	3.0	1	1205.8	100	1	2908.2	19.2
b.3000~5000	4	14845.1	40.8	2	7568.0	5.0	—	—	—	3	12197.7	80.8
c.5000~10000	—	—	—	1	8783.5	5.9	—	—	—	—	—	—
d.10000 以上	—	—	—	5	127776.6	85.5	—	—	—	—	—	—
总计	137	36482.7	100	14	149586.7	100	1	1205.8	100	6	15107.1	100

我们需要分析石油生产部门的数据。通过表 1 - 12 可以判断出大公司在巴库地区石油生产中的作用。1884 年，大公司的石油开采量之和占石油开采总量的 4/5。5 家最大的公司（每家公司的开采量至少 500 万普特）的石油开采量之和占石油开采总量的近一半。不过，开采量不足 10 万普特的小型企业仍然十分重要，它们的石油开采量之和与诺贝尔兄弟公司的开采量持平。

与 1884 年相比，1890 年巴库地区的石油产量至少增长了 1.5 倍。开采量超过 1000 万普特的大公司的增长量之和占总增长量的 93.9%。小型公司在总产量中所占的比例从 16.2% 下降到 0.2%，而大型公司（产量为 100 万普特以上的公司）所占的比例从 78.7% 上升到 95.2%。同时，这些大公司内部也发生了很大的变化。开采量为 100 万到 1000 万普特的公司占总开采量的比例从 62.4% 下降到 31.7%；开采量为 1000 万普特以上的公司所占比例从 16.3% 提高到 63.5%。不过，1884 年，开采量为 1000 万普特以上的公司只有一家（诺贝尔兄弟公司），而到了 1890 年，又增加了 7 家。[①]

在分析采矿工业统计数据中的石油生产部门信息时，可利用上述信息。问题在于因为《工厂索引》未包括巴库地区的石油加工企业，所以虽然其中有关"矿物油和润滑油、油毡和沥青"的生产信息很有趣，但几乎没有任何指导意义。同时，根据 1884 年《俄国采矿工业统计数据汇编》，巴库地区石油加工企业生产的宾齐尔染料（染羊毛的酸性染料）的份额下降了100%，煤油的份额下降了 94.1%，润滑油的份额下降了 59.5%。

因此，我们对 1884 年《俄国采矿工业统计数据汇编》中石油加工产品的生产信息进行分析（见表 1 - 13）。根据此信息，大约 83.4% 的煤油是由 4 家公司（诺贝尔兄弟公司、塔吉耶夫与萨尔基索夫兄弟商行、里海公司和巴库石油公司）生产的；一半以上的润滑油是由两家公司（诺贝尔兄弟公司和拉哥津合资公司）生产的；至于汽油，当时只有两家公司从事汽油生产，

---

① 这 7 家分别是巴库石油公司、里海 - 黑海石油工业贸易公司、里海公司、塔吉耶夫父子商行、察图罗夫商行、阿拉费罗夫合资商行和阿斯特吉克公司。

表 1－12　1884 年和 1890 年各公司的石油开采量

单位：个，千普特，%

开采量分类	1884 年			1890 年		
	公司数量	开采量之和	占各类开采量的比例	公司数量	开采量之和	占各类开采量的比例
100 以下	?	14449.5	16.2	12	447.6	0.2
100～500	7	1988.0	2.2	17	4571.9	2.0
500～1000	3	2616.6	2.9	8	5867.6	2.6
1000 以上（包括 abcd 四类公司）	19	70093.6	78.7	33	217192.8	95.2
a. 1000～3000	9	11411.7	12.8	16	27482.5	12.1
b. 3000～5000	5	17711.3	19.9	6	24443.9	10.7
c. 5000～10000	4	26470.6	29.7	3	20360.1	8.9
d. 10000 以上	1	14500.0	16.3	8	144906.3	63.5
诺贝尔兄弟公司	—	14500.0	16.3	—	45188.9	19.8
总计	?	89147.7	100.0	70	228079.9	100.0

分别是诺贝尔兄弟公司（10 万普特）和塔吉耶夫与萨尔基索夫兄弟商行（4.5 万普特）。

在石油加工业中，诺贝尔兄弟公司比较例外。该公司的产量占俄国煤油总产量的一半以上，约占润滑油总产量的 1/3，占汽油总产量的 3/5 以上。

1890 年《俄国采矿工业统计数据汇编》中没有包含各石油加工公司生产的完整数据，只是援引了各省石油加工厂的数量、各厂的工人数量以及各种石油馏出物生产的一般信息。其中包括不属于工厂企业的机构（例如，诺夫哥罗德省一个有 2 名工人的"工厂"，赫尔松省 5 个"有 20 名工人"的"工厂"），在绘制表 1－13 时笔者没有考虑这些因素，所以表 1－13 的数据不能与上述表格的数据进行对照。由于工厂企业包括工人人数少于 16 人且没有蒸汽机的小型企业，因此该数据被夸大了。但是，夸大石油产品生产数据的意义不大。根据这些数据，1890 年巴库地区生产了 97.7% 的煤油（当时主要的石油馏出物）。此外，产量为 100 万普特以上的 13 家公司的产量之和为 5106.49 万普特，占巴库地区煤油总产量的 3/4。《俄国采矿工业统

表 1-13 巴库地区和全俄煤油、润滑油的产量情况

单位：个、千普特、%

石油加工工业产品类型		全部公司		产量分类												诺贝尔兄弟公司	
				10万普特以下			10万~50万普特			50万~100万普特			100万普特以上				
		公司数量	产量	公司数量	产量	占总数的比例	公司数量	产量	占总数的比例 %	公司数量	产量	占总数的比例	公司数量	产量	占总数的比例	产量	占总数的比例 %
煤油	全俄	18	18223.9	3	60.2	0.3	8	1567.7	8.6	3	2304.0	12.6	4	14292.0	78.5	10000.0	54.9
煤油	巴库地区	11	17146.0	1	50.0	0.3	3	500.0	2.9	3	2304.0	13.4	4	14292.0	83.4	10000.0	58.3
润滑油	全俄	15	3357.1	7	228.5	6.8	6	1347.0	40.1	1	781.6	23.3	1	1000.0	29.8	1000.0	29.8
润滑油	巴库地区	6	1998.5	1	50.5	2.5	4	948.0	47.5	—	—	—	1	1000.0	50.0	1000.0	50.0

计数据汇编》中记载了每家公司的生产信息。位于巴库地区的诺贝尔兄弟公司的工厂产量从 1000 万普特增至 1800 万普特。尽管如此,该公司在巴库地区的煤油生产中所占的份额下降到 26.3%。关于巴库地区的信息并未完全反映出诺贝尔兄弟公司的产量,因为根据《工厂索引》的信息,1890 年诺贝尔兄弟公司在欧俄拥有两家石油加工厂。但是,假设巴库地区以外生产的全部煤油都由诺贝尔兄弟公司生产,那么诺贝尔兄弟公司的产量占全俄煤油总产量的 27.9%,该比例也是 1884 年比例的一半。

第二节 改革后时期生产集中的性质

之前,我们研究了表示 19 世纪末俄国生产集中度的定量数据。现在让我们尝试确定生产集中的本质内容。为此,必须注意到俄国改革后时期生产集中的一般条件。

俄国资本主义的发展是通过保存"农奴制经济、贵族特权和专制贵族制度"实现的。[①] 1859~1861 年,俄国贵族进行了资产阶级改革,以维护统治阶级的利益。俄国废除了农奴制,但保留了地主对土地的所有权(保留政治权力的经济基础)。结果,俄国农业资本主义得到了发展,"占主导地位的可能是逐渐资产阶级化、逐渐用资产阶级剥削手段代替农奴制剥削手段的大地主经济"。[②]

只有在整个国民经济向资本主义演变的条件下,才能以资本主义的方式改造封建大地产制。但是地主土地所有制的保留是这一发展的最大障碍,因此需要在地主经济的基础上发展农业资本主义,对经济生活中的政治上层建筑进行全面且积极的干预。统治阶级强烈反对暴力摧毁地主土地所有制,不允许资本主义的自由发展。但是,为了确保国民经济的资本主义演

[①] Ленин В. И., Соч., т. 13, С. 107. 译者注:照录中共中央编译局编译《列宁全集》第 16 卷,人民出版社,1988,第 130 页。

[②] Ленин В. И., Соч., т. 13, С. 216. 译者注:照录中共中央编译局编译《列宁全集》第 16 卷,人民出版社,1984,第 205 页。

变，还需在必要的范围内进行资本主义改革。1861年改革不仅仅局限于经济领域，还在政治等领域采取了一系列措施，代表着俄国从上至下大力推行资本主义（例如，人为地加快铁路建设和某些生产部门的发展）。把很大一部分国内资本从生产性支出转移到非生产性支出，维护了地主和地主土地所有制的政治权力，并为铁路公司、工业企业和银行提供了直接和间接的物质支持。沙皇政府经常充当股份制公司的参与者，甚至是发起人，并通过引入所谓的建立股份制公司的许可制度（并有权更改其章程）来限制企业家的活动。[①]

在描述俄国资本主义发展的特点时，还必须指出，俄国在扩大资本主义统治范围方面（不仅在深度上，而且在广度上）具有极为有利的条件。列宁写道："由于俄国边疆地区有大量空闲的可供开垦的土地，俄国比其他资本主义国家处于特别有利的情况。"[②] 在俄国中部各省农业资本主义发展极为困难的条件下，工厂主移居边区开垦荒地，并占有市场，为资本主义工业创造了相对较高的增长率。在保持"半个中世纪的农业形式"的同时，为"最先进的工业形式"的出现创造了条件，缓和了发展中的资本主义与农奴制残余之间的矛盾，有助于延长农奴制残余存在的时间。对此列宁写道："如果俄国资本主义在改革后初期所占领的领土界限以外没有地方可以扩张，那么资本主义大工业与农村生活古老制度（农民被束缚在土地上等等）之间的这个矛盾，就一定会迅速导致这些制度的完全废除，导致俄国农业资本主义道路的完全扫清。"[③]

---

① И. Ф. 金丁的著作非常详尽地描述了政府干预国家经济的性质和主要表现。参阅 Гиндин И. Ф. , Государственный банк и экономическая политика царского правительства（1861 – 1892 годы）. М., Госфиниздат, 1960；Гиндин И. Ф., К вопросу об экономической политике царского правительства в 60 – 80 - х годах XIX века // Вопросы истории. 1959, № 5；Гиндин И. Ф., Государственный капитализм в России домонополистического периода // Вопросы истории. 1964, № 11.

② Ленин В. И. , Соч. , т. 3, С. 522. 译者注：照录中共中央编译局编译《列宁全集》第3卷，人民出版社，1984，第547～548页。

③ Ленин В. И. , Соч. , т. 3, С. 522. 译者注：照录中共中央编译局编译《列宁全集》第3卷，人民出版社，1984，第548页。

同时，俄国大地产制严重影响了社会制度及发展，尤其延缓了向边区移民的进程。正如列宁指出的那样："欧俄农民真正获得自由和完全摆脱农奴制的压迫，这是广泛利用俄国大量待垦土地的条件。"①

为了进一步发展资本主义，需要修建铁路，以连接俄罗斯帝国的中心与郊区。俄罗斯帝国幅员辽阔，因此这是一项艰巨的任务。但铁路的修建不仅为工业生产部门（主要是冶金和机械制造业等）的快速发展创造了条件，而且还在保留大量封建残余的情况下，保证了俄国资本主义经济的高速发展。

俄罗斯帝国领土过于辽阔，在一定程度上延迟了社会劳动分工的形成和商品流通的发展。但是，正因如此，即使国内工业产品市场的形成异常缓慢（尤其与其他国家相比），工业的产量依然增加了。这就是为什么19世纪末，俄国人均工业生产量处于欧洲最低水平，但其依然是世界最发达的五个工业国家之一。同时应当注意到，俄国刚走上资本主义道路时，西欧许多国家已处于资本主义发展的顶峰时期。

这使得俄国可以"效仿"更发达的资本主义国家，并获得它们的"帮助"。俄国吸纳了资本主义生产的技术成就和组织形式，从而加快了工业发展的步伐。俄国的新兴产业直接从西方国家已达到的水平开始发展，不必经历其发展的全部阶段。

但是与此同时，邻国高度发达的资本主义工业对俄国工业的生存构成威胁。由于俄国保留了大量的农奴制残余，发展受限，因此它在本国市场上与外国工业品的竞争中屡屡失败。这也说明，有利的海关政策是俄国大多数新兴工业发展的决定性条件。

在改革后的时期，俄国工业受到农奴制残余的影响。为适应这些条件，俄国的工业发展从两个方面进行。其一，利用西方资本主义工业建立的大规模工业生产的组织形式。这条路导致俄国出现了"独创的工业制度"（即农奴制是俄国许多工业部门"劳动组织"的基础）。列宁通过分析乌拉尔采矿

---

① Ленин В. И., Соч., т. 13, С. 226, 228. 译者注：照录中共中央编译局编译《列宁全集》第16卷，人民出版社，1988，第218页。

业衰落的原因，非常生动地描述了这一现象。① 他指出："必须注意到 19 世纪 60 年代以前（包括 60 年代）的制呢业具有一种独特的组织：生产集中在较大的企业中，但这些企业根本不是资本主义的工厂工业，而是以农奴或暂时义务农的劳动为基础的。"② 在亚麻、玻璃和甜菜的生产中也观察到类似的情况。

　　既然 1861 年改革并没有破坏地主土地所有制，并长期维护了封建关系，因此强迫农奴或土地所有者的农民进行劳动的工业企业可能存在相当长的时间。沙皇政府为这类企业提供了财政支持，并试图帮助它们适应资本主义的发展。③ 90 年代下半期，列宁注意到乌拉尔的矿业公司既是"地主"又是"企业主"，"他们的统治不是基于资本和竞争，而是基于垄断和所有权"，并写道："乌拉尔的厂主现在也还是极大的地主。1890 年，全帝国 262 个铁厂共有土地 1140 万俄亩（包括森林 870 万俄亩），其中 1020 万俄亩是 111 个乌拉尔工厂的（森林 770 万俄亩）。因此，每个乌拉尔工厂平均占有约 10 万俄亩土地的大地产。从这些林地割出份地给农民，直到现在还没有完全结束。在乌拉尔，获得劳动力的方法不仅有雇佣制，而且还有工役制。"④

　　其二，改革前俄国工业发展的第二条道路是由于封建农奴制经济瓦解而开启的。表现是在农奴雇佣劳动的基础上兴起工业企业，农奴被迫在农闲季节到外地做短工、零活和寻求当地副业以获得额外的收入。⑤ 自由雇佣劳动确保了俄国棉花产量的快速增长。1825～1850 年，自由雇佣劳动在大多数

---

① Ленин В. И., Соч., т. 3, С. 424－427. 译者注：照录中共中央编译局编译《列宁全集》第 3 卷，人民出版社，1984，第 445 页。
② Ленин В. И., Соч., т. 3, С. 410. 译者注：照录中共中央编译局编译《列宁全集》第 3 卷，人民出版社，1984，第 429 页。
③ 有关沙皇政府对采矿业的财政支持，参阅 Гиндин И. Ф., Государственный банк и экономическая политика царского правительства（1861－1892 годы）. М., Госфиниздат, 1960. С. 176－190.
④ Ленин В. И., Соч., т. 3, С. 425. 译者注：照录中共中央编译局编译《列宁全集》第 3 卷，人民出版社，1984，第 445 页。
⑤ 当然，还有其他一些人成为自由雇佣工人，但这是次要的。参阅 Яцунский В. К. и Рожкова М. К., Рабочие дореформенной России // Очерки экономической истории России первой половины XIX века. М., Соцэкгиз, 1959. С. 221－227.

加工工业中占据了主导地位。① 在农奴制的统治下，形成了资本主义类型的大规模工业生产。

列宁认为，改革后的俄国工业中，资本主义的发展表现为两个不同的区域："在一个区域里，可以看到前资本主义的旧制度及其原始的保守的技术，束缚于当地的居民的人身依附，强固的等级制传统、垄断等等，在另一区域里，可以看到与任何传统的完全决裂，技术革命以及纯粹资本主义机器工业的迅速增长。"②

在维护地主土地所有制的条件下，铁路建设是专制制度加速国民经济资本主义演变的最重要手段。1894 年，恩格斯描述铁路建设在俄国资本主义发展中的作用时，写道："铁路意味着兴建资本主义工业和把原始的农业革命化。一方面，甚至国内最边远的地区的农产品也同世界市场发生了直接的联系；另一方面，没有提供钢轨、机车、车厢等等的本国的工业，就不可能建造和利用广阔的铁路网。然而不能只建立大工业的一个部门而不同时建立整个体系；早先已在莫斯科省和弗拉基米尔省，以及在波罗的海沿岸边区生根的较现代化的纺织工业，获得了新的高涨。随着铁路和工厂的建立，已有的银行扩大了而且建立了新的银行；由于农民从农奴依附地位下解放出来，产生了迁徙自由，而且可以预期，在这之后，这些农民中的很大部分自然而然也将从占有土地的状况中解放出来。这样，俄国在短短的时间里就奠定了资本主义生产方式的全部基础。"③

国家制定的海关保护政策对大多数工业的发展起到了重要作用。直接为铁路建设服务的生产部门（运输机械制造业和钢轨制造业）例外，它们直接受到政府的干预。

在改革前的时期，与俄国工业的许多其他部门不同，机械制造业未受海

① 参阅 Ядунский В. К., Крупная промышленность России в 1790 – 1860 гг. // Очерки экономической истории России первой половины XIX века. С. 118 – 220。

② Ленин В. И., Соч., т. 3, С. 411. 译者注：照录中共中央编译局编译《列宁全集》第 3 卷，人民出版社，1984，第 452～453 页。

③ Марко К. и Энгельс Ф., Соч., т. 22, С. 450. 译者注：照录中共中央编译局编译《马克思恩格斯全集》第 22 卷，人民出版社，1965，第 507 页。

关保护。[①] 最初，它主要是铸造厂的辅助生产部门，从事机械维修，并执行各种订单。这里的工匠通常不具备任何专业知识。直到19世纪40年代后期，才出现专门的机械制造厂。它们的出现主要与俄国内河船的发展有关。内河船极大地促进了俄国生产蒸汽发动机。尽管50年代没有对机器征收进口关税，但国内机器在国内市场上的地位显著增强。[②] 此时俄国还没有为铁路建设做好准备，铁路建设在19世纪50年代末到60年代初展开（1858～1863年，俄国铁路的总长度增长了两倍）。早在1861年改革之前，蒸汽机车和车辆的生产就已开始（40年代中期在亚历山德罗夫铸铁机械厂生产，50年代初在列伊赫坚别尔茨基公爵工厂生产），但由于受到国外产品的竞争，其并未得到广泛发展。

俄国冶金业在1825～1850年处于停滞状态。30～40年代，黑色金属的产量大致保持在同一水平。国内需求的增长只能通过减少出口量来满足。由于国外对俄国黑色金属征收高额的进口关税，因此俄国冶金业失去了国外销售市场，而继续占据着国内市场的主导地位。

国内冶金业无法为在俄国开始的铁路建设提供轨道。在第一批铁路（皇村铁路、尼古拉耶夫铁路、彼得堡—华沙铁路）的建设过程中，几乎全

---

① 关于俄国机械制造的起源参阅 Яцунский В. К. , Роль отечественного машиностроения в снабжении прядильным оборудованием русских фабрик в первой половине XIX в. // Исторические записки. 1953, т. 42；Яцунский В. К. , Значение экономических связей с Россией для хозяйственного развития городов Прибалтики в эпоху капитализма // Исторические записки. 1954, т. 45；Яцунский В. К. , Роль Петербурга в промышленном развитии дореволюционной России // Вопросы истории. 1954. № 9；Моренец Н. И. , Из истории отечественного машиностроения // Тр. Ленинградского инженерно - экономического института, вып. VI, Машиностроение, 1953；Моренец Н. И. , Петербургский и Александровский чугунолитейные заводы горного департамента в первой половине XIX в. // Тр. Института истории естествознания и техники АН СССР, т. 38, История машиностроения, 1961；Фурер Л. Н. , Влияние судоходства на развитие капитализма в Поволжье（середина XIX века）. Казань, изд. Гос. музея ТАССР, 1959。

② 40年代国内机械制造的产量满足了1/4以上的需求，50年代，机械制造业在国内总消费中所占的份额超过了2/5。1854～1855年，机械进口量急剧减少（与克里米亚战争有关，比较战争前后四年的数据极有帮助。国内生产和进口的比例开始是1.4∶3.0，后来是5.0∶7.2），在某种程度上导致了这一结果。参阅 Яцунский В. К. , Крупная промышленность России в 1790－1860 гг. // Очерки экономической истории России первой половины XIX века. С. 209－212。

部的钢轨都必须从国外进口。① 19 世纪 50 年代下半期，沙皇政府制订了一项广泛的铁路建设计划，认为不仅有必要降低黑色金属的进口关税，还有必要允许铁路公司免税进口铁和钢轨。60 年代，铁路建设和运营所需的一切物品——钢轨、钢轨配件、岔道、车站设备、车辆、蒸汽机车等都是从国外进口的。② 但是这种情况不能维持较长的时间。恩格斯在《〈论俄国的社会问题〉跋》中，对此做出合理的解释："俄国政府由于负有无数债务，并且在国外的信用几乎完全丧失，不得不为了国库的直接利益而来设法人工培植本国的工业。它经常需要黄金来支付外债的利息。但是在俄国流通的不是黄金，而只是纸币。一部分黄金来自几种只征收黄金的关税，顺便指出，这种征收办法使这几种关税的税额提高百分之五十。但是最大部分的黄金要由俄国原料出口对外国工业品进口的顺差中得来；外国购买者对这一余额所开的期票，俄国政府在国内用纸币收买进来，再用去换取黄金。因此，如果政府不愿为支付外债的利息而去借新的外债，那末它就得设法使俄国的工业迅速壮大到能够满足国内的全部需求。这样就要求俄国成为不依赖外国的、能够自给的工业国；这样就使政府拼命努力要在几年内把俄国的资本主义发展提到最高点。"③

自 19 世纪 60 年代末以来，沙皇政府开始强迫国内生产钢轨、蒸汽机车和车辆，并采取了以下措施：允许免税进口生铁和金属加工厂所需用铁；对包括蒸汽机车在内的某些机器征收进口关税；限制铁路公司在国外购买钢轨和机车车辆的权利；国家向机械制造厂和钢轨轧制厂拨款。④

---

① 参阅 Ядунский В. К., Крупная промышленность России в 1790 – 1860 гг. // Очерки экономической истории России первой половины XIX века. С. 200 – 201。

② 关于如何进行铁路建设，参阅 Погребинский А. П., Строительство железных дорог в пореформенной России и финансовая политика царизма (60 – 90 – е годы XIX в.) // Исторические записки. 1954. т. 47。

③ Марко К. и Энгельс Ф., Соч., т. 22, C. 452. 译者注：照录中共中央编译局编译《马克思恩格斯全集》第 22 卷，人民出版社，1965，第 509 页。

④ И. Ф. 金丁在专著《Государственный банк и экономическая политика царского правительства (1861 – 1892 годы)》中首次强调了这种拨款的形式极为多样化。参阅 Гиндин И. Ф., Государственный банк и экономическая политика царского правительства (1861 –1892 годы). М., Госфиниздат, 1960。

列宁称19世纪60年代末至70年代初为俄国铁路建设的大高涨时期，[1]也是俄国重工业发展的重要阶段。在此期间，国内出现了蒸汽机车制造业和车辆制造业。70年代中期，蒸汽机车和车辆的国内产量超过了进口量。

钢轨的产量则比较有限。尽管到70年代中期，它的总产量超过了250万普特，但其中2/3以上是铁路钢轨。1876～1877年沙皇政府采取了许多新措施，包括继续提供大量政府订单，并向钢轨轧制厂拨款。通过这些措施，提高国内蒸汽机车和车辆的产量（禁止新铁路公司在国外购买机车车辆；增加蒸汽机车的进口关税；为俄国工厂独立制造的每台蒸汽机车发放奖金），创造俄国生产钢轨的良好条件（规定铁路公司在俄国工厂订购所需总量一半以上的钢轨；停止免税进口钢轨；鼓励并奖励国内工厂接收私人钢轨订单）。

部长委员会对俄国钢轨生产的建立十分关注，1876年5月14日经沙皇批准，对完全使用本厂生铁生产钢轨的工厂给予优惠。这些工厂答应接受政府订货。部长委员会规定："已建立或配备设备生产钢轨的工厂，以及独立工厂，将在本规则发布之日起的头三年内，用本国生铁制造钢轨。在五年内，提供政府的钢轨订货。"[2] 发放给独立工厂的奖金是二次加工厂的两倍多。

1871～1875年，俄国生产了631台蒸汽机车和21241辆车辆。1876～1880年，它们的数量分别增加到1112台和32736辆。[3] 70年代下半期，国内机械制造业满足了蒸汽机车与车辆总需求的3/4。90年代初，保证了国内蒸汽机车与车辆的供需平衡。

笔者基于A.克片的数据，绘制了表1-14，从中可以看到70年代下半期俄国钢轨的生产状况。[4] 钢轨的总产量增长了近14倍。

---

① Ленин В. И. , Соч. , т. 3 , C. 486. 译者注：照录中共中央编译局编译《列宁全集》第3卷，人民出版社，1984，第508页。

② Кеппен А. , Материалы для истории рельсового производства в России. СПб. , 1899. C. 81.

③ 参阅 Ильинский Д. П. и Иваницкий В. П. , Очерк истории русской паровозостроительной и вагоностроительной промышленности. М. , 1929. C. 47, 58, 59, 65。

④ Наша железнодорожная политика по документам архива Комитета министров, т IV. СПб, 1902. C. 281.

表 1-14　各钢轨轧制厂的铁轨、钢轨年产量

单位：千普特，%

年份	产品类型	独立工厂					二次加工工厂							总计
		下塔吉尔冶金工厂	卡塔夫-伊万诺夫工厂	新俄罗斯工厂	产量之和	占总数的比例	布良斯克工厂	普梯洛夫工厂	亚历山德罗夫工厂	古特班科夫工厂	华沙（布拉格）工厂	产量之和	占总数的比例	
1876	铁轨	639.7	—	605.6	1245.3	66.2	637.2	—	—	—	—	637.2	33.8	1882.5
	钢轨	—	—	—	—	—	—	800.0	—	—	—	800.0	100.0	800.0
1877	铁轨	166.7	—	864.1	1030.8	87.2	44.5	106.6	—	—	—	151.1	12.8	1181.9
	钢轨	384.7	—	—	384.7	28.2	333.9	643.7	—	—	—	977.6	71.8	1362.3
1878	铁轨	167.9	—	907.2	1075.1	100	—	—	—	—	—	—	—	1075.1
	钢轨	637.2	—	—	637.2	19.1	1495.0	1045.5	—	154.8	—	2695.3	80.9	3332.5
1879	铁轨	10.4	—	575.7	586.1	99.9	—	0.7	—	—	—	0.7	0.1	586.8
	钢轨	747.6	500.9	—	1248.5	14.3	2282.4	3020.8	436.3	1201.8	550.0	7491.3	85.7	8739.8
1880	铁轨	20.0	—	198.2	218.2	99.1	—	2.0	—	—	—	2.0	0.9	220.2
	钢轨	820.5	629.2	253.0	1702.7	14.2	2914.3	2992.4	1333.8	1127.2	1906.9	10274.6	85.8	11977.3

工厂根据钢轨需求来制订生产计划。70 年代末和 80 年代初，铁路建设的大幅减少，导致这些工厂处境困难。1881～1883 年，普遍的生产过剩危机和随之而来的长期萧条进一步加剧了它们的困难程度。

在这种情况下，沙皇政府继续向钢轨轧制厂、蒸汽机车制造厂和车辆制造厂提供政府订单，甚至打算储备大量的钢轨和机车车辆。国家继续向这些工厂提供财政支持。同时，政府充分利用现有的条件，用国内材料生产出钢轨。1884 年 3 月，部长委员会承认只有独立工厂才应得到进一步的支持。①1884～1887 年，生铁的进口关税增加了 4 倍。在此期间，进口量增加了4～5 倍。

在危机和萧条的岁月中，沙皇政府人为地加快了为铁路建设服务的企业的发展，出现了显而易见的负面影响。结果表明，对此类企业的扶持越多，它们的生存能力越差。1884 年，沙皇政府被迫停止了对俄国采矿机械公司（涅夫工厂）的进一步支持（该公司实际上于 1876 年破产，此后几乎完全依靠国家资助）。为挽救马利措夫公司（柳季诺沃工厂）免于破产所做的努力亦以失败而告终。②结果，从 80 年代中期开始，科洛缅卡公司保留了俄国唯一的蒸汽机车制造厂。

90 年代，随着俄国铁路建设"高潮"进入下一阶段，沙皇政府再次开始推动钢轨轧制和蒸汽机车制造厂的发展。但是此时，不再诉诸国家拨款，而只限于授予国家订单和海关保护等方式。

沙皇实行的支持铁路建设相关工业企业的政策具有双重性。沙皇政府为首批钢轨轧制和蒸汽机车制造企业提供了许多特权和财政援助，力图创造条件，使国内产品能够与外国产品竞争。但是，在初期，这些特权和经济援助削弱了国内企业之间的竞争。

新建企业以先进资本主义国家的技术成就和资本主义生产的组织形式为

---

①　Наша железнодорожная политика по документам архива Комитета министров, т IV. СПб, 1902. С. 281.

②　有关更多详细信息，参阅 Гиндин И. Ф.，Государственный банк и экономическая политика царского правительства（1861－1892 годы）. М.，Госфиниздат，1960. С. 207－238。

基础。"我国企业主想利用前资本主义的经营方法的好处这种意向"，[①] 并最终使新建企业失去了发展前途。

沙皇政府在向大型企业提供政府订单和财务援助时，试图防止垄断的出现。正如我们将在下文中看到的那样，1882～1887年出现了第一个钢轨辛迪加，仅仅是因为在危机和萧条时期，它的存在在某种程度上有助于政府限制二次加工厂生产钢轨的政策。但是，1890～1895年，政府开始与处于工业上升期背景下的钢轨辛迪加进行斗争。1884年，由于政府与俄国采矿机械公司之间的冲突，涅夫工厂停止生产蒸汽机车，政府亦不再对该公司提供进一步的支持，并且只要科洛缅卡公司不成为垄断者，就鼓励马利措夫公司（柳季诺沃工厂）恢复蒸汽机车的生产。[②] 在危机时期，为了防止垄断的出现，沙皇政府试图削弱竞争，特别是向濒临破产的企业提供援助，相反，在高涨时期，沙皇政府采取了很多措施来恢复竞争，为新工厂的出现创造有利的条件。

列宁在对 A. O. 古什卡的著作——《俄国工商业代表组织》的评论中指出，比较俄国和德国的生产集中度是不正确的，因为高度集中生产的性质可能有所不同。他写道："例如，在我国乌拉尔采矿工业和冶金工业中，没有小企业或者很少有小企业，这是由于完全特殊的原因，——由于工业没有充分自由，由于存在着中世纪的残余。"[③]

---

① Ленин В. И. , Соч. , т. 3, C. 432. 译者注：照录中共中央编译局编译《列宁全集》第3卷，人民出版社，1984，第453页。

② 笔者已在上文提及，И. Ф. 金丁阐明了政府支持蒸汽机车制造厂的历史。参阅 Гиндин И. Ф. , Государственный банк и экономическая политика царского правительства (1861 - 1892 годы) . М. , Госфиниздат, 1960. C. 207 - 225。然而，И. Ф. 金丁在书中还写道："在蒸汽机车的建设中，政府接管了辛迪加的职能，关闭了涅夫工厂，从而减少了产量，并使科洛缅卡公司垄断了将近十年。"参阅 Гиндин И. Ф. , Государственный банк и экономическая политика царского правительства (1861 - 1892 годы) . М. , Госфиниздат, 1960. C. 263。这样的表述不仅与 И. Ф. 金丁所引用的事实材料相矛盾，而且与他的结论相矛盾，即尽管政府付出了巨大的代价，但仍然无法实现主要目标：拯救企业免于关闭或正式宣布破产（涅夫工厂和马利措夫工厂）。

③ Ленин В. И. , Соч. , т. 18, C. 42. 译者注：照录中共中央编译局编译《列宁全集》第21卷，人民出版社，1990，第297页。

通过对 1864 年和 1890 年的统计数据进行比较，我们会发现情况变化不大。但是在这段时间内，南俄又兴建了两家大型冶金厂。俄国冶金的发展主要沿着在乌拉尔外（该地区没有封建残余，自然资源和地理位置也更为有利）建立大型资本主义企业的道路。关于这一点列宁写道："在一个区域里，可以看到前资本主义的旧制度及其原始的保守的技术，束缚于当地的居民的人身依附，强固的等级制传统、垄断等等，在另一区域里，可以看到与任何传统的完全决裂，技术革命以及纯粹资本主义机器工业的迅速增长。"[①]

在农奴制的鼎盛时期，俄国工业的其他生产部门发生了这两种现象的更迭。例如玻璃业。《工厂索引》中记载了 1890 年运营的 178 家玻璃工厂的成立时间，[②] 其中 72 家工厂建于 1861 年之前（此外，在 18 世纪有 11 家），它们的产量之和占 178 家工厂总产量的一半以上。表 1-15 根据建立时间将这些工厂分为三类，从中可以看出，成立时间越早，工厂的平均生产值越高，大型企业的作用越重要。

表 1-15 玻璃厂的生产情况

单位：个，千卢布

成立时间	工厂数量	生产值之和	各厂的平均生产值	其中包括					
				a. 生产值低于 100 卢布的工厂			b. 生产值等于或高于 100 卢布的工厂		
				工厂数量	生产值之和	各厂的平均生产值	工厂数量	生产值之和	各厂的平均生产值
18 世纪	11	1460	132.7	6	240	40.0	5	1220	244.0
1800~1861 年	61	3039	49.8	53	1716	32.4	8	1323	165.4
1861 年之后	106	4465	42.1	96	2818	29.3	10	1647	164.7
总计	178	8964	50.4	155	4774	30.8	23	4190	182.2

---

① Ленин В. И. , Соч. , т. 3, С. 431 - 432. 译者注：照录中共中央编译局编译《列宁全集》第 3 卷，人民出版社，1984，第 452~453 页。

② 根据 1890 年的《工厂索引》，玻璃工业共有 186 家工厂。其中 8 家（总生产值为 22.1 万卢布）的成立时间未标明。

因此，在玻璃业中，生产集中度相当高。这与其说是改革后资本主义发展的结果，倒不如说是在农奴制条件下，发展起来的工业生产的组织形式沿袭了传统。过去的传统是，在玻璃业中，一个所有者通常拥有几家工厂，这几家工厂有时彼此相距很远。例如，1884 年，Ю. C. 涅恰耶夫 - 马利措夫在梁赞省拥有 4 家工厂，在弗拉基米尔省拥有 3 家工厂，在诺夫哥罗德省和斯摩棱斯克省分别拥有 1 家工厂。这些都是改革前建立的工厂。1884 年，隶属于马利措夫工商业公司的 7 家工厂中，有 5 家位于奥廖尔省，2 家位于斯摩棱斯克省。这 7 家工厂都建于改革前的时代。1884 年，它们中年限最短的一家工厂已经有 46 年的历史。并且早在 18 世纪，就建立了 4 家工厂。其中佳季科沃精制玻璃厂、拉季茨基玻璃厂和切尔尼亚京玻璃厂是 80 年代玻璃业最大的企业之一。值得注意的是，尽管 1890 年玻璃业的总产量比 1884 年的总产量有所增加，但马利措夫工商业公司的全部工厂和 Ю. C. 涅恰耶夫 - 马利措夫的大多数工厂的产量急剧下降，1890 年，其中一些工厂已倒闭。

1884 年，马利措夫工商业公司的总生产值为 179.9 万卢布，1890 年，减少到 106.7 万卢布；Ю. C. 涅恰耶夫 - 马利措夫工厂的总生产值从 106.7 万卢布下降到 62.2 万卢布。

这就是为什么比较 1884 年版和 1890 年版《工厂索引》的数据，不仅没有揭示生产集中的过程，反而得出了相反的结论。最大的玻璃企业——马利措夫工商业公司的份额从 21.3% 下降至 11.6%，Ю. C. 涅恰耶夫 - 马利措夫工厂的份额从 12.6% 下降至 7.5%。

玻璃业的发展归功于小型企业的发展，1890 年，一些小型企业的生产值为 10 万到 50 万卢布。

乌拉尔冶金业和玻璃业是俄国历史上把农奴劳动应用到工业中的独特现象。[①] 可见，这里存在的生产高度集中，不能作为资本主义垄断出现的基

---

① Ленин В. И.，Соч.，т. 3，C. 411. 译者注：照录中共中央编译局编译《列宁全集》第 3 卷，人民出版社，1984，第 551 页。

础，因为它不是自由竞争发展的结果，而是封建垄断的遗物。随着封建垄断基础的瓦解，在其基础上发展起来的生产集中制逐渐消失了。

在俄国工业领域的许多新兴生产部门中，在其早期发展阶段，一家或几家大公司便占据了主导地位。笔者将从南俄冶金业着手研究这种情况。新俄罗斯公司尤佐夫工厂（从事煤炭、铁轨和钢轨生产）占据了该生产部门的垄断地位。从19世纪70年代初到80年代中期的15年以来，尤佐夫工厂是南部工业区唯一的大型冶金企业。尤其是在80年代初，俄国媒体多次注意到尤佐夫工厂在南俄的垄断地位。1883年，采矿工业活动家А. Ф. 梅维乌斯在《南俄矿山清单》中指出："政府授予新俄罗斯公司尤佐夫工厂特权和资助，这些特权和资助后来不曾授予任何其他企业，赋予了该公司垄断地位后，长期地消除了竞争，也避免了其他企业在南俄进行炼铁或生产钢铁的企图。"[1]

的确，沙皇政府为新俄罗斯公司提供的优惠幅度很大。而且，正如И. Ф. 金丁判断的那样，政府于1873年向该公司提供了额外的财政援助。[2]但是，这未必能解释一个事实，即除了俄国南部的尤佐夫工厂外，在很长时间内没有任何其他大型冶金企业出现。毕竟，为了在俄国建立钢轨生产工厂，政府非常慷慨地给予钢轨厂一些好处，特别关注独立工厂的发展。1876年，根据部长委员会的规定，所有新建的此类工厂都应接受政府订单。

但是，在规定的三年期间及随后的五年内，俄国南部没有建立新冶金厂。

1876年，部长委员会批准建立了帕斯图霍夫铁公司，并由财政部购买该公司价值80万卢布的债券。此外，该公司获得国家银行提供的金属抵押贷款的特权。[3]但是，这些特权对公司的创建者几乎没有帮助。自60年代

---

① Южно - Русский горный листок, 1883, No 77. С. 804 - 800.

② 参阅 Гиндин И. Ф., Государственный банк и экономическая политика царского правительства (1861 - 1892 годы). М., Госфиниздат, 1960. С. 200。

③ 参阅 Гиндин И. Ф., Государственный банк и экономическая политика царского правительства (1861 - 1892 годы). М., Госфиниздат, 1960. С. 200 - 201。

末以来，Д. А. 帕斯图霍夫负责苏林冶金厂的建设。他指出，用无烟煤炼铁的技术难度难以克服。[①]

利西昌斯克建立的国有冶金厂冶炼失败后，不得不停办。

新工业区的发展存在许多客观上的困难，任何特权都无法帮其摆脱困境。通过多条主要铁路干线将俄国南部与俄国最重要的经济区相连，耗费了十多年的时间。对该区域内自然资源的勘探正在缓慢推进。80 年代初，矿藏含量最大的克里沃罗格矿区才被勘探。直到 1884 年，叶卡捷琳娜铁路将克里沃罗日耶与顿巴斯连接起来，才开始彻底地开发相关区域。[②]

在这种情况下，新俄罗斯公司不得不与二次加工厂进行艰难的竞争。采用旧技术的尤佐夫工厂最初只生产铁路钢轨。70 年代中期，普梯洛夫工厂、布良斯克工厂和下塔吉尔冶金工厂开始生产钢轨。80 年代初，普梯洛夫工厂和布良斯克工厂每年生产约 300 万普特的钢轨。而此时，新俄罗斯工厂才开始生产钢轨。《部长委员会档案中的我国铁路政策》简史的编者描述了当时钢轨生产中普遍存在的情况："通过观察钢轨轧制厂的活动，政府确信二次加工厂占据了最坚实的地位。二次加工厂主要用国外的生铁进行生产，独立工厂与二次加工厂的竞争变得越来越困难。当时的财政部部长 H. X. 本格解释了二次加工厂发展的原因主要在于：与独立工厂的建设和设备相比，二次加工厂的建设所需资金和时间更少，除了拥有西门子熔炉和贝氏炉变流机（二次加工厂也有）之外，独立工厂应设法拥有自己的炼铁炉；此外，独立工厂自行生产一切所需材料，而二次加工厂直接从国外购买生铁和煤，支持期票付款。由于大多数铁路公司没有大量的储备资本，因此更长的付款期限有利于工厂获取私人订单。"[③]

由于新俄罗斯公司建立期内所获得的特权、沙皇政府的后续支持，以

---

① 参阅 Павлов М. А. , Воспоминания металлурга. М. , Металлургиздат, 1953. С. 168 – 186。

② 参阅 Потолов С. И. , Рабочие Донбасса в XIX веке. М. – Л. , Изд – во АН СССР, 1963。

③ Наша железнодорожная политика по документам архива Комитета министров, т IV. СПб, 1902. С. 277.

及在80年代中期政府重视独立工厂的政策，尤佐夫工厂最终击败了二次加工厂。1887～1888年，规模最大的普梯洛夫工厂、布良斯克工厂、华沙（布拉格）工厂的产量大大减少。1888年，尤佐夫工厂的份额上升到41%，但是竞争并没有就此停止，并转移到了另一方面。1886年，布良斯克公司开始在叶卡捷琳诺斯拉夫省建造大型冶金厂——布良斯克公司的亚历山德罗夫工厂。1887年，该工厂第一批已经建设完成的部门投入了生产，1890年制造了第一批钢轨。大约在同一时间，华沙（布拉格）公司钢铁厂决定将其业务转移到俄国南部，并改称为南俄第聂伯冶金公司，开始在叶卡捷琳诺斯拉夫省建造大型冶金厂（科洛缅卡公司），该厂于1889年投入运营。新俄罗斯公司在俄国南部的垄断地位已经结束。正如我们将在下文看到的那样，1890年底，三家彼此竞争的公司成功签订了垄断协议。但是，它们未能保持垄断地位。在19世纪90年代工业繁荣的背景下，俄国南部创建了一大批新的冶金企业。三家公司的垄断在激烈的竞争中结束。

在俄国许多工业部门发展的早期阶段，就已出现大型资本主义企业，并在一段时间内占据了垄断或半垄断的地位，但这与沙皇政府给予的特权完全没有关系。政府并没有特别关注橡胶工业的发展历史。橡胶工业的产生可追溯到19世纪30年代，在彼得堡创建了Г.基尔什通工厂。40年代中期，另一家橡胶厂开业。50年代初，Г.基尔什通工厂有三个竞争对手，这三家工厂于1853年全部倒闭。但是，50年代下半期，出现了几家新工厂。1860年，俄国有五家橡胶厂。

这一年，在彼得堡成立的俄美橡胶公司是当时最大的企业（成立时的固定资本为50万卢布），小型橡胶厂开始失去优势。1870年，俄国已有4家橡胶企业，1871年只有3家。1872年，又有了3家新工厂，其中1家工厂于1880年被俄美橡胶公司收购，剩下的则倒闭了。1883年，俄国最古老的Г.基尔什通橡胶公司与俄美橡胶公司合并。1864年建于里加的缪杰利工厂成为它唯一的竞争对手。但是在80年代下半期，竞争者的数量再次增加。1889年，俄国有9家橡胶企业，其中包括小型企业。到第二年，小型企业就消失了。但是，1887～1888年，出现了两家大公司，即俄法带路人公司和莫斯科橡胶制造公司。90年代，这两家公司扩大生产后，与俄美橡胶公司展开了激烈的竞争。[①]

早在1844年，恩格斯说："竞争建立在利益基础上，而利益又引起垄断；简言之，竞争转为垄断。另一方面，垄断挡不住竞争的洪流；而且，它本身还会引起竞争，正如禁止输入或高额关税直接引起走私一样。"[②]

从本质上讲，水泥工业的垄断过程有所不同。俄国自古以来通过手工方法制造黏合材料。50年代，才出现了几家生产罗马水泥的小型工厂。那时，波特兰水泥开始在欧洲销售，制造波特兰水泥需要组织较大型的机械生产。1857年，俄国的第一家波特兰水泥生产工厂在彼得库夫省的格罗德泽察城开始运营。长期以来，它是俄国唯一生产波特兰水泥的工厂。直到60年代末，其他类似的工厂才相继成立。90年代初，有6家生产波特兰水泥的工厂，1890年，有8家生产波特兰水泥的工厂。表1-16显示了1891年的生产情况（根据1892年2月在彼得堡水泥制造商大会上获得的信息）。[③]

正如我们所看到的，除了新俄罗斯工厂和Э.利普加尔特工厂外，其余的工厂在产量方面接近，它们在波特兰水泥总产量中所占份额为10.3%至15.2%。

在我们所研究的阶段，水泥生产的发展主要是由于大型企业数量的增加。一方面，大型水泥生产厂排挤小型手工式和半手工式的水泥生产厂；另一方面，单个大型水泥生产厂的产量在总产量中所占的份额有所下降。

---

① 有关俄国橡胶工业的历史，参阅 Фабрично - заводская промышленность и торговля России. СПб. , 1893, отд. IV. С. 120 и сл. ; Пролетарский М. Я. , Резиновая промышленность за 100 лет（1832 - 1932）. М. - Л. , Госхнмиздат, 1932。

② Маркс К. и Энгельс Ф. , Соч. , т. 1, С. 559 - 560. 译者注：照录中共中央编译局编译《马克思恩格斯选集》第1卷，人民出版社，2012，第613页。

③ Фабрично - заводская промышленность и торговля России, отд. XII. С. 329. 表中列出5家年生产值超过10万卢布的波特兰水泥厂。其中没有考虑到位于波兰沙皇国的两家工厂（格罗德泽察工厂和高级工厂）以及新俄罗斯的黑海工厂。这8家工厂中绝大部分还生产罗马水泥和其他一些建筑材料。

表 1-16　1891 年波特兰水泥的生产情况

单位：千桶，%

工厂名称	产量	占总产量的比例
新俄罗斯工厂	173	18.8
里加施密特角工厂	140	15.2
昆达码头工厂	120	13.0
高级工厂	118	12.8
彼得堡的奥焦尔工厂	117	12.7
格罗德泽察工厂	112	12.3
波多尔斯克工厂	95	10.3
Э. 利普加尔特工厂	45	4.9
总计	920	100.0

应该补充的是，生产波特兰水泥的大型工厂之间的距离大多较远，在80 年代，它们争夺当地市场，工厂之间尚不存在竞争。起初旧建筑材料（罗马式水泥）占据主导地位，之后波特兰水泥才开始流行。

莫斯科公司领导人在向股东大会提交的报告中描述了水泥和其他建筑材料（波多尔斯克工厂）在生产方面的斗争。1884 年 4 月 3 日股东大会上的一份报告中写道："事实证明，罗马水泥非常优质，并且利润可观。它占据了莫斯科市场，引起了竞争对手的注意。亚历山德罗夫工厂、普济林工厂以及吉利等许多其他公司在波多利斯克的竞争，立即减少了罗马水泥的销量。在年度报告中，该产品的销量减少了 810 袋，即比上一年减少了 10%，这迫使我们向大顾客做出一些让步。"[1]

几年后，莫斯科公司董事会报告说："由于我们大范围使用罗马水泥替代石灰，因此市场上出现过多的水泥供应商，为了竞争大打价格战，导致近年来罗马水泥的价格大幅下降……"[2] 但是这种情况不再困扰企业领导人，因为此时波特兰水泥在企业盈利中起了主要作用。1885 年 4 月 27 日全体大

---

[1]　ЦГАМ，ф. 858，оп. 1，д. 2，л. 154.

[2]　ЦГАМ，ф. 858，оп. 1，д. 3，л. 219（доклад правления общему собранию 25 апреля 1890 г.）.

会的报告中指出，在罗马水泥的生产中"出现竞争"，"必将导致价格大幅下降"，提议"寻找其他替代产品，即波特兰水泥"。[①]

因此，生产波特兰水泥的最大工厂之间的冲突正在酝酿之中，且必将到来。

在 80 年代的石油生产部门中，竞争的重心转移到了最大的公司之间。争夺垄断的过程将在下文进行详细讨论。现在笔者只想说明的是，在 1884 年的石油开采中存在一个极端情况，小型企业数量庞大，其产量之和所占的比重仍然相当可观，而另一个极端则是诺贝尔兄弟公司从五家最大的公司中脱颖而出，在石油加工中占据了绝对特殊的地位。

1890 年，情况发生了变化。小型企业几乎消失了，中型企业（开采量为 10 万普特到 100 万普特）和大型企业（开采量为 100 万普特到 500 万普特）的数量增加了一倍，但在石油总产量中的份额下降了将近 1/3。一批开采量为 500 万普特到 1000 万普特的公司的作用急剧下降。这就导致了最大的公司集团的作用较之前更加突出。现有 8 家开采量为 1000 万普特以上的公司，奇怪的是，前五大公司中只有 2 家在其中——诺贝尔兄弟公司和巴库石油公司。1884 年，3 家公司的开采量为 300 万普特到 500 万普特，其他 3 家公司是新成立的。尽管诺贝尔兄弟公司的石油开采量占石油总开采量的份额增加，但在最大石油开采公司中的份额略有下降（从 35.4% 下降到 31.2%）。

诺贝尔兄弟公司在煤油生产中的地位大幅下滑（见表 1 - 17）。1890 年该公司的产量较 1884 年增加了近 80%，而其他大公司的产量增加了 678%。早期其他大公司生产的煤油量之和少于诺贝尔兄弟公司产量的一半，至 1890 年，它们的产量之和接近诺贝尔兄弟公司产量的两倍，此外，除诺贝尔兄弟公司外，其他 4 家最大的公司也脱颖而出。它们中任何一个的单产量都远低于诺贝尔兄弟公司，但它们的产量之和却超过了诺贝尔兄弟公司。

---

① ЦГАМ, ф. 858, оп. 1, д. 2, л. 236.

表1–17 1884年和1890年各公司的煤油产量

单位：千普特

1884年		1890年	
公司名称	产量	公司名称	产量
诺贝尔兄弟公司	10000	诺贝尔兄弟公司	17964
塔吉耶夫与萨尔基索夫兄弟商行	1500	察图罗夫公司	4993
里海公司	1482	里海–黑海石油工业贸易公司	4988
巴库煤油公司	1310	希巴耶夫合资公司	4567
		塔吉耶夫公司	4451
		里海公司	2489
		纳吉耶夫公司	2215
		利安诺佐夫石油公司	2095
		阿拉费洛夫公司	1892
		阿达莫夫公司	1547
		布达戈夫兄弟公司	1448
		阿萨杜拉耶夫公司	1363
		巴库煤油公司	1351
合计	14292	合计	51363

在相对成熟的资本主义条件下出现的新兴工业领域和工业区，总是与国民经济其他领域的资本扩散形成某种程度的联系。随着旧工业领域和工业区资本主义的发展而产生的最新的资本主义生产组织形式，通常被引入新的工业领域和工业区。这种特征在俄国很可能比在发达的资本主义国家中表现得更为突出，因为俄国工业的发展在某种程度上是基于技术进步、组织形式和从国外引进资金。

新兴工业领域和工业区的资本扩散导致了大规模生产迅速排挤掉小规模生产，这在俄国的许多生产部门中都很明显。

结果，一家大公司占据垄断或半垄断地位。但是，产生这种早期垄断或半垄断的原因亦造成了它们的不稳定。我们在上文看到，那些在俄国某些工业领域中占据垄断或半垄断地位的公司，通常都无法长时间保持其地位。

研究金属加工业的生产集中度时，必须注意，在该生产部门中，生产规模和产品性质之间存在特别密切的联系和依赖性。小型工业企业无法进行钢轨轧制、蒸汽机车和大型船舶的建造、复杂机械和工厂设备的生产。在这方面，即使是 100 家小型工厂也无法与一家大型工厂竞争。在这种情况下，需要就产品的复杂性对机械制造企业进行分类。19 世纪末，机械制造厂的专业性初步形成，所生产的产品范围广泛且品种多样。因此，根据产品的性质将机械制造厂进行分类非常困难。唯一的解决方法是以企业最复杂的工业产品类型作为分组的基础。尽管《工厂索引》对此提供的资料很少，但是笔者仍然尝试对其进行分类。根据 1884 年的数据，将全部机械制造厂分为五类。第一类包括生产蒸汽机车或大型船舶（以及此类船只的机械装置）与其他产品的工厂；第二类包括生产蒸汽机、车辆、小型海上船只、河上轮船、工厂设备、铁路配件、起重机、金属加工机床的工厂；第三类包括制造蒸汽锅炉、油罐、酿酒器械、制糖厂、磨坊、榨油厂和制呢厂设备的工厂；第四类包括生产农业机械及农具的工厂；第五类包括各种工厂，主要从事各种机器或机械的维修，以及生产制造机器和各种机械物品的单个零件（见表 1 – 18）。

表 1–18 各类工厂的生产情况

单位：个，千卢布，%

分类	全部工厂（包括以下 abcd 四类）		a. 生产值为 100 以下的工厂			b. 生产值为 100～500 的工厂			c. 生产值为 500～1000 的工厂			d. 生产值为 1000 以上的工厂		
	数量	生产值之和	数量	生产值之和	占总数的比例	数量	生产值之和	占总数的比例	数量	生产值之和	占总数的比例	数量	生产值之和	占总数的比例
一	6	10744	—	—	—	—	—	—	—	—	—	6	10744	100.0
二	32	10172	9	654	6.4	16	3706	36.4	4	2712	26.7	3	3100	30.5
三	57	3767	42	1361	36.1	15	2406	63.9	—	—	—	—	—	—
四	51	1903	47	1100	57.8	4	803	42.2	—	—	—	—	—	—
五	86	7974	70	2541	31.9	13	3162	39.6	—	—	—	2	2271	28.5

由于《工厂索引》中所包含的有关工业企业的信息极为稀缺且不太一致，因此笔者的分类是大致的、有条件的。这样的分类引起了人们的兴趣，因为它反映了有关机械制造业生产集中度的详细信息。

正如我们所看到的，在第一类中，只有产量为100万卢布以上的企业。其中包括俄国最大的机械制造厂：科洛缅卡公司、索尔莫沃工厂、法俄工厂、波罗的海公司、金属工厂和涅夫工厂。它们不仅在技术方面，而且在财务实力方面，在机械制造厂中脱颖而出。《交易所公报》注意到它们的特权地位，写道："前比伯德工厂[①]、波罗的海公司、俄国采矿机械公司[②]等最重要的私人工厂垄断了几乎全部的技术生产部门，剥夺了小工厂的订单并致使小工厂破产倒闭。总而言之，竞争是技术不断发展的主要杠杆。例如，前比伯德工厂是一家专门的机械制造工厂，但是它从炮兵部门处接到订单，因此建造了船只、轧制了钢轨并制成了钢材，即它同时是机械厂、轧钢厂、造船厂和铸钢厂。俄国采矿机械公司的涅夫工厂（它也正在建造机车和车辆）与波罗的海公司的卡拉工厂和麦克菲森工厂的情况类似。[③]

第二类企业的规模更加不同。包含里加的俄国－波罗的海车辆厂、诺贝尔兄弟工厂、萨恩－吉利工厂，彼得堡的列斯纳工厂、多布罗夫与纳布戈利茨工厂、布罗姆列伊兄弟工厂，莫斯科的Г. 利斯特工厂，柳金诺沃的马利措夫公司、谢尔吉耶沃－拉季茨基工厂，敖德萨的别利诺－芬杰里公司等大型工厂企业，以及生产值不足10万卢布的企业，例如里加的兰格船厂和一些生产少量蒸汽机的工厂。但是生产值不足10万卢布的企业所占的份额微不足道：占该类总生产值的6.4%。

在第三类中，小型企业占主导地位，小型企业的数量几乎占工厂总数的4/5。但是产量只占总产量的1/3多一点。在该类年生产值至少为10万卢布的企业中，有相当知名的工厂，例如莫斯科的丹加乌耶尔与凯泽尔工厂、里加的波列工厂。

---

① 法俄工厂。

② 涅夫工厂。

③ 《Биржевые ведомости》，1881，№ 120，11 февраля.

第四类的企业与机械制造的相关性最小。该类中生产值至少为 10 万卢布的工厂只有 4 家。其中最大的是叶卡捷琳诺斯拉夫省霍尔季察镇的莱普和瓦利曼工厂以及莫斯科的 Э. 利普加尔特工厂。尽管农业机械及农具的生产是机械制造业中最专业化的部门，但正如《工厂索引》所指出的那样，在俄国有许多这样的工厂：除了制造农业机械及农具外，还从事工厂设备、蒸汽锅炉或机器等的生产。这类工厂被列入第三类。

第五类包括几类工业机构。它们的活动性质和规模都有所不同。其中包括铁路公司的修配厂。例如，其中大型的、生产值至少为 100 万卢布的有位于基辅的西南铁路公司修配厂和位于彼得堡的俄国铁路总公司亚历山德罗夫工厂。但在大多数情况下，铁路公司修配厂的生产值都为 10 万到 50 万卢布。例如：俄国铁路总公司的科夫罗夫修配厂、莫斯科的莫斯科 - 梁赞铁路修配厂、彼得堡的波罗的海和皇村铁路修配厂、里加的里戈 - 季纳布尔茨基铁路修配厂以及克列缅丘格附近的哈尔科夫 - 尼科拉耶夫铁路修配厂。它们主要从事蒸汽机车和车辆的维修。另一类是轮船航运公司的修配厂。其中较大的修配厂隶属于顿河、亚速海和黑海航运公司（在纳希切万附近）和俄国航运贸易公司（在敖德萨）等主要为航运服务的公司。其余企业的生产值不足 10 万卢布。例如：伏尔加河航运公司的高加索水星号修配厂和飞机修配厂、伏尔加河上其他航运公司的修配厂、德鲁日纳修配厂以及诺贝尔兄弟公司的修配厂。

第五类，在生产值超过 10 万卢布的企业中，科斯特罗马的 Д. И. 希波夫工厂和彼尔姆的 И. И. 柳比莫夫工厂不仅从事维修，还从事河船的建造，伊万诺沃 - 沃兹涅先斯克的 Д. И. 希波夫工厂修理和制造工厂机器，还有两家工厂生产机械产品（一家在利巴瓦，另一家在哈尔科夫）。这五家企业被列为同一类并不是很有根据。亦可以将前两家列入第二类，而将其余的列入第三类。但这样的调整几乎不会改变整体的局面。实质在于从第一类到第四类，生产集中度急剧下降。暂时不考虑第五类，因为第五类企业主要从事机器维修，而不是机器生产。

注意到复杂机器和机械装置（第一类和第二类）的生产非常集中，应当指出，在这种情况以及其他情况下，仅仅根据大型工厂所占比重的信息无法判断出垄断条件的成熟程度。原因是产品种类繁多，几乎没有批量生产。对于机械制造业来说尤其如此。蒸汽机、锅炉、机床、船舶机械设备以及各种工厂设备的生产都是独立的。顺便一提，以上生产部门都没有免于外国产品的竞争。上述提到的情况几乎完全排除了此处出现垄断协会的可能性。

只有运输机械制造业早在 80 年代就已经进行批量生产。此外，由于国外进口高关税的政策，该生产部门受到良好的保护，获得了更密切的关注。基于 Д. П. 伊林斯基和 В. П. 伊万尼茨基的数据，笔者研究了蒸汽机车的生产（见表 1 - 19）。[1] 1868 年，政府向涅夫工厂（当时，它被称为谢米扬尼科夫工厂，以其所有者之一 П. Ф. 谢米扬尼科夫的名字命名）、柳季诺沃工厂（С. И. 马尔采夫）和采矿部门的沃特金斯克工厂提供了第一批蒸汽机车订单。但是，科洛缅卡公司最早开始了蒸汽机车的生产，在没有政府订单的情况下开始投入生产。随后，在政府的持续支持下，三家民营企业的活动全面展开。[2] 但是到 80 年代初，它们的处境并不相同。柳季诺沃工厂从英国的一家旧机车制造厂引进设备，在技术方面已经落后。到 70 年代末，它的蒸汽机车生产已处于亏损状态。[3] 同时，马利措夫公司（由 С. И. 马尔采夫于 1874 年建立）的财务状况已经非常困难。俄国采矿机械公司（自 1870 年起拥有涅夫工厂）到 1876 年失去了股资，仅靠政府贷款维持。涅夫工厂的领导人对政府的持续支持充满信心，在机车车辆的需求急剧减少的情况下，没有采取任何措施组织除蒸汽机车外的其他生产。结果，没有订单的涅夫工厂继续生产了大量的蒸汽机车作为储备。

---

[1]　参阅 Ильинский Д. П. и Иваницкий В. П. , Очерк истории русской: паровозостроительной и вагоностроительной промышленности. М. , 1929. С. 58 , 65 , 79 , 134 - 135。表 1 - 19 中的数据是笔者对许多来源不同的数据进行比较和批判性研究的结果。

[2]　参阅 Гиндин И. Ф. , Государственный банк и экономическая политика царского правительства (1861 - 1892 годы) . М. , Госфиниздат, 1960. С. 207 - 214 , 225 - 229。

[3]　参阅 Ильинский Д. П. и Иваницкий В. П. , Очерк истории русской: паровозостроительной и вагоностроительной промышленности. М. , 1929. С. 58。

表 1-19 1869~1895 年蒸汽机车制造企业的生产情况

单位：个

年份	各个企业生产蒸汽机车的数量						总计
	科洛缅卡公司	涅夫工厂	马利措夫工厂（柳季诺沃工厂）	沃特金斯克工厂（国有的）	布良斯克工厂	普梯洛夫工厂	
1869	15	—	—	2	—	—	17
1870	30	1	6	2	—	—	39
1871	27	15	19	4	—	—	65
1872	24	25	25	—	—	—	74
1873	42	72	19	6	—	—	139
1874	64	66	49	6	—	—	185
1875	38	82	40	8	—	—	168
1876	61	82	35	10	—	—	188
1877	65	123	27	10	—	—	225
1878	89	138	69	12	—	—	308
1879	71	123	45	12	—	—	251
1880	78	120	30	12	—	—	240
1881	83	116	9	14	—	—	222
1882	42	99	—	14	—	—	155
1883	41	84	—	—	—	—	125
1884	72	34	—	—	—	—	106
1885	87	—	—	—	—	—	87
1886	50	13	—	—	—	—	63
1887	51	14	—	—	—	—	65
1888	67	—	—	—	—	—	67
1889	83	—	—	—	—	—	83
1 P90	95	—	—	—	—	—	95
1891	76	10	—	—	—	—	86
1892	106	6	—	—	24	—	136
1893	105	45	—	—	56	—	206
1894	116	66	—	—	92	18	292
1895	124	32	—	—	118	87	361

　　正如 И. Ф. 金丁的研究所表明的，科洛缅卡公司还肆无忌惮地从国库中获取资金。但这是一个更健全的企业。它不仅从事蒸汽机车的生产，还生产轴架桁架、货车和河船。70 年代上半期，科洛缅卡公司收购了冶金基地，

购买了库列巴基炼铁厂。80年代初，科洛缅卡公司开始生产牵引机、蒸汽锤、马拉脱谷机、客车等。此外，科洛缅卡公司主要承接私人的蒸汽机车订单。[1] 到80年代中期，它是俄国唯一保留蒸汽机车制造的企业。在新的工业高潮开始时，它的垄断地位才被打破。

60年代初，第一批承接政府车辆订单的企业是：科洛缅卡公司、两家莫斯科的工厂（布列梅工厂和列韦斯塔马工厂）、威廉工厂和布赫捷耶夫工厂。1868年，政府将车辆订单提供给了马利措夫公司，该公司在谢尔吉耶沃－拉季茨基工厂和利利蓬·拉乌·莱文斯坦工厂组织了生产。60年代后期至70年代初，出现了几家专门的车辆制造厂：莫斯科的库列绍夫工厂和科米萨罗夫技术学校、彼得堡的萨姆普松耶夫工厂（戈卢别夫）和斯特鲁宾工厂、里加的俄国－波罗的海工厂和格洛斯特工厂。这些工厂在没有政府订单的情况下开始了生产。70年代中期，索尔莫沃车辆工厂和普梯洛夫车辆工厂几乎只生产货车。最初，俄国－波罗的海工厂、索尔莫沃工厂、科米萨罗夫技术学校仅接受私人订单，特别是科洛缅卡公司、利利蓬·拉乌·莱文斯坦工厂和谢尔吉耶沃－拉季茨基工厂。1869~1874年，这6家工厂生产了铁路公司订购的约3/4的车辆。[2]

早在70年代上半期，俄国车辆制造厂之间的竞争就有了结果。因为政府要求只能使用本国材料，1871~1872年，威廉工厂和布赫捷耶夫工厂倒闭了，布列梅工厂和列韦斯塔马工厂处于困境，库列绍夫工厂、格洛斯特工厂和斯特鲁宾工厂无法维持。1876年，科米萨罗夫技术学校倒闭。70年代下半期，7家工厂继续生产汽车。其中俄国－波罗的海工厂和萨姆普松耶夫工厂是专门的汽车制造企业，其余的则附带制造汽车。从表1－20可以看出，70年代下半期，俄国生产的货车总数正好在7家工厂之间平均

① 参阅 Ильинский Д. П. и Иваницкий В. П., Очерк истории русской: паровозостроительной и вагоностроительной промышленности. М., 1929. С. 125; Гиндин И. Ф., Государственный банк и экономическая политика царского правительства (1861 – 1892 годы). М., Госфиниздат, 1960. С. 218。

② 参阅 Ильинский Д. П. и Иваницкий В. П., Очерк истории русской: паровозостроительной и вагоностроительной промышленности. М., 1929. С. 136。

分配。[①] 其中，只有索尔莫沃工厂和科洛缅卡公司的生产数量不大。有趣的是，货车的进口量大约为一家工厂的生产量。客车的产量仍大大低于进口量。

表 1-20 1876~1880 年俄国的车辆生产及进口情况

单位：辆

车辆类型		各个工厂生产的车辆数量								从国外进口的车辆数量
		科洛缅卡公司	利利蓬·拉乌·莱文斯坦工厂	俄国-波罗的海工厂	马利措夫公司(谢尔吉耶沃-拉季茨基工厂)	萨姆普松耶夫工厂	索尔莫沃工厂	普梯洛夫工厂	总计	
1876 年	货运	1185	800	680	647	240	1150	60	4762	551
	客运	—	—	166	—	93	—	—	259	146
1877 年	货运	1285	1023	682	713	1001	1337	986	7027	825
	客运	—	—	79	—	34	—	—	113	128
1878 年	货运	1282	1366	1208	1640	1300	1745	1306	9847	3334
	客运	—	—	98	33	45	47	—	223	986
1879 年	货运	822	839	115	655	676	861	1090	5058	20
	客运	—	—	10	21	34	68	—	133	55
1880 年	货运	1176	950	860	592	731	1535	—	5844	796
	客运	—	—	14	—	3	—	—	17	37
1876~1880 年的产量之和	货运	5750	4978	3545	4247	3948	6628	3442	32538	5526
	客运	—	—	367	54	209	115	—	745	1352
平均每年的产量	货运	1150.0	995.6	709.0	849.4	789.6	1325.6	688.4	6507.6	1105.2
	客运	—	—	73.4	10.8	41.8	23.6	—	149.6	270.4

① 表 1-20 中的数据引用自 Д. П. 伊林斯基和 B. П. 伊万尼茨基的作品。他们没有考虑到铁路公司修理厂的生产数据。(表中，1876 年俄国的工厂数据与车辆数量之间的差异，是由于笔者未将科米萨罗夫技术学校列入表格中，科米萨罗夫技术学校于该年停止了车辆生产。) Ср. 《Историко-статистический обзор промышленности России》，т. II，СПб.，1886. C. 52-55.

遗憾的是，我们没有关于 80 年代上半期俄国汽车制造的任何数据。而对于 80 年代下半期，我们只知道五年内工厂的客车和货车产量的综合数据，而不是每年的产量数据。因此，唯一清楚的是，80 年代俄国的货车产量急剧下降：1886～1890 年的产量比 1876～1880 年的产量少一半。因此，车辆制造厂之间的竞争加剧，尤其是 1883 年布良斯克工厂加入后。正如 И. Ф. 金丁所指出的："对于政府来说，与其支持技术上更简单的车辆制造业，不如重视蒸汽机车和铁路制造企业的生产能力。"因此，"国营铁路当局只关心在工厂之间平均分配需求，结果，需求还未达到 1000 辆，工厂继续降低货车和铁路平车的价格，并向各部投诉竞争对手"。① 显然，车辆制造厂的垄断协会从竞争中发展壮大。我们将在下文进行讨论。

俄国废除农奴制后，以封建垄断为基础的生产集中制开始消亡；改革后的俄国工业正在进行的生产集中化过程是资本主义发展的体现，列宁在其著作《俄国资本主义的发展》中充分地指出了这一点。

俄国资本主义发展的特征体现在俄国工业集中生产的过程中。列宁在谈到俄国南部"纯资本主义"产业异常迅速的发展时说："年轻国家中的资本主义发展，由于有古老国家的先例与帮助而大大加快了。"② 俄国工业生产的高度集中不仅是由于俄国自身资本主义的发展，同时，它是世界资本主义发展的产物（世界资本主义经历了更久远的发展道路）。由于这种情况，在很短的历史时间内，在俄国的主导产业中发生了大规模生产取代小规模生产的现象。由于俄国工业的某些生产部门是在资本主义生产的基础上快速兴起的，因此这里的竞争通常直接导致垄断的建立。

俄国工业生产集中的过程是在极其困难和矛盾的条件下进行的，此外，无论是在经济基础还是在政治上层建筑中，俄国资本主义的发展都是在保持

---

① Гиндин И. Ф. , Государственный банк и экономическая политика царского правительства (1861‒1892 годы) . М. , Госфиниздат, 1960. С. 225.

② Ленин В. И. , Соч. , т. 3, С. 429. 译者注：照录中共中央编译局编译《列宁全集》第 3 卷，人民出版社，1984，第 449 页。

大量农奴制残余的同时实现的。列宁指出，"对于那些延迟了资本主义发展，并在许多情况下被法律力量所保留的古代遗迹"，即使是纯粹的俄国资本主义企业家亦寻求"利用资本主义之前的经济方法的优势"。他列举了南部矿工急切希望"束缚工人和用法律禁止小作坊竞争"的例子。[①] 尽管如此，列宁仍然认为，俄国南部"在许多方面和乌拉尔正好相反"，"改革前制度最直接的残余，工役制的强有力发展，工人的被束缚，很低的劳动生产率，技术的落后，很低的工资，手工生产的占优势，对边区自然资源的原始的掠夺式的开发，垄断，限制竞争，闭关自守以及与当代整个工商业运动的隔绝，——这就是乌拉尔的全部情况。乌拉尔是古老的，在乌拉尔盛行的制度是'万古神圣的'，而南俄却是年轻的，正处于形成期。最近几十年来这里生长起来的纯粹资本主义的工业，既没有传统和等级制度，也没有民族性与固定居民的闭关自守性"。[②] 列宁引用"顿巴斯生产集中度的数据"来"说明南部工业体系"的特征，并说道："它们特别明显地表明了俄国国民经济一切部门中所发生的社会经济关系更替的实质。"[③]

农奴制残余影响了俄国工业的生产集中度变化，但并不能改变它的资本主义性质。

[①] Ленин В. И. , Соч. , т. 3, С. 432. 译者注：照录中共中央编译局编译《列宁全集》第3卷，人民出版社，1984，第453页。

[②] Ленин В. И. , Соч. , т. 3, С. 427. 译者注：照录中共中央编译局编译《列宁全集》第3卷，人民出版社，1984，第447~448页。

[③] Ленин В. И. , Соч. , т. 3, С. 430 - 431. 译者注：照录中共中央编译局编译《列宁全集》第3卷，人民出版社，1984，第452页。

第二章
俄国工业垄断的形成

第一节　铁路建设行业中的垄断协会

由于我们目前掌握的有关俄国早期工业垄断的信息过于零碎，因此很难完全再现这一段历史，不过可以确定这段历史中某些方面的信息。

我们所知道的最早的垄断协会是"钢轨制造商联盟"，它的起源可以追溯到 1882 年。五家工厂在 1882 年 6 月 1 日针对建立此联盟签订协议，但随后又在 1887 年 1 月 21 日召开联盟工厂代表理事会会议，宣告该联盟解散。联盟协议的序言中写道："为了确保自身的生存，普梯洛夫工厂、布良斯克工厂、布拉格工厂、古特班科夫工厂、亚历山德罗夫工厂等工厂订立了下列条件，以便建立联盟，共同接受全部钢轨订单……"[①] 不过遗憾的是，由于信息有限，我们无法得悉"钢轨制造商联盟"的成因及其组织者追求的目标。同时，到目前为止，没有任何其他文件描述该联盟的创立情况和活动。因此，我们只能通过推测寻求原因。以下两种情况可能是该联盟出现的原因。首先，联盟出现的时间与俄国钢轨生产量开始急剧下降的时间相吻合（见表 2 - 1）。其次，联盟的成员是二次加

---

① Под ред. Шемякина И. Н. , Материалы по истории СССР, т. VI, М. , Изд - во АН СССР, 1959. С. 18；ЦГИАЛ, ф. 626, оп. 1, д. 406, л. 2. 布拉格工厂位于华沙郊区，又称华沙铸钢厂。

工厂,[①] 而新俄罗斯公司的尤佐夫工厂(最大的独立钢轨制造厂)、П. П. 杰米多夫继承的下塔吉尔冶金工厂和别洛舍尔 – 别洛泽尔大公的卡塔夫 – 伊万诺夫工厂不包括在内。

表 2 – 1　1880 ~ 1886 年大型工厂的钢轨生产情况

单位:千普特,%

| 年份 | 大型工厂的生产量 | | | | | | | | | | 生产总量 |
| | 非联盟成员 | | | 联盟成员 | | | | | | | |
	下塔吉尔冶金工厂	卡塔夫 – 伊万诺夫工厂	新俄罗斯工厂	古特班科夫工厂	华沙(布拉格)工厂	布良斯克工厂	亚历山德罗夫工厂	普梯洛夫工厂	联盟工厂总量	占总数的份额	
1880	820.5	629.2	253.0	1127.2	1906.9	2914.3	1333.8	2992.3	10274.5	85.8	11977.2
1881	724.2	575.9	833.1	895.0	2154.1	2023.3	1142.5	4118.9	10333.8	82.9	12467.0
1882	599.7	486.2	1391.7	323.3	2167.1	1403.7	639.5	2771.6	7305.2	74.7	9782.8
1883	324.8	315.3	1176.4	463.2	1618.1	727.1	359.8	2110.6	5278.8	74.4	7095.3
1884	708.6	649.4	572.3	598.8	1240.6	425.9	75.5	1310.7	3651.5	65.4	5581.8
1885	522.2	603.0	1581.5	764.3	267.1	231.8	8.7	1803.8	3075.7	53.2	5782.4
1886	768.2	626.9	1461.6	606.5	541.0	1136.0	57.9	1695.3	4036.7	58.6	6893.4

资料来源:参阅 Кеппен А. , Материалы для истории рельсового производства в России. СПб. , 1899。

笔者认为,二次加工厂不希望在经济危机期间继续接受政府订单,为了维护各自的市场,它们联合在一起。[②] И. Ф. 金丁认为,钢轨制造商联盟(和其他一些早期的垄断组织)的目标是"确保联盟成员有获取某种产品(未包括在政府订单内)信息的权利"。[③] 同时,И. Ф. 金丁在研究沙皇政府

[①]　唯一的例外是古特班科夫工厂。但是,该工厂从 1883 年才开始用自己的材料生产钢轨。参阅 Наша железнодорожная политика по документам архива Комитета министров, т. IV. СПб. , 1902. С. 281。

[②]　《Вестник Московского университета. 》, историко – филологич. сер. , 1956, № 1. С. 182.

[③]　Гиндин И. Ф. , Государственный банк и экономическая политика царского правительства (1861 – 1892 годы) . М. , Госфиниздат, 1960. С. 268.

的政策时指出,"通过给独立工厂提供政府订单",掩盖对"钢轨制造商联盟"的特殊照顾。他总结说:"最终,在钢轨生产过剩的情况下,政府并不是在独立工厂和二次加工厂之间进行选择,而是在非辛迪加企业和辛迪加企业之间进行选择,同时维护辛迪加企业的利益。"[1]

И. Ф. 金丁对研究俄国第一个重工业垄断协会与沙皇政府之间相互关系的工作极有兴趣。但是,他提出的"沙皇政府对辛迪加工厂的特殊照顾是以牺牲非辛迪加工厂(即新俄罗斯工厂、下塔吉尔冶金工厂和卡塔夫 – 伊万诺夫工厂)的利益而进行"这一论点受到了质疑。

当然,对于沙皇政府来说,钢轨制造商联盟成员的利益与它毫无瓜葛。И. Ф. 金丁提供的具有较强说服力的情况是,普梯洛夫工厂加入的钢轨制造商联盟,实际上当时归国家所有,因为普梯洛夫公司的控股权归国家银行所有。顺便提一下,普梯洛夫工厂加入钢轨制造商联盟的情况需要查明。1882年6月1日协议的第1节,确定了钢轨制造商联盟各成员的参股比例,其中包含一句有趣的话:"如果普梯洛夫工厂在一个月内未签署此协议,那么它的订单将按参与程度比例分配给其他工厂。"[2] 因此,关于普梯洛夫工厂是否加入联盟的问题该协议没有立即给出答案。但最后,领导普梯洛夫工厂的国家银行代表在协议上签字,因此实际上沙皇政府成为俄国第一个重工业垄断协会的成员。

此事发生在1882年夏。同年春,部长委员会注意到铁路机车车辆、钢轨和其他铁路配件的销售变得越来越困难,于是责成特别委员会采取措施,使铁路配件的生产力与实际需求保持一致。

1882年,部长委员会收到一份来自独立工厂的请愿书,控诉了工厂收到的钢轨订单不足其生产力的一半。沙皇专制制度下的官僚机构行政效率低

---

[1] Гиндин И. Ф. , Государственный банк и экономическая политика царского правительства (1861 – 1892 годы) . М. , Госфиниздат, 1960. С. 259 – 263.

[2] Под ред. Шемякина И. Н. , Материалы по истории СССР, т. VI, М. , Изд – во АН СССР, 1959. С. 18. 此外,协议第26条规定:"如果普梯洛夫工厂未签署此协议,那么协议各条款所要求的大部分4票表决权将减少为3票。"

下。直到 1883 年底，才成立了专门委员会进行调查，由财政部部长透纳担任委员会主席。① 此时，普梯洛夫工厂已由国家银行正式售出，但就其实质而言，情况同之前基本上保持不变。根据普梯洛夫工厂的销售条款，由买方按六年分期付款（直到 1888 年）。此外，买方是钢轨制造商联盟的两个主要成员，即布良斯克工厂和华沙工厂。于是买方分期偿还国家银行欠款的情况直接取决于联盟最大工厂的业务状况。为了方便分期付款顺利进行，沙皇政府在出售普梯洛夫工厂的同时，向其订购了大批的钢轨，尽管那时国库已经有了大量成品钢轨的库存。

三个最大的二次加工厂构成了钢轨制造商联盟的核心，尽管国库对这三个二次加工厂的事务有着明显的兴趣，但透纳得出的结论是："由于独立工厂以国产矿石和燃料为原材料，所以我希望在保持这些工厂现状的前提下进一步发展独立工厂。因此，如果按照既定的市场条件在一定程度上降低总产量，那么应减少二次加工厂的产量。"②

该委员会以上述结论为出发点调整钢轨生产问题。根据委员会的计算，钢轨的年需求量不超过 830 万普特，而钢轨制造工厂的年产量则为 800 万普特。

这么看来，钢轨的供求关系似乎达到了完全平衡的状态，并且无须减少钢轨的产量。但是，问题在于当时国库的钢轨贮存量已经相当庞大，约有 1000 万普特。销售国库库存的钢轨很可能沉重打击钢轨制造工厂。委员会认为缓解这种情况的唯一办法是延长国库储备钢轨的销售时间，因此建议每年使用的国库储备钢轨不超过 200 万普特。这样的措施是对钢轨制造工厂的间接照顾。此外，委员会认为有必要每年为独立工厂提供 150 万普特的政府订单，以此方式直接支持独立工厂。至于每年所需的其余 480（830 - 200 - 150 = 480）万普特钢轨，委员会并没有预先为各个工厂制订分配计划。

---

① Кеппен А., Материалы для истории рельсового производства в России. СПб., 1899. С. 103.

② Наша железнодорожная политика по документам архива Комитета министров, т. IV. С. 279.（курсив мой. – В. Б.）

　　其实这些建议在某种程度上并不算对联盟工厂的特别关照。独立工厂接受的政府订单至少占据其产量的75%。同时，根据委员会的计算，1876～1883年独立工厂60.5%的钢轨是为私人订单生产的。即使从1884年起私人订单减少了，独立工厂也很难完全不接受私人订单。至于二次加工厂，1876～1883年政府订单占总产量的47.3%，而现在它们已经失去了政府订单。即使它们设法获得了剩余全部的480万普特的年度钢轨订单，也仅仅只是其产量的80%。尽管如此，它们仍然要努力争取这480万普特的钢轨订单。

　　因此，如果为了争取剩余的480万普特的钢轨订单，需要减少独立工厂的产量，那么即使二次加工厂获取全部订单，也必须削减产量。此外，由于预见到二次加工厂将减少钢轨生产，因此委员会对钢轨制造商联盟寄予厚望，打算将联盟作为沙皇政府手中的一种独特工具，来实现其钢轨生产正常化的构想。对此，委员会的记录簿中记载："考虑到二次加工厂之间组成了辛迪加，那么在某些必要情况下，辛迪加可能会降低其中某家工厂的钢轨产量，或者降低这些工厂的总产量。但是，另一方面，为了奠定辛迪加未来业务的坚实基础，必须杜绝过度销售国库库存钢轨的情况。因此，委员会认为起初将国库储备钢轨的年度使用量限制在200万普特是合理的。但是，如果二次加工厂组成的辛迪加此时提高市场上的钢轨价格，使其远高于实际的生产成本，政府则应保留修改价格的权利，并有权在特殊情况下采取其他措施。"①

　　正如我们所看到的那样，该委员会仅在一定程度上重视钢轨制造商联盟，因为联盟有助于实施其拟议的计划，逐渐限制二次加工厂的钢轨生产。不过，委员会加强了对钢轨制造商联盟的重视，同时认为它有必要在规定的合理范围内开展活动。

　　透纳的建议为沙皇政府关于钢轨工厂制定进一步政策奠定了基础，部长

---

① Наша железнодорожная политика по документам архива Комитета министров, т. IV. СПб., 1902. С. 279 – 280.（курсив мой. – В. Б.）

委员会于 1884 年 3 月批准了该建议。我们对政策不做深入研究，只了解政策对工厂造成怎样的影响。从表 2-2 中可以看出，[1] 独立工厂在三年间（1884~1886 年）的年平均钢轨产量要高于透纳计算出的生产数据。二次加工厂的年平均产量明显低于其产能。因此，部长委员会于 1884 年初根据透纳的建议所通过的决定并非对钢轨制造商联盟的工厂有利。

1882~1883 年，钢轨制造商联盟在某种程度上延迟了其在钢轨生产总量中所占份额的下降，但自 1884 年以来，它们的份额再次有所下降（如表 2-1 中所示）。

表 2-2　1884~1886 年独立工厂的年平均钢轨产量与透纳数据的对照

单位：千普特

工厂名称	透纳计算的产量	1884~1886 年间的平均年产量
下塔吉尔冶金工厂	500	666.3
卡塔夫 - 伊万诺夫工厂	400	626.4
新俄罗斯工厂	600	1205.2
古特班科夫工厂	500	656.5
华沙(布拉格)工厂	1200	682.9
布良斯克工厂	2000	597.9
亚历山德罗夫工厂	800	47.3
普梯洛夫工厂	2000	1603.3

建立俄国重工业垄断协会的首次尝试不是很成功。同时，其在俄国垄断史上也不具有很高的价值。但钢轨制造商联盟的协议是随后缔结的一系列垄断协议的典范，其中最重要的条例确定了"钢轨制造商联盟"的组织结构和活动顺序，因此值得认真分析。

管理"钢轨制造商联盟"。根据协议，"钢轨制造商联盟"的最高管理机构是理事会，由所参与工厂的代表组成，每家工厂的每个代表都享有

---

[1]　Кеппен А., Материалы для истории рельсового производства в России. СПб., 1899.

平等的权利。为了直接管理"钢轨制造商联盟"的事务，参加的工厂以多数票（4票）选出钢轨制造商联盟事务管理总代表（第3~5条）。授权其"就工厂接收订单进行所有洽谈，在指定工厂之间分配订单，并根据理事会的决议定期核算……"（第3条）。此外，协议规定："办公厅有义务维护联盟的利益，获取订单，并进行必要的谈判以接收订单……"（第5条）。① 协议规定办公厅与理事会共同行动，主持会议，享有发言权（只有在票数均等的情况下，它才享有决定性的一票）。办公厅必须与理事会共同研究涉及联盟的全部问题，包括任何订单的贷款、担保条件、交货时间等详细信息。办公厅的职责还包括召开理事会。但是，在对联盟事务有利的情况下，召开理事会会议的权利被授予两家工厂，甚至是五家工厂之一（第4~5条）。理事会所在地是彼得堡，每家工厂都应有自己的代表（第6条）。

接收订单的程序。规定"联盟要共同接收制造每俄尺重18磅或以上的钢轨的订单"，其成员有义务不独立接收此类订单，规定如下："签署该协议后，工厂有义务向联盟办公厅提交工厂订单明细表，以及与这些订单有关的所有文件。未经联盟的同意而执行上述列表之外的订单，将被视为违反协议"（第14条）。如我们所见，获取订单和进行必要洽谈的工作委托给办公厅，其应该与理事会共同行动。协议规定："接收订单完全由联盟办公厅独立完成"（第12条）。工厂只直接负责协议签署手续："协议由工厂签署，订单按照协议执行"（第5条）。但是，协议预先定出特殊情况的处理办法：

（a）"在特别有利的条件下，可以通过向其中一家工厂提供建议的方式来委托任务"（第12条）。

（b）"如果在讨论订单的条件时，大多数理事会成员出于某种原因反对接收订单，而工厂代表不赞成这样的决定，表示愿意接收以靠损害工厂利益为代价的订单，最终，理事会的建议可能会被驳斥"（第13条）。

---

① 协议还规定了办公厅助理由办公厅推荐，然后由理事会以4票的多数票通过（第5条）。

这些表述的模糊不清，促使我们得出这样的结论：联盟组织者尚未充分考虑特殊情况。值得注意的是，在后来钢轨配件制造商联盟的协议中，几乎逐字重复之前的协议，但有关这些例外情况的内容都经过了大幅改动。

钢轨制造商联盟的协议为其成员提供了彼此之间进行交换和移交订单的权利，但与此同时，这些工厂有义务将其间的订单变化立即通知办公厅。至于将订单移交给联盟之外的工厂，则须征得理事会的同意。

参与制。工厂参与执行一般的共同订单时，由于参加联盟各工厂的生产力不同，协议中规定了具体的参与份额（分配额）。协议将订单划分为 100 个单位，规定了以下各工厂的参与份额：普梯洛夫工厂——25 个单位，布良斯克工厂——25 个单位，华沙工厂——25 个单位，古特班科夫工厂——12.5 个单位，亚历山德罗夫工厂——12.5 个单位（第 1 条）。协议还规定了联盟成员之间订单的分配顺序："由于工厂的地理位置或其他原因，每个订单无法完全根据协议第 1 条在工厂之间进行分配，因此，每次分配均由理事会决定。为了使工厂在决算日前保证平均参与所有订单，每年的 6 月 30 日（预算）和 12 月 31 日（最终结算）基于以下根据进行计算：根据每个订单的协议价格（扣除运费），在上述日期得到结算结果，每家工厂①受到理事会的监管，按理事会的决议对每普特钢轨设置统一的平均价格；收到订单额少于第 1 条规定数量的工厂，其缺少的订单部分，应按照每普特 30 戈比的价格得到补偿（第 10 条）。订单结算不考虑工厂间私下交换的订单。如果将订单从一个联盟工厂转交到另一家工厂，则两家工厂都算作从理事会收到订单（第 11 条）。"

从 5 年内联盟工厂的钢轨生产数据（见表 2 - 3）中可以看出，关于分配额的条款并没有被严格执行。结果，1882 ~ 1886 年，只有古特班科夫工厂和华沙工厂的总产量与其配额相符。

---

① 不包括古特班科夫工厂，根据第 2 条的规定，其售价应包括将钢轨运送到华沙或伊万哥罗德的成本。

表 2-3　1882~1886 年联盟工厂的钢轨生产数据

单位：千普特，%

年份	古特班科夫工厂		华沙（布拉格）工厂		布良斯克工厂		亚历山德罗夫工厂		普梯洛夫工厂		总计
	产量	所占份额	产量	所占比例	产量	所占比例	产量	所占比例	产量	所占比例	
1882	323.3	4.4	2167.1	29.7	1403.7	19.2	639.5	8.8	2771.6	37.9	7305.2
1883	463.2	8.8	1618.1	30.6	727.1	13.8	359.8	6.8	2110.6	40.0	5278.8
1884	598.8	16.4	1240.6	33.9	425.9	11.7	75.5	2.1	1310.7	35.9	3651.5
1885	764.3	24.8	267.1	8.7	231.8	7.5	8.7	0.3	1803.8	58.7	3075.7
1886	606.5	15.0	541.0	13.4	1136.0	28.2	57.9	1.4	1695.2	42.0	4036.7
五年合计	2756.1	11.8	5833.9	25.0	3924.5	16.8	1141.4	4.9	9692.0	41.5	23347.9

价格。"每三个月，工厂代表会为钢轨设置相同且最低的价格……在特殊情况和不可预见的情况下，甚至可以在三个月期满前更改价格"（第8条）。同时，协议没有规定任何具体的定价程序，也没有解释在什么情况下应改变价格。协议规定通常不接受价格低于第8条所规定价格的订单，在某些情况下，如果多数票认为价格过高，可以降低价格（第9条）。因此，在价格问题上，该协议为大多数联盟工厂留下了广泛的操作空间。

制裁。"对于违反本协议的任何行为，主要是接收不经过联盟的钢轨生产订单的行为……违反方将处以5000卢布和每普特订单30戈比的罚款"（第17条）。

该协议还规定，如果"无法履行本协议中规定的、与联盟有关的义务"，则有可能将其中的工厂从联盟中剔除。在联盟所有其他参加者一致同意的情况下，即拥有4票多数票的情况下，才可能出现这种特殊情况（第23条）。

联盟经费。为了确保协议的执行，设立了专门经费。该经费是从所有工厂每笔订单的第一笔付款中，收取10戈比费用而形成的（第18条）。费用额度与工厂在联盟中所占份额成比例: 25 个单位时收取 12.5 万卢布, 12.5 个单位时收取 6.25 万卢布 (第 19 条)。整体上, 经费的总额达到了 50 万卢布。在每家工厂缴纳全部应缴经费之前, 联盟有义务出示相应金额的票据 (第 19 条)。由理事会批准, 该经费存放在彼得堡国际银行 (第 20 条)。如果某工厂未根据协议规定的义务支付任何款项, 理事会可以在联盟参与者之间进行必要的计算, 有权从经费中支付以下款项, 此外, 仅由借方工厂承担以下内容: 对于未获得的订单收取每普特 30 戈比的赔偿; 根据第 10 条计算平均价格而产生的差价; 协议规定的因逾期付款而缴纳的罚金; 违反协议的赔偿费和罚款 (第 21 条)。

每当某家工厂借用经费支付任何款项时, 该工厂必须在 15 天内返还适当的金额 (第 19 条)。

有效期。该协议为期五年 (1882 年 1 月 1 日至 1886 年 12 月 31 日)。但同时, 又提出了一个有趣的附带条件: "如果在联盟成立的前三年内, 俄国建立了一座新工厂, 该工厂能够每年生产不少于 100 万普特的钢轨, 并且如果新工厂没有加入联盟, 则本协议的效力仅到 1884 年 12 月 31 日为止" (第 15 条)。但是这项附带条件并未生效。从 1887 年 1 月 21 日的理事会会议记录可以看出, 协议有效的这五年内, "钢轨制造商联盟" 一直存在。但是, 协议到期后, 在 1887 年 1 月 21 日的理事会会议上, 通过了 "鉴于联盟效力到期, 在工厂之间进行相互结算" 的决定。①

尤为需要注意的是, 作为俄国工业史上建立垄断性协会的首次尝试, 钢轨制造商联盟的组织结构已经极为完善。

当然, 其在成立时, 借鉴了西方垄断的经验。② 不管怎么说, 钢轨制造商联盟协议将一种合适、秘密的垄断组织形式引入俄国垄断实践中。这也说

---

① Под ред. Шемякина И. Н. , Материалы по истории СССР, т. VI, М. , Изд - во АН СССР, 1959, С. 25; ЦГИАЛ, ф. 626, оп. 1, д. 407. л. 4. 此处是关于终止协议益处的通信。

② 在这方面, 笔者将提供一个有趣的细节, 尽管它不能作为上述假设的充足依据。1882 年 6 月 1 日协议包括俄文、法文两种文本。原始文本是法文版本, 俄文文本是其译文。参阅 Под ред. Шемякина И. Н. , Материалы по истории СССР, т. VI, М. , Изд - во АН СССР, 1959. С. 19, 24。

明了随后这种垄断组织的形式在俄国广泛传播并非偶然。

1882 年 6 月 1 日协议不仅规定联盟成员应设定统一的最低价格、遵循共同的销售政策，而且在执行联盟订单时确定各厂的参与份额以实现标准化生产。此外，接收和分配订单的职能由联盟的领导机构全权负责。其参加者仅需按照理事会的决定签订协议接收订单。但是，这项规定显然是包含在协议中的，只是因为联盟不是一个法人实体，不能以自己的名义签订协议。联盟的成员签订协议这一行为无疑只是形式主义。由于协议规定了设定统一价格，因此工厂失去了一些订单，这些订单或为独立接收联盟个别成员的工厂订单，或为根据协议条款的订单，或为由于距离订购商较近而获得的订单。因此，钢轨制造商联盟的成员实际上在垄断产品的销售中完全丧失了商业独立性。正如我们所看到的那样，联盟的组织结构非常简单，主要原因如下。

首先，联盟成员的数量不多。我们没有任何可靠的数据来确定成员之间关系的性质。但是，可以推测出早在创建联盟时，布良斯克工厂和华沙工厂之间已经有密切的联系，因为它们几乎同时提出了共同购买普梯洛夫工厂的建议，想必这两家工厂就是联盟的发起者。从协议正文可以看出，由于工厂在联盟订单中的参与份额与其产量相对应，因此建议将其参与份额与联盟创建前的实际产量进行适当比较（见表 2 - 4）。

从数据中很容易看出，只有普梯洛夫工厂受到不公平对待，其配额远少于其在五家联盟工厂总产量中所占的份额。但是如上所述（见表 2 - 3），普梯洛夫工厂的实际份额远远超过了配额。奇怪的是，1883 ~ 1885 年布良斯克工厂（联盟中唯一配额与占联盟总产量的份额相当的工厂）的实际份额比配额少一半以上。同时，正是在这些年中，由于普梯洛夫工厂的配额移交给了"布良斯克 - 华沙"集团，"布良斯克 - 华沙"集团在钢轨制造商联盟理事会的决策中以多数票（5 票中有 3 票）占优势地位，足以保证订单按照对自己有利的趋势分配。[1] 还有一个假设是，联盟的领导在确定配额时"委

---

① 这些问题以少数服从多数的原则决定。协议规定只有在以下情况下，需要 4 票一致同意或反对：选举办公厅人员及其助理时；决定从经费中付款时；成员之一不是联盟成员时；解散联盟时。协议规定解决任何问题都无须全体表决。

屈"了普梯洛夫工厂，随后故意超过了该限额，以便从中收取所谓的"完成限额之外订单的费用"。但是，表2-3中华沙工厂一栏的数据，让我们对此假设的合理性产生了怀疑。与布良斯克工厂相反，1883~1884年华沙工厂在联盟工厂总生产中的实际份额明显高于配额，直到1885年才急剧下降。

表2-4　1879~1881年五家工厂的产量

单位：千普特，%

年份	古特班科夫工厂		华沙（布拉格）工厂		亚历山德罗夫工厂		布良斯克工厂		普梯洛夫工厂		总计
	产量	所占份额	产量	所占份额	产量	所占份额	产量	所占份额	产量	所占份额	
1879	1201.8	16.1	550.0	7.3	436.3	5.8	2282.4	30.5	3020.7	40.3	7491.2
1880	1127.2	11.0	1906.9	18.5	1333.8	13.0	2914.3	28.4	2992.3	29.1	10274.5
1881	895.0	8.7	2154.1	20.8	1142.5	11.1	2023.3	19.6	4118.9	39.8	10333.8
三年总计	3224.0	11.5	4611.0	16.4	2912.6	10.4	7220.0	25.7	10131.9	36.0	28099.5

尽管我们对联盟成员（工厂）之间的关系了解得不那么透彻，但可以肯定的是它们之间的关系非常紧密，因此不需要在协议中规定对其进行监管。此外，鉴于联盟内部的相互关系，当成员需要解决关键问题时，规定不采纳一致同意原则（即"否决权"），而是采纳少数服从多数原则来保障自己的利益。

联盟组织结构相对简单的第二个原因在于其垄断产品的性质。这是一种批量生产的产品，产品几乎都相同。所有的钢轨，无论它们由哪家工厂生产以及由谁购买，除符合联盟设定的条件外，还应符合统一的既定要求。因此，联盟无须监管产品的质量，也无须统一产品的样式，简化了工厂之间的结算流程。

最后，高度集中的钢轨需求促进了联盟组织结构的简化。钢轨的消费者数量很少且都有一定的知名度。因此，易于监视遵守协议的情况。

　　判断钢轨制造商联盟应当属于哪类垄断性协会并非易事。垄断现象的实例很少，很难生搬硬套地概括理论。另外，在我们的文献中关于垄断理论的看法存在分歧。长期以来，在苏联经济学家和历史学家中盛行着这样的观点，卡特尔和辛迪加代表着同一类型的垄断协会的两个发展阶段。从这个意义上说，Г. B. 齐佩罗维奇称辛迪加为卡特尔的较高形态。他在解释自己的观点时写道："卡特尔是通过签订简单协议联合企业家的一般形式。卡特尔的一个特殊但常见的形态是辛迪加，其组织以存在专门的监督和执行机构为前提（专设销售局或办公室）。"[1] 这种观点在《苏联大百科全书》的第一版和第二版中亦有相关表述。第二版的《卡特尔》一文中特别指出："有时卡特尔提供联合销售，销售其成员生产的产品。这是卡特尔最高、最稳定的形式——辛迪加。"[2] 在《辛迪加》一文中，辛迪加被定义为"卡特尔的最高形式"。[3]

　　不久前，B. E. 莫特廖夫对此观点表示反对。在他看来，上述观点不仅严重错误，而且只是简单重述了资产阶级经济学家 P. 利夫曼和股份制银行的观点，因为其中表现出"倾向于从卡特尔中鉴定辛迪加"的意思。[4]

　　B. E. 莫特廖夫证明了从卡特尔中鉴定辛迪加是不可取的，并着重于解释两者之间的差异。他十分勉强地承认卡特尔和辛迪加之间也存在相似之处："尽管卡特尔和辛迪加之间有一些共同点（保持企业在生产领域的独立性；在辛迪加协议中通常存在某些卡特尔性质的元素），因此在考虑多个问题时按照垄断的分类，没必要专门划分出辛迪加，然而，由于辛迪加与卡特尔之间存在质的差异，因此将辛迪加划分为独立的形式。"[5] 辛迪加是由什

[1] Цыперович Г., Синдикаты и тресты в дореволюционной России и в СССР. Л., 1927. C. 16.

[2] Большая советская энциклопедия, изд. 2, т. 20（1953）. C. 264.

[3] Большая советская энциклопедия, изд. 2, т. 39（1956）. C. 87.

[4] Мотылев В. Е., Финансовый капитал и его организационные формы. М., Соцэкгиз, 1959. C. 25.

[5] Мотылев В. Е., Финансовый капитал и его организационные формы. М., Соцэкгиз, 1959. C. 21.

么构成的？B. E. 莫特廖夫就这一问题三次发表看法，每次阐述都更加详细。第一次阐述时，措辞简洁明了："辛迪加与卡特尔的不同之处在于，它们剥夺了成员在销售方面的独立性。"[1] 第二次阐述时，他给出了一个更详细的定义："与卡特尔不同，辛迪加专设销售局或办公室以销售其成员的产品，有时还向它们提供原材料。因此，辛迪加剥夺了其成员在销售领域的独立性，成员只在原材料采购方面有发言权。"[2] 最后，B. E. 莫特廖夫再次对"倾向于从卡特尔中鉴定辛迪加"表示反对，并且对二者之间的差异进行了详细的解释。他写道："首先，辛迪加与卡特尔不同，基本上剥夺了其成员在销售领域的独立性。在这方面，它代表了一个特殊的、更高的垄断阶段。其次，辛迪加在很大程度上破坏了企业与市场的联系，因此成员很难退出联盟。当辛迪加通过合并企业的机构开展业务时，由于辛迪加起到了真正的管理作用，因此这种性质或多或少地保留下来，即企业与市场的联系正在减弱。再次，组建辛迪加需要建立某种形式的办公室、产品销售局，而当时卡特尔无须设立正式的共同机构便可存在。最后，在经济方面，与卡特尔相比，辛迪加自身的发展需要其他先决条件。"[3]

对于发展辛迪加所需的一些"其他的"经济前提，在此不做详细阐述。B. E. 莫特廖夫阐述的辛迪加与卡特尔形成的差异，可以归结为以下两个主要方面：一方面是剥夺成员在销售领域的独立性；另一方面是成立产品销售局。此外，其中第一点可能是辛迪加必要的标志。至于第二点，B. E. 莫特廖夫在此处的观点并不明晰。他在第一次阐述中，没有提及销售局，仅注意到辛迪加剥夺了其成员的商业独立性。但是从他的第二次阐述中可以明显看出，这种剥夺只能通过建立销售局来实现。但是，在他的第三次阐述中，B. E. 莫特廖夫承认，如果没有这样的销售局，辛迪加能够存在，并通

[1] Мотылев В. Е. , Финансовый капитал и его организационные формы. М. , Соцэкгиз, 1959. С. 21.

[2] Мотылев В. Е. , Финансовый капитал и его организационные формы. М. , Соцэкгиз, 1959. С. 22.

[3] Мотылев В. Е. , Финансовый капитал и его организационные формы. М. , Соцэкгиз, 1959. С. 25.

过合并企业开展业务。当他从抽象的定义转向俄国垄断历史上的实例时，他再也没有提起将销售局作为辛迪加的标志。例如，作者指出，他发现了"铁路配件工厂代表联盟"的一份会议记录，表明参与联盟的大型工厂（布良斯克工厂、亚历山德罗夫工厂、华沙工厂、南俄冶金厂、科洛缅卡公司和普梯洛夫工厂）的代表确定了辛迪加成员、交易价格和交易期限。[①] 正如我们所看到的那样，B. E. 莫特廖夫将这个垄断协会称为辛迪加，只是基于它确定了成员交易时的联合政策（价格、接收订单的程序和条件）。他进一步描述 19 世纪末至 20 世纪初垄断协议的其他内容时，写道："未经工厂代表理事会的决定，协会成员不能接收重大订单，因为剥夺了成员的销售独立性，因此，这种垄断本质上是辛迪加，而不是卡特尔。"[②] 至此，可以很明显地看出，B. E. 莫特廖夫将联合接收订单的全部协议视为辛迪加的标志。[③]

　　显然，即使 B. E. 莫特廖夫反对从卡特尔中鉴定辛迪加，实际上他也使用了这种方法。因为他所提出的辛迪加最重要的标志（剥夺了成员的商业独立性），是基于完全错误的前提，所以他犯这样的错误不足为奇。B. E. 莫特廖夫声称辛迪加剥夺了成员的商业独立性，是以卡特尔成员有这种独立性为出发点。根据他的定义，"卡特尔是特定行业的企业（通常是公司）形成的垄断协议，在主要生产和销售领域中保留了联合企业和公司的独立性"。[④] 但是在这种情况下，这些行业的卡特尔并不能消除自由竞争。毕竟，用垄断代替自由竞争，导致个体资本主义企业丧失了以前的行动自由，服从于垄断协会的利益。这正是生产社会化的过程。谈到垄断资本主义中"卡特尔成

---

①　Мотылев В. Е., Финансовый капитал и его организационные формы. М., Соцзкгиз, 1959. C. 23. （разрядка моя. – В. Б.）

②　Мотылев В. Е., Финансовый капитал и его организационные формы. М., Соцзкгиз, 1959. C. 24.

③　显然，B. E. 莫特廖夫认为这种解释与他本人刚刚提出的辛迪加特征相矛盾，有必要将"俄国秘密辛迪加"纳入某种"辛迪加的特殊变体"中。（Мотылев В. Е., Финансовый капитал и его организационные формы. М., Соцзкгиз, 1959. C. 23.）

④　Мотылев В. Е., Финансовый капитал и его организационные формы. М., Соцзкгиз, 1959. C. 22. （курсив автора, разрядка моя, – В. Б.）

为所有经济生活的基础之一"这点，B. И. 列宁写道："从前是各个业主自由竞争，他们是分散的，彼此毫不了解，他们进行生产都是为了在情况不明的市场上去销售，现在则完全不同了。集中已经达到了这样的程度，可以对本国的，甚至像下面所说的，对许多国家以至全世界所有的原料来源（例如蕴藏铁矿的土地）做出大致的估计。现在不但进行这样的估计，而且这些来源完全操纵在一些大垄断同盟的手里。这些同盟对市场的容量也进行大致的估计，并且根据协议'瓜分'这些市场。他们垄断熟练的劳动力，雇用最好的工程师，霸占交通路线和交通工具，如美国的铁路、欧美的轮船公司。帝国主义阶段的资本主义紧紧接近最全面的生产社会化，它不顾资本家的愿望与意识，可以说是把他们拖进一种从完全的竞争自由向完全的社会化过渡的新的社会秩序。"①

显然，B. E. 莫特廖夫意识到结论存在弊端，添加了一些附带条件。他在谈到卡特尔协议时写道："尽管就类似问题达成的协议，显然以上述方式限制了卡特尔成员的独立性（不仅在销售领域，而且或多或少在生产领域），然而，卡特尔成员无论在生产领域还是在销售领域，都没有取消这种独立性，因为他们保留了企业的所有权以及直接控制其生产和销售活动的权利。"② 试问，如果根据 B. E. 莫特廖夫本人所说，"卡特尔成员关于销售商品的条件、销售区域的划分、确定产品的总数、分别的数量和配额（即生产份额）、设定价格、分配利润等达成协议"，③ 那么这种独立性表现在哪里？根据这样的协议，其成员无权为所生产的产品独立设定价格，无法决定产品投入市场的规模，且没有充分权利确定其销售条件。如果没有在共同接收订单方面达成协议，客户对产品的选择至少受市场条件和配额的限制。此外，某些卡特尔成员在协议准许的商业独立性中获得的所有特权，在重新分

① Ленин В. И. , Соч. , т. 22, C. 190, 193. 译者注：照录中共中央编译局编译《列宁全集》第27卷，人民出版社，1990，第340~341页。

② Мотылев В. E. , Финансовый капитал и его организационные формы. М. , Соцзгиз, 1959. C. 24.

③ Мотылев В. E. , Финансовый капитал и его организационные формы. М. , Соцзгиз, 1959. C. 24.

配利益时亦失去了作用。因此，卡特尔协议已经导致其成员基本上丧失了商业独立性，也就是说，只有在解决销售政策中最普遍和重要的问题后，垄断性联合才会出现。① 但是在这种情况下，B. E. 莫特廖夫提出的辛迪加与卡特尔之间最重要的区别就不存在了。

此处，回顾列宁在编写《帝国主义是资本主义的最高阶段》一书过程中所写的一条非常有趣的记录再恰当不过。列宁总结了 T. 福格尔施泰因题为《资本主义工业的金融组织和垄断组织的形成》的文章，并记录道："卡特尔的形式：确定发货条件的卡特尔（销售条款、期限、支付款项等……）；确定销售区域的卡特尔；确定产品数量的卡特尔；确定价格的卡特尔；确定利润分配的卡特尔；辛迪加——统一的销售局；托拉斯——绝对的垄断权。"②

这条记录简洁而又严谨地给出了垄断的分类。它们分为三类：卡特尔、辛迪加和托拉斯。其中第一个类别——卡特尔，是分布最广、结构最不严密的一类。由于卡特尔可以解决的问题多种多样，因此其特点是形式多样。有趣的是，列宁在《帝国主义是资本主义的最高阶段》一书中借用这一记录，将其表述如下："卡特尔彼此商定销售条件和支付期限等等。它们彼此划分销售地区。它们规定所生产的产品的数量。它们确定价格。它们在各个企业之间分配利润，等等。"③ 因此，卡特尔这样的垄断协会，就是基于成员联合解决某些垄断产品的销售问题而达成协议。

列宁认为统一销售局的存在是辛迪加的判断标准。因为这个特征被多次提及，所以得出这样的结论并非偶然。首先，卡特尔只需解决某些销售问题（单独或以任何组合的方式），而辛迪加被要求解决全部销售问题，因为销售问题已完全转移至其销售部门，从而，从组织上导致了垄

---

① 顺便一提，如果卡特尔不仅规定销售条件，还调节投入市场的产品数量，那么卡特尔当然剥夺了成员在生产领域的独立性。当然，需要就其程度具体分析。

② Ленин В. И., Соч., т. 39, С. 47. 译者注：照录中共中央编译局编译《列宁全集》第 27 卷，人民出版社，1990，第 369 页。

③ Ленин В. И., Соч., т. 22, С. 190. 译者注：照录中共中央编译局编译《列宁全集》第 27 卷，人民出版社，1990，第 338 页。

断协会中参与者的商业独立性被完全剥夺。商业独立性实际上可以在卡特尔的范围内实现。因为卡特尔在发展的过程中，从解决一般的销售问题，发展到详细规划其成员的商业活动，这就导致了成员独立性的范围越来越小，终归有一天它们会紧密结合在一起。但是出现这样的情况并不容易，因为卡特尔成员丧失其商业独立性，并非总会导致其组织结构发生改变。因此，辛迪加与卡特尔之间的区别不在于其成员是否完全丧失商业独立性，而在于在组织上丧失商业独立性这一事实已经成立的前提下，通过将新的要素引入辛迪加的组织结构，来打破成员与市场之间的联系。卡特尔成员即使在销售领域失去了过去的独立性，也仍然继续与顾客保持直接联系。辛迪加成员和顾客却无法进行直接联系，它们的中间人是辛迪加销售办事处。

这样的组织无疑会加强协会的垄断性，因为尽管其成员有机会离开协会，但由于恢复与顾客之间的联系并不容易，因此离开协会变得越来越困难。但这与卡特尔活动的秘密性质自相矛盾。为了使销售办事处能够真正将与客户进行的所有业务集中在自己的手中，它应该具有合法权利。正如下文所示，辛迪加找到了使销售办事处合法化的方法，尽管它不是立即生效的。因此，辛迪加与卡特尔之间的一个非常重要的区别在于，辛迪加继续保持着垄断协会的秘密性，但开始通过正式注册的法人实体（贸易商行、合资公司和股份公司）进行运营（取决于辛迪加销售办公处以何种身份合法化）。

由此，卡特尔和辛迪加之间还有另一个本质差异。卡特尔，作为一个整体，与其个别成员之间的关系通常符合全体成员都遵循的共同协议。辛迪加与其个别成员之间的关系通常基于销售办事处（更确切地说是法人实体，销售办事处负责运营的法人实体）与其各成员（订契约单位）之间的双边协议。

辛迪加的上述特征无疑表明，成员就联合解决销售问题达成协议，在垄断协会发展的道路上迈出了实质性的一步。

垄断协会发展的第一阶段是卡特尔，第二阶段是辛迪加。这就是为什么在谈到辛迪加的特征时，不应忘记卡特尔和辛迪加是同一类型的垄断组织，在经济性质方面与托拉斯不同。这些差异将在下文中进行讨论。卡特尔和辛迪加在经济性质方面的共性可能导致各种过渡形式的出现。例如，钢轨制造商联盟在卡特尔的组织框架中显然不能自由充分地发挥作用，因为它力求解决所有销售问题。钢轨制造商联盟不仅为钢轨确定销售价格和其他条件，还要确定成员在生产中的参与份额，以及再分配损益部分。联盟办公厅实际上具有辛迪加销售办事处的本质职能：获取订单，与顾客进行有关的所有谈判。但是由于办公厅不具备法人权利，因此它不能完全履行销售办事处的职责。这就是为什么仅由工厂本身签署协议这一事实可以被视为具文，因为在某种意义上这并不是工厂在选择订单时独立性的体现。从签订协议的那一刻起，工厂的签字就已经生效且具有实际意义。因为既然已经签署了协议，工厂就需要承担起执行的全部责任，即使有些订单不是工厂主动签订的。值得一提的是，1882 年 6 月 1 日协议规定可能会重新分配联盟成员未履行的订单（第 23 条）。不过，尽管顾客必须与联盟办公厅就协议而进行谈判，但如果联盟未能履行协议，则顾客没有向其提出任何正式索赔的机会。因此，协议只能作为道义上的保证。

钢轨制造商联盟是一个非常有趣的垄断性协会，就其实质说，它试图履行辛迪加的职能，但在其组织结构中，却保留了卡特尔的性质。

1887 年 1 月 21 日，钢轨制造商联盟的成员决定在彼此之间相互结算，同年 2 月 7 日，在普梯洛夫公司董事会会议上讨论了如下问题："根据与亚历山德罗夫钢轨厂就销售物品达成的协议，亚历山德罗夫工厂与普梯洛夫工厂之间按比例分配钢轨订单。亚历山德罗夫工厂占订单总数的 22%，普梯洛夫工厂占订单总数的 78%。"会议决定："鉴于亚历山德罗夫工厂目前签订了三份钢轨协议，原则上认为这些协议是符合利益的，并将详细的协议草案提交董事会批准。"①

普梯洛夫公司董事会分两步解决了这个问题。1887 年 2 月 21 日，它

---

① ЛГИА, ф. 1309. оп. 1, д. 1, л. 37（протокол правления）.

决定要求董事会成员之一与亚历山德罗夫铸钢公司董事会主席达成直接协议，对协议草案进行一些变更，并于 2 月 28 日批准了最终形式的协议草案。①

该协议于 1887 年 3 月 9 日签署。我们无法得知其具体内容，但根据随后在普梯洛夫公司董事会会议记录中提到协议的零星材料来看，它涉及钢轨订单的相互转移，即亚历山德罗夫工厂负责共同接收订单中的一定份额，将其转让给普梯洛夫工厂完成，以获得一定的酬金。

1888 年春，从普梯洛夫工厂支付亚历山德罗夫工厂的酬金数额可以看出，协议双方之间极有可能存在矛盾。亚历山德罗夫工厂厂主通知普梯洛夫公司董事会，根据 1887 年 3 月 9 日亚历山德罗夫工厂与新俄罗斯公司签订的协议，转让给新俄罗斯公司订单。仔细研究了 1888 年 3 月 30 日亚历山德罗夫铸钢公司的来信后，普梯洛夫公司决定这么回复："1887 年 3 月 9 日协议的第 5 条规定不允许将订单转让给辛迪加之外的工厂，来信中所指的转让与此条规定不符。"② 最终，协议双方将有争议的问题提交仲裁判决。③ 1888 年 4 月 15 日法院给出了最后决定："根据 1887 年 3 月 9 日的协议，亚历山德罗夫工厂有权将其工厂订单中所占的份额转让给第三方，经董事会同意，这种转让进行得更顺利；此后，亚历山德罗夫工厂无权将其订单份额转让给其他工厂。但在上述协议到期之前，普梯洛夫公司董事会如果以每普特 1 卢布 60 戈比以上的价格接受该订单，则有义务根据其份额向亚历山德罗夫工厂付款，如果以每普特 2.5 戈比的价格接受该订单，则由普梯洛夫工厂独家完成。"④

关于对这一决定的解释，双方产生了分歧。不过，他们很快达成了一项共同协议，由普梯洛夫工厂让出一定的订单份额，亚历山德罗夫铸钢公司同

---

① ЛГИА, ф. 1309. оп. 1, д. 1, лл. 39, 40（протоколы правления）.

② ЛГИА, ф. 1309. оп. 1, д. 1, л. 2（протокол правления）.

③ 此外，他们同意"在没有法律规定的情况下做出审判"。ЛГИА, ф. 1309. оп. 1, д. 1, л. 2. С. 104 - 105（протокол правления от 9 апреля 1888 г.）.

④ ЛГИА, ф. 1309. оп. 1, д. 1, л. 2. С. 106 - 107（протокол правления от 16 апреля 1888 г.）.

意以每普特 1.5 戈比的价格获得一定的现金酬金。[①]

　　我们无法得知 1887 年 3 月 9 日协议是否生效。在普梯洛夫公司董事会会议记录中并无提及。

　　显然，普梯洛夫公司的要员在达成此协议后，希望亚历山德罗夫工厂停止钢轨生产，为自身保留部分钢轨订单。不过他们的希望落空了，因为在 1887 ~ 1889 年间，普梯洛夫工厂继续生产钢轨，但产量大幅度下降。[②] 1887 年 3 月 9 日协议显然没有作用，而且在今后更没有必要，随后也无须协议规划钢轨生产。

　　如上所述，80 年代下半期，布良斯克钢轨轧制、制铁和机械公司与原华沙钢铁公司合并为南俄第聂伯冶金公司，并在俄国南部建造了大型冶金厂。由于（各方面的）新力量的分布情况，1890 年 12 月 12 日出现了一个新的垄断协会，即钢轨工厂联盟，[③] 其中包括俄国最大的三个冶金企业——布良斯克公司（布良斯克工厂和亚历山德罗夫工厂）、新俄罗斯公司（尤佐夫工厂）和南俄第聂伯冶金公司（卡缅工厂）。

　　我们没有发现 1890 年 12 月 12 日的协议文本。该协议的参与者认为有必要将部分条款摘录转发给彼得堡国际银行。[④] 但是，他们在联盟中没有调整组织结构的想法。根据我们掌握的文件，我们仅知道设有办公厅这一机构。钢轨制造商联盟和钢轨配件制造商联盟的前办公厅主任都是 К. Л. 瓦赫捷尔。据此推测，新联盟与其前身之间存在某种继承关系。根据 1890 年 12 月 12 日协议摘录中的保证金来判断，保证金应该由工厂按参与订单的比例

①　ЛГИА, ф. 1309 оп. 1, д. 1, л. 118（протокол правления О - ва Путиловского завода от 18 мая 1888 г.）.

②　1886 年，普梯洛夫工厂生产了 169.53 万普特的钢轨，1887 年生产了 100.26 万普特的钢轨，1888 年生产了 48.36 万普特的钢轨，1889 年生产了 24.26 万普特的钢轨。参阅 Кеппен А., Материалы для истории рельсового производства в России. СПб., 1899. C. 120 – 121。

③　Под ред. Шемякина И. Н., Материалы по истории СССР, т. VI, М., Изд - во АН СССР, 1959. C. 26; ЦГИАЛ, ф. 626, оп. 1, д. 407. л. 32（письмо в Петербургский Международный банк от 9 марта 1891 г. за подписью представителей трех обществ, заключивших соглашение о 《союзе》, и управляющего делами нового 《союза》）.

④　ЦГИАЛ, ф. 626, оп. 1, д. 407, лл. 26 – 27（выписка из договора от 12 декабря 1890 г., препровожденная в Петербургский Международный банк при письме от 9 марта 1891 г.）.

交付，其参与比例如下：布良斯克工厂和亚历山德罗夫工厂占 33.2%，新俄罗斯工厂占 33.2%，俄国南部第聂伯工厂占 33.6%。

钢轨工厂联盟存在了 4 年多。在 1895 年 1 月 22 日的信中，其成员告知彼得堡国际银行，"摘录中传达给银行的信息是：1890 年 12 月 12 日钢轨工厂联盟协议已失效"。① 我们没有关于联盟解散原因的任何直观信息。

但是，让我们看一下俄国最大的冶金厂的钢轨生产数据（见表 2 - 5）。

在钢轨工厂联盟成立之时，其成员总产量约占全国钢轨总产量的 3/4。后来，尽管联盟的产量增加了，但其占全国钢轨总产量的比例却开始下降。直到 1894 年，这种下降才暂时停止。但是 1895 年，新的最大的冶金企业——顿涅茨克公司运营钢铁生产的德鲁日科夫卡工厂开始生产。在运营的第一年，该工厂生产了 125.46 万普特的钢轨。同年，开始建造顿涅茨克 - 尤里耶夫冶金公司和俄国 - 比利时公司的冶金厂，为尼科波尔 - 马里乌波尔采矿冶金公司、塔甘罗格冶金公司和乌拉尔 - 伏尔加冶金公司的合作奠定基础。在这种情况下，钢轨工厂联盟显然无法保持对钢轨生产的垄断。

1884 年春，几乎同时成立了两个垄断公司——桥梁工厂联盟和钢轨配件制造商联盟。

1884 年 3 月 26 日，三家工厂（布良斯克工厂、普梯洛夫工厂和利利蓬·拉乌·莱文斯坦工厂）之间缔结了关于桥梁订单分配和价格的协议，这是钢轨制造商联盟协议的简化版本。它的第一段内容为："为了在三个缔约工厂之间分配订单，在与其他工厂竞争中占据优势，规定在任何情况下，都要为轴架、高架桥、人行天桥和坞门等各种道路项目进行公开招标，提供承包协议或订单。无论是在铁路建设方面还是在公路建设方面，这三个缔约工厂共同运作，并以少数服从多数原则达成彼此之间的初步协议，或约定好哪一个或哪一些工厂执行预期的工作，以及它们将以什么价格接受承包协议。"②

---

① Под ред. Шемякина И. Н., Материалы по истории СССР, т. VI, М., Изд - во АН СССР, 1959. С. 27；ЦГИАЛ, ф. 626, оп. 1, д. 407, л. 63.

② Под ред. Шемякина И. Н., Материалы по истории СССР, т. VI, М., Изд - во АН СССР, 1959. С. 30；ЦГИАЛ, ф. 626, оп. 1, д. 407, л. 2.

表2－5　1889～1894年俄国大型冶金厂的钢轨生产数据

单位：千普特，%

年份	大型冶金厂的产量											总计
	非联盟成员					布良斯克公司		联盟成员				
	普梯洛夫工厂	下塔吉尔冶金工厂	卡塔夫-伊万诺夫工厂	奥斯特罗韦次基工厂	古特班科夫工厂	布良斯克工厂	亚历山德罗夫工厂	新俄罗斯工厂	第聂伯工厂	联盟工厂产量之和	联盟工厂产量之和占总数的比例	
1889	242.6	751.3	526.8	—	128.7	1717.7	—	1973.9	498.8	4190.4	71.8	5839.8
1890	1354.8	729.7	674.1	—	—	2699.0	319.2	2938.1	1843.1	7799.4	73.9	10558
1891	944.9	723.3	751.3	3.6	364.9	2141.9	627.0	2919.8	1966.0	7654.7	73.3	10442.7
1892	1549.4	1006.8	775.8	34.3	532.3	636.4	2500.0	3401.4	1607.1	8144.9	67.6	12043.5
1893	2593.6	1152.2	1031.1	78.3	484.6	400.3	2774.9	3522.6	2371.6	9069.4	62.9	14409.2
1894	2762.9	1447.8	950.7	80.7	274.7	97.0	3363.7	3463.5	2709.1	9633.3	63.6	15150.1

资料来源：Кеппен А., Материалы для истории рельсового производства в России. СПб., 1899。

　　在桥梁工厂协议中没有预先设立用于分配订单和进行必要计算的机构，这是该联盟与钢轨工厂联盟之间的主要区别。这是因为新垄断联盟的成员数量少，所以无须创建专门机构。此外，在签订协议时，普梯洛夫工厂属于"布良斯克－华沙"集团。协议上甚至没有普梯洛夫工厂的签名，仅由两家工厂的代表签署：布良斯克工厂和利利蓬·拉乌·莱文斯坦工厂。

　　和钢轨制造商联盟的协议一样，桥梁工厂之间的协议剥夺了其成员独立接收订单的权利。签署此协议的任何一家工厂都不能接受"未与其他两家工厂事先达成协议，或违反了这三家工厂之间决定"的订单。违反者将面临"每普特 50 戈比的罚款，以这种方式处理，有利于剩下的其他两家工厂"（第 5 条）。该协议仅允许一种例外情况："在极端需要的情况下，一家工厂可以在未征得其他两家工厂事先同意时，承包或接受总量不超过 1 万普特的订单，但在这种情况下，必须以超出正常的价格（提前半年基于铁价预先确定）接收订单。正常价格应包括未铺设的桥成本、铺设成本和建筑用材成本"（第 6 条）。

　　应根据参与份额分配订单。比例如下：布良斯克工厂——48.5%；利利蓬·拉乌·莱文斯坦工厂——36.5%；普梯洛夫工厂——15.0%。

　　分配订单的方法与钢轨制造商联盟的方法有所不同。该协议规定："在来年辛迪加年度结束时进行工作结算，但在本协议到期时最终结清。这意味着应该以实现最快补偿的方式进行这三家工厂之间的工作分配"（第 2 条）。

　　此外，该协议还提出了违反规定参与比例时另一种相互补偿的方式。这种补偿不同于钢轨制造商联盟实行的对于未获得的订单收取每普特 30 戈比的赔偿，而是："工厂在收到订单三个月后，以每普特 30 戈比的价格计入共同经费。共同经费应在每个报告年度末按以下比例进行分配：布良斯克工厂——44%，利利蓬·拉乌·莱文斯坦工厂——38%，普梯洛夫工厂——18%"（第 3 条）。因此，不论每家工厂实际完成的订单比例是怎样的，所有工厂收到的订单总额中都需要扣除一定的份额。

　　与钢轨制造商联盟相比，桥梁工厂联盟的共同经费作用不同。在钢轨制造商联盟中直接在工厂之间支付结算。因此，只有在某位成员未能按时缴付金额时，才能设立共同经费。在桥梁工厂联盟中，支付结算并不直接在工厂之间进行，而是通过联盟进行，为此设立了共同经费（第3、7条）。并且为了保证严格遵守该协议，其成员在彼得堡国际银行投入价值10万卢布的票据和贵重物品。这笔款项在工厂之间不是按照参与比例分配，而是按共同经费的比例分配，也就是说，布良斯克工厂应缴纳4.4万卢布；利利蓬·拉乌·莱文斯坦工厂应缴纳3.8万卢布；普梯洛夫工厂应缴纳1.8万卢布（第8条）。

不过，在两个联盟中，工厂之间相互结算所基于的基本原理是相同的。无论是桥梁工厂联盟，还是钢轨制造商联盟，都是基于平均价格进行计算的，从共同经费中支出运输成本（第4、7条）。

相比钢轨制造商联盟，桥梁工厂联盟并没有在小范围内剥夺其成员的销售独立性，尽管就组织结构而言，它是典型的卡特尔。

1884年3月26日签订的协议为期3年，但是它的实际作用时间更长。我们可以通过1892年11月利利蓬·拉乌·莱文斯坦工厂、布良斯克工厂和普梯洛夫工厂的代表给国际银行的一封信来判断。其中写道，"由于1884年3月26日的协议作废"，这三家工厂的代表们要求发行银行保管票据。[1] 国立列宁格勒中央历史档案局关于国际银行的文件中没有说明桥梁工厂联盟瓦解的原因。此处亦没有文件证明有过续约的尝试。但是我们从枢密官 Д. Б. 涅伊德加尔特的人口调查材料中得知有过这样的尝试。[2] Д. Б. 涅伊德加尔特在1911年的《辛迪加回忆录》中专门写道："早在1896年，桥梁工厂之间为了以预定价格接收订单签订了协议。显然，这些是关于每个订单的局部协议。1897年4月8日，关于四家工厂相互协助获取订单和分配订单，达成一项长期协议，同年下半年又有三家工厂加入其中。调查中没有核对第一

---

[1] Под ред. Шемякина И. Н., Материалы по истории СССР, т. VI, М., Изд - во АН СССР, 1959. С. 31；ЦГИАЛ, ф. 626, оп. 1, д. 414, л. 19.
[2] 这些存储在国立列宁格勒中央历史档案局中的材料构成了独立的馆藏（ф. 1333）。该馆藏的一些文件参阅 Под ред. Шемякина И. Н., Материалы по истории СССР, т. VI, М., Изд - во АН СССР, 1959. С. 267 - 368。

批桥梁工厂辛迪加组织和活动的信息。同样也不清楚 1897 年的协议是否延长了一年期限。仅有规定表明，1901 年桥梁工厂之间达成了某种协议，但该协议于该年年中中断了。"①

1884 年 4 月 12 日，签署建立钢轨配件制造商联盟的协议，该协议几乎是钢轨制造商联盟协议的复制品。② 两个协议动机相同："为了确保工厂的存在……"从字面上看，许多段落重合。两个联盟的组织结构完全相同：创建委员会的原则相同（由联盟全体成员的代表组成），联盟办公厅的职能相同。联盟成员之间进行订单分配的程序以及相互结算的本质性条件没有显著差异。协议的变化和补充主要体现在例外情况，以及违反协议时的制裁。新协议中不包括钢轨制造商联盟协议的第 12 条，重新规定："接收订单仅由联盟办公厅负责。在特别有利的条件下，可以建议委托其中一家工厂负责。"增添了第 11 条的补充规定："在迫切必要时，无须辛迪加事先同意，每家工厂都可以接收订单，但不得低于第 8 条中所规定的最低价格，并且以有权将这些订单的执行权转移给其他辛迪加工厂为条件，同时每个此类订单都将转移给辛迪加并根据既定规则进行分配。"③ 新协议的制定者认为，执行各工厂加入联盟后上交办公厅的旧工厂订单清单之外、未经委员会同意的订单都是"违反本协议"的。

他们补充说："按照第 16 条所规定的金额追索赔偿"（第 13 条）。1884 年 4 月 12 日协议引入了更为严格的规定，以补偿联盟花费的经费（第 20 条）。④

---

① Под ред. Шемякина И. Н. , Материалы по истории СССР, т. VI, М. , Изд - во АН СССР, 1959. С. 280 - 281.

② Под ред. Шемякина И. Н. , Материалы по истории СССР, т. VI, М. , Изд - во АН СССР, 1959. С. 32 - 38；ЛГИЛ, ф. 1309（Правление О - ва Путйловских заводов）, оп. 1, д. 53, лл. 1 - 9.

③ 下一段也做了修改（1882 年 6 月 1 日协议的第 13 条和 1884 年 4 月 12 日协议的第 12 条），规定了各工厂接收订单的条件，但遭到委员会多数成员的反对。为了简化接收此类订单的条件，决定改为以"不低于委员会针对各种情况设立的价格"接收订单。委员会保留"完全禁止接收此类订单"的权力，但需由多数票通过才能生效。

④ 1882 年 6 月 1 日协议规定了 15 天的付款期限，但没有规定逾期付款的任何制裁。关于这一点，1884 年 4 月 12 日协议表示："违规工厂应立即缴纳现金，否则，联盟有权将违规工厂开除，违规工厂的资金仍为其他成员的财产。"

协议中包含一条全新的条款："在价格确定的情况下，政府规定的用于铸钢、铸铁和熟铁连接零件的技术条件，对某些工厂来说是达不到的，所以它们将无法完成指定的部分订单"（第23条）。[1] 1884年4月12日协议的新内容还包括确定了终止协议的一致原则。

我们暂时还不清楚钢轨配件制造商联盟的创建情况。我们只能猜测，让成员同意协议中规定的条件并非易事。从其文本中可以看出，并非全体成员都立即签署了该协议。最后一段说："该协议必须在1884年6月1日之前签署；否则将失效。"

在钢轨配件制造商联盟的成员中，有钢轨制造商联盟和桥梁工厂联盟的成员：布良斯克工厂、华沙铸钢厂、古特班科夫工厂（东布罗夫工厂）和利利蓬·拉乌·莱文斯坦工厂。此外，还包括另外三家工厂：甘特克工厂、奥斯特罗韦茨基工厂和法俄工厂。值得注意的是该协议专门规定了"委员会成员之一将是两家或多家工厂的代表"（第15条）。[2] 这表明联盟中一些成员之间存在着紧密联系。[3]

该协议的有效期为1884年5月1日至1886年12月31日。但是，1887年1月1日决定，新协议于1887年3月30日生效，有效期到1888年6月1日，即期限为一年半。该协议由11家工厂签署。[4] 联盟的新成员是彼得堡轧铁线材厂、华沙机械厂和希波夫工厂。[5]

协议内容基本保持不变，只是在语言和表达上有所差异。表面上，它们

---

[1] 拒绝履行此类订单的工厂应对丢失的订单做出赔偿。如果由于达不到规定的技术条件，某工厂超过6个月停止生产连接零件，它也不会被开除出联盟。同时，多数工厂接受"政府有权在给定的连接零件价格下制定技术规范"这一决定。

[2] 在这种情况下，委员会成员只能投一票。

[3] 上文提到了布良斯克公司、华沙公司和普梯洛夫公司之间的关系。华沙公司和奥斯特洛韦茨基公司之间也存在着密切联系。需要指出的是，1887年3月30日，Ст. 尤申斯基代表这两家公司签署了钢轨配件制造商联盟的协议文本。

[4] ЦГИАЛ, ф. 626, оп. 1, д. 410, лл. 1–13（текст договора, заверенная копия）.

[5] 从一封日期为1887年9月9日、关于联盟办公厅布鲁姆梅尔的信中得知，在将新协议副本寄给彼得堡国际银行之后，上述三家工厂在旧协议到期之前就已成为一个联盟。参阅 Под ред. Шемякина И. Н., Материалы по истории СССР, т. VI, М., Изд - во АН СССР, 1959. С. 38 – 39；ЦГИАЛ, ф. 626, оп. 1, д. 407, лл. 15 – 16.

的主要目的是在组织上加强联盟，对成员履行义务方面进行更加严格的相互控制。协议补充了两个新段落。其中一段规定了违反工厂票据（最初设立了专门经费）还款程序时的制裁措施，目的是"确保协议的执行"（第 19 条）。[1] 另一段要求工厂在收到协议、图纸和技术规格后 6 天之内将这些内容的副本转交给联盟（第 25 条）。在同一段中，对协议中的工厂厂主与执行订单的工厂合作伙伴之间的关系进行了严格规定。[2]

有趣的是第 10 条中的新增内容，它定义了工厂之间进行订单分配的基本原则，尤其是在实际分配订单时引入了一项新的重要原则——需要该地区的全部工厂达成普遍协议，根据委员会的决定执行某订单。[3] 可以推测，造成这一补充的原因是联盟成员之一的波兰地区（华沙铸钢厂、华沙机械厂、甘特克工厂、古特班科夫工厂、利利蓬·拉乌·莱文斯坦工厂、奥斯特罗韦茨基工厂）的工厂所占的比例提高。[4] 最后，再次对第 12 条进行更为详细的说明，如上所述，讨论的是违反委员会多数成员的决定以及个别工厂接收订单的可能性。

本段的补充内容规定：由于该决定，订单将不可避免地转移至联盟以外

---

① 本段规定如下："办公厅有义务每月提交一份关于资金账目情况的报表，并根据协议第 17 条和第 18 条的规定，总体上负责监督缴费，如果任何一家工厂未能做到这一点，办公厅可以做出三次警告，每次警告间隔一周的时间；如果在三次警告之后工厂仍未付款，办公厅必须立即召开紧急会议，以督促缴费。"此外，之前办公厅有义务每年两次向每家工厂发送《资金状况一览表》（1884 年 4 月 12 日协议第 19 条），现在它需同时提供关于资金状况的准确报告（1887 年 3 月 30 日协议第 20 条）。

② 协议第 25 条规定："工厂根据协议的要求执行订单，并及时交付完成的部分，对协议规定的违约罚金、滞纳金和其他扣款不承担任何责任。当协议签订者收到付款时，应支付部分订单的款项，并且必须在收到付款后的五天内完成结算。"

③ 协议第 10 条规定："由于工厂的地理位置或其他原因，无法按第 1 条的比例在全部工厂之间分配每笔订单，因此每笔订单应根据委员会的决定在工厂（不包括彼得堡国际银行）之间进行分配，此外，根据委员会的决定，未经该地区大部分工厂同意，绝对不允许将订单只分配给该地区的某一家工厂。"第 10 条的其余内容则保持不变。

④ 关于波兰冶金工业，参阅 Пустула З., Монополии в металлургической промышленности Царства Польского и их участие в 《Продамете》// Исторические записки. 1958, т. 62; J. Lukasiewicz, Z. Pustula. Warszawskie zaklady hutnicze w latach 1867 – 1889 // Rocznik Warszawskie. 1962, t. III.

的工厂。①

1887 年 3 月 30 日协议到期时，经讨论决定延长了该协议的有效期。但是，这一过程耗费了大量的时间。1889 年 6 月 1 日联盟办公厅布鲁姆梅尔通知彼得堡国际银行："钢轨配件制造商联盟协议于 1888 年 12 月 31 日到期，现决定延长三年，即 1891 年 12 月 31 日到期。"② 信中还指出，"协议的条款保持不变，只是投资数额不同"。投资数额不同意味着参与份额的改变。此外，从信中可以看出，在过去的一年半中，亚历山德罗夫工厂、华沙工厂与第聂伯工厂加入了联盟。③

现存的描述最后三年有关钢轨配件制造商联盟的少数文件中，其中一项特别醒目，因为它反映了复杂的内部关系。本文件是 1891 年 1 月 22 日联盟办公厅 К. Л. 瓦赫捷尔致彼得堡国际银行的一封信。信中说："根据银行于 1 月 2 日和 15 日发出的信函，谨此通知联盟协议的截止日期为 1891 年 12 月 31 日，并且在指定的日期内协议的所有条款依旧完全有效。去年年底，工厂之间存在一些误解，因此停止了替换过期票据的工作，但目前，所有的误解均已消除，过期的票据将在短期内由相关工厂进行替换。"④

这样就恢复了之前的和睦关系。但好景不长，1891 年 12 月 30 日，钢轨配件制造商联盟代表委员会会议鉴于"在 1892 年 1 月 1 日协议到期后，各联盟成员就联盟的继续存在产生分歧"，做出了"同意 1892 年 1 月 1 日起联盟终止的决定"。⑤

---

① 补充内容："如果投票时，多数选票认为无法接受某订单的价格，则该订单不可避免地转移至联盟以外的工厂，在这种情况下，该订单不包括在联盟的总账单中。相关工厂有义务及时通知联盟接收订单的意向及情况。"

② Под ред. Шемякина И. Н. , Материалы по истории СССР, т. VI, М. , Изд - во АН СССР, 1959. С. 39 – 40；ЦГИАЛ, ф. 626, оп. 1, д. 407, л. 19. 根据 1887 年 3 月 30 日协议的第 14 条，该协议于 1888 年 6 月 1 日到期。显然，该协议被延期了，但是没有文件可以证实这一点。

③ 1886 年，华沙铸钢厂决定将其业务转移到俄国南部，并以南俄第聂伯的名字命名，开始在叶卡捷琳诺斯拉夫省卡缅斯科耶市第聂伯县建造冶金厂。1889 年，冶金厂投入运营。随后，华沙铸钢厂不复存在，它在联盟中的份额全部转移至第聂伯工厂。

④ ЦГИАЛ. ф. 626, оп. 1, д. 407, лл. 29 – 31.

⑤ ЦГИАЛ. ф. 626, оп. 1, д. 407, л. 35（копия протокола заседания совета представителей фабрикантов рельсовых скреплений от 30 декабря 1891 г.).

因此，总体而言，钢轨配件制造商联盟历时七年零八个月。[①] 让我们看看这段时间内联盟成员的参与份额是如何变化的（见表2-6）。

联盟成员数量的增加必然导致各成员的参与份额普遍减少。但是，这种减少不是成比例的。与联盟中其他成员的份额相比，法俄工厂、普梯洛夫工厂和利利蓬·拉乌·莱文斯坦工厂的份额减少幅度更大。

表2-6　钢轨配件制造商联盟各成员的参与比例情况

单位：%

工厂名称	参与比例						
	1884年4月12日的协议			1887年3月30日的协议			1889年6月信中的总计
	垫板和盖板	螺栓和拐钉	总计	垫板和盖板	螺栓和拐钉	总计	
布良斯克工厂	20.0	20.0	20.0	18.2	16.1	17.1	15.5
华沙铸钢厂	18.0	—	9.0	16.4	—	7.7	15.5*
甘特克工厂	6.0	7.0	6.5	7.3	5.6	6.4	4.5
古特班科夫工厂	12.0	10.0	11.0	15.4	6.5	10.7	12.6
利利蓬·拉乌·莱文斯坦工厂	17.0	17.0	17.0	15.4	13.6	14.5	11.6
奥斯特洛韦茨基工厂	—	10.0	5.0	—	8.1	4.3	3.1
普梯洛夫工厂	17.0	20.0	18.5	15.4	16.1	15.8	10.8
法俄工厂	10.0	16.0	13.0	—	12.9	6.8	4.3
华沙机械厂	—	—	—	4.6	8.1	6.4	4.5
彼得堡轧铁线材厂	—	—	—		6.5	3.4	3.3
希波夫工厂	—	—	—	7.3	6.5	6.9	9.9
亚历山德罗夫工厂	—	—	—	—	—	—	4.4

注：＊包括第聂伯工厂。

在1884年4月12日协议和1887年3月30日协议中，参与度以百分比为单位，并分别显示了以下两种垄断产品的份额：垫板和盖板；螺栓和拐钉。1889年6月1日的信中提到了工厂投入联盟专门经费的总额，该数额与每家工厂所承担的两种产品的份额成正比。

---

① 与废除联盟有关的结算一直持续到1893年1月。为讨论相关事宜，1892年11月19日举行了钢轨配件制造商联盟代表会议，会议记录随后转发给国际银行。（ЦГИАЛ，ф. 626，оп. 1，д. 407，лл. 39-40.）

数据显示，古特班科夫工厂和 H. H. 希波夫工厂的份额反而有所增长。1889 年，华沙铸钢厂所占份额的增加与第聂伯工厂加入联盟（但不是作为独立成员，而是作为华沙工厂的份额）有关。虽然这些变化没有很强的说服力，但它们仍然可以帮助确定联盟存在期间内部力量对比并未保持不变。尤其明显的是，波兰地区工厂的参与比例稳定提高。1884 年，它们的参与份额为 48.5%，1887 年为 50.0%，1889 年为 51.8%（包括第聂伯工厂的份额）。

最早可证明存在"铁路配件工厂代表联盟"的证据是各工厂的会议代表于 1889 年 1 月 13 日的会议记录。[①] 这次会议记录编号为 6，证明了联盟在一定程度上存在较长时间。它还提供了一些有关其组成、组织结构及其垄断产品性质的一些信息。

1889 年 1 月 13 日的会议有四名代表出席，分别来自布良斯克工厂和亚历山德罗夫工厂、华沙工厂和第聂伯工厂、科洛缅卡工厂、普梯洛夫工厂。联盟办公厅主任担任主席。会议讨论了关于接收轮箍、半轮轴、轮轴、弹簧和发条钢的订单问题。从会议记录中可以看出，办公厅主任和工厂都答应了某些铁路配件的生产要求。因此，办公厅主任"应奥廖尔 - 维捷布斯克公路董事会的邀请，在本年 1 月 15 日之前申报价格，用于供应 180 件机车轮箍和 800 件车厢轮箍"。根据主任的报告，"要求布良斯克工厂以每普特机车轮箍 2 卢布 65 戈比和每普特车厢轮箍 2 卢布 60 戈比的价格接收订单，并运送至别日察车站，责成其他工厂以优惠价格报价"。然后，普梯洛夫工厂和科洛缅卡工厂的代表传达了要求，决定以特定的价格接受适量的订单。

彼得堡国际银行档案中存储的文件为我们提供了了解"铁路配件制造工厂联盟"进一步发展情况的机会。特别是一封 1889 年 3 月 6 日的信，信中提到联盟办公厅主任和其中四家公司（布良斯克工厂、南俄第聂伯工厂、科洛缅卡工厂和普梯洛夫工厂）的代表与国际银行取得了联系。信中说："我们作为四家公司的签字代表，特此通知银行，我们于本年 2 月 24 日接收和执行了

---

① Под ред. Шемякина И. Н. , Материалы по истории СССР, т. VI, М. , Изд - во АН СССР, 1959. С. 40 - 42；ЦГИАЛ, ф. 1333, оп. 2, д. 13. лл. 4 - 5.

联盟的铁路配件订单。"① 铁路配件制造工厂之间签订的新协议,并非把整个协议的文本复件发送给银行,而是仅将涉及联盟经费的四个段落发送给银行,所以我们无法了解其所有内容。从这四个段落来看,在结构和内容上,铁路配件协议与钢轨制造商联盟协议和钢轨配件制造商联盟协议非常接近。这四个段落(第15、16、18和20段),与1882年6月1日协议的第18、19、20和22条,1884年4月12日协议的第17、18、19和21条以及1887年3月30日协议的第17、18、20和22条一致,并且这些文本的相似度非常高。

但是,"铁路配件制造工厂联盟"的组织结构与钢轨制造商联盟、钢轨配件制造商联盟的组织结构略有不同。1889年2月24日协议中并未规定成立委员会。与上述提到的协议不同,本次协议规定设立"委员会管理经费",② 对应1889年2月24日协议的相关内容为:"联盟管理经费"。③ 这意味着在此将由工厂代表会议来履行联盟的职能。不过这样的改变并不是本质上的变化(毕竟,上述讨论的联盟委员会成员都是联盟的参与者),只是简化了新联盟的组织结构。另一个变化是,由经理领导的"办事处"取代了办公厅。④ 所有通信均用联盟信笺书写,上面印有"铁路配件制造工厂代表办事处。彼得堡,小海街第6号"的字样。⑤ 建立这样一个办事处实际上也

---

① Под ред. Шемякина И. Н. , Материалы по истории СССР, т. VI, М. , Изд - во АН СССР, 1959. C. 43;ЦГИАЛ, ф. 626, оп. 1. д. 414, л. 1. 信中还要求银行储存联盟经费。正如国际银行与钢轨配件制造商联盟之间的往来书信所示,续签协议后,如果银行已经是联盟经费的托管者,那么联盟不再向银行提出接受储存经费的请求,联盟只通知银行协议的续签以及协议内容的变更。因此,国际银行的档案中缺少"生产铁路配件的工厂联盟"的早期文件显然并非偶然,联盟经费的托管者可能是其他银行。

② Под ред. Шемякина И. Н. , Материалы по истории СССР, т. VI, М. , Изд - во АН СССР, 1959. C. 23, 36;ЦГИАЛ, ф. 626, оп. 1, д. 410, л. 10. (курсив мой. - В. Б.)在1887年3月30日协议中,前两个协约文本中包含的"控制"一词更改为"管理"。

③ ЦГИАЛ, ф. 626, оп. 1, д. 414, лл. 2 - 3 (заверенная выписка из договора от 24 февраля 1889 г.)(курсив мой. - В. Б.). 在另一段中规定"委员会无非是以……为基础进行付款",新条约中的"委员会"一词也被"联盟"一词所代替。

④ 在1889年2月24日协议的上述四段中,办事处经理具有了之前协议中办公厅主任所享有的职能。办事处经理由南俄第聂伯工厂代表 М. П. 伊格纳乌斯担任。

⑤ 无论钢轨制造商联盟和钢轨配件制造商联盟的代理是否签署了发出的信件,所有信件均以" К. 瓦赫捷尔"的署名发出。

没有造成任何改变。但是，由于垄断协会旧的组织形式已不再适应其活动性质，建立这样的办事处证明了对垄断协会新组织形式的探索，因此创建"铁路配件制造工厂代表办事处"无疑引起了人们的关注。这是从卡特尔到辛迪加发展的又一步。

1889年2月24日协议的第15条规定工厂按参与比例投入经费，因此根据各工厂投入铁路配件制造工厂联盟的经费额度可以判断出他们的参与份额。从1889年3月6日的信中可以看出，这些金额如下：布良斯克工厂——23500卢布；第聂伯工厂——29500卢布；科洛缅卡工厂——23500卢布；普梯洛夫工厂——23500卢布。总数达到了100000卢布。

在1889年2月24日协议的期限内，三家新工厂又加入了联盟：利利蓬·拉乌·莱文斯坦工厂、俄国–波罗的海车辆厂和奥斯特洛韦茨基工厂。因此，参与份额发生了显著变化。1893年4月23日，在七家工厂（均为联盟成员）致国际银行的两封信中，发布了关于终止1889年2月24日协议和签署新协议的通知。[1] 从上述信件中，只能看出投入经费的数额已发生了变化：现在全部工厂都必须缴纳相同的数额——50000卢布。新协议的具体内容无法得知。这是否意味着各工厂的参与比例相等？要回答这个问题，需要了解新协议的内容。新协议持续了近四年。在1897年3月4日的信中，其成员通知国际银行新协议失效了。[2]

到目前为止，我们对车辆制造厂联盟的了解最少。该联盟的首次出现可追溯至1890年1月30日。这一天，在第7号信中，科洛缅卡公司、利利蓬·拉乌·莱文斯坦公司、俄国–波罗的海公司、布良斯克公司和普梯洛夫公司请求彼得堡国际银行向它们发行票据和有息证券，其中写道："由银行保管，并构成协议的主题。"[3] 这封信还指出了银行持有的票据和有息证券

[1] ЦГИАЛ, ф. 626, оп. 1, д. 414, лл. 20 – а –22.
[2] ЦГИАЛ, ф. 626, оп. 1, д. 414, л. 54.
[3] ЦГИАЛ, ф. 626, оп. 1, д. 414, л. 9.（письмо пяти обществ в Международный банк от 30 января 1890 г.）

的数量。① 第二天，银行予以准许，因为在 1890 年 2 月 14 日给银行的信中，布良斯克公司董事会引用了银行于 1890 年 1 月 31 日做出的答复，并要求将规定数量的票据和有息证券委托给出纳员。董事会在一封信中特别指出，这些票据和有息证券在车辆辛迪加的寄存处。② 显然，这五家公司的信函与它们之间的协议到期有关，不过这个协议已经续签了。1891 年 1 月 16 日，俄国 - 波罗的海公司的彼得堡办事处请求国际银行根据联盟协议，将现已到期的公司票据（总额为 60000 卢布）留在银行总存量中。办事处在解释其要求时说："在车辆辛迪加的下一次会议上，将讨论发行新票据的问题，然后在一定条件下会将新票据从银行转入辛迪加寄存处。③ 我们可以通过 1891 年 4 月 3 日五家知名公司致国际银行的信来判断接下来的情况。信中说："我们作为签字人，引用我们于 1891 年 1 月 31 日致国际银行的信，恳请银行向我们发行票据。"④ 五家车辆制造公司的协议很可能在 1 月恢复，而在 4 月由于某种原因被终止。

随后出现的文件，是这五家公司于 1892 年 5 月 5 日致国际银行的联名信中初次提出的一些内容。"根据签署工厂之间的协议和与银行之前的口头解释"，将五家工厂总额为 50 万卢布的票据送交给银行。⑤ 这次，所有工厂都提交了相同金额（10 万卢布）的票据。奇怪的是，"只有在书面申请（由所有签字的五家工厂或其授权代表做出书面请求；应 К. Л. 瓦赫捷尔和 М. П. 伊格纳乌斯的共同请求）后，才能从银行发行这些票据"。这种情

---

① 分配的数额如下：科洛缅卡公司——55000 卢布；利利蓬·拉乌·莱文斯坦工厂——55000 卢布；俄国 - 波罗的海车辆工厂——55000 卢布；布良斯克工厂——45000 卢布；普梯洛夫工厂——40000 卢布。

② ЦГИАЛ, ф. 626, оп. 1, д. 414, л. 10. 没有关于 1890 年 1 月 31 日银行信副本的消息。

③ ЦГИАЛ, ф. 626, оп. 1, д. 414, л. 12. （письмо СПб. конторы О - ва Русско - Балтийского завода Международному банку от 16 января 1891 г.）

④ ЦГИАЛ, ф. 626, оп. 1, д. 414, л. 15. 票据总额：科洛缅卡公司——52000 卢布；利利蓬·拉乌·莱文斯坦工厂——50000 卢布；布良斯克工厂——50000 卢布；俄国 - 波罗的海车辆工厂——60000 卢布；普梯洛夫工厂——38000 卢布。

⑤ ЦГИАЛ, ф. 626, оп. 1, д. 414, л. 17. 信上标有两个日期：1892 年 5 月 16 日和 1892 年 5 月 23 日。但是，这两个日期很可能由银行标注。这封信是笔者根据另一份文件——五家公司于 1893 年 5 月 24 日给银行的信标明日期的。（ЦГИАЛ, ф. 626, оп. 1, д. 414, л. 24.）

况表明 K. Л. 瓦赫捷尔和 M. П. 伊格纳乌斯在车辆制造厂联盟中发挥了特殊作用。

　　新协议持续了一年时间。1892 年 5 月 5 日的信中，关于送交给银行的抵押票据写道："直到 1893 年 4 月 18 日，这些票据才从银行发行。"可以推测出此协议已续签两次。在 1893 年 5 月 24 日和 1894 年 6 月 9 日的工厂联名信中，联盟的成员与一年前一样，在同一基础上向银行提交了新的票据。[①] 但是，在 1895 年 4 月 19 日的信中他们只请求退还旧票据。[②]

　　一年多以后，车辆制造厂联盟再次振兴。1896 年 8 月 14 日，国际银行收到了两封信——一封来自俄国 - 波罗的海车辆制造公司的彼得堡办事处，另一封来自凤凰车辆制造公司董事会。其中第一个请求是"根据它们之间缔结的协议，车辆制造厂寄存 10 万卢布，应付 4% 的国家利息"。第二个请求是"转移到车辆制造厂联盟寄存处"10 万卢布，以抵押 4.5% 的哈尔科夫土地银行票据。[③] 1896 年 8 月 17 日，八家公司的联合信抵达银行，寄去了有息证券和票据，总额达 80 万卢布（每家公司 10 万卢布）。[④] 关于银行保管条件的措辞与 1892 年 5 月 5 日信中的相应段落几乎完全一致。

　　两者仅有如下差异。第一，有息证券和票据被转移到银行存放的时间不是一年，而是将近三年，时间至 1899 年 4 月 1 日。显然，关于这个日期，工厂之间达成了协议。其次，K. Л. 瓦赫捷尔的职位此后应由 H. H. 波格丹诺夫接替，H. H. 波格丹诺夫同时担任索尔莫沃工厂的代表。[⑤]

---

① ЦГИАЛ, ф. 626, оп. 1, д. 414, лл. 24 и 28.
② ЦГИАЛ, ф. 626, оп. 1, д. 414, л. 32.
③ ЦГИАЛ, ф. 626, оп. 1, д. 414, лл. 37 - 38. 两封信的日期均为 1896 年 8 月 14 日。从来文日期可以看出，银行在同一天收到了两封信。
④ ЦГИАЛ, ф. 626, оп. 1, д. 414, лл. 39 - 40. 仅指出银行收到信的日期。从后续的一些文件来看，这封信的寄出日期应为 1896 年 8 月 16 日。
⑤ 或应联盟全体成员的要求，或应 H. H. 波格丹诺夫和 M. П. 伊格纳乌斯的共同请求，发行存入银行的有息证券和票据。

在随后的通信中，车辆制造厂联盟作为车辆联盟出现。① 从这封信件中可以看出，领导车辆联盟的是 H. H. 波格丹诺夫主席。此外，还设有一个联盟秘书的职位。

除了以前的车辆制造厂联盟的五位成员之外，"车辆联盟"成立时还包括：索尔莫沃钢铁机械公司、凤凰车辆制造公司和马利措夫公司。1896 年10 月，又增加了一位新成员——莫斯科汽车制造股份公司。② 由此可以推测，1896 年 10 月，车辆联盟的组织结构有所改变。H. H. 波格丹诺夫在1896 年 10 月 28 日的信中，请求国际银行按照 1896 年 8 月 16 日信中所规定的条件，接受联盟成员的"有息票据的附加抵押"。③ 因为附加抵押的数额不同，④ 所以建立联盟各工厂的参与制度很有必要。⑤ 值得注意的是，几天前，H. H. 波格丹诺夫向银行发送了一个密封的信封，内含与车辆联盟有关的文件，并要求将其存储在该联盟的寄存处。⑥

1897 年 4 月 30 日 H. H. 波格丹诺夫和 M. П. 伊格纳乌斯致国际银行的信中，提出了"需要见面"的要求，要求拿出凤凰车辆制造公司支付的抵

---

① H. H. 波格丹诺夫在 1896 年 9 月 24 日致国际银行的一封信中写道："密封信封里含有车辆联盟的文件，请将这个信封存放在车辆联盟的寄存处。"（ЦГИАЛ，ф. 626，оп. 1，д. 414，л. 41.）

② 车辆联盟的秘书格尔舒宁在 1896 年 10 月 16 日致国际银行的信中写道："请求将车辆联盟的来信以及莫斯科汽车制造股份公司的 P. C. 100001 号有息票据寄存在车辆联盟的寄存处，并将接收情况通知联盟主席 H. H. 波格丹诺夫。"（ЦГИАЛ，ф. 626，оп. 1，д. 414，л. 43.）

③ ЦГИАЛ，ф. 626，оп. 1，д. 414，л. 46.

④ 如果加上较早缴纳的抵押费用（平均每家工厂 10 万卢布），则总额如下：俄国 – 波罗的海工厂——218 千卢布；科洛缅卡工厂——180 千卢布；凤凰车辆制造厂——174 千卢布；普梯洛夫工厂——170 千卢布；索尔莫沃工厂——170 千卢布；马利措夫工厂——145 千卢布；布良斯克工厂——118 千卢布；利利蓬·拉乌·莱文斯坦工厂——100 千卢布；莫斯科工厂——100 千卢布。

⑤ A. И. 利夫申根据保证金的数额，计算出各工厂的参与比例：俄国 – 波罗的海工厂——15.8%；科洛缅卡工厂——13.0%；凤凰车辆制造厂——12.7%；索尔莫沃工厂和普梯洛夫工厂——各 12.4%；马利措夫工厂——10.5%；布良斯克工厂——8.6%；利利蓬·拉乌·莱文斯坦工厂和莫斯科工厂——各 7.3%。参阅 Лившин Я. И.，Монополии в экономике России. М.，Соцэкгиз，1961. С. 16。

⑥ ЦГИАЛ，ф. 626，оп. 1，д. 414，л. 45（письмо от 23 октября 1896 г.）.

押金使用，1897 年 4 月，凤凰车辆制造公司退出了车辆联盟。[①] 一年半之后，车辆联盟不复存在。H. H. 波格丹诺夫和 M. П. 伊格纳乌斯在 1898 年 11 月 9 日的信中，请求国际银行将在车辆联盟寄存处中持有的所有抵押品分别返回各成员处。[②] 需要注意的是，根据 1896 年 8 月 16 日八家车辆制造公司通信中的条款，截止到 1899 年 4 月 1 日，押金已转移到银行进行保管。显然，车辆制造公司的协议在到期之前已被终止。

上文详细考察了卡特尔类型的永久性垄断协会。显然，除此之外，还有组织关系更为简单的临时性协会。例如，1887 年 3 月 19 日，普梯洛夫公司董事会批准了"普梯洛夫公司、布良斯克公司和华沙工业公司之间的协议，但是关于分配预期道岔订单的道路是：普斯科夫—里加和勒热夫—维亚泽姆"。[③] 这类协议通常在贸易前签订，专门用于提供某种工业产品，有发展为永久性垄断协会的趋势。[④] 也许在这种情况下发生了这种转变？[⑤] 不管实际情况如何，我们能了解到的是，在某种程度上垄断物品涵盖了 80～90

---

① ЦГИАЛ, ф. 626, оп. 1, д. 414, л. 56. 另一份文件亦证实了凤凰车辆制造厂退出联盟。1897 年 10 月 25 日，联盟成员致国际银行的函中指出，"在 1897 年 10 月 18 日的会议上，车辆联盟全体成员共同达成协议，决定成员提交相应数量的票据抵押"。在签署这封信的工厂中，没有凤凰车辆制造厂。参阅 ЦГИАЛ, ф. 626, оп 1, д. 414, л. 57. 顺便一提，在信中标明抵押金额保持不变。但是，由于凤凰车辆制造厂的退出，成员的数量发生变化，所以工厂的参与份额亦应已改变。根据笔者的计算，参与份额分别为：俄国－波罗的海工厂——18.2%；科洛缅卡工厂——15.0%；索尔莫沃工厂和普梯洛夫工厂——各 14.2%；马利措夫工厂——12.1%；布良斯克工厂——9.9%；利利蓬·拉乌·莱文斯坦工厂和莫斯科工厂——各 8.3%。

② ЦГИАЛ, ф. 626, оп 1, д. 414, л. 63. 信中还包含一个要求："其中，有两封寄给 H. H. 波格丹诺夫的密封公函。"密封公函指的是 1896 年 9 月 24 日和 10 月 23 日 H. H. 波格丹诺夫转发给国际银行的公函。除了 1898 年 11 月 9 日 H. H. 波格丹诺夫和 M. П. 伊格纳乌斯的来信外，此事还涉及以下信件：1898 年 11 月 11 日马利措夫工厂的信件（第 64 页）、1898 年 12 月 5 日俄国－波罗的海工厂的信件（第 65 页）、1898 年 12 月 11 日索尔莫沃工厂的信件（第 66 页）和 1899 年 1 月 15 日科洛缅卡工厂的信件（第 67 页）。上述信件要求退还抵押票据，并在每一封信件上都有收到票据的签名。

③ ЛГИА, ф. 1309, оп. 1, д. 1, л. 42（протокол правления）.

④ 参阅 Бовыкин В. И., Монополистические соглашения в русской военной промышленности（по материалам сенаторских ревизий）// История СССР. 1958, № 1. С. 125 – 129.

⑤ 在 20 世纪初期，道岔辛迪加的存在已成为不争的事实。参阅 Под ред. Шемякина И. Н., Материалы по истории СССР, т. VI, М., Изд – во АН СССР, 1959. С. 318 – 320.（записка сенатора Д. Б. Нейдгарта.）

年代主要类型的铁路设备：钢轨、钢轨配件（垫板和盖板、螺栓和拐钉）、道岔、轴架、车厢和所谓的铁路配件（轮箍、半轮轴、轮轴、弹簧和发条钢）。

应将蒸汽机车的数据添加到清单中。表 2 - 7 显示了 1881 ~ 1895 年科洛缅卡工厂的蒸汽机车产量占全俄蒸汽机车总产量的比例。80 年代中期至 90 年代初，蒸汽机车行业也出现了垄断，唯一的区别是它由一家公司垄断。

表 2 - 7　1881 ~ 1895 年科洛缅卡工厂的蒸汽机车产量占全俄蒸汽机车总产量的比例

单位：%

年份	所占比例	年份	所占比例	年份	所占比例
1881	37.3	1886	79.4	1891	88.4
1882	27.1	1887	78.5	1892	77.9
1883	29.5	1888	100.0	1893	50.9
1884	67.9	1889	100.0	1894	40.0
1885	100.0	1890	100.0	1895	34.3

很明显，我们所研究的垄断协会成员在大多数情况下都是同类的企业。布良斯克公司不是 1887 年 3 月 9 日协议的成员，普梯洛夫公司不是钢轨工厂联盟的成员，利利蓬·拉乌·莱文斯坦工厂和南俄第聂伯工厂同时参加了三个联盟，古特班科夫工厂、科洛缅卡工厂和俄国 – 波罗的海车辆制造厂参加了两个联盟（见表 2 - 8）。

由于每家公司在各垄断联盟中的代表都是同一个人，[①] 因此在这些联盟之间存在独特的人事结合。

而且，这些联盟的领导者是同一个人。1884 ~ 1887 年，К. Л. 瓦赫捷尔

---

① 例如，在任何联盟中，布良斯克公司的代表都是 С. И. 彼得罗夫斯基。但是，С. И. 彼得罗夫斯基有时还是普梯洛夫公司的全权代表。С. А. 奥尔谢夫斯基同时在钢轨配件制造商联盟、桥梁工厂联盟和车辆辛迪加中代表利利蓬·拉乌·莱文斯坦工厂。С. А. 奥尔谢夫斯基的继任者 А. 别洛夫（自 1893 年以来）出席制造铁路配件和车辆的工厂代表会议。М. П. 伊格纳乌斯是南俄第聂伯公司在钢轨工厂联盟、钢轨配件制造商联盟和铁路配件制造工厂联盟中的代表。

表2-8　各工厂在相应联盟中所占的比重

单位：%

工厂名称	钢轨			钢轨配件：垫板和盖板、螺栓和拐钉			轴架
	钢轨制造商联盟 IV.1882~I.1887	III.1887?	钢轨制造商联盟 XII.1890~I.1895	钢轨配件制造商联盟 V.1884~XII.1891			轴架制造工厂联盟 III.1884~XI.1892
				V.1884~XII.1886	I.1887~XII.1888	I.1889~XII.1891	
普梯洛夫工厂	20.5	78.0	—	18.5	15.8	10.8	15.0
布良斯克工厂和布良斯克公司的亚历山德罗夫工厂	20.5	—	33.2	20.0	17.1	15.5	48.5
华沙第聂伯工厂	20.5	—	33.6	9.0	7.7	15.5	—
古特班科夫工厂	12.5	—	—	11.0	10.7	12.6	—
亚历山德罗夫工厂（位于彼得堡）	12.5	22.0	—	—	—	4.4	—
新俄罗斯工厂	—	—	33.2	—	—	—	—
利利蓬·拉乌·莱文斯坦工厂	—	—	—	17.0	14.5	11.6	36.5
甘特克工厂	—	—	—	6.5	6.4	4.5	—
法俄工厂	—	—	—	13.0	6.8	4.3	—
奥斯特罗夫茨基工厂	—	—	—	5.0	4.3	3.1	—
华沙机械工厂	—	—	—	—	6.4	4.5	—
彼得堡轧线材厂	—	—	—	—	3.4	3.3	—

续表

工厂名称	钢轨			钢轨配件：垫板和盖板、螺栓和拐钉			轴架
	钢轨制造商联盟 IV.1882~I.1887	III.1887?	钢轨制造商联盟 XII.1890~I.1895	钢轨配件制造商联盟 V.1884~XII.1891			轴架制造工厂联盟 III.1884~XI.1892
				V.1884~XII.1886	I.1887~XII.1888	I.1889~XII.1891	
H. H. 希波夫工厂	—	—	—	—	6.9	9.9	—
科洛缅卡工厂	—	—	—	—	—	—	—
俄国－波罗的海工厂	—	—	—	—	—	—	—
凤凰车辆制造厂	—	—	—	—	—	—	—
马利措夫工厂	—	—	—	—	—	—	—
索尔莫沃工厂	—	—	—	—	—	—	—
莫斯科工厂	—	—	—	—	—	—	—
	办公厅主任—— K. Л. 瓦赫捷尔 办公厅助手—— 布鲁姆梅尔		办公厅主任—— K. Л. 瓦赫捷尔		办公厅主任—— K. Л. 瓦赫捷尔 办公厅助手—— 布鲁姆梅尔		

续表

工厂名称	铁路配件:轮箍、半轮轴、轮轴,弹簧和发条钢			车厢						道岔
	铁路配件制造工厂联盟			车辆辛迪加			车辆联盟 VIII.1896 ~ XI.1898			III.1887
	不晚于 XI.1888 ~ 不早于 I.1889	II.1889 ~ IV.1893	IV.1893 ~ III.1897	? ~ I.1890	不晚于 I.1891 ~ IV.1891	V.1892 ~ IV.1895	VIII.1896 ~ X.1896	X.1896 ~ IV.1897	IV.1897 ~ XI.1898	
普梯洛夫工厂	+	23.5	+	16.0	15.2	+	+	12.4	14.2	+
布良斯克工厂和布良斯克公司亚历山德罗夫工厂	+	23.5	+	18.0	20.0	+	+	8.6	9.9	+
华沙第聂伯工厂	+	29.5	+	—	—	—	—	—	—	+
古特班科夫工厂	—	—	—	—	—	—	—	—	—	—
亚历山德罗夫工厂(彼得堡)	—	—	—	—	—	+	—	—	—	—
新俄罗斯工厂	—	—	+	—	—	—	—	—	—	—
利利蓬·拉乌·莱文	—	—	—	22.0	20.0	+	+	7.3	8.3	—
斯坦工厂	—	—	—	—	—	—	—	—	—	—
甘特克工厂	—	—	—	—	—	—	—	—	—	—
法俄工厂	—	—	+	—	—	—	—	—	—	—
奥斯特罗韦茨基工厂	—	—	—	—	—	—	—	—	—	—
华沙机械工厂	—	—	—	—	—	—	—	—	—	—

俄国金融资本的起源

续表

工厂名称	铁路配件:轮箍、半轮轴、轮轴、弹簧和发条钢			车厢						道岔
	铁路配件制造工厂联盟			车辆辛迪加			车辆联盟			
								VIII.1896 ~ XI.1898		
	不晚于 XI.1888 ~ 不早于 I.1889	II.1889 ~ IV.1893	IV.1893 ~ III.1897	? ~ I.1890	不晚于 I.1891 ~ IV.1891	V.1892 ~ IV.1895	VIII.1896 ~ X.1896	X.1896 ~ IV.1897	IV.1897 ~ XI.1898	III.1887
彼得堡轧钢铁线材厂	+	—	—	—	—	—	—	—	—	—
Н. Н. 希波夫工厂	—	—	—	—	—	—	—	—	—	—
科洛缅卡工厂	—	23.5	+	22.0	20.8	+	+	13.0	15.0	—
俄国 - 波罗的海工厂	—	—	+	22.0	24.0	+	+	15.8	18.2	—
凤凰车辆制造厂	—	—	—	—	—	—	+	12.7	12.1	—
马利措夫工厂	—	—	—	—	—	—	+	10.5	—	—
索尔莫沃工厂	—	—	—	—	—	—	+	12.4	14.2	—
莫斯科工厂	—	—	—	—	—	—	—	7.3	8.3	—
	办事处经理——М. П. 伊格纳乌斯			代表——К. Л. 瓦赫捷尔和 М. П. 伊格纳乌斯			联盟主席——Н. Н. 波格丹诺夫，代表——Н. Н. 波格丹诺夫和 М. П. 伊格纳乌斯			

注：表头中的罗马数字代表月份；表中的数据表示工厂在相应联盟中所占的比重，如果不清楚具体数据，则用"＋"表示。

资料来源：Гилдин И. Ф., Государственный банк и экономическая политика царского правительства (1861－1892 годы)．М．, Госфиниздат, 1960. С. 256－257；Крупина Т. Д., К вопросу об особенностях монополизации промышленности в России // Об особенностях империализма в России. М., Изд－во АН СССР, 1963. С. 198。

同时在两个联盟——钢轨制造商联盟和钢轨配件制造商联盟中担任办公厅主任。他在两个联盟中的助手也都是同一个人（布鲁姆梅尔）。从 1890 年 12 月成立钢轨工厂联盟到 1891 年 12 月钢轨配件制造商联盟终止，К. Л. 瓦赫捷尔始终是联盟的办公厅主任。1892 年 5 月至 1895 年 1 月，К. Л. 瓦赫捷尔在继续担任钢轨工厂联盟办公厅主任的同时，在联合车辆制造厂方面也有很大影响力，在他与 М. П. 伊格纳乌斯的授权下，联盟要求彼得堡国际银行退还抵押票据。顺便一提，М. П. 伊格纳乌斯同时还是铁路配件制造工厂联盟的办事处经理。

很明显，以上联盟的组织结构具有相似性并非偶然。尽管我们对它们的活动一无所知，但是仍然有充分的理由认为这些联盟试图垄断最重要类型的铁路设备（钢轨、机车车厢等），同时它们紧密联系，形成垄断协会的统一综合体。

同样值得注意的是，所有联盟将其经费存入彼得堡国际银行是事实。但是，我们掌握的材料不足以推测出这一事实。[①]

第二节　金属加工和采矿等其他部门的垄断协会

И. И. 扬茹尔首次提到线材制钉行业中的垄断协会。[②] Л. Б. 卡芬豪斯更详细地描述了其历史，[③] 他还公布了线材制钉厂的第一个垄断协议文本。

我们要尊重一些客观事实。Л. Б. 卡芬豪斯认为线材制钉业辛迪加的历史可追溯至 19 世纪 80 年代中期。五家最大的企业领导了这一运动，它们分别是：彼得堡轧铁线材公司、莫斯科金属公司、贝克尔合资公司（利巴

①　参阅 Гиндин И. Ф., Государственный банк и экономическая политика царского правительства (1861 – 1892 годы). М., Госфиниздат, 1960. С. 255, 258。

②　参阅 Янжул И. И., Промысловые синдикаты или предпринимательские союзы для регулирования производства преимущественно в Соединенных Штатах Северной Америки. СПб., 1895. С. 120。

③　参阅 Кафенгауз Л. Б., Синдикаты в русской железной промышленности: К вопросу о концентрации производства в России. М., 1910. С. 51 – 60。

瓦）、甘特克公司（华沙）和里加线材生产公司。Л. Б. 卡芬豪斯指出："首先，该协会本质上非常脆弱：上述公司彼此承诺将价格保持在一定水平，但没有对此签订任何协议，也没有保证遵守协议。"鉴于该协议的每一条规定都没有被遵守，因此决定"建立一个根据某些条约和《章程》运作的强力组织"。① 1886 年 2 月开始，工业家之间就此主题举行了会议。根据 И. И. 扬茹尔的说法，5 月，在彼得堡，以下六家公司之间达成了协议：彼得堡轧铁线材公司、莫斯科金属公司、里加线材生产公司、贝克尔合资公司（利巴瓦）、斯塔尔合资公司（里加）和 Г. 费耶阿本德公司（里加）。本协议的目的（由上述公司签署的《章程》所定义）是通过设定共同的销售价格，使铁丝、钉子等的价格与生产成本保持适当的比例，减少竞争，从而为这些产品的贸易及其生产奠定更坚实的基础。根据 И. И. 扬茹尔的说法，该协议规定"每家工厂的账簿和书信往来必须对辛迪加办事处公开，辛迪加办事处被授予全权"。每位成员需要缴纳 2000 ~ 6000 卢布的押金。为了解决有争议的问题，成立了专门的仲裁法庭。该协议有效期为 3 个月，即从 1886 年5 月 27 日至 8 月 26 日。②

И. И. 扬茹尔宣称达成了协议，而 Л. Б. 卡芬豪斯对其真实性表示怀疑。Л. Б. 卡芬豪斯写道："据我所知，他所说的那些规约只是公司《章程》的草案。"③ 根据 Л. Б. 卡芬豪斯的数据，直到 1886 年 9 月才达成建立第一个垄断协会的协议，即《轧铁、线材制钉厂公约》。④ 有 15 家公司参加：彼得

---

① 参阅 Кафенгауз Л. Б. , Синдикаты в русской железной промышленности: К вопросу о концентрации производства в России. М. , 1910. С. 54. Л. Б. 。卡芬豪斯不能确切指出该联盟建立的时间。

② 参阅 Янжул И. И. , Промысловые синдикаты или предпринимательские союзы для регулирования производства преимущественно в Соединенных Штатах Северной Америки. СПб. , 1895. С. 120。

③ Кафенгауз Л. Б. , Синдикаты в русской железной промышленности: К вопросу о концентрации производства в России. М. , 1910. С. 55.

④ 1886 年 9 月 15 日，在维尔纳（今维尔纽斯）签署了用德语起草的《轧铁、线材制钉厂公约》。其译本载于 Л. Б. 卡芬豪斯所著的《俄国钢铁行业的辛迪加》一书的附录 I。参阅 Кафенгауз Л. Б. , Синдикаты в русской железной промышленности: К вопросу о концентрации производства в России. М. , 1910. С. 237 – 245。

堡轧铁线材公司；莫斯科金属公司；里加线材生产公司；贝克尔合资公司（利巴瓦）；季利曼斯和格拉泽尔公司（科夫诺）；斯塔尔合资公司（里加）；弗鲁姆金兄弟公司（维利纳省）；施密特兄弟公司（科文斯卡亚省）；华沙甘特克金属厂；什波良工厂（敖德萨）；沙皮罗工厂（敖德萨）；米列维茨基铁公司；"普希金"铁公司（彼得罗科夫省）；古特班科夫公司；Г.费耶阿本德公司（里加）。应当指出，《公约》的成员极为复杂，不仅有大型企业，小型工厂（不是作坊）也参加了会议，例如：弗鲁姆金兄弟工厂（有56名工人）、沙皮罗工厂（有45名工人）、什波良工厂（有40名工人）、费耶阿本德工厂（有12名工人、没有蒸汽机）。①

以下《章程》确定了《公约》的目的："以工厂成本为基础，调整铁丝、螺桩等的价格，设立统一的售价，从而改变近期因竞争导致的价格下跌的状况，让业务恢复良好的基础"（第1条）。②

Л.Б.卡芬豪斯表示："由于签署该协议的大多数公司是不久前才在俄国出现的德国公司，因此该《公约》是仿照类似的德国线材制钉厂《公约》模式建立的。"③ 无论如何，其组织结构与上述联盟的组织结构非常不同。《章程》规定建立以下《公约》机构：全体大会、董事会、仲裁法庭（第2条）。

全体大会每年召开两次。基于各成员的铁丝产量，确定《公约》成员享有不同数量的选票。④ 但是任何成员的票数都不得超过三票。全体大

---

① 根据П.А.奥尔洛夫编写的《工厂索引》，1884年的数据不包括建于1885年的什波良斯克工厂。什波良斯克工厂的信息参阅1890年的数据。

② 参阅 Кафенгауз Л.Б., Синдикаты в русской железной промышленности: К вопросу о концентрации производства в России. М., 1910. С. 238. 很容易发现此措辞与И.И.扬茹尔引用的文本之间存在相似之处。

③ Кафенгауз Л.Б., Синдикаты в русской железной промышленности: К вопросу о концентрации производства в России. М., 1910. С. 56.

④ 每生产少于等于10万普特的轧制线材，就有一张选票；生产多于10万普特的轧制线材，则超出指定数量的部分，每5万~10万普特授予一张选票。参阅 Кафенгауз Л.Б., Синдикаты в русской железной промышленности: К вопросу о концентрации производства в России. М., 1910. С. 239。

会应该解决以下问题：接纳新成员；"在某种特殊情况下针对《公约》以外的公司采取必要措施"；"向处于困境的、与《公约》邻近的那些工厂提供适当的支持"。但是，全体大会的最重要职能是"为每项产品制定为期 3 ~ 6 个月的销售价格和销售条件"（第 3 条）。有趣的是，《章程》在很大程度上限制了全体大会确定价格的权力。《章程》指出，"《公约》价格以维利纳确立的基本价格和等级为基准。全体大会一般只在此基础上提价或降价"（第 3 条）。① 此外，在第 8 条中，专门指出了价格问题："应根据已规定的付款条款和价格等级，尽可能地在第一个交货地点设置价格，而且，还必须考虑到每月的盈利情况。"最后，根据上述《公约》定义的目的，价格应"与工厂成本"相适应。可见，确定统一价格的流程非常复杂。

根据第 3 条的规定，仲裁法庭也应由全体大会选出，但仅在必要时选出。根据第 6 条关于仲裁法庭的条例，其选举程序看起来有些不同："仲裁法庭由三名成员组成，包括由董事会选出的主席、由刑事被告人选出的一位代表及由全体大会选出的另一位代表。董事会有权通过换函进行选举。"在任何情况下，如果《公约》成员被指控违反《公约》规定，仲裁法庭则开始执行庭审（第 6 段）。

《章程》其余内容专门描述违反规则的情况。其中写道，"在每月 10 日，各成员必须向董事会主席发送消息，证明没有违反《公约》的内容"（第 7 条）。但是，《公约》成员相互之间显然并不信任：《章程》规定每位成员有"将《公约》其他成员的不当行为告发至董事会主席"的义务（第 7 条）。《章程》允许董事会"如有必要，在无专门通知的情况下"，对《公约》成员的情况进行监察（第 5 条），在这种情况下，《公约》成员应"响应董事会代表的要求，提交全部通信以及其他所有必要的东西，包括工厂账簿和商业账簿，以供审查"（第 7 段）。② 仲裁法庭裁定违反《章程》的公

---

① Л. Б. 卡芬豪斯没有引用这些"基本价格和等级"。

② 仲裁法庭还有权"审查与案件有关的全部材料、账簿、书面文件和被告方的信件"（第 6 条）。

司将被罚款。[①] 为了保证顺利收取罚款，还规定全体成员用押金在交易所购买 2000～6000 卢布的有价证券（第 10 条）。[②]

　　尽管《轧铁、线材制钉厂公约》所规定的组织结构十分烦琐，但作为一个垄断联盟的纲领性文件来讲还是不够完善的，其组织者试图仅通过设置统一售价来消除竞争。该《公约》没有规定任何有关生产标准化的内容，如果没有这种标准化，价格协议就很难达成。Р. 希法亭写道："只有当价格在一定程度内呈现上涨趋势，才能达成简单的价格协议。即便如此，仅靠价格协议还是不够的。价格上涨造成生产扩大、供应增加，最终导致无法遵守协议。"[③] 同时，在《轧铁、线材制钉厂公约》出现之时，俄国的工业上升期还未开始。在《公约》组织者的动员下，物质和道德上的保证和制裁对他们的任务并无帮助。《公约》在到期之前就被废除了。Л. Б. 卡芬豪斯说："在《公约》颁布后的第一次会议上，由于在定价方面存在分歧，该《公约》被废除，在此之后，对《章程》进行了一些更改，从而缔结了为期一年的新《公约》。但是，在下一次会议上，新《公约》就被废除了，因为事实证明新《公约》成员不遵守协议条款，产品售价低于既定价格。"[④]

　　正如 Л. Б. 卡芬豪斯所指出的，最初的失败促使工厂主寻找更牢固且紧密的协议形式。[⑤] 因此，1890 年 3 月，里加线材生产公司、贝克尔合资公司与彼得堡轧铁线材公司达成了一项协议，共同建立了"在彼得堡省销售铁

---

① 《章程》指出："本《公约》的当事方之间如有任何争议或冲突，只能向仲裁法庭提出上诉。在任何情况下都不应向皇家法院提出上诉。"（第 6 条）

② 成员抵押品的价值取决于各成员的产量："据估计，产量为 5 万普特的工厂交押金 2000 卢布；产量为 10 万普特的工厂交押金 3000 卢布；产量为 15 万普特的工厂交押金 4000 卢布；产量超过 15 万普特的工厂交押金 6000 卢布。"（第 10 条）《章程》规定了董事会从"成员"那里收到的押金"存入彼得堡的某些一流银行"。显然，《公约》的组织者尚不清楚这些押金将被存入哪家银行。

③ Гильфердинг Р., Финансовый капитал. М., Соцэкгиз, 1959. С. 272 – 273.

④ Кафенгауз Л. Б., Синдикаты в русской железной промышленности: К вопросу о концентрации производства в России. М., 1910. С. 57. 遗憾的是，作者没有指出确切的时间。

⑤ Кафенгауз Л. Б., Синдикаты в русской железной промышленности: К вопросу о концентрации производства в России. М., 1910. С. 58.

丝和钉子"的总销售办事处。①

　　根据协议，销售办事处的参与份额分配如下：里加线材生产公司——18%；贝克尔合资公司——26%；彼得堡轧铁线材公司——56%。

　　该协议规定"所有工厂的平均价格应相同"（第3条）。定价是与其他契约当事人协商后，委托彼得堡轧铁线材公司制定的（第9条）。如果买方（履约担保）破产，则协议双方各按年度实际销售额共同承担损失（第7条）。令人惊讶的是，该协议完全没有提及工厂之间根据参与比例分配订单的问题。② 也许，这可以通过以下事实来解释："除了《章程》外，辛迪加代理人杰伊别利先生与上述三家公司还签署了协议，其中规定了每个协约当事人的权利、义务、最低价格、所售商品的最低数量、付款条件、贷款等。"③ 遗憾的是，Л. Б. 卡芬豪斯认为没有必要引用这个条约的内容。

　　1890年3月23日协议显然具有区域性。此外，铁丝工厂、钉子工厂产品销售的很大一部分不在销售办事处的管辖范围之内，因为根据第6条的规定，"销售办事处的业务中不包括供应政府和铁路的货物"。尽管如此，1890年3月23日协议仍是俄国垄断组织形成道路上的里程碑。它是第一个用一种非常简单的方法来使垄断协会秘密的销售办事处合法化的协议。由这三家公司创建的代理机构成为独立的企业。它具有合法权利，可以代表自己与客户进行所有交易。

---

① 该协议为德文版，于1890年3月23日在里加签署。其译文载于Л. Б. 卡芬豪斯所著的 Синдикаты в русской железной промышленности：К вопросу о концентрации производства в России 一书的附录 II。Кафенгауз Л. Б. , Синдикаты в русской железной промышленности：К вопросу о концентрации производства в России. М. , 1910. С. 246 - 248. 根据协议第4条，销售办事处的活动范围超出了彼得堡省。本条还规定："三家公司将销售办事处对利巴瓦的管理权转移至季利曼斯合资公司，对彼得堡的管理权转移至俄国线材厂的代理——杰伊别利，基于路易·杰伊别利制定的准则处理事务。"

② 只有协议第10条涉及订单分配的程序。但是，Л. Б. 卡芬豪斯注意到过渡时期的一些特定情况，即指刚成立销售办事处时。其中指出："迄今为止，挑选出三位上述工厂的销售商或代表，由销售办公室管辖。这些卖方转移到销售办事处的全部订单必须首先提交给卖方所代表的工厂。之后应协调订单与每家工厂在总销售额中所占的比例。"

③ Кафенгауз Л. Б. , Синдикаты в русской железной промышленности：К вопросу о концентрации производства в России. М. , 1910. С. 59 - 60.

1890 年 3 月 23 日达成协议的各方通过建立俄国线材制钉工厂代理处，同意将机构的有效期初步定为 1893 年 3 月 31 日，如果所有成员在期满前三个月内没有拒绝续约，该机构将继续存在（第 2 条）。Л. Б. 卡芬豪斯声称：俄国线材制钉工厂代理处一直持续到 90 年代中期。根据他的说法，"在波罗的海沿岸和西部地区的其他城市［维尔纳、华沙、利巴瓦（今利耶帕亚）和里加］的制钉厂也成立了类似机构"。[①]

1886 年 10 月 14 日普梯洛夫公司董事会的会议记录中，说明了某些垄断联盟是如何产生的。这一天，董事会得知"厂长收到彼得堡轧铁线材公司董事会关于上涨条形铁价格的申请，这为普梯洛夫公司提供了相应的涨价机会"。经讨论，普梯洛夫公司董事会决定与彼得堡轧铁线材公司就彼得堡和波罗的海的铁市场达成协议。委托两名成员董事会与彼得堡轧铁线材公司的董事会针对该主题进行谈判，并基于以下原则达成协议：

（1）时间范围，从 1886 年 11 月 1 日至 1887 年 5 月 1 日；

（2）"这段时间内两家工厂的铁销售量应该相同；此外，过度销售的工厂要为此向另一家工厂支付一定的赔偿"；

（3）"协议规定每月进行核算，必须出示账簿和文件进行核实"；

（4）"由国际银行发出的抵押票据确保协议的准确执行"；

（5）"两家工厂达成协议后，须选出中介机构，该机构专门解决有争议性的问题"。[②]

大约一个月后，签订了协议。[③] 协议有效期至少为一年半。我们将在后续提到的普梯洛夫公司董事会会议记录中了解该协议的某些特点。1887 年 3 月 19 日，董事会批准了普梯洛夫公司与彼得堡轧铁线材公司达成的协议第

① Кафенгауз Л. Б., Синдикаты в русской железной промышленности: К вопросу о концентрации производства в России. М., 1910. С. 60.

② ЛГИА, ф. 1309, оп. 1, д. 1, лл. 18 – 19.

③ 在 1886 年 11 月 15 日举行的普梯洛夫公司董事会会议上，参考了根据 1886 年 10 月 14 日的决定而制定的与彼得堡轧铁线材厂的协议。参阅 ЛГИА, ф. 1309, оп. 1, д. 1, л. 25。

14 条，向彼得堡的钢铁生产商公开经费明细表（经费明细表由两家公司共同担保）。①

这里提到的内容很可能在条约的执行中发挥了重要作用。后来正是在此基础上进行了修正。

1887 年 5 月 4 日，普梯洛夫公司董事会决定将与彼得堡轧铁线材公司"销售铁"的协议期限再延长 6 个月。

协议规定，协议最终期限的 15 天前，缔约双方必须声明其续约的意愿。1887 年 10 月 3 日的一次会议上，普梯洛夫公司董事会讨论了以下问题："我们是否愿意续签与彼得堡轧铁线材公司的现有协议（即将在 10 月 15 日发表的声明）。"决定针对协议的修正案与彼得堡轧铁线材公司董事会进行谈判，"从某种意义上讲，当设立的贷款超过一定数量时，即使是由工厂自己承担风险，设立这种贷款的工厂也会向另一家工厂支付一定的罚款"。②一周后，即 1887 年 10 月 10 日，普梯洛夫公司董事会"以 1887 年 10 月 3 日记录起草的、普梯洛夫公司与彼得堡轧铁线材公司之间铁订单的延长协议作为依据"。③

关于该协议的执行效果，我们无法了解。④

文献中多次提到了 80 年代针制造商垄断协会的存在。最权威的作者 Г. В. 齐佩罗维奇和 Л. Б. 卡芬豪斯引用了 А. 拉法洛维奇所撰写的关于两家针制造商（明斯克的普拉捷尔工厂和琴斯托霍瓦的克尼格工厂）之间的协议。⑤ 同时，А. 拉法洛维奇的书中提到了"针辛迪加包括明斯克的普拉捷

---

① ЛГИА，ф. 1309，оп. 1，д. 1，л. 42.

② ЛГИА，ф. 1309，оп. 1，д. 1，л. 74.

③ ЛГИА，ф. 1309，оп. 1，д. 1，л. 75.

④ 普梯洛夫公司董事会的会议记录中只提到过一次关于该协议的情况：1888 年 1 月 23 日，董事会把与彼得堡轧钢厂的协议作为依据，将 B 类铁的基本价格提高到每普特 1 卢布 79 戈比，BB 类铁的基本价格提高到每普特 1 卢布 90 戈比。1888 年 6 月 30 日至 1892 年 10 月 28 日的协议丢失了。

⑤ 参阅 Цыперович Г. В.，Синдикаты и тресты в дореволюционной России и в СССР. Л.，1927. C. 117；Кафенгауз Л. Б.，Синдикаты в русской железной промышленности：К вопросу о концентрации производства в России. М.，1910. C. 61。

尔工厂和琴斯托霍瓦的克尼格工厂"。① A. 拉法洛维奇没有引用文献的来源。在其之前，Ст. 克姆普涅尔写道："十多年前利克斯纳镇的普拉捷尔工厂、省内的其他工厂、琴斯托霍瓦省的 M. 克尼格合资公司之间签订了有关生产和价格规范化的针辛迪加协议。"② П. А. 奥尔洛夫的《工厂索引》中并无有关克尼格、普拉捷尔的企业的记载，这类工厂不在俄国的领土范围内。但是其中记载了 M. 格尼格和 И. Г. 普利亚捷尔 - 济别勒特的工厂（它们不在明斯克，而是在维捷布斯克省的利克斯纳镇）。Ст. 克姆普涅尔首次提出"针辛迪加"的存在，并正确指出了由他命名的两家工厂（成员）的所在地，但在俄语中译错了工厂主的名字。由于这个错误，A. 拉法洛维奇弄混了其中一家工厂的位置。Л. Б. 卡芬豪斯和 Г. В. 齐佩罗维奇延续了这一失误，还将两家工厂参与下的垄断协会误认为双边协议。

幸运的是，除了文献资料，我们还找到了针制造商垄断协会存在的书面证明。Т. Д. 克鲁皮纳设法在司法部的档案（位于国立列宁格勒中央历史档案局）中找到涉及该协会的司法案件。她写道："19 世纪 90 年代，商务法庭对此事做出裁定，认定了辛迪加协议的非法性。"③

80 年代还出现了金属加工企业之间的其他一些协议，我们可通过某些文件中的个别引用来判断这些协议的存在。

值得注意的是，在科洛缅卡公司董事会会议上讨论的议题清单中发现，1883 年 4 月 12 日索尔莫沃钢铁机械公司、科洛缅卡公司和华沙铸钢厂之间达成了一项协议。④ 但遗憾的是，我们不知道该协议的主题。

普梯洛夫公司董事会的会议记录中提到：1887 年 3 月，普梯洛夫公司、布良斯克公司和华沙工业公司之间达成了一项关于华沙要塞炮兵所用炮架的

---

① Рафалович А. , Промышленные синдикаты за границей и в России. СПб. 1904. С. 49. （курсив мой. – В. Б. ）
② Кемпнер Ст. , Промышленные синдикаты // Русское экономическое обозрение. 1898, № 8. С. 50. （курсив мой. – В. Б. ）
③ Крупина Т. Д. , К вопросу о взаимоотношениях царского правительства с монополиями // Исторические записки. 1956, т. 57. С. 145.
④ ЦГАМ, ф. 318, оп. 1, д. 4, л. 14.

预期订单分配协议，① 1888 年 1 月至 3 月，普梯洛夫公司与亚历山德罗夫铸钢公司进行了关于"缔结销售钢板和角钢的辛迪加"的谈判。②

这里讨论的垄断性协会（关于分配炮架订单的协议除外）与生产铁路设备的垄断协会至少有两点不同。

铁路设备的买方数量少，其中最主要的是政府机关。此外，制造钢轨、岔道、铁路紧固件、蒸汽机车、车厢和铁路配件的工厂与少数大型铁路公司打交道。换句话说，铁路设备的销售特点是需求高度集中。

铁丝、钉子、针、铁的销售情况则完全不同。这些都是需求量大的产品，它们的客户数以千计，每次购买的数量却很小。因此，首先，划分协议的销售区域是这些产品垄断销售的目标。其次，为通过中介销售垄断产品提供了条件，中介的任务恰恰是需求的初步集中。

1886 年 4 月 16 ~ 17 日，罗森克兰茨轧铜制管公司和法俄公司之间签订了最早的铜加工工业垄断协议。我们尚未找到该协议的具体内容，但从 1887 年 9 月 1 日法俄公司致罗森克兰茨轧铜制管公司的信中得知，协议涉及"建立辛迪加""生产和销售由铜和黄铜制成的管材和板材"等。其中法俄工厂声明同意基于初步谈判时制定的新协议条款，扩大了上述辛迪加的活动。

新协议主要确定了各公司在执行辛迪加所涵盖的各种产品订单时的参与份额。

（1）由铜和黄铜制成的管材：螺纹直径不超过 3.5 英寸的黄铜管分配比例为：罗森克兰茨轧铜制管公司——2/3，法俄公司——1/3。但是红铜管只能由罗森克兰茨轧铜制管公司制造，而法俄公司应收到适当数量（按重量计）的黄铜管订单。法俄公司的价格只有比罗森克兰茨轧铜制管公司的价格高出 1 卢布以上，其才能完成红铜管的订单。

（2）螺纹直径超过 3.5 英寸的黄铜管，只能由罗森克兰茨轧铜制管公

---

① ЛГИА，ф. 1309，оп. 1，д. 1，л. 42（протокол от 19 марта 1887 г.）.

② ЛГИА，ф. 1309，оп. 1，д. 1，лл. 84, 96（протоколы от 9 января и 26 марта 1888 г.）. 谈判结果未知。

司制造。

（3）由黄铜制成的板材：最大 1 米宽、9 普特重的板材订单将按相同的比例分配。超过此宽度或重量的板材只能由罗森克兰茨轧铜制管公司生产。

（4）由私人弹药厂（图拉的 Ф.Г. 吉尔连什米德特工厂等工厂）订购的制作弹筒的黄铜板：这些订单在罗森克兰茨轧铜制管公司和法俄公司之间以 2∶1 的比例进行分配。

（5）由国家弹药厂订购的制作弹筒和雷管的铜条和黄铜条：其订单在两家工厂之间平均分配。

（6）用于制造"霍奇基斯"号弹筒的镀铅铁皮：其订单在两家工厂之间平均分配。

（7）销售的红铜片只能由罗森克兰茨轧铜制管公司进行生产。法俄公司有权以超过罗森克兰茨轧铜制管公司 50 戈比以上的价格接受红铜片订单。但是即使在这种情况下，订单也转移至罗森克兰茨轧铜制管公司执行。

（8）铸币厂用的红色铜片，其订单在两家工厂之间平均分配。

此外，协议进一步确定了订单的接收、分配和执行流程。其中写道："一家公司收到订单，需立即将此消息告知另一家。"为了避免竞争，法俄公司有义务废除所有代理机构。此后，罗森克兰茨轧铜制管公司的代理人将订单转移至法俄公司。但是这种规则伴随着一个有趣的附带条件："由于不想放弃独立企业的地位，法俄公司每年两次向其客户发送通函，以鼓励顾客提交订单。"应该注意的是，该协议明确规定每家公司单独对客户的责任，如果一家公司执行了一部分订单（通常由另一家公司供货），则这一家公司有义务给自己的产品贴上商标。

两家公司的代表必须每周召开一次会议，解决日常事务并商讨有关辛迪加的所有问题，尤其是分配订单、确定价格和执行条件等问题。如果发生分歧，一家公司不能接受另一家公司提出的条件，则它有权拒绝履行该订单，而另一家公司可以对其份额内的部分自担风险。公司代表应当记录每周的会议内容。

协议的有效期限尚未确定，只知道它在一个成员退出后一年就到期了。①

在随后的几年中，罗森克兰茨轧铜制管公司和法俄公司承担了一些额外的义务。

1887 年 12 月 10 日的信中，引用了前一天达成的口头协议，法俄公司宣布价格和成本之间的差额（根据彼得堡交易所铜的价格）不超过 2 卢布之前，拒绝支持罗森克兰茨轧铜制管公司执行黄铜板订单。②

在 1889 年 3 月 14 日的信中，再次引用了初步的口头谈判，法俄公司有义务以不低于罗森克兰茨轧铜制管公司 1 卢布的价格接受红铜制钢管和板材的政府订单。③

1895 年 4 月，仅涉及管道的新协议从 1887 年 9 月 1 日的协议中分离出来。在这方面，在 1895 年 8 月 1 日的一封信中，法俄公司董事会承认，除了关于管道销售的第 1 条内容，1887 年 9 月 1 日的协议仍然有效。这部分由法俄公司与罗森克兰茨轧铜制管公司以及华沙的诺尔布林公司、布赫兄弟公司、T. 韦尔纳公司达成的 1895 年 4 月 28 日协议所取代。④

1895 年 4 月 30 日罗森克兰茨轧铜制管公司董事会的会议记录让我们对新协议有了一些了解，其中写道："4 月 28 日，我们与诺尔布林工厂、布赫兄弟公司、T. 韦尔纳公司以及彼得堡的法俄工厂达成协议，以三家工厂共同确定的价格销售铜管和黄铜管。最重要的内容是所有订单应按以下比例分配：11/45——法俄工厂；12/45——华沙的工厂；22/45——罗森克兰茨工厂。"⑤

1886 年 4 月 23 日，即与法俄公司签订协议的一周后，罗森克兰茨轧

---

① ЛГИА，ф. 1269，оп. 1，д. 161，лл. 2 – 5.（法俄公司董事长于 1887 年 9 月 1 日写给罗森克兰茨轧铜制管公司的信。）信的最后一段说："先生们，敬请确认，您同意这里规定的条件。"信上有收件人的字样："3/IX 87"。想必，这是答复的日期。从 1886 年 4 月 16～17 日协议的双重日期来看，它是通过交换信件的方式达成的。

② ЛГИА，ф. 1269，оп. 1，д. 161，л. 8.

③ ЛГИА，ф. 1269，оп. 1，д. 161. л. 12.

④ ЛГИА，ф. 1269. оп. 1，д. 161. л. 14.

⑤ ЛГИА，ф. 1269，оп. 1，д. 57，л. 4.

铜制管公司与科利丘金黄铜轧铜公司签订了另一项协议。他们同意以不低于双方协议规定的价格，执行机车炉膛及其零部件、红铜板和红铜棒的新订单。

该协议详细规定了定价程序。机车炉膛及其零部件的价格应在每次收到订单或请求时设定。在确定铜片和铜棒的价格时，铜片的基本价格应为从国外订购到给定地区所花费的价格。开始时按照原价格的75%销售货物，随后价格上涨了，具体数额取决于产品的性质和质量。在进口铜占据竞争优势的地区，这种价格的增长取决于进口铜的价格。

协议规定所有产品订单按以下比例划分：罗森克兰茨轧铜制管公司——3/5；科利丘金黄铜轧铜公司——2/5。此外，必须单独考虑炉膛、螺栓铜和铜片的订单，在按照上述比例不变的情况下，缔约双方可能与不同地区的代表达成协议，并授予其中一家工厂独家销售的权利。成员间最重要的销售市场的划分条件是通过协议确定的。其中规定："从彼得堡及其邻近省份的个人或工厂收到的订单，除布良斯克钢轨轧制厂董事会外，全部交付给罗森克兰茨轧铜制管公司；莫斯科及其邻近省份的个人或工厂的订单将全部提供给科利丘金黄铜轧铜公司；除了丹加乌耶尔工厂、恺撒工厂、缪勒恩工厂和弗鲁格利赞格工厂以外，罗森克兰茨轧铜制管公司和科利丘金黄铜轧铜公司在其专门区域的销售额包括在共同账户中。"

1886年4月23日的协议规定，各工厂"平均"参与相关产品的销售，这一点非常有趣。协议规定："每4个月缔约双方均有权销售不超过10000普特的产品，销售此数量的一方有义务在截止日期之前检查另一方的销售量，如果另一方的销售量减少了，那么另一方截止到销售量相等之前被授予独家销售权，并且从双方达到相同销售量的那一刻起，应考虑下一个4个月的销售情况。而且，暂停销售不包括被授予独家销售权的某方。"但是，目前尚不清楚该协议在各方不平等参与制造订单的基础上，却规定产品的销售额需相同的原因。

1886年4月23日协议的有效期尚未确定。契约双方仅同意"如要拒绝执行协议，应提前半年声明"。但是如果遇到任何第三家工厂的竞争，可以将放弃权利的声明期限缩短到前 3 个月。①

1886 年 4 月 23 日的协议很可能一直持续到了 90 年代末。在工业高速发展的条件下,罗森克兰茨轧铜制管公司、科利丘金黄铜轧铜公司的双边协议得到补充。② 对此,科利丘金黄铜轧铜公司董事会在 1897 年 4 月 25 日的股东全体大会上报告道:"由罗森克兰茨轧铜制管公司和本公司签订的向俄国现有的机车制造厂(不包括涅瓦机械厂)供应铜火箱的长期协议,大大减小了建造新轧铜工厂的可能性,因此董事会要求即刻增加轧制铜火箱的设备,不得延误……"③

1888 年 1 月 21 日,罗森克兰茨轧铜制管公司和科利丘金黄铜轧铜公司之间就黄铜已经达成了第二个协议。按以下方式确定了双方在销售黄铜时所占的份额:售出的每 136 普特的黄铜中,100 普特黄铜应由科利丘金黄铜轧铜公司生产,36 普特黄铜应由罗森克兰茨轧铜制管公司生产(但从整体上来说,后者每年至少应分得 18000 普特)。

此外,该协议允许基于罗森克兰茨轧铜制管公司和法俄公司之间达成的"特别协约",罗森克兰茨轧铜制管公司的部分黄铜由法俄公司生产。

至于黄铜的价格,根据协议,则由科利丘金黄铜轧铜公司确定。

并且此协议的有效期尚未确定。与前两个案例一样,订约公司仅在当事方之一表示希望终止协议后,才确定协议的期限(6 个月)。④

从存储在科利丘金黄铜轧铜公司档案馆(国立莫斯科中央档案馆)和

---

① ЛГИА, ф. 1269, оп. 1, д. 203, лл. 143 – 146(текст соглашения, подписанный членами правления Т – ва заводов Кольчугина).

② 1895 年 7 月 31 日,罗森克兰茨轧铜制管公司董事会的会议记录写道:"5 月 1 日,我们与普梯洛夫工厂签署了协议,5 月与布良斯克工厂签署了协议。这两家工厂保证在三年内将全部的炉膛、红铜管板和红铜板订单转交给我们。"参阅 ЛГИА. ф. 1269, оп. 1, д. 57, л. 8。1896 年 12 月 12 日布良斯克公司和罗森克兰茨制铜制钢公司签订了内容相似的新协议,有效期至 1900 年 5 月 1 日。参阅 ЛГИА. ф. 1269, оп. 1, д. 162, лл. 1 – 2 – копия договора。

③ ЦГАМ, ф. 335, оп. 1, д. 13. л. 153(《Доклад, план действий, смета расходов, смета по постройкам... на 1897/98 г. 》).

④ ЛГИА, ф. 1269, оп. 1, д. 161, лл. 9 – 10(перевод текста соглашения на французский язык).

罗森克兰茨轧铜制管公司档案馆（立陶宛国家历史档案馆）的信件中可以明显看出，上述协会的成员之间发生了多次尖锐冲突，甚至有可能导致协会瓦解。1888 年 8 月 20 日（即在达成黄铜协议后不到 6 个月的时间里），罗森克兰茨轧铜制管公司的领导者们致科利丘金黄铜轧铜公司董事会的信中写道："在我们看来，由谁发起缔结黄铜协议完全不重要，因为双方都认为缔结该协议有利可图。如果您现在后悔了，那么我们完全不反对您即刻终止协议。"[①]

与上述协议相比，黄铜协议的持续性较短。上述引用的科利丘金黄铜轧铜公司董事会的报告中记载，1897 年 4 月 25 日召开的全体股东大会上，已经注意到了黄铜生产中存在激烈的竞争。报告说，在 1896/1897 报告年度中，科利丘金黄铜轧铜公司生产了 20.4 万普特黄铜，与此同时，董事会注意到，为了贸易和产品制造的目的，与科利丘金黄铜轧铜公司竞争的工厂生产了至少 20 万普特黄铜。[②]

尽管我们研究的协议文本形成的垄断性协会通常被称为辛迪加，但实际上，就其组织结构而言，它们是典型的卡特尔。

它们之间有着明显的联系，主要表现为以下事实：一项协议涉及的产品类型不属于另一项协议的范围。例如，1888 年黄铜协议不包括 1887 年提到的那些黄铜及铜制的管材、片材等黄铜产品，也不包括 1886 年关于分配机车火箱及其零件的订单协议中所包含的铜片类别。

罗森克兰茨轧铜制管公司一方面与科利丘金黄铜轧铜公司签订协议，另一方面与法俄公司签订协议，显然在这两家公司之间建立了联系。值得注意的是，1888 年 1 月 21 日，罗森克兰茨轧铜制管公司和科利丘金黄铜轧铜公司之间的协议中，有一个特别的条款："在整个协约期间，罗森克兰茨轧铜

---

① ЦГАМ, ф. 335, оп. 1, д. 6. 此案例涉及 1887 年 4 月 29 日至 1889 年 12 月 29 日来自罗森克兰茨轧铜制管公司的信件，这些信件专门讨论了 1886 年 4 月 23 日和 1887 年 1 月 21 日协议的执行问题，其中有许多类似的"恭维话"。莫斯科大学历史系学生 Ю. Б. 日夫措措首次发现了这些信件，并将其引用于毕业论文《俄国铜工业的垄断（19 世纪末至 20 世纪初）》中，该论文于 1963 年春在俄国史研究室答辩通过。

② ЦГАМ, ф. 335, оп. 1, д. 13, л. 157.

制管公司有义务不终止与法俄公司的特别协约。如果法俄公司表示希望终止,那么罗森克兰茨轧铜制管公司有义务立即将此事通知合作伙伴——科利丘金黄铜轧铜公司。"

在该协会的大型铜加工企业中,本书未研究的仅剩下 Ф. Г. 吉尔连什米德特等人的图拉弹膛工厂。1887 年 9 月 1 日协议中的特殊条款规定了罗森克兰茨轧铜制管公司和法俄公司向图拉工厂[1]提供份额,以制造弹筒用的黄铜条,两家公司与图拉工厂之间达成了某种协议。显然,上述公司无意在生产弹药筒方面挑衅图拉工厂的垄断地位。

80 年代下半期俄国铜加工业的协会紧密联系在一起,形成了一种垄断组织。

С. И. 波托洛夫描述了顿巴斯煤炭工业的垄断。[2] 他证明,早在 1878 年就有过"组建一家股份制公司,代售煤炭和其他辛迪加性质的销售业务"的尝试。1895 年,以出口辛迪加的形式进行另一种尝试,创建顿涅茨克煤矿主永久性垄断协会。[3] 正如 С. И. 波托洛夫的调查表明的那样,这些尝试均未成功,但可以确定,最大的煤矿主之间存在一系列"瑞恩"性质的临时协议。显然,这些协定是在 1888 年初、1893 年底和 1897 年初达成的。[4] С. И. 波托洛夫指出:"在这些协议中,存在着 19 世纪晚期所谓的'煤炭危机'的秘密,许多当代人对此进行过细致研究。"[5]

---

[1] 该协议不仅涉及图拉工厂,还涉及其他专门的弹药筒工厂。但是,正如上文所述,1884 年,图拉工厂的弹药筒产量占俄国弹药筒总产量的 91.8%,1890 年这一比例达到 92.4%。

[2] 参阅 Потолов С. И. , Из истории монополизации угольной промышленности Донбасса в конце XIX в // Из истории империализма в России. М. – Л. , Изд - во АН СССР, 1959; Потолов С. І. , Початок монополізації гирничои и гирничозаводськои промисловості України в кинці XIX ст. // Український історичний журнал. 1958, № 2.

[3] 参阅 Потолов С. И. , Из истории монополизации угольной промышленности Донбасса в конце XIX в // Из истории империализма в России. М. – Л. , Изд - во АН СССР, 1959. С. 16 – 17。

[4] 参阅 Потолов С. И. , Из истории монополизации угольной промышленности Донбасса в конце XIX в // Из истории империализма в России. М. – Л. , Изд - во АН СССР, 1959. С. 18 – 21。

[5] 参阅 Потолов С. И. , Из истории монополизации угольной промышленности Донбасса в конце XIX в // Из истории империализма в России. М. – Л. , Изд - во АН СССР, 1959. С. 18 – 19。

此外，С. И. 波托洛夫对俄国南部矿商代表大会的活动分析表明，这些代表大会在多数情况下履行了卡特尔－辛迪加的双重职能。С. И. 波托洛夫表示："顿涅茨克煤矿主从一开始就进行了管理，保证了代表大会的组织机构发挥纯粹的垄断性质的职能。俄国南部的矿商代表大会实际上规定了煤炭的年产量、出口量和销售量。每年，代表大会制定各矿山和整个盆地的煤炭生产指标和出口控制指标。实际上，这些数据并不是指示性的，而是事实上必须遵行的规范，是分配铁路机车车辆总数的主要指标。超过此标准开采的煤炭基本上无法进入广阔的市场。"①

正如 С. И. 波托洛夫所认为的那样，垄断趋势不仅出现在俄国南部的煤炭工业中，"顿巴斯的采矿化学工业（盐类、碳酸钠和水银的生产）中也出现了垄断"。②

这些趋势也发生在俄国采矿冶金和采矿工业的其他领域。在这方面，东布罗夫矿区尤其值得注意。俄属波兰煤炭行业的生产集中度非常高，显然存在着煤炭生产商的垄断协会。顺便一提，在 90 年代后期，Ст. 克姆普涅尔写道："煤炭辛迪加的存在是毫无疑问的。它当前的形式已经是一种新的进化形式。针对当前的经济活动达成的最新协议涉及生产控制，更确切地说，将产量削减了 25%……这无疑是卡特尔类型的协议，该协议涵盖了东布罗夫矿区的全部煤矿。"③ Ст. 克姆普涅尔还指出索斯诺夫地区的两家制锌公司签订了协议。俄属波兰的采矿和采矿工业的其他部门可能存在区域垄断协会。④

---

①　参阅 Потолов С. И. , Из истории монополизации угольной промышленности Донбасса в конце XIX в // Из истории империализма в России. М. – Л., Изд – во АН СССР, 1959. С. 11, 15 – 16. С. И. 波托洛夫引用了 Н. С. 阿夫达科夫的特殊意见："煤炭生产商们团结在一起，不会让任何人自由地开发某个市场。"（《Труды X съезда》, ч. 2. Харьков, 1886. С. 110. ）

②　Потолов С. И. , Рабочие Донбасса в XIX веке. М. – Л., Изд – во АН СССР, 1963. С. 92; Потолов С. И. , Початок монополизации гирничой и гирничозаводсько промисловости Украини в кинци XIX ст // Украïнський iсторичний журнал. 1958, № 2, С. 30 – 38.

③　Кемпнер Ст. , Промышленные синдикаты // Русское экономическое обозрение. 1898, № 8. С. 49 и сл.

④　无论如何，这是有先决条件的。参阅 I. Pietrzak – Paw – lówska. Zdriejów monopolizacji górnictwa i hutnictwa w Królestwie polskim（Zjazdy przemisłówców gorniczy u latach 1883 – 1914）// Kwartalnik Historyczny. 1956, N 4 – 5, ss. 341 – 367。

第三节　石油行业垄断的形成

"巴库煤油企业主联盟"成立于 19 世纪 90 年代初期，在革命前的文献中就已有相关记载。

但是，正如最近调查表明的那样，在俄国石油行业形成垄断资本的历史上，巴库煤油企业主联盟绝不是起点。В. А. 纳尔多娃的《俄国石油行业的垄断资本》及她的研究[①]都充分地证明，石油行业的垄断过程比煤油企业主辛迪加的出现早整整十年。但是，此过程的形式与上文研究的形式大有不同。

19 世纪末的石油工业是最年轻的工业生产行业之一。它在俄国首次出现于 70 年代中期，但发展的速度非常快。1875 ~ 1885 年的 10 年间，俄国的石油产量增加了 22 倍，而且几乎完全集中在巴库地区。1884 年，巴库地区的石油产量占全国总产量的 98.9%。1890 年，巴库地区的石油产量占全国总产量的 98.7%。[②]

最初，石油产量增加的原因仅仅是煤油照明的广泛普及，导致市场对煤油的需求不断增加。从石油里炼出煤油（燃料油）形成的余渣并没有马上利用起来。在 70 年代和 80 年代之交，才开始将余渣用作燃料。从石油中提炼润滑油的最初实验也可以追溯到同一时期。

煤油生产也集中在巴库地区（1884 年，巴库地区的煤油产量占全国总产量的 94.1%），但是它在巴库地区的使用量却极少。根据《俄国采矿业统计信息汇编》中的数据，由于前几年蓄积起来的库存，1884 年，巴库的煤

---

① Сост. Гулиев А. Н., Найдель М. И., Нардова В. А., Монополистический капитал в нефтяной промышленности России. 1883 – 1914. М. – Л., Изд – во АН СССР, 1961; Нардова В. А., Монополистические тенденции в нефтяной промышленности в 80 – х годах XIX в. и проблема транспортировки нефтяных грузов // Монополии и иностранный капитал в России. М. – Л., Изд – во АН СССР, 1962. С. 59 – 93; Нардова В. А., Начало монополизации бакинской нефтяной промышленности // Очерки по истории экономики и классовых отношений в России конца XIX начала XX в. М. – Л., Наука. 1964. С. 3 – 52.

② 根据 1884 年和 1890 年《俄国采矿业统计信息汇编》的数据计算得出。

油出口量比同年的生产量还要多。① 从 1884 年生产的煤油量来看，至少有
7000 万普特石油被投入了加工。同时，这一年的提取量为 8920 万普特，其
中只有 200 万普特以原油的形式从巴库出口。1884 年生产的余渣量不少于
3500 万普特，从巴库出口了 2850 万普特。② 因此，巴库地区仍有大量原油
和余渣，这显然超出了当地的消费量。

到 90 年代初，余渣作为燃料，其消耗量显著增加。1884 年，铁路消耗
的余渣量达到 390 万普特，1890 年则达到 1760 万普特。

这一年，江轮消耗了 3510 万普特余渣，消耗量几乎增长了三倍。4890
万普特余渣投入工厂使用。1890 年，工业、铁路和内河运输业对余渣的总
消耗量为 1.017 亿普特。③ 它甚至超过了这一年余渣的生产量。④

Д. И. 门捷列夫总结《1892 年初石油工业发展的结果》时，列举了一些
有趣的数字，这些数字完美地体现了俄国石油工业的某些特征（见表 2 - 9）。

表 2 - 9　19 世纪末俄国石油工业的产销数据

	金额
每年的石油产量	大约 2.9 亿普特
销售：	
- 蒸馏产品的储备增加	1500 万普特
- 煤油	8200 万普特
- 润滑油等	800 万普特
- 余渣	大约 1.4 亿普特
消耗量	大约 4500 万普特

① 出口额为 2170 万普特，而产量为 1900 万普特。1883 年，外高加索铁路开始运行，在一定
程度上提高了从巴库地区出口石油和石油产品的可能性。
② 有关从巴库出口石油产品的数据，参阅 1884 年《俄国采矿业统计信息汇编》（第 69 页）。
③ Фабрично - заводская промышленность и торговля России. СПб. , 1893, отдел XXII. （С.
Гулишамборов. Потребление топлива.）
④ 1890 年的《俄国采矿业统计信息汇编》中引用了巴库省和第比利斯省余渣出口的数据
（96.9 百万普特）。对于其余省份，给出了余渣、润滑油和汽油的总产量数据（总计 320 万
普特）。

续表

	金额
煤油销售：	
－ 运到仓库	大约 500 万普特
－ 俄国的消耗	大约 3000 万普特
－ 出口国外	大约 4700 万普特
余渣的销售：	
－ 巴库的消费	大约 3000 万普特
－ 沿里海和伏尔加河出口	大约 9800 万普特
－ 运往巴统	大约 200 万普特
－ 出口到高加索的其他地区	大约 700 万普特
每普特的价格：	
－ 巴库的原油	3～5 戈比
－ 巴库的煤油（不含消费税和包装）	7～20 戈比
－ 出口到察里津诺的煤油	25～40 戈比
－ 出口到莫斯科的煤油	45～60 戈比
－ 出口到巴统的煤油	30～45 戈比
总价值：	
－ 每年在产地开采的原油（约 2.9 亿普特）	大约 900 万卢布
－ 工厂中的煤油和润滑油，无消费税和包装（约 9000 万普特）	大约 1400 万卢布
－ 从工厂销售的"余渣"（约 1.2 亿普特）	大约 500 万卢布
－ 将大约 2 亿普特石油及其产品运到国内消费地或边境（平均每普特 20 戈比）	大约 4000 万卢布

  Д. И. 门捷列夫总结道："从这些数据可以看出，石油工业不仅让石油生产商、工厂和炼油厂获利，也让运输公司获利。总的来说，石油创造的间接收入是企业家获得的直接收入的许多倍。"①

  巴库地区的石油生产相对容易，成本较低，为其快速发展创造了条件。原油加工是一项更为复杂和昂贵的业务。但是，石油工业发展的瓶颈是石油及其产品的运输问题。石油开采、石油产品制造和运输能力之间几乎始终处

---

  ① Фабрично - заводская промышленность и торговля России. СПб., отдел VII（Менделеев Д. И., Нефтяная промышленность.）. C. 319 и сл.

于不平衡状态。巴库石油工业垄断过程的某些特征与这种不平衡密切相关。

在俄国石油工业建立之初，尚未对基本建设投资的来源进行充分研究。不过很明显，来源主要有两个。第一个是来自阿塞拜疆国民经济其他部门以及与之毗邻的高加索地区、外高加索地区资本的扩散。代表是当地的阿塞拜疆人和亚美尼亚人，主要是商业资产阶级，例如 Г. 3. А. 塔吉耶夫、М. 纳吉耶夫、А. И. 曼塔舍夫、米尔佐耶夫、Г. М. 利安诺佐夫等人。第二个是来自欧俄旧工业区的资本出口。代表是彼得堡和莫斯科的主要工业资产阶级，例如彼得堡金属厂厂主 Л. Э. 诺贝尔、莫斯科纺织品制造商 С. М. 希巴耶夫等人。这两种代表都是大型资本主义企业的创始人，唯一的区别是，长期以来，前者倾向于使用已经过时的、熟悉的贸易公司组织形式，而后者则立即走上了建立股份公司的道路。

同时，石油生产十分便捷，且成本廉价，这为小型资本大开方便之门，小型资本在巴库石油工业的兴起中发挥了重要作用。

俄国石油工业垄断历史的第一阶段与诺贝尔兄弟石油生产公司在巴库地区的出现和建立有关。В. А. 纳尔多娃的著作——《俄国石油工业的垄断资本》非常详尽地阐明了诺贝尔兄弟公司为垄断而奋斗的历史，这让笔者有机会了解到其中的一些方面。

当时诺贝尔兄弟公司是一家非常特殊的企业。它的股份资本最初为 300 万卢布，到 1884 年上涨到了惊人的数字——1500 万，固定资本更是高达 2170 万卢布。[①] 上面已经引用了关于诺贝尔兄弟公司在俄国石油生产和煤油生产中所占的比重（在 1884 年分别为 16.3% 和 54.9%）。但是，并没有对诺贝尔兄弟公司在石油行业中所处位置的描述。值得注意的是，诺贝尔兄弟公司在石油生产和加工方面的投资仅占其成本的 1/4。其余的 3/4 主要用于组织石油产品的运输和存储（见表 2 - 10）。

---

① Сост. Гулиев А. Н., Найдель М. И., Нардова В. А., Монополистический капитал в нефтяной промышленности России. 1883 - 1914. М. - Л., Изд - во АН СССР, 1961. С. 750. (таблица 3а, составленная при подготовке сборника на основании годовых отчетов Т - ва бр. Нобель, предназначенных для внутреннего пользования)

表 2 – 10　1883 年诺贝尔兄弟公司的资产情况

单位：千卢布，%

资产类别	价值	在总价值中所占的比例
土地	124	1.0
油矿资产	203	1.6
工厂资产	2884	22.9
仓库及其设备	1474	11.7
船和驳船	4400	34.9
油罐车	2643	20.9
输油管	880	7.0
总计	12608	100.0

资料来源：该表是笔者根据 1883 年诺贝尔兄弟公司的资产负债表整理而成。参阅 Сост. Гулиев А. Н. , Найдель М. И. , Нардова В. А. , Монополистический капитал в нефтяной промышленности России. 1883 – 1914. М. – Л. , Изд - во АН СССР, 1961. С. 751。

诺贝尔兄弟公司的领导者们正确认识到了石油产品运输和存储的重要性，并将其作为建立生产和消费之间联系的决定性环节。为此，他们采取了一系列积极措施。诺贝尔兄弟公司首次在俄国大规模利用船舶和油罐车运输煤油。到 1883 年底，公司创建了自己的船队，其中包括 12 艘海轮、10 艘江轮、运输煤油的铁驳船和运输余渣的木制油驳船；[①] 公司在察里津诺和阿斯特拉罕建立了专门的维修工厂；[②] 公司获得了数量庞大的油罐车。1883 年，在沿伏尔加河的主要石油运输线——格里亚泽 – 察里齐铁路上，诺贝尔兄弟公司有 1500 辆油罐车，而其余的石油生产商在这条路上只有 450 辆油

[①] Сост. Гулиев А. Н. , Найдель М. И. , Нардова В. А. , Монополистический капитал в нефтяной промышленности России. 1883 – 1914. М. – Л. , Изд - во АН СССР, 1961. С. 51（доклад правления Т - ва бр. Нобель общему собранию пайщиков）; Нардова В. А. , Монополистические тенденции в нефтяной промышленности в 80 - х годах XIX в. и проблема транспортировки нефтяных грузов // Монополии и иностранный капитал в России. М. – Л. , Изд - во АН СССР, 1962. С. 62.

[②] Орлов П. А. и Будагов С. Г. , Указатель фабрик и заводов Европейской России. СПб. , 1894.（сведения за 1884 и 1890 г.）

罐车。[1]

在最重要的石油产品销售中心和运输过程之间的转运站，诺贝尔兄弟公司建立了用于存储煤油、润滑油和油渣的仓库。其中，俄国最大的仓库建在红扎里亚，可容纳 400 万普特煤油。察里津诺、萨拉托夫、莫斯科、基辅等地也设有仓库。[2]

诺贝尔兄弟公司的领导者们于 1883 年 4 月之前编写了一份机密报告，并提交给公司全体股东大会，报告表明该公司已完全满足俄国煤油市场的所有需求，并补充道："为此，有必要制造一定数量的海轮和江轮，用于运输俄国市场所需的全部煤油；拥有数量庞大的油罐车，就可通过铁路，及时将煤油输送到消费场所；最后，拥有数量庞大的贮油罐，可将航行期内从巴库进口的全部煤油一直保存到冬季（实际消费时间）。"[3]

诺贝尔兄弟公司似乎已接近其设立的目标。1882 年，在出口到国内市场的 1240 万普特煤油中，诺贝尔兄弟公司占 35.5%，即 440 万普特煤油。第二年，在出口到国内市场的 1170 万普特煤油中，诺贝尔兄弟公司占 52.1%，即 610 万普特煤油。[4] 一年内，其出口量增长了近 40%。诺贝尔兄弟公司向国内市场出口的煤油数量超过其他全部公司的总和。因此，公司领导者非常乐观。上述报告内，在"竞争的安全性"大标题下的一节

---

① 参阅 Нардова В. А. , Монополистические тенденции в нефтяной промышленности в 80 - х годах XIX в. и проблема транспортировки нефтяных грузов // Монополии и иностранный капитал в России. М. - Л. , Изд - во АН СССР, 1962. С. 62。

② Сост. Гулиев А. Н. , Найдель М. И. , Нардова В. А. , Монополистический капитал в нефтяной промышленности России. 1883 - 1914. М. - Л. , Изд - во АН СССР, 1961. С. 63. (Записка старшего ревизора департамента неокладных сборов Андреева В. Н. 《 О современном положении промышленности на Кавказе и об обложении ее акцизным сбором》 от 24 декабря 1885 г. Раздел 《 Торговля нефтяными продуктами》.)

③ Сост. Гулиев А. Н. , Найдель М. И. , Нардова В. А. , Монополистический капитал в нефтяной промышленности России. 1883 - 1914. М. - Л. , Изд - во АН СССР, 1961. С. 49.

④ Нардова В. А. , Начало монополизации бакинской нефтяной промышленности // Очерки по истории экономики и классовых отношений в России конца XIX начала XX в. М. - Л. , Наука. 1964. С. 15.

中这样写道："企业的任务是首先在俄国市场上排挤美国煤油,然后开始向国外出口煤油,整个企业完全按照这项任务的需要进行组织。巴库工厂是世界上同类建筑中最大的企业,在工业结构上堪称典范,完全满足了现代科学的所有要求。该工厂的生产力目前为 800 万普特煤油,等于巴库其他工厂的总生产力。技术设备的完善和巨大的运营规模使该工厂有机会以其产品的质量和价格优势超越其他工厂,并免受任何竞争威胁。石油产品的分运、分倒和储存中使用的蒸汽轮船、运输船、车厢和其他设施,都满足了最严格的技术要求和经济要求,因此无须担忧同行业内的竞争压力。迄今为止,公司的贸易额每年都在扩大,工业活动取得越来越多的成绩。美国煤油现在已经完全被排挤出了俄国市场,去年,公司开始将产品出口到奥地利和德国。"

诺贝尔兄弟公司的领导者们概述了企业的进一步发展计划后,表示相信"凭借最终的组织机构,公司将拥有强大的生产力和庞大的业务规模,与著名的美国标准石油公司比肩,相较美国石油资源而言,巴库的石油资源更有优势"。他们认为,"至少在与俄国接壤的国家中,俄国煤油的销售范围极广,因为在这一区域,美国煤油完全没有竞争力"。[①]

1883 年,诺贝尔兄弟公司为扩大出口业务采取了一系列措施。它在柏林创建了一家拥有 50 万法郎资本的子公司——德俄石油进口公司。至于向奥匈帝国的石油出口问题,其与维也纳林海姆合资公司达成了协议。[②]

与此同时,诺贝尔兄弟公司力求完全掌握国内的石油产品销售市场。1882 ~ 1883 年,它一方面试图集中精力精炼由小企业生产的煤油,另一方

---

① Сост. Гулиев А. Н., Найдель М. И., Нардова В. А., Монополистический капитал в нефтяной промышленности России. 1883 – 1914. М. – Л., Изд – во АН СССР, 1961. С. 48, 52 – 53.

② Сост. Гулиев А. Н., Найдель М. И., Нардова В. А., Монополистический капитал в нефтяной промышленности России. 1883 – 1914. М. – Л., Изд – во АН СССР, 1961. С. 662. (примечание составителей сборника). 1895 年,诺贝尔兄弟公司成立了奥匈帝国子公司——奥地利石油进口公司。参阅 Сост. Гулиев А. Н., Найдель М. И., Нардова В. А., Монополистический капитал в нефтяной промышленности России. 1883 – 1914. М. – Л., Изд – во АН СССР, 1961. С. 187 и 681. (док. № 51 и примечание к нему.)

面与大型石油生产商进行谈判，建立了许多垄断协会，涵盖从石油生产到石油产品的运输和销售等各个方面。当然，诺贝尔兄弟公司力求在这些协会中发挥决定性作用。但是，巴库的石油生产商们对此表示拒绝。①

B. A. 纳尔多娃对此恰当地评价道："诺贝尔兄弟公司宣布对石油企业主发动公开战争。"② 实际上，诺贝尔兄弟公司的计划失败后所采取的措施完全可以称为战争。1884 年 1 月，在《里海》报纸上出现了一条消息：诺贝尔兄弟公司与多家石油公司达成协议，从它们那里购买原油。为了说明这项操作，B. A. 纳尔多娃写道："根据协议，诺贝尔兄弟公司有义务以一定的价格接受上一年该油田开采的一半石油，而石油生产商同样有义务不向诺贝尔兄弟公司以外的其他任何人出售石油。这种计谋人为地大幅减少了石油产量，不仅导致石油价格快速上涨，而且很快使煤油生产商无法获得石油。"③

从协议中可看出，诺贝尔兄弟公司开始采取强制措施。其中很多措施非常高明。熟悉其行动后，人们不由自主地会想起列宁的著作——《帝国主义作为资本主义的最高阶段》，谈到"强迫服从垄断者同盟"时，列宁引用了"垄断者同盟为了这种'组织'而采取的种种现代的、最新的、文明的

① 参阅 Нардова В. А., Начало монополизации бакинской нефтяной промышленности // Очерки по истории экономики и классовых отношений в России конца XIX начала XX в. М. - Л., Наука. 1964. С. 9 - 14; Нардова В. А., Монополистические тенденции в нефтяной промышленности в 80 - х годах XIX в. и проблема транспортировки нефтяных грузов // Монополии и иностранный капитал в России. М. - Л., Изд - во АН СССР, 1962. С. 70 - 72; Сост. Гулиев А. Н., Найдель М. И., Нардова В. А., Монополистический капитал в нефтяной промышленности России. 1883 - 1914. М. - Л., Изд - во АН СССР, 1961. С. 663。（примечание составителей.）

② Нардова В. А., Монополистические тенденции в нефтяной промышленности в 80 - х годах XIX в. и проблема транспортировки нефтяных грузов // Монополии и иностранный капитал в России. М. - Л., Изд - во АН СССР, 1962. С. 72.

③ Нардова В. А., Монополистические тенденции в нефтяной промышленности в 80 - х годах XIX в. и проблема транспортировки нефтяных грузов // Монополии и иностранный капитал в России. М. - Л., Изд - во АН СССР, 1962. С. 72. 1884 年，诺贝尔兄弟公司购买了 2290 万普特的石油，是前一年购买量的两倍，导致诺贝尔兄弟公司集中了当年生产的 40% 以上的石油。参阅 Сост. Гулиев А. Н., Найдель М. И., Нардова В. А., Монополистический капитал в нефтяной промышленности России. 1883 - 1914. М. - Л., Изд - во АН СССР, 1961. С. 752。

斗争手段"。① 有趣的是,清单中的第一位是"剥夺原料",即诺贝尔兄弟公司在这种情况下采用的手段。公司还使用了清单中列出的其他许多手段,例如"剥夺销路""同买主订立协议,使他们只同卡特尔发生买卖关系""有计划地压低价格"等。

诺贝尔兄弟公司的对手们竭尽全力地进行自我防御。在1884年通航期内,它们对诺贝尔兄弟公司造成一些恶性影响。这一年,格里亚泽-察里齐铁路公司、高加索与墨丘利公司、石油公司合作,一方面与巴库石油企业主签订协议,另一方面针对跨里海、伏尔加河和格里亚泽-察里齐铁路的石油货物运输签订协议。②

如果对运输煤油的诺贝尔铁质驳船与木制油驳船进行比较,我们会发现在同等容量下,木制油驳船的成本比铁质驳船低6/7。早在1884年,木制油驳船就运送了超过100万普特的煤油。为了维护自身利益,诺贝尔兄弟公司声称使用木制油驳船运输煤油有火灾隐患,因此应禁止。从各个政府机关到报纸刊物,大家针对这个问题展开了非常激烈的讨论。有人发出呼声:"诺贝尔兄弟公司之所以提出这一声明,并不是因为木制油驳船存在的火灾隐患,而是为了赢得竞争,公共安全仅是其体面的借口。"③ 巴库石油工业家代表大会赞成用木制油驳船运输,反映了当时大会不愿意看到诺贝尔兄弟公司企业家在竞争中占据优势。1885年5月17日,巴库石油工业家代表大会的结论揭露了诺贝尔兄弟公司的内幕,其中写道:"早在70年代,诺贝尔兄弟公司就开始在巴库经营非常庞大的石油业务,显然,它试图垄断巴库的全部业务。当意识到不可能收购全部土地之后,诺贝尔兄弟公司尝试至少要把现成的煤油集中在自己手

① Ленин В. И., Соч., т. 22, С. 194. 译者注:照录中共中央编译局编译《列宁全集》第27卷,人民出版社,1990,第341页。

② Нардова В. А., Начало монополизации бакинской нефтяной промышленности // Очерки по истории экономики и классовых отношений в России конца XIX начала XX в. М. - Л., Наука. 1964. С. 13.

③ 下诺夫哥罗德交流委员会交易所得出这一结论。参阅 Сост. Гулиев А. Н., Найдель М. И., Нардова В. А., Монополистический капитал в нефтяной промышленности России. 1883 - 1914. М. - Л., Изд-во АН СССР, 1961. С. 54.

中，为此诺贝尔兄弟公司不断提出建立不同类型的辛迪加和协议，但由于这种辛迪加和协议的目的毫不掩饰，其他工厂出于自我保护的考虑拒绝加入，公司通过此方式垄断石油的希望落空后，竭尽全力阻碍石油业务运输领域的发展（即通过铁路和水路运输石油货物），以此方式避免不必要的竞争对手的出现。"根据理事会的坚定信念，诺贝尔兄弟公司追求的真正目标是"禁用木制油驳船，从而利用公司的铁制驳船完全垄断整个地区（西伯利亚、俄国东部和察里津诺上游伏尔加河水域、奥卡河及其支流）的煤油市场，然后任意设定煤油价格"。① 交通部部际委员会注意到这个问题，并提出了巧妙而简便的解决办法：允许使用木制油驳船运输煤油，但仅限于1886年底前两次通航期中。②

外高加索铁路的投入运营，为巴库的煤油出口开辟了一条新路径。1883年（该铁路运营的第一年），就出口了270万普特煤油。第二年，外高加索铁路的煤油出口量达到390万普特。③ 诺贝尔兄弟公司的领导者们最初并不十分重视这条铁路。但是自1884年以来，他们开始采取措施。首先是防止竞争者通过这条铁路进一步增加煤油出口，其次是充分利用这条铁路运输自己公司的煤油。

巴库石油工业家代表大会对此阐述了如下内容："当外高加索铁路建设完成时，由于还未做好准备工作，该铁路上只能运输极少量的石油货物。而

① Сост. Гулиев А. Н., Найдель М. И., Нардова В. А., Монополистический капитал в нефтяной промышленности России. 1883 – 1914. М. – Л., Изд – во АН СССР, 1961. С. 53 – 56（заключение Совета съездов бакинских нефтепромышленников на записку Т – ва бр. Нобель о необходимости запрещения перевозки нефтепродуктов наливом в деревянных баржах от 17 мая 1885 г.）. 参阅 Нардова В. А., Монополистические тенденции в нефтяной промышленности в 80 – х годах XIX в. и проблема транспортировки нефтяных грузов // Монополии и иностранный капитал в России. М. – Л., Изд – во АН СССР, 1962. С. 74 – 75。
② Сост. Гулиев А. Н., Найдель М. И., Нардова В. А., Монополистический капитал в нефтяной промышленности России. 1883 – 1914. М. – Л., Изд – во АН СССР, 1961. С. 662 – 663.（примечание составителей.）
③ Сост. Гулиев А. Н., Найдель М. И., Нардова В. А., Монополистический капитал в нефтяной промышленности России. 1883 – 1914. М. – Л., Изд – во АН СССР, 1961. С. 66.（записка В. Н. Андреева.）

据我们的了解，诺贝尔兄弟公司对此没有采取任何措施。铁路建成的第二年，石油生产商们在该铁路上安排了大量的石油运输任务，此时铁路承运能力不足的缺陷暴露了出来。对此，石油生产商们一次次请愿希望提高铁路的运输能力。与此同时，诺贝尔兄弟公司从另一角度来解决问题。不得不承认，诺贝尔兄弟公司的举措非常明智。首先，公司提出了在波季-季夫利铁路山口建立一条新的煤油管道，并在申请时断言，此方案可以减免因提高铁路运输能力而产生的成本。虽然逻辑上有些牵强，不过政府确实推迟了增加铁路运输车辆的许可（公司代表起到了一定作用）。在这次公开的活动中，格拉乔夫先生与别利亚明先生都坚持限制外高加索铁路上公用油罐车的数量，同时请求公司允许他们自行提供运输车辆。当仍然允许增加铁路运输车辆后，在诺贝尔兄弟公司的倡议下，石油工业家们秘密地投诉了外高加索铁路上的一些错误行为。"①

与此同时，到1885年底，有明显的迹象表明煤油生产过剩。在过去的通航期中，大约有2000万普特煤油进入了俄国的国内市场，而俄国年消费量不超过1600万普特。显然，正是这种情况促使诺贝尔兄弟公司的领导者们于1885年12月试图与最大的煤油生产商和煤油贸易商达成联合销售的协议。

在协议草案中，除了诺贝尔兄弟公司，预计还有另外两家石油公司——塔吉耶夫与萨尔基索夫兄弟商行、里海公司，其他五名成员都是贸易公司。该协议的实质是暂售煤油。缔约方承诺"1885年12月，无论是储藏在自己或者租用的油罐中，还是储藏在途中的油罐车中，实际现有数量的煤油属于各成员"。在声明的数量中，每位成员均有权"按其酌情决定的价格和条件，输送煤油总量的20%"。其余的80%在缔约各方书面同意的情况下使用。值得注意的是，保证该协议履行的方法是协议各成员应该将声明的煤油量抵押给一家国家银行或私人银行，条件是在协议期满之前后者可以允许各成员"免费输送20%的现存煤油"。该协议于1886年4月2日签署，但实

① Сост. Гулиев А. Н., Найдель М. И., Нардова В. А., Монополистический капитал в нефтяной промышленности России. 1883 – 1914. М. – Л., Изд – во АН СССР, 1961. С. 55.

际上没有发挥作用。①

1886 年，到开始新航期时，仍有 400 多万普特煤油未售出，这证明石油生产者的担心是合理的。同时，这一年俄国的进口量达到了 2300 万普特，打破了历史纪录。② 在前所未有的生产过剩情况下，各种垄断协会的计划接连出现。它们中的少数得以实施，但即使是在诺贝尔兄弟公司的切实参与下，这些垄断协会也中断了。③ 许多石油生产商面临破产的威胁，诺贝尔兄弟公司领导者决定利用这种情况，和对手进行决定性的战斗。在向国家银行董事会提交的一份申请中，诺贝尔兄弟公司写道："石油生产商抱怨的困难条件源于竞争，在竞争中，小型工厂主和手工业者被大型的生产商所替代。但是，竞争导致的价格下降并不能抑制产量的不断增加，而且尽管需求大大增加，供应量仍超过了需求量。在年初之前销售煤油所获得的利润不仅能够负担生产和运输煤油的成本，还鼓励了工厂进一步扩大生产。毫无疑问，没有人会放弃生产，生产暂时仍然可以提供某些好处，但是任何一家工厂都无法承受长期亏损。不过生产过剩的情况在 1885 年就已经存在，现在不得不将价格提高到极限。所以，问题在于谁能够以现有的低价继续生产，谁应该停止生产。"④

---

① Сост. Гулиев А. Н., Найдель М. И., Нардова В. А., Монополистический капитал в нефтяной промышленности России. 1883－1914. М.－Л., Изд－во АН СССР, 1961. С. 60－62. (проект соглашения.) 参阅 также примечание составителей к этому документу на С. 665。

② Сост. Гулиев А. Н., Найдель М. И., Нардова В. А., Монополистический капитал в нефтяной промышленности России. 1883－1914. М.－Л., Изд－во АН СССР, 1961. С. 669. (прим. 4 к док. № 17.) Нардова В. А., Монополистические тенденции в нефтяной промышленности в 80－х годах XIX в. и проблема транспортировки нефтяных грузов // Монополии и иностранный капитал в России. М.－Л., Изд－во АН СССР, 1962. С. 76.

③ 参阅 Сост. Гулиев А. Н., Найдель М. И., Нардова В. А., Монополистический капитал в нефтяной промышленности России. 1883－1914. М.－Л., Изд－во АН СССР, 1961. С. 669－670. (прим. 2 к док. № 17.) Нардова В. А., Начало монополизации бакинской нефтяной промышленности // Очерки по истории экономики и классовых отношений в России конца XIX начала XX в. М.－Л., Наука. 1964. С. 17－18。

④ Сост. Гулиев А. Н., Найдель М. И., Нардова В. А., Монополистический капитал в нефтяной промышленности России. 1883－1914. М.－Л., Изд－во АН СССР, 1961. С. 666－отрывок из записки о положении керосинового: дела в России от 24 марта 1866 г. (курсив мой.－В. Б.)

1886 年春，诺贝尔兄弟公司的领导者（正是以这种语气）与竞争者谈判，向他们提供协议的新版本。新版本的条件与旧版本的条件有很多不同之处。诺贝尔兄弟公司收取一定的费用用于销售协议方储备的煤油。全部销售问题都必须由诺贝尔兄弟公司独立决定。协议方仅有权提议选举两人来核实结算的正确性。但是，包括 M. 纳吉耶夫、Г. M. 阿拉费洛夫、Ш. 阿萨杜拉耶夫、Л. M. 杰 - 布尔在内的全部小型石油生产商都不接受这样的独裁条件。因此尽管协议已签署，但仍未生效。①

1886 年，诺贝尔兄弟公司与其对手的竞争手段主要是降低价格。截止到年底，效果十分显著：在 136 家竞争企业中，已经有 46 家工厂倒闭。②与之相反，诺贝尔兄弟公司的销售价格降低了至少 1/5，甚至在产量上略有提升。数据显示，1886 年诺贝尔兄弟公司在国内市场上销售了 780 万普特产品，与上一年相比要少了 150 万普特；但向国外出口了 310 万普特产品，相比上一年增加了 190 万普特。所以总的来看，诺贝尔兄弟公司的总销售额依旧呈现上升趋势。③

早在 1887 年，诺贝尔兄弟公司的石油加工厂大幅提高了产量。这一年，

---

① 参阅 Нардова В. А. ，Начало монополизации бакинской нефтяной промышленности // Очерки по истории экономики и классовых отношений в России конца XIX начала XX в. М. - Л. ，Наука. 1964. С. 22 - 23。

② 参阅 Нардова В. А. ，Монополистические тенденции в нефтяной промышленности в 80 - х годах XIX в. и проблема транспортировки нефтяных грузов // Монополии и иностранный капитал в России. М. - Л. ，Изд - во АН СССР, 1962. С. 77 - 78。

③ Сост. Гулиев А. Н. ，Найдель М. И. ，Нардова В. А. ，Монополистический капитал в нефтяной промышленности России. 1883 - 1914. М. - Л. ，Изд - во АН СССР, 1961. С. 753.（таблица 3г, составленная по внутренним отчетам Т - ва бр. Нобель. 1885 年、1886 年的销售总额与国内、国外的销售总额之和不符。См. об этомпримечание к таблице на стр. 755.）В. А. 纳尔多娃引用 1886 年诺贝尔兄弟公司的官方报告，并写道："根据官方报告，相比上一年，1886 年诺贝尔兄弟公司的煤油销售量增加了 35%。"参阅 Нардова В. А. ，Монополистические тенденции в нефтяной промышленности в 80 - х годах XIX в. и проблема транспортировки нефтяных грузов // Монополии и иностранный капитал в России. М. - Л. ，Изд - во АН СССР, 1962. С. 78。但是，上述非正式报告表格中所包含的数据不能证实销售额如此大幅地增长。

公司在国内市场上销售的煤油比上一年增长了 1/2。①

　　1887 年 1 月，察里津诺市场上的煤油价格为 1886 年底的价格水平。1887 年 2 月，煤油价格开始进一步下跌。因此，А. Ш. 格林贝格合资贸易公司与诺贝尔兄弟公司的协议在 2 月底开始生效，提议在某些条件下向巴库工厂主购买煤油，甚至像里海公司和 Г. З. А. 塔吉耶夫公司这样的大型企业都签订了该协议。总的来说，诺贝尔兄弟公司控制的"诺贝尔 - 格林贝格辛迪加"集中了 1700 万普特煤油，而 1887 年在市场上流通的煤油总量为 3300 万普特。

　　自 6 月以来，辛迪加开始提高煤油价格。1887 年 10 月 10 日，俄国航运贸易公司的负责人 Н. Ф. 凡杰尔 - 弗利特先生描述道："辛迪加不仅在本地提高了售价，还将高价推广到整个俄国市场（除西南地区以外）。不过为了满足俄国需求要让利销售多余库存，它在华沙和利巴瓦以低价向国外出口煤油（在察里津诺折合约 25 戈比），以此弥补在俄国市场低利润销售的亏损。"②

　　从 1886 年初开始，许多石油生产商濒临破产，Л. Э. 诺贝尔发起了一场要求对原油征税的广泛运动。③ 1886 年 10 月 31 日，在写给高加索民用部门主要领导人 А. М. 东杜科夫 - 科尔萨科夫的请愿书中，巴库石油工业家的

① Сост. Гулиев А. Н. , Найдель М. И. , Нардова В. А. , Монополистический капитал в нефтяной промышленности России. 1883 - 1914. М. - Л. , Изд - во АН СССР, 1961. С. 753. 煤油产量从 1070 万普特增加到 1420 万普特。国内市场的销售量从 780 万普特增加到 1270 万普特，国外市场的销售量从 310 万普特增加到 350 万普特。

② Сост. Гулиев А. Н. , Найдель М. И. , Нардова В. А. , Монополистический капитал в нефтяной промышленности России. 1883 - 1914. М. - Л. , Изд - во АН СССР, 1961. С. 99. 根据表 3（С. 753）的数据判断，该数据是根据诺贝尔兄弟公司内部年度报告整理而成的。1887 年俄国煤油的平均价格（52 戈比）低于国外的平均价格（61 戈比）。

③ Сост. Гулиев А. Н. , Найдель М. И. , Нардова В. А. , Монополистический капитал в нефтяной промышленности России. 1883 - 1914. М. - Л. , Изд - во АН СССР, 1961. С. 71 - 73;（записка Л. Э. Нобеля от 17 января 1886 г. в департамент неокладных сборов министерства финансов 《О налоге на сырую нефть》）, С. 74（письмо Л. Э. Нобеля от апреля 1886 г. управляющему Государственным банком с поддержкой проекта Министерства финансов об обложении нефти акцизом）.

代表们揭开了这场运动的实质：“巴库石油工业的发展程度如此之高，以至于其可以毫无困难地为整个俄国乃至欧洲大部分地区提供所需数量的照明用具和润滑剂。同时，石油生产商尽全力生产，消耗了大笔资金，却陷入困难的处境，这在国内其他行业中都从未经历过：石油产量大，但原油或加工品销量少，因此原油价格跌至每普特半戈比；夏季，在俄国煤油供过于求，因此销售困难重重，价格无利可图；通航期结束后，由于缺乏出口资金，巴库煤油生产地的销售数量极少；油渣是最有价值的原料，却经常由于缺乏存储空间而被倒入大海，重油则被倒入湖泊中焚毁。”请愿者强调，在这种情况下，对原油征税“只会让一两家最大的公司致富；对于其他所有工业家来说，尤其是中小型工业家，这将导致最终的破产”。值得注意的是，这个感人肺腑的请愿书是根据 1886 年 10 月 26 日巴库石油生产商全体大会的决定编写的，甚至没有邀请小型企业家参加，因此忽视了小型企业的存在。在此请愿书上签名的代表中，有 Г. З. А. 塔吉耶夫（巴库最大的石油生产商和煤油生产商之一）。①

19 世纪 80 年代中期，诺贝尔兄弟公司向其他石油生产商宣告的“战争”不再是一场普通的竞争，而是一种现象。列宁写道：“现在已经不是小企业同大企业、技术落后的企业同技术先进的企业进行竞争。现在已经是垄断者在扼杀那些不屈服于垄断、不屈服于垄断的压迫和摆布的企业了。”②

我们没有较为确切的定量指标来描述诺贝尔兄弟公司在俄国煤油市场上的地位。但是，可以肯定的是，诺贝尔兄弟公司在煤油销售中所占的份额不低于其在煤油生产中所占的份额。从这样的比重（占俄国总产量的 54.9%）来看，是否可将诺贝尔兄弟公司视为垄断者？由于对 19 世纪 80 年代俄国垄断的可能性仍存在一些怀疑，因此这个问题值得探讨。

---

① Сост. Гулиев А. Н.，Найдель М. И.，Нардова В. А.，Монополистический капитал в нефтяной промышленности России. 1883－1914. М. －Л.，Изд－во АН СССР，1961. С. 78－80, 667. 小型工业家们致函 А. М. 东杜科夫－科尔萨科夫表示，由于征收税收，“小型工业将停止经营，大型工业将倒闭（已屡次表现出这种趋势），煤油价格将上涨”。

② Ленин В. И.，Соч.，т. 22，С. 194. 译者注：照录中共中央编译局编译《列宁全集》第 27 卷，人民出版社，1990，第 342 页。

自 19 世纪末以来，确定自由竞争与垄断之间界限的问题引起了经济学家的关注。P. 希法亭在其著作《金融资本》中直接提出了一个问题："垄断协会想要对市场价格产生绝对性影响，需要在总生产中占多少比例？"在他看来，要回答这个问题并不容易："并不能为全部行业提供通用答案。"[①] P. 希法亭认为只可能分析"竞争对手在良好和不利条件下的行为差异"，发现"某个开始时刻"。[②] 此外，P. 希法亭完全确定地提出了一个重要论点，即既然协议和融合可以是局部的，那么相关行业仍然存在自由竞争。他解释说："在这种情况下，如果垄断协会对市场定价具有决定性影响，那么就存在垄断联盟；如果与此同时还有一些独立的企业在制定价格时始终与协会所设定的价格保持一致，那么从理论意义和经济意义上讲，在这一生产部门中，不再存在自由竞争。但是，有些人对细节极为严格，为了避免受到他们的责难，我称这类协会不是完全的协议性协会或融合协会，而是垄断性协会。"[③] 在另一处，他写道："局部协会和垄断性协会之间的区别基于它们在市场上的不同地位，基于它们主导价格还是价格主导它们。此外，要控制价格，没有必要将全部同类企业联合起来，控制部分产品（该类产品在市场条件的各个阶段对市场供应都是必要的产品）足以。此外，生产成本应低于局外（垄断联合组织之外）企业的生产成本。只有这样，危机期间所需的减产活动才由局外企业承担，而无须将价格降低至卡特尔的生产价格。"[④]

这里引用的语录并不意味着 P. 希法亭认为这种垄断无法完全控制整个行业。恰恰相反，他认为这种垄断的实质是"全面协议或融合"。而且，在他看来，在垄断资本主义发展的历史趋势下，形成了一个全方位的垄断——"总的卡特尔"。这一论点出现在《金融资本》一书中，并附有保留条件，随后成为他的机会主义理论——"有秩序的资本主义"的基础。

① Гильфердинг Р., Финансовый капитал. М., Соцэкгиз, 1959. С. 266 – 267.
② Гильфердинг Р., Финансовый капитал. М., Соцэкгиз, 1959. С. 267 – 271.
③ Гильфердинг Р., Финансовый капитал. М., Соцэкгиз, 1959. С. 264.
④ Гильфердинг Р., Финансовый капитал. М., Соцэкгиз, 1959. С. 272.

长达半个世纪的垄断资本主义的历史是表明垄断的存在与竞争密切相关的最好证据。这段历史表明,与其说涵盖整个行业的"全面协议或融合"是例外情况,不如说是常规情况。根据 M. 德拉吉列夫有关现代资本主义问题的说法,"几乎没有哪个行业的垄断控制权由一家公司完全独有"。[①] M. 德拉吉列夫将工业垄断定义为"一个企业或企业协会,其规模很大,其产品占据整个行业产品的很大一部分",他写道:"如果该行业由几个最大的企业或协会主导,那么每个企业或协会都会对整个行业的价格和总产量有重大影响。因此,它们每个企业都是垄断者。1957 年,克莱斯勒汽车公司的小汽车产量占美国小汽车总产量的 20%。它在美国汽车产品总量中的份额远少于通用汽车公司(46%)和福特公司(31%)的份额。但是,这两个垄断公司都无法控制克莱斯勒汽车公司的产品价格或产量。这个例子表明,垄断的标志是控制该行业大部分的产品,但不一定要控制全部产品。"[②]

谈到同一问题,E. 瓦尔加在《关于资本主义政治经济学问题的论文集》中写道:"正如列宁一再强调的那样,垄断资本主义不会消除生产和竞争的盲目性,不会像希法亭所想象的那样,形成一个无所不包的全方位的垄断。这意味着垄断企业和非垄断企业之间没有永久性的明确界限。卡特尔和托拉斯会形成,也会解体。行业中存在的垄断公司可能由于局外企业的出现而失去地位。技术创新有时亦会破坏各种企业的垄断地位。我们每天都可以在主要的资本主义报纸的经济栏目中了解到上述因素以及许多其他作用类似的因素。垄断与非垄断之间的界限、垄断与平均利润率之间的界限是可变的。"此外,正如 E. 瓦尔加所指出的那样,"运用统计学,无法精准地确定垄断在经济中的比例,也不能计算垄断利润的数值"。[③]

在垄断组织出现的时期,即它们是一个非常不稳定、暂时的现象时,确定垄断与非垄断之间界限的任务就更为复杂。此外,因为信息的来源

① Драгилев М. , Руденко Г. , Монополистический капитал. М. , Соцэкгиз, 1961. С. 54.

② Драгилев М. , Руденко Г. , Монополистический капитал. М. , Соцэкгиз, 1961. С. 12.

③ Варга Е. , Очерки попроблема мполитэкономии капитализма. М. , Политиздат, 1964. С. 158 – 160.

范围非常有限，所以我们远远没有解决问题所需的全部信息。但是，在研究垄断资本主义的起源时，重要的是要发现建立垄断的必要性，因为它向我们揭示了资本主义发展进程的趋势，表明这种发展处于旧自由资本主义向垄断资本主义转变的阶段。

笔者所引用的证明诺贝尔兄弟公司是垄断者的材料，虽然不能保证被所有人认可，但是有一点毫无争议，即这些材料证明了诺贝尔兄弟公司成为垄断者的意愿。公平地讲，上文讨论的垄断协议仅表示实现垄断的愿望，而我们对其行动的结果却几乎一无所知。但是，正如我们所看到的那样，这种愿望不是抽象的理论，而是通过实践来抢占市场垄断地位。如果任何这样的尝试都马上完全成功，那么就不需要从自由竞争到垄断的过渡时期了。最初，试图夺取垄断权的尝试并不成功，因此，这样的过渡时期是必要的。最初的垄断协会经常瓦解，根本达不到目标。即使它们成功地占领了垄断地位，通常也无法维持较长的一段时间。因此，垄断资本主义形成过程的历史与其说是垄断，不如说是实现垄断的尝试。它向我们揭示了垄断的出现和形成的复杂而矛盾的过程，让我们看到在自由竞争发展到极高程度时，人们对垄断的客观愿望如何使其逐渐呈现出具体的、主观的组织形式，以适应国家的经济条件、社会条件、政治条件和法律规范。

从这个意义上讲，诺贝尔兄弟公司引起了人们的特别关注。所有试图实现垄断的尝试都是通过建立包含几个独立公司的协会来进行的。这种协会基于其成员在一定程度上自愿达成的协议产生。协会对成员的独立性进行一定的限制，以达到对协会有利的效果。签订协议并不代表成员之间没有矛盾，仅意味着在这些公司的相互关系中，向心趋势强于离心趋势。换句话说，这种垄断性协会只能基于各成员的共同利益而存在，这种利益体现在各成员签订的协议中。

与此类垄断性协会不同，诺贝尔兄弟公司已发展成为一家垄断性公司。它是一家经营范围很广的综合性企业，不仅拥有采油厂、石油加工厂、储藏库、运输工具，还拥有维修工厂。从这个意义上讲，诺贝尔兄弟公司也是企业协会，是建立在完全不同的基础上的联盟。上文讨论的垄断协会是属于不同所有者的企业协会。诺贝尔兄弟公司是由一个所有者拥有的企业协会。它的基础不是利益共同体，而是财产共同体，因此也产生了其他差异。

共同利益是基于竞争者在销售市场、经济状况等方面的力量关系产生的，具有短暂性。存在竞争关系的公司间的共同利益是一个可变因素。上述所有协议在某段时期内能够达成并非偶然。这意味着基于共同利益的垄断性协会，非常依赖于某些客观条件，这些客观条件导致相互竞争的公司之间向心趋向逐渐增强。

财产共同体更加稳定。通常，它不限于任何时间范围，在较低程度上依赖经济状况的变化。因此，基于财产共同体的垄断协会具有不可比拟的强大生命力。上文讨论的所有基于共同利益的垄断协会都没有经受住时间的考验，但是即便经济形势变化无常，诺贝尔兄弟公司仍继续存在，而且最终巩固了它的垄断地位。

基于共同利益而产生的垄断性协会通常包括几个独立公司，权力由该协会的全体成员共同行使。这些成员仍然是独立的，它们仅将部分权力转让给协会，协会的权力非常有限，所以上文讨论的所有垄断性协会都没有进一步消除销售领域的竞争。垄断性协会对生产的影响仅限于调节供求比例，也就是说，仅涉及生产规模。就其生产条件而言，协会的成员拥有完全的自由。

在销售领域，上述垄断性协会的力量是有限的。毕竟，这些协会的经营范围较为单一，仅销售协议规定的一种或几种同类产品。如果这些协会的成员生产任何其他类型的工业产品，那么它们在销售方面将保持完全独立。正因如此，同一家公司可能是多个此类垄断协会的成员。

诺贝尔兄弟公司对其所联合的企业具有统一且绝对的支配权。另外，与上文讨论的垄断协会不同，诺贝尔兄弟公司不是一个行业，而是几个行业的企业联合。首先，它是一家石油开采企业。其次，这家企业从石油中提炼煤油。早在1883年，诺贝尔兄弟公司就有一个创建其他产业的计划。诺贝尔兄弟公司董事会的报告中指出："对于公司而言，从问题的实质出发，引入一个新的生产分支，为公司创造新的可观利益，这也是非常重要的事情。公司的巴库工厂直到现在还以油渣和重油为供暖材料。假如采取煤气供暖的方式会怎样？把原来当作燃料的重油转化为气体，顺便还能获得煤气焦油。而煤气焦油中又能提取芳香烃，这些芳香烃又可用于制造贵重燃料。"① 诺贝尔兄弟公司还拥有海船、江船、货车、仓库，本质上构成了一家特殊的运输贸易公司（后来从中划分出一家独立的股份制公司）。早在 80 年代初，诺贝尔兄弟公司就首次尝试创建子公司（名为德俄石油进口公司）。因此，作为一个垄断性协会，诺贝尔兄弟公司的发展采取了由单一转向组合的方式，这不是上文讨论的卡特尔或辛迪加类型的垄断性协会所固有的特征。诺贝尔兄弟公司应属于哪种类型的垄断？回顾列宁对托拉斯的定义："绝对的垄断权。"② 诺贝尔兄弟公司显然符合这个定义。

19 世纪 80 年代末，巴库石油工业行业建立了一家新公司，即巴黎罗斯柴尔德银行。事实证明该公司能够与诺贝尔兄弟公司以平等的原则进行竞赛。我们暂时还不知道该公司的领导者们在什么情况下对俄国石油事务产生了兴趣，我们也不清楚俄国石油问题在银行的总体政策中占据什么位置。只有通过研究巴黎罗斯柴尔德银行的档案资料，才能找到这些问题的答案。③

① Сост. Гулиев А. Н. ，Найдель М. И. ，Нардова В. А. ，Монополистический капитал в нефтяной промышленности России. 1883－1914. М. －Л. ，Изд－во АН СССР，1961. С. 49－50.

② Ленин В. И. ，Соч. ，т. 39，С. 47. 译者注：照录中共中央编译局编译《列宁全集》第 27 卷，人民出版社，1990，第 369 页。

③ 这项研究已经开始。法国历史学家 B. 吉尔在 "La Banque et le Crédit en France de 1815 à 1848" 论文中使用了罗斯柴尔德档案馆的资料。参阅 B. Gille. La Banque et le Crédit en France de 1815 à 1848. Paris，1959. B. 吉尔最近还发表了一篇有趣的文章。参阅 B. Gille. Lettres adressées à la maison Rothschild de Paris par son représentant a Bruxelles. I. Crise Politique et Crise Financiére en Belgique（1838－1840）. Louvain－Paris，1961；II. L`époque des susceptibilités（1843－1853）. Louvain－Paris，1963. 但是，后来，巴黎罗斯柴尔德银行的活动几乎完全未被研究。只有专门研究罗斯柴尔德历史的作者——M. E. 软威志对其进行过扼要的描述。参阅 M. E. Ravage. Grandeur et Décadence de la maison Rothschild. Paris，1931，pp. 316－319. 论文中包含有关 70 年代末至 80 年代初巴黎罗斯柴尔德银行活动的有趣信息。参阅 J. Bouvier. Etudes sur le krach de l'Union Générale（1878－1885）. Paris，1960。

无论情况怎样，80 年代中期，巴黎罗斯柴尔德银行持有的（某种有价证券的）总存量最终成为里海 – 黑海石油工业贸易公司的股票控制额。[①] 在巴库地区的石油生产和煤油生产中，里海 – 黑海石油工业贸易公司所占的份额都不大（见表 2 – 11）。然而，在巴库的石油公司中，里海 – 黑海石油工业贸易公司显然占有非同寻常的地位。

表 2 – 11　1884 年和 1890 年里海 – 黑海石油工业贸易公司的生产情况

单位：百万普特，%

年份	石油产量	占巴库地区总产量的份额	煤油产量	占巴库地区总产量的份额
1884	2.3	2.3	0.7	3.7
1890	16.2	7.1	4.7	6.9

该公司最初称为巴统石油工业贸易公司，由巴库 – 季弗利铁路的建设者 C. C. 帕拉什科夫斯基和 Л. A. 本格在 1883 年成立。[②] 它的创始人显然打算通过外高加索铁路从巴库往国外出口煤油。到 1885 年，公司在巴统拥有 4 个容量为 8 万普特的贮油罐（2 个储存煤油、1 个储存润滑油、1 个储存油渣）。公司创建了一家大型工厂，生产洋铁箱和木箱，用来浇铸和密封煤油和汽油。[③] 该工厂每年可以生产运输 300 多万普特煤油的集装箱。最初，公司的业务似乎还不错。В. Н. 安德烈耶夫对此表示："无论是从巴统运往国外，还是从巴库运往巴统，里海 – 黑海石油工业贸易公司都是最大的石油产

---

① 有关巴黎罗斯柴尔德公司在俄国石油业务方面的第一步行动及其使用的方法，参阅 Урсенко А. А. , Нефтяные тресты и мировая политика. 1880 – е годы – 1918 г. М. – Л. , Наука, 1965. С. 30 – 33。

② Сост. Гулиев А. Н. , Найдель М. И. , Нардова В. А. , Монополистический капитал в нефтяной промышленности России. 1883 – 1914. М. – Л. , Изд - во АН СССР, 1961. С. 665. （примечание составителей. ）

③ Сост. Гулиев А. Н. , Найдель М. И. , Нардова В. А. , Монополистический капитал в нефтяной промышленности России. 1883 – 1914. М. – Л. , Изд - во АН СССР, 1961. С. 68. （из записки Андреева В. Н. от 24 декабря 1885 г. ）

品出口公司。1884 年，公司出口了 1670044 普特，占总出口量（3745653 普特）的 44.5%。该公司出口到俄国南部港口的石油产品增加至 58956 普特，仅占这些港口的出口总额（1741544 普特）的 3%。1884 年该公司的石油产品出口额为 1728999 普特，占各种石油产品出口总额（5487197 普特）的 31%。"[1] 然而，早在 1885 年，里海 - 黑海石油工业贸易公司就面临严重的财政困难问题，这也预示了它的结局。

里海 - 黑海石油工业贸易公司的新所有者大大提高了公司的石油和煤油产量。不过这并不是公司业务的主要方向。1887 年俄国航运贸易公司的负责人 Н. Ф. 凡 - 杰尔 - 弗利特写道："几乎同时，在俄国的煤油业务中，以巴黎罗斯柴尔德银行[2]为代表的新企业崭露头角，该公司收购了黑海 - 里海公司、前帕拉什科夫斯基公司和本格公司。巴黎罗斯柴尔德公司拥有巨额的货币资金，从 1886 年秋天开始，力求在向外出口煤油方面占据首要地位。巴黎罗斯柴尔德公司不满足于已收购的业务，开始从其他工厂主那里按期购买煤油。通过高价格和高定金（5 年的生产期、高达每普特 5 戈比）的方式，巴黎罗斯柴尔德公司吸引了大多数大中工厂主，从他们那里长期（3 ~ 5 年）购买所有货物，并利用外高加索铁路进行运输，与此同时，巴黎罗斯柴尔德公司承诺以协作单位的名义，向它们提供私人油罐车（交通部允许的数量）。只有那些与国外有直接关系的大型工厂主（例如诺贝尔兄弟公司、巴库石油公司、希巴耶夫公司、米尔佐耶夫公司）和相对较少的中小型工厂主仍不受巴黎罗斯柴尔德公司的制约。"[3]

---

[1] Сост. Гулиев А. Н. ，Найдель М. И. ，Нардова В. А. ，Монополистический капитал в нефтяной промышленности России. 1883 – 1914. М. – Л. ，Изд – во АН СССР，1961. С. 70.

[2] 译者注：为了尽量忠实于原文，此处"парижский банкирский дом Ротшильдов"译作"巴黎罗斯柴尔德银行"，下文还出现"парижская фирма Ротшильда"，译作"巴黎罗斯柴尔德公司"。类似情况采用同样的办法处理。

[3] Сост. Гулиев А. Н. ，Найдель М. И. ，Нардова В. А. ，Монополистический капитал в нефтяной промышленности России. 1883 – 1914. М. – Л. ，Изд – во АН СССР，1961. С. 98. （записка Фан – дер – Флита Н. Ф. от 10 октября 1887 г. ）

因此，里海－黑海石油工业贸易公司的新所有者能够采取更为有效的方法来完成其创始人设定的任务，① 并立即得到良好的效果。80 年代后期，里海－黑海石油工业贸易公司完全控制俄国煤油出口的趋势引起了广泛关注。外高加索地区和外里海地区货物税负责人 C. M. 马尔科夫在 1889 年 1 月给财政部非定额税司写信说道："为了充分理解巴黎罗斯柴尔德公司在高加索石油工业中的重要性，首先，有必要注意我国石油业务具有不同于其他所有大规模生产的特征，能够影响石油产品开采与有关贸易企业的盈利。显然，在这种情况下，通过巴统出口照明用油成为一项充满了赌博色彩的石油业务。它的高风险性，能够让一个普通企业家在短短一周内暴富或者破产。能够承受风险的企业，最终会获得平稳的收入。绝大多数巴库石油企业家根本没有坚实的资本，因此这些生产商一直处于完全不确定和危险的境地，被控制在各种主要资本家的手中。据我所知，巴黎罗斯柴尔德公司利用这种情况，与 60 家石油工厂的厂主达成了有效协议……如果一段时间后，全部小型煤油生产商都掌握在巴黎罗斯柴尔德公司手中也不足为奇。"②

1889 年 4 月，国有资产部部长 M. H. 奥斯特洛夫在给财政部部长 H. A. 维什涅格拉茨基的一封信中，提醒他注意"近年来，巴黎罗斯柴尔德公司对阿普歇伦半岛石油工业的影响日益增强，它几乎成为石油工业的唯一垄断

---

① A. A. 富尔先科陈述了一个非常有说服力的事实，准确地描述了里海－黑海石油工业贸易公司新领导者的能力："早在 1887 年，公司刚刚在巴库成立，就向沙皇政府提出请求，要求增加里海－黑海石油工业贸易公司的资本。当时的请求没有得到批准。但是巴黎银行家向里海－黑海石油工业贸易公司提供了超过 300 万卢布的贷款。这是沙皇政府正式批准的公司固定资本（150 万卢布）的两倍多。"参阅 Фурсенко А. А., Парижские Ротшильды － русская нефть // Вопросы истории. 1962, № 8. C. 34。

② Сост. Гулиев А. Н., Найдель М. И., Нардова В. А., Монополистический капитал в нефтяной промышленности России. 1883 － 1914. М. － Л., Изд － во АН СССР, 1961. C. 118 － 119.（письмо Маркова С. В. от 12 января 1889 г.）在信的注释（第 673 页）中，编者写道："根据 1889 年 9 月 21 日铁路的消息，罗斯柴尔德家族的里海－黑海石油工业贸易公司通过签订协议从 50 家巴库石油公司（其中 31 家大型公司和 19 家小型公司）获得了煤油，通过外高加索铁路（里海－黑海石油工业贸易公司有 2290 辆油罐车，这条铁路上的油罐车总数为 4195 辆）运输，销往国外市场。"

者，并控制了大部分当地的石油企业主"。[①] 1889 年 11 月，А. И. 曼塔舍夫按照巴库石油企业主第五次代表大会的委托向财政部提出了申请。在描述由巴库向巴统出口煤油的情况时，他写道："当我到巴库购买煤油时，碰到以下情况：首先，供给的煤油量并不稳定；其次，出口到巴统的煤油相对较少且集中在少数几个人的手中，购买时还需要付每普特煤油 7 戈比的运输费；再次，协议规定提供一定数量的私人车，但私人车车主甚至没有参与到行业中，只是利用煤油出口的情况登记加入某些工厂。由于没有车辆，工厂主就不能将煤油出口到国外，而资本家为他们提供了一个条件，让工厂主有机会购买车辆，并在名义上是车主。但实际上，工厂的生产力和车辆归资本家抵押和支配。为了销售自己的产品，工厂主在必要时接受某些苛刻的条件。不能按照车辆成本收取任何惠及车主的利息。至于资本家借贷的金额，每年需偿还 6%。工厂主多次用财产担保向资本家贷款。这些贷款被称为煤油预付款，工厂主有义务提供给资本家大量煤油用于在国外销售，其数额将由资本家本人指定。因此，巴黎罗斯柴尔德公司有机会以垄断者的身份经营全部工厂，铁路每月将为其运送 2000 节货车车厢的货物，占总出口量的2/5。由于协议条件的限制，这些车厢没有任何运输津贴，只有每普特 7 戈比的补偿，这等同于使巴黎罗斯柴尔德公司获得了在国外销售煤油的垄断权。在 1889 年 1 月至 7 月这将近半年的时间里，巴黎罗斯柴尔德公司降低了出口煤油的价格，希望利用低价优势成为出口垄断者。"[②]

---

① Сост. Гулиев А. Н., Найдель М. И., Нардова В. А., Монополистический капитал в нефтяной промышленности России. 1883 – 1914. М. – Л., Изд - во АН СССР, 1961. С. 124.（письмо Островского Д. Н. от 10 апрели 1889 г.）

② Сост. Гулиев А. Н., Найдель М. И., Нардова В. А., Монополистический капитал в нефтяной промышленности России. 1883 – 1914. М. – Л., Изд - во АН СССР, 1961. С. 133 – 134.（из докладной записки Манташева А. И. от 27 ноября 1889 г.）В. А. нардова引用铁路厅的报告，声称1888年巴黎罗斯柴尔德公司石油产品的出口量为1240万普特，全国石油产品的出口总量为2990万普特，巴黎罗斯柴尔德公司石油产品的出口占出口总量的42%。（Нардова В. А., Монополистические тенденции в нефтяной промышленности в 80 - х годах XIX в. и проблема транспортировки нефтяных грузов // Монополии и иностранный капитал в России. М. – Л., Изд - во АН СССР, 1962. С. 87.）

　　上述所引文件集的编者将里海－黑海石油工业贸易公司与协作单位订立的示范协议的内容总结如下："巴库的石油企业家与里海－黑海石油工业贸易公司达成协议，代售从巴库通过铁路出口到巴图姆和国外的全部煤油，并且缔约方失去了输出和销售自己的煤油并从他人手中获取煤油的权利，只能在公司的书面许可下进行运输和销售；从煤油被装载到车厢中以运送到黑海的那一刻起，其就被里海－黑海石油工业贸易公司完全控制。同样，里海－黑海石油工业贸易公司的缔约方通常被剥夺了向第三方（除里海－黑海石油工业贸易公司外）销售运往黑海的石油产品（木质器皿中的产品除外）的权利"（协议第 1 条）。市场定价也由里海－黑海石油工业贸易公司控制；缔约方"无权干预公司的任何行为，并且从将煤油交给公司处置的那一刻起，里海－黑海石油工业贸易公司缔约方便不再采取任何进一步的管理行动"（协议第 7 条）。[1] 值得注意的是，里海－黑海石油工业贸易公司千方百计地否认协议的掠夺性，但同时完全没有隐藏自己的垄断野心。在1889 年 2 月 6 日给财政部部长的报告书中，里海－黑海石油工业贸易公司的负责人说，公司与最好的煤油生产商缔结协议，最重要的目的之一是"将巴库整个行业大大小小的企业家团结在一起，以制止这场毁灭性的斗争"。[2] 不久后，里海－黑海石油工业贸易公司的董事会主席 М. И. 耶弗鲁西将协议文本转交给了维什涅格拉茨基（应他的要求），并写道："公司达成这些协议并不是为了代售煤油，而是要效仿美国，将高加索地区企业家的利益结合在一起，限制它们之间的现有竞争，并在最有利的条件下在国外市场上销售煤油。"[3]

---

① Сост. Гулиев А. Н., Найдель М. И., Нардова В. А., Монополистический капитал в нефтяной промышленности России. 1883 – 1914. М. – Л., Изд – во АН СССР, 1961. С. 673.（прим. 2 кдок. № 22.）

② Сост. Гулиев А. Н., Найдель М. И., Нардова В. А., Монополистический капитал в нефтяной промышленности России. 1883 – 1914. М. – Л., Изд – во АН СССР, 1961. С. 673.（прим. 3 кдок. № 22.）

③ Сост. Гулиев А. Н., Найдель М. И., Нардова В. А., Монополистический капитал в нефтяной промышленности России. 1883 – 1914. М. – Л., Изд – во АН СССР, 1961. С. 121 – 122.（письмо Ефрусси М. И. от 8 мая 1889 г.）

巴黎罗斯柴尔德公司在俄国创建的组织是另一种非常特殊的垄断形式。在这个组织中，里海－黑海石油工业贸易公司显然扮演着销售办事处的角色。虽然在上述辛迪加协会中，要求销售办事处履行协会全体成员的集体意愿，但是里海－黑海石油工业贸易公司的缔约方却保证不干涉管理行为。不过，尽管这个垄断组织的权力是统一的，但不是绝对的。基于一个特殊的利益共同体，巴黎罗斯柴尔德公司创建了煤油工厂主协会。成员之间未签署共同协议的事实并不重要，因为在这种情况下，这一利益共同体在里海－黑海石油工业贸易公司与其缔约方的双边协议中得到了体现。存在此类协议的标准草案并非巧合，这意味着它们的主要条件是相同的。达成这些协议的有效期限是一样的，都是 6 年。[①] 根据这些协议，缔约方仅将其部分权力转让给里海－黑海石油工业贸易公司。因此，里海－黑海石油工业贸易公司的权力受到协议条款的限制。协议条款仅适用于煤油的销售，或者更确切地说，是从巴库沿着外高加索铁路用油罐车输送的煤油的销售。因此，我们有理由将罗斯柴尔德家族的垄断组织归纳为辛迪加类型的垄断。但是应该指出，在辛迪加中，它是一个特例。卡特尔和辛迪加通常是因为一定时间内几家大公司（或公司群）的力量势均力敌而产生的。因此，这种垄断性协会的特征是成员的权力平等。里海－黑海石油工业贸易公司与协议中的煤油生产商之间根本谈不上力量平衡一说，更不存在权力平等。卡特尔和辛迪加的成员不会独立地解决某些问题，而是将其转移到宏观方案中解决。因此，这种类型的垄断体现了整个协会控制某家公司的权力。[②] 而在这种情况下，却是一家公司控制整个协会。而且，这种权力的本质也具有一些特征。里海－黑海石油工业贸易公司的作用不仅限于控制煤油的销售。它还以向缔约方提供以其全部财产做抵押的现金贷款的形式，将从巴库运至巴图姆的车辆临时交给缔约方使用。因此，里海－黑海石油工业贸易公司对缔约方的

---

① Сост. Гулиев А. Н. , Найдель М. И. , Нардова В. А. , Монополистический капитал в нефтяной промышленности России. 1883 - 1914. М. - Л. , Изд - во АН СССР, 1961. С. 673. （примечание составителей. ）

② 通常由几家最大的公司控制联盟。同时，联盟的基础是几家大公司之间的力量平衡。

权力往往超出其协议规定的范围。如果缔约方出现财务困难，则面临被里海－黑海石油工业贸易公司吞并的风险。

因此，以里海－黑海石油工业贸易公司为首的垄断协会与典型的辛迪加之间的区别在于，上述特征在某种程度上使里海－黑海石油工业贸易公司更接近于托拉斯类型的垄断，使它有可能转变为托拉斯。

况且，里海－黑海石油工业贸易公司是罗斯柴尔德家族"石油帝国"的组成部分，具有国际组织的特征。到19世纪90年代初，罗斯柴尔德家族的"石油帝国"包括俄国标准公司（在库班河进行石油勘探和生产），以及由巴黎罗斯柴尔德公司成立的煤油公司和比利时荷兰公司（在英国、比利时和荷兰销售俄国煤油）。

巴黎罗斯柴尔德公司在巴库的出现，标志着俄国石油工业垄断的历史进入了一个新阶段。通过 A. A. 富尔先科、Л. E. 舍佩廖夫、C. И. 波托洛夫、Л. H. 科洛索夫和 B. A. 纳尔多娃的努力，近年来对该阶段的研究取得了重大进展。[1] 90年代，出现了许多关于俄国石油行业垄断形成过程的专著，为笔者的研究提供了助力。

诺贝尔兄弟公司有了以巴黎罗斯柴尔德公司为代表的强大竞争对手。巴黎罗斯柴尔德公司的本质是工商企业与银行的联合。作为银行资本与工业资

---

① Фурсенко А. А. , Шепелева Л. Е. , Нефтяные монополии России и их участие в борьбе за раздел мирового рынка в 90 - х годах XIX в. // Материалы по истории СССР, т. VI, М. , Изд - во АН СССР, 1959；Фурсенко А. А. , Изистории русско - американских отношений на рубеже XIX - XX вв // Изистори и империализма в России. М. - Л. , Изд - во АН СССР, 1959；Фурсенко А. А. , Первый нефтяной экспортный синдикат в России（1883 - 1897 гг. ）// Монополи и ииностранный капитал в России. М. - Л. , Изд - во АН СССР, 1962；Фурсенко А. А. , Парижские Ротшильды и русская нефть // Вопросы историй. 1962, № 8；Иотолов С. И. , Начало монополизации грозненской нефтяной промышленности（1893 - 1903гг）// Монополии и иностранный капитал в России. М. - Л. , Изд - во АН СССР, 1962；Колосов Л. Н. , Очерки истории промышленности и революционной борьбы рабочих Грозного против царизмаимонополий（1893 - 1917 гг. ）. Грозный, 1962；Нардова В. А. , Начало монополизации бакинской нефтяной промышленности // Очерки по истории экономики и классовых отношений в России конца XIX начала XX в. М. - Л. , Наука. 1964；Фурсенко А. А. , Нефтяные тресты и мировая политика. 1880 - е годы - 1918 г. М. - Л. , Наука, 1965.

本融合过程的产物，巴黎罗斯柴尔德公司是先进的西欧资本主义最高成就的表现。巴黎罗斯柴尔德公司的业务不仅打击了诺贝尔兄弟公司领导者发展煤油出口的目标，还威胁到诺贝尔兄弟公司在国内的垄断地位，因为某些产品在国内的销售与出口是密不可分的。尽管竞争对手实力强大，但是诺贝尔兄弟公司的领导者们并没有退缩。

从 1885 年底开始，诺贝尔兄弟公司通过外高加索铁路运送煤油。在随后的几年中，它在这条道路上不断地增加自己的车厢。由于通过外高加索铁路的运输受到某段铁路（穿过苏拉姆山隘一段的铁路）运输能力的限制，自1888 年秋以来，诺贝尔兄弟公司在该地区建立了自己的煤油管道，并从 1889年夏天开始运行。煤油管道的建立使诺贝尔兄弟公司处于绝对优越的地位，正如文件集中的评价："由于煤油不得不用油罐车运输到煤油管道附近，不断增加的油罐车致使道路堵塞，给其他石油生产商造成了额外的麻烦。"[①]

同时，煤油出口得到了越来越多俄国石油生产商的关注。1888 ~ 1892年的五年中，煤油的出口增速明显快于在国内市场上的消耗增速，国内消耗量从 2400 万普特增加到 3210 万普特（增长 33.8%），而出口量从 2790 万普特增加到 4890 万普特（增长 75.3%）。[②]

1892 年，煤油出口量比国内消耗量多一半。俄国石油生产商对国外市场感兴趣不仅因为国内消费增长缓慢，还取决于这样一个事实：80 年代末，

---

① Сост. Гулиев А. Н., Найдель М. И., Нардова В. А., Монополистический капитал в нефтяной промышленности России. 1883 – 1914. М. – Л., Изд – во АН СССР, 1961. С. 673.（примечание составителей.）1889 年 9 月，巴库石油工业家对 И. А. 维什涅格拉茨基说："外高加索地区铁路通行能力不足的根本原因在于从此处通往苏拉姆山隘的不便。现在，只有一家拥有自己的煤油管道的公司可以忽略这一困难。"参阅 Сост. Гулиев А. Н., Найдель М. И., Нардова В. А., Монополистический капитал в нефтяной промышленности России. 1883 – 1914. М. – Л., Изд – во АН СССР, 1961. С. 129。А. И. 曼塔洛夫也在1889 年 11 月 27 日的报告书中指出："通过苏拉姆山隘时，诺贝尔兄弟公司得益于拥有自己的车辆和煤油管道。"参阅 Сост. Гулиев А. Н., Найдель М. И., Нардова В. А., Монополистический капитал в нефтяной промышленности России. 1883 – 1914. М. – Л., Изд – во АН СССР, 1961. С. 433。

② 参阅 Першке С. и Л., Русская нефтяная промышленность, ее развитие и современное положение в статистических данных. Тифлис, 1913. С. 191 – 193。

美国标准石油公司无法满足全球日益增长的对煤油的需求。1889 年 11 月 27 日，А. И. 曼塔舍夫受巴库石油工业家第五次代表大会的委托在报告书说："整个欧洲市场从两处源头获取煤油：美国和俄国。美国报告显示，宾夕法尼亚州的油井数量多达 1300 口，每年的石油产量高达 1.8 亿普特。不过，基于国外的需求量，宾夕法尼亚州需要维持 2.55 亿普特煤油与石油产品的出口量，根据目前的开采量还有 7500 万普特的缺口。宾夕法尼亚州打算挪用它的石油储备弥补该缺口，几年下来，累计超过了 3.5 亿普特。到 1889 年 11 月 1 日，石油缺口从 7500 万普特提高到了 8100 万普特，足以抵得上过去 13 个月的石油缺口。为了维持欧洲市场，美国标准石油公司在利马（秘鲁）获得了广阔的油田。这些油田富含丰富的石油，但这里的石油稠密并带有硫化物的气味，提取的煤油品质低劣并保留了石油中的硫化物气味。从上述内容可以得出结论，当储备够 13 个月的量时，美国的石油便不再短缺，否则必然会导致市场上对俄国煤油的需求增加，增加量相当于美国煤油短缺的数量，即约 5000 万普特。在煤油对外贸易的危机中，如果我们不满足这一需求，那么我们将错失机会。如果让利马石油在市场上立足，那么外国人将赢得数千万卢布；同时我们也知道，重新获得失去的市场会非常困难。"[1]

　　自 1886 年以来，В. А. 纳尔多娃提出建立巴库煤油生产者出口协会。五年后，即 1891 年春天，出现了第一个这样的协会——巴库标准协会。[2] 最初，十几家公司加入了巴库标准协会，其人员尚未立即确定。一年后，其人员为：Г. З. А. 塔吉耶夫、Г. М. 利安诺佐夫、布达戈夫兄弟和 А. И. 曼塔舍夫。А. И. 曼塔舍夫在协会中担任领导职务。[3] 1893 年初，向非定额税司

---

① Сост. Гулиев А. Н. , Найдель М. И. , Нардова В. А. , Монополистический капитал в нефтяной промышленности России. 1883 – 1914. М. – Л. , Изд – во АН СССР, 1961. С. 130 – 132.

② 参阅 Нардова В. А. , Начало монополизации бакинской нефтяной промышленности // Очерки по истории экономики и классовых отношений в России конца XIX начала XX в. М. – Л. , Наука. 1964. С. 17 – 20, 32 – 41。

③ А. И. 曼塔舍夫从事煤油出口已有几年。在 1889 年 11 月 27 日的报告书中，他写道："我本人参与了一项年出口量（英国）超过 200 万普特煤油的业务，并拥有两艘运行在巴统和伦敦之间的海上油轮。"（С. 132 – 133.）

报告煤油出口量增加的内容时，外高加索边疆区和外高加索地区的货物税负责人 Л. Л. 佩尔什克指出，取得这一结果"在一定程度上要归功于巴库标准协会的活动，该协会几乎将全部股份转让给了 А. И. 曼塔舍夫，在没有中间人帮助的情况下，积极组织对外贸易，奠定了坚实的基础。协会租用了一些码头，建造自己的油罐，还购买了可容纳 30 万普特煤油的大型油轮。前几天，这艘大型油轮载满了煤油，从巴统出发开始首次航行"。[1] 根据巴库石油工业家代表大会的数据，1893 年的煤油出口比例如下：里海 – 黑海石油工业贸易公司及相关的联盟——35.7%；诺贝尔兄弟公司——25.5%；巴库标准协会——12.9%；19 家中小型企业——25.9%。[2]

显然，在与巴黎罗斯柴尔德公司的斗争中，共同利益是维持诺贝尔兄弟公司和巴库标准协会密切关系的基础。1892 年 11 ~ 12 月，诺贝尔兄弟公司和巴库标准协会进行谈判，成立了"七家大公司联盟"。其中包括诺贝尔兄弟公司、里海公司、C. M. 希巴耶夫合资公司和参与巴库标准协会的四家公司。[3] Л. Л. 佩尔什克将协议初步草案转交给非定额税司，并说明了协议的实质：

> 作为联盟代表，诺贝尔兄弟公司根据工厂的年生产力和已知的年费租赁小型工厂。然后，诺贝尔兄弟公司就将工厂归还给所有者，与它们达成协议进行生产（第 2 条）。

> 工厂主从诺贝尔兄弟公司那里获得了用于生产煤油的必要的原油、硫酸、氢氧化钠。

> a）加入联盟并参与利润分配的工厂主每生产一普特煤油，将获得

---

① Под ред. Шемякина И. Н. , Материалы по истории СССР, т. VI, М. , Изд – во АН СССР, 1959. С. 70 – 71（из донесения Першке Л. Л. от 25 февраля 1893 г.）. 遗憾的是，除了股份转让的评论外，我们对巴库标准协会的组织结构一无所知。

② 参阅 Фурсенко А. А. , Первый нефтяной экспортный синдикат в России（1883 – 1897 гг.）// Монополи и ииностранный капитал в России. М. – Л. , Изд – во АН СССР, 1962. С. 6。

③ История создания《Союза семи фирм》подробно изложена Нардовой В. А.. 参阅 Нардова В. А. , Начало монополизации бакинской нефтяной промышленности // Очерки по истории экономики и классовых отношений в России конца XIX начала XX в. М. – Л. , Наука. 1964. С. 41 – 49。

2.5 戈比的奖励，根据第一租赁协议，其中 1 戈比由诺贝尔兄弟公司作为租金发放，根据第二份协议，1.5 戈比为管理、生产等方面的补偿费用。

协议方分配利润的计算方法如下：诺贝尔兄弟公司年度总利润的 30% 用于组织业务和对抗企业风险，其余的 70% 除以每年售出的煤油的重量，为每普特煤油的利润。不参与利润分配的协议方成员有检查全部账簿、计算结果和证明文件的权利。

b）加入七家大公司联盟但不参与其利润分配的协议方，除了必要的材料外，诺贝尔兄弟公司每交付 1 普特煤油就为其提供 4 戈比的费用，而诺贝尔兄弟公司有义务接受协议方工厂生产的、满足既定技术条件的全部煤油、油渣、索拉油馏出物和工业废料。缔约方工厂的煤油产量不应超过该工厂的正常生产量，正常生产量在一定程度上直接取决于外高加索铁路上分配的油罐车数量和工厂油罐的容量。

诺贝尔兄弟公司有权降低其协议方的年生产率，甚至暂停其活动，但是对于联盟全部成员来说，这种减少应该是均匀的，并且，诺贝尔兄弟公司可以接受的各工厂的煤油年平均生产量为 1700 万普特。

在这样的削减下，参加联盟利润分配的成员，每交付 1 普特煤油，获得 1.5 戈比的利益，未参加联盟利润分配的成员，不论其产量减少或完全停产，都可以基于各工厂的整个年生产量，获得每普特 4 戈比的利益，所有协议为期 5 年。[1]

Л. Л. 佩尔什克进一步评估了创建七家大公司联盟的重要性，他写道："根据 1892 年的数据，与七家大公司联盟达成协议的全部工厂煤油出口量约为 4400 万普特。在过去的一年中，巴库地区的煤油出口量为 7850 万普特，其中巴黎罗斯柴尔德公司及其缔约方为 2000 万普特煤油，七家大公司联盟为 4400 万普特，七家大公司联盟的缔约方为 600 万普特。事实证明，该协

---

[1] Под ред. Шемякина И. Н., Материалы по истории СССР, т. VI, М., Изд - во АН СССР, 1959. С. 69 - 70 (из донесения Першке Л. Л. от 25 февраля 1893 г.).

议不涉及年出口量约 800 万普特煤油的公司；但是，由于协议目前正在签订中，我们可以推测出年出口量约 800 万普特煤油的公司的出口量可能会显著减少，并有可能最终在上述两家联盟之间进行分配。"①

这又出现了垄断协会的另外一种非常特殊的形式。它与罗斯柴尔德家族协会有某些相似之处。从本质上来讲，该协会成员之一的优势地位十分明显。而上述情况下，该成员是诺贝尔兄弟公司。诺贝尔兄弟公司承担"组织"和"风险"的责任，应该得到最大一部分的利润。与罗斯柴尔德家族协会相同，七家大公司联盟中的诺贝尔兄弟公司扮演销售办事处的角色。但是在结构上，七家大公司联盟比罗斯柴尔德家族协会的组织复杂得多。事实证明，在一个垄断组织的框架内，紧密交织的两个协会在性质上有很大的不同。第一个是七家大公司联盟，具有辛迪加的全部特征。第二个是缔约方联盟，它们将工厂出租给诺贝尔兄弟公司，具有某些类似托拉斯的特性。

七家大公司联盟组织结构的复杂性无疑反映了其成员之间关系的复杂性。俄国垄断形成的历史充分表明，垄断协会的组织结构越复杂，达到既定目标的可能性就越小。七家大公司联盟在开始实际活动之前就解散了，这为此观点提供了进一步的证明。1893 年春，参加巴库标准协会的公司从七家大公司联盟中退出。联盟瓦解的原因尚不完全清楚，但显然与 1893 年初诺贝尔兄弟公司和巴黎罗斯柴尔德公司之间形成了亲密关系有很大关系。② 值得注意的是，在随后建立巴库煤油生产商联盟的谈判中，巴库标准协会反对诺贝尔兄弟公司，与巴黎罗斯柴尔德公司站在了统一战线上。

A. A. 富尔先科非常全面地阐述了巴库煤油生产商联盟的创建和活动的

---

① Под ред. Шемякина И. Н. , Материалы по истории СССР, т. VI, М. , Изд - во АН СССР, 1959. С. 69 - 70 (из донесения Першке Л. Л. от 25 февраля 1893 г.) .

② 参阅 Нардова В. А. , Начало монополизации бакинской нефтяной промышленности // Очерки по истории экономики и классовых отношений в России конца XIX начала XX в. М. - Л. , Наука. 1964. С. 49 - 50。

历史。① 因此，我们在此仅考虑其组织结构的某些特征。

巴库煤油生产商联盟联合了约 80 家公司。就成员数量而言，俄国垄断历史上没有垄断协会可以与之相比。很明显，如果没有政府的积极支持，这样的大联盟不可能出现。但是，为了使联盟能执行其任务，政府很少对其进行干预。联盟创建者深刻意识到联盟还需要一个足够完善的组织，于是1893 年，创建者之一的 П. О. 古卡索夫（里海公司董事会主席之一）写信给商业及手工业部部长 В. И. 科瓦列夫斯基："在石油工业的大企业中，早已达成这样的共识：打开僵局的唯一途径是联合全部工业家，尽可能将出口的商品集中到同一个人手中。这种联盟将削弱巴库生产者之间的竞争，促进达成某种协议，并有机会友好划分俄美工业之间的市场。在此方面，已经进行的几次尝试都没有取得任何结果。先前协议的失败，一方面是由于协议不完善，没有达到组织的预期目标；另一方面是由于所有这些协议都没有保证工厂主的完全联合或几乎完全联合，而是创建了仅向国外销售一小部分产品的组织。协议失败的教训迫使行业代表寻找能够实现其目标的更好方式以及更完善的联盟形式。这种想法渗透到工业家的思想中，他们意识到只有遵守以下要求，才能正确地组织出口业务：联盟必须采用正规合法的形式；联盟所追求的目标必须得到政府的正式认可，手段必须是合法的；②联盟必须保证在出口的过程中避免舞弊和利益分配不当；联盟的组织方式应能真正地实

---

① 参阅 А. А. Фурсенко. Первый нефтяной экспортный синдикат в России（1893－1897гг.）.《Монополиии иностранный капитал в России》，С. 4－58；Фурсенко А. А. ，Нефтяные тресты и мировая политика. 1880－е годы－1918 г. М.－Л.，Наука，1965. Сост. Гулиев А. Н.，Найдель М. И.，Нардова В. А.，Монополистический капитал в нефтяной промышленности России. 1883－1914. М.－Л.，Изд－во АН СССР，1961. С. 40－80。

② 此外，П. О. 古卡索夫注意到只有在"成为全部或至少80%巴库工厂的国外市场销售代理"的情况下，煤油生产者出口协会的设立目的才能实现，并写道："在实现普遍联合的道路上，公司的创建者必须在政府的积极干预下克服一些障碍。巴库企业主是由各式各样的人组成的，各企业在整体发展水平、商业原则、销售目标、工业条件等方面存在较大差异。或由于个别成员无法接受和理解拟议协议的好处，或为了维护自由，希望从个别职位中获取特殊利益等，产生了意见分歧。因此，只有在以下情况下才能实现普遍联合：加入联盟的优势［例如，减少杂项支出（降低运费）；带来某种政府特惠政策等］和脱离联盟的劣势对各成员都是显而易见的，并被各成员所理解。"

现预期目标。"①

最初规定以股份公司的名义成立一个煤油生产商出口协会。尽管该计划并未实现，但它非常有意义，因为它代表了辛迪加类型的垄断协会进一步迈向了最完善的组织结构。我们在其中看到了 20 世纪初辛迪加结构的许多要素，例如"销售""产品"等。

该项目首次提出了以股份公司的形式使垄断协会的销售办事处合法化的想法，其股东是协会的成员。从本质和追求的目标来看，此处的公司与普通的股份制公司有本质差异。П. О. 古卡索夫在他的说明书中承认，"它的目的不是为股东带来大笔红利，而是要发展工业并提高石油产品的价格"。公司股东应拥有的股份数量，与其参与垄断协会运作的份额成正比。毋庸置疑，公司的股票不用于自由流通。П. О. 古卡索夫对此做了解释："作为工厂主的代表，公司的作用在后面应该得到加强，并且有必要在《章程》中引入一项规则：没有工厂就不能转让股份。"②

该股份公司包含诺贝尔兄弟公司和里海 – 黑海石油工业贸易公司的很多局外企业（Г. З. А. 塔吉耶夫商行、里海公司等）。创建股份公司的想法没有实现。值得注意的是，П. О. 古卡索夫为了说明以股份公司形式建立煤油生产者协会的必要性，致信 В. И. 科瓦列夫斯基："作为法人实体，联盟只能在《章程》严格规定的范围内进行活动，因此，联盟无法扩大其活动范围，亦无法修改其成立的目的。被政府承认是公平、适当的《章程》及其基本原则，将确保每个人，甚至最小的工厂主，都不会遭受强大竞争对手的舞弊行为。"③ 显然，出于同样的考虑，诺贝尔兄弟公司和里海 – 黑海石油

---

① Под ред. Шемякина И. Н., Материалы по истории СССР, т. VI, М., Изд – во АН СССР, 1959. С. 73 – 81（объяснительная записка Гукасова П. О., сопровождавшая проект устава 《Союза русских керосинозаводчиков》）.

② Под ред. Шемякина И. Н., Материалы по истории СССР, т. VI, М., Изд – во АН СССР, 1959. С. 78；参阅 Фурсенко А. А., Первый нефтяной экспортный синдикат в России（1883 – 1897 гг.）// Монополи и ииностранный капитал в России. М. – Л., Изд – во АН СССР, 1962. С. 9。

③ 参阅 Под ред. Шемякина И. Н., Материалы по истории СССР, т. VI, М., Изд – во АН СССР, 1959. С. 75。

工业贸易公司的领导者们避免成立股份制公司。至少在其运营的前两年内，他们起草的项目没有为煤油生产商联盟提供任何正式的法律手续。① 该项目的另一个原则性的区别为：最初的项目要求创建股份制公司，全部贸易业务将以股份制公司的名义进行。诺贝尔兄弟公司和里海 - 黑海石油工业贸易公司的业务将由煤油生产商的联盟通过商务代办来完成，编者本人明确地声明了商务代办的作用。②

　　最终，巴库煤油生产商联盟按照第二个项目组织结构。最初，联盟由两个独立的协会组成，通过统一行动的协议相互联系。其中之一，即所谓的联盟的第一组，包括诺贝尔兄弟公司、里海 - 黑海石油工业贸易公司、C. M. 希巴耶夫合资公司、里海公司、Г. M. 阿拉费洛夫合资商行、M. 纳吉耶夫公司及归附的中小型煤油生产商。根据他们之间于 1893 年 10 月 26 日达成的协议，联盟的目标是"规范地组织国外市场的煤油贸易"（序言）。③ 通过签署该协议，其成员有义务将煤油出口到国外，并且必须仅通过五个中间管理员和销售代理在国外市场上进行销售（第 1 条）。按照协议的内容，由五名管理员组成的委员会是联盟的最高执行机构。成员之间的关系必须通过中间管理员维持，管理员从个别工厂主那里获取货物，然后转让给销售代理

---

① Сост. Гулиев А. Н. , Найдель М. И. , Нардова В. А. , Монополистический капитал в нефтяной промышленности России. 1883 – 1914. М. – Л. , Изд - во АН СССР, 1961. С. 157 – 160. （текст проекта. ）参阅 Фурсенко А. А. , Первый нефтяной экспортный синдикат в России （1883 – 1897 гг. ）// Монополи и ииностранный капитал в России. М. – Л. , Изд - во АН СССР, 1962. С. 10 – 12。

② 注意到这种情况后，А. А. 富尔先科写道："该项目的附带条件规定，只有领导者才能当选为销售代理商，拥有一个可以在国外市场上销售煤油的现成组织。这意味着联盟办公厅应移交给诺贝尔兄弟公司和巴黎罗斯柴尔德公司，只有这些公司在国外设有分支机构。"参阅 Фурсенко А. А. , Первый нефтяной экспортный синдикат в России （1883 – 1897 гг. ）// Монополи и ииностранный капитал в России. М. – Л. , Изд - во АН СССР, 1962. С. 10 – 11。

③ 在下文中，引用了 1893 年 10 月 26 日协议草案的内容。参阅 Под ред. Шемякина И. Н. , Материалы по истории СССР, т. VI, М. , Изд - во АН СССР, 1959. С. 81 – 90. 协议本身尚未被发现。参阅 Фурсенко А. А. , Первый нефтяной экспортный синдикат в России （1883 – 1897 гг. ）// Монополи и ииностранный капитал в России. М. – Л. , Изд - во АН СССР, 1962. С. 14 （прим. 23）。

（第 12 条）。管理员有权解决销售代理之间的误解和分歧（第 7 条）。

不出所料，诺贝尔兄弟公司和里海－黑海石油工业贸易公司发挥了销售代理的作用（第 1 条）。协议规定了它们的权力和职能："销售代理商独立且无偿工作，每个销售代理商都对其行为负责，并在彼此之间达成特殊协议——建立销售代理商接收和发出货物的一般程序，划分国外销售区域，采取消除俄国煤油的外国卖方之间竞争的必要措施"（第 7 条）。

基于 1892 年的股份数量（即从巴库通过外高加索铁路实际出口的煤油数量），该协议确定了成员在煤油出口和销售业务中的份额。因此，没有考虑用其他方式向国外出口煤油。尽管 1892 年，诺贝尔兄弟公司在出口总额中所占的份额为 8.2%（4890 万普特中的 400 万普特），但未通过巴统运送的大部分煤油都是由诺贝尔兄弟公司出口的。诺贝尔兄弟公司获得了最多的股票数量——9610 股，里海－黑海石油工业贸易公司获得 5870 股，C. M. 希巴耶夫合资公司获得 3506 股，里海公司获得 2703 股，Г. M. 阿拉费洛夫合资商行获得 1792 股，M. 纳吉耶夫公司获得 1669 股（第 2 条）。该协议规定："没有完成规定出口数量的工厂主，应追究补偿实际发生的亏损"（第 3 条）。

应当指出的是，缔约方有义务在协议期满前不退出联盟："在协议的前期，如果缔约方完全停止在其工厂中生产煤油，则可以拒绝其参加煤油的出口销售。"在销售或出租工厂的情况下，缔约方要求买方或租户满足提出的条件（第 19 条）。

另一个协会，即联盟的第二组，由巴库标准协会的成员领导：A. И. 曼塔舍夫（3059 份）、Г. З. A. 塔吉耶夫（2461 份）、Г. M. 利安诺佐夫（1650 份）和 И. K. 布达戈夫（1378 份）。他们于 1893 年 11 月 27 日签署了协议，但没有找到协议文本。正如 A. A. 富尔先科所认为的那样，该协议"在很大程度上采用了 10 月 26 日协议的条款，唯一的区别是，第一组的权力掌握在诺贝尔兄弟公司和巴黎罗斯柴尔德公司手中，第二组的权力掌握在 A. И. 曼塔舍夫的手中"。①

---

① Фурсенко А. А. , Первый нефтяной экспортный синдикат в России (1883 – 1897 гг.) // Монополи и ииностранный капитал в России. М. – Л. , Изд – во АН СССР, 1962. С. 17.

1894 年 2 月 19 日，第一组和第二组之间达成了一项协议，根据该协议，他们有义务共同承担所有的煤油、馏出物及某种油渣或原油的混合物的对外贸易，两个组共同负担费用（序言）。① 同时，每组都应维护各小组缔结的协议，完全独立地处理小组内部的日常事务（第 1 条）。

协议规定每组参与石油产品出口的份额大体上由股份份额决定（第 3 条）。各组需确保其成员和销售代理的行为正确无误，并为之负责（第 4 条）。

该协议规定，两组的销售代理将缔结一项特别协议，用于建立代理商之间的关系，划分国外销售区域，并采取必要措施消除俄国煤油的卖方在国外市场上可能产生的相互竞争。本协议无法解决的"代理人之间的误解"应通过"两个小组的管理者会议形成的意见（通过少数服从多数的方式）"来解决（第 2 条）。

1893 年 2 月 19 日，联盟签署了销售代理商的协议。销售代理商打算在巴统建立一个联合的勘察办事处，它应在三个代理商代表的共同管理下运作，代理商同意"按其各自出口的重量比例"承担维护费用（第 1 条）。协议进一步决定，"每个代理商均从其小组管理者那里接受货物，并根据各小组的协议条款进行结算"（第 2 条）。

市场划分如下。在巴尔干、近东、中东、非洲港口地区，A. И. 曼塔舍夫获得了 2/3 的销售市场，里海－黑海石油工业贸易公司获得了 1/3 的销售市场。诺贝尔兄弟公司将其在指定区域的销售权转让给了 A. И. 曼塔舍夫，而从他那里获得了一定的销售权作为回报，不过这牺牲了第二组煤油工厂厂主在欧洲市场上的利益。A. И. 曼塔舍夫还获得了远东地区 25% 的煤油销售

---

① 遗憾的是，在这种情况下，我们只知道两组之间的协议草案。参阅 Под ред. Шемякина И. Н., Материалы по истории СССР, т. VI, М., Изд－во АН СССР, 1959. С. 90－94。与两组销售代理商同时签署的协议也应如此。参阅 Под ред. Шемякина И. Н., Материалы по истории СССР, т. VI, М., Изд－во АН СССР, 1959. С. 94－98。但是，А. А. 富尔先科能够确定这些草案是在 1894 年 2 月 19 日签署的。参阅 Фурсенко А. А., Первый нефтяной экспортный синдикат в России（1883－1897 гг.）// Монополи и ииностранный капитал в России. М.－Л., Изд－во АН СССР, 1962. С. 20, прим. 44。

市场（第4～5条）。[1]

1894年2月19日的协议是此后两个小组完全合并为一个巴库煤油生产商联盟的基础。1895年5月2日，联盟全体成员签署的协议正式确定两个小组完全合并。[2] 该协议取代了之前达成的全部协议。联盟两个独立小组的合并，导致其成员不再是某个小组的代表。但实际上，在联盟内部主要有三个团体：诺贝尔兄弟公司、巴黎罗斯柴尔德公司和 А. И. 曼塔舍夫阵营。为了提高联盟执行机构（该机构在其成员和销售代理商之间充当中介）的重要性，需要不断协调三个主要团体之前的利益关系并解决现有的冲突。显然，联盟执行机构的组成得到了扩展，它的权能也有所扩大。根据1895年5月2日协议，它获得了"董事会"的称号（第2条）。由来自第一组的八名代表（来自 Г. М. 阿拉费洛夫合资公司、里海公司、里海 – 黑海石油工业贸易公司、Е. И. А. 梅利科夫公司、М. 纳吉耶夫公司、诺贝尔兄弟公司、А. С. 乌马诺夫公司和 С. М. 希巴耶夫合资公司）以及第二组的四名代表（来自布达戈夫兄弟公司、Г. М. 利阿诺佐夫公司、А. И. 曼塔舍夫合资公司和 Г. З. А. 塔吉耶夫公司）组成。[3]

即使获得了沙皇政府的积极支持，巴库煤油生产商联盟也注定不会存在很长时间。联盟因内部矛盾而四分五裂。诺贝尔兄弟公司利用各种矛盾，在巴黎罗斯柴尔德公司和 А. И. 曼塔舍夫阵营之间巧妙斡旋，从联盟中获取了最大的利益。与1893年相比，1896年里海 – 黑海石油工业贸易公司在俄国煤油出口中所占的份额从35.7%下降到32.4%，А. И. 曼塔舍夫阵营的份

---

① 1894年2月16日协议规定了"经代理商相互同意后"重新划分销售区域的可能性，"当市场需求减少时，运往远东的数量将大大减少（第13条）"。

② 草案参阅 Под ред. Шемякина И. Н., Материалы по истории СССР, т. VI, М., Изд – во АН СССР, 1959. С. 102 – 106。未能找到该协议的原始文本。

③ 联盟管理委员会的会议记录参阅 Сост. Гулиев А. Н., Найдель М. И., Нардова В. А., Монополистический капитал в нефтяной промышленности России. 1883 – 1914. М. – Л., Изд – во АН СССР, 1961. С. 173 – 181。

额从 12.9% 下降到 9.5%，而诺贝尔兄弟公司的份额从 25.3% 提高到
30.3%。[1] 由于这三家作为贸易代理的公司并不局限于销售煤油，因此所提
供的数据还表明了各团体在联盟中所占的比重。表 2 – 12 列出了诺贝尔兄弟
公司煤油、重油的销售数据，其中仅考虑了公司自身完成的销售量。

表 2 – 12 1890～1899 年诺贝尔兄弟公司在国内外市场上的销售情况

单位：百万普特，%

年份	煤油出口量			国内市场					
				煤油			重油		
	全国	诺贝尔兄弟公司		全国	诺贝尔兄弟公司		全国	诺贝尔兄弟公司	
		数量	占全国的份额		数量	占全国的份额		数量	占全国的份额
1890	41.3	9.0	21.8	28.7	9.1	31.7	104.0	24.0	23.1
1891	45.0	8.7	19.3	31.2	9.2	29.5	117.0	25.5	21.8
1892	48.9	7.9	16.2	32.1	11.0	34.3	129.1	26.1	20.2
1893	50.0	6.1	12.2	37.9	12.1	31.9	114.5	39.1	34.1
1894	43.4	9.5	21.9	30.1	14.1	46.8	195.5	47.9	24.5
1895	51.3	8.6	16.8	32.3	17.7	54.8	181.1	51.3	28.3
1896	52.5	7.1	13.5	37.6	18.6	49.5	195.4	65.3	33.4
1897	52.4	7.7	14.7	41.6	18.7	45.0	231.6	66.7	28.8
1898	56.2	9.7	17.3	42.5	18.9	44.5	257.3	71.9	27.9
1899	69.0	18.3	26.5	40.0	20.0	50.0	261.2	82.8	31.7

资料来源：表格中，国内外市场上的销售总量参阅 Першке С. и Л., Русская нефтяная
промышленность, ее развитие и современное положение в статистических данных. Тифлис, 1913.
С. 191 – 193；诺贝尔兄弟公司的销售数据参阅 Сост. Гулиев А. Н., Найдель М. И., Нардова
В. А., Монополистический капитал в нефтяной промышленности России. 1883 – 1914. М. – Л.,
Изд – во АН СССР, 1961。（табл. 3г, 3д.）

А. А. 富尔先科指出，诺贝尔兄弟公司凭借联盟将俄国竞争对手排挤出
欧洲市场，并且与美国标准石油公司逐步建立起密切联系。他写道："在巴

---

[1] 参阅 Фурсенко А. А., Первый нефтяной экспортный синдикат в России（1883 – 1897 гг.）//
Монополи и ииностранный капитал в России. М. – Л., Изд – во АН СССР, 1962. С. 57。

库煤油工厂主联盟的帮助下，诺贝尔兄弟公司与美国标准石油公司达成了协议，巩固了诺贝尔兄弟公司在欧洲市场上的地位。与美国标准石油公司的联盟为诺贝尔兄弟公司提供了一种实现垄断的新工具。"①

但是盟友不愿看到诺贝尔兄弟公司一家独大的情况。在诺贝尔兄弟公司巩固在国外市场上的地位后，里海－黑海石油工业贸易公司的领导者们认为没有任何公司能威胁自己在国内市场上的统治地位，便决定打击诺贝尔兄弟公司。1897 年初，在彼得堡国际银行的帮助下，里海－黑海石油工业贸易公司试图创建一家大型运输贸易公司——重油公司，该公司负责俄国境内石油的购买和精炼，以及石油产品的运输、储存和销售。②

在这种情况下，1897 年 7 月 13 日举行的巴库煤油生产商联盟全体紧急大会通过了一项"自 1897 年 10 月 1 日起清算联盟事务"的决定。③ 自此，俄国石油行业的垄断历史开启了新的阶段。

石油行业垄断的形成过程具有一些特定特征。俄国大多数重工业行业垄断的开始与卡特尔类型垄断协会的出现有关。在石油工业中，垄断的发展始于托拉斯类型垄断协会的出现。尽管此后也形成了石油工业垄断协会，但它们的组织结构与重工业其他部门的卡特尔和辛迪加有着本质上的不同。

石油工业垄断协会的最重要特征是，在每个协会中都有一个最大的公司拥有领导权。90 年代初期，在俄国石油工业形成的垄断协会中，有三家这样的公司扮演组织核心的角色，它们分别是诺贝尔兄弟公司、里海－黑海石油工业贸易公司和 А. И. 曼塔舍夫合资公司。

---

① Фурсенко А. А., Первый нефтяной экспортный синдикат в России（1883 – 1897 гг.）// Монополи и ииностранный капитал в России. М. – Л., Изд – во АН СССР, 1962. С. 43.

② 参阅 Фурсенко А. А., Парижские Ротшильды и русская нефть // Вопросы историй. 1962, № 8. С. 35 – 37。

③ Сост. Гулиев А. Н., Найдель М. И., Нардова В. А., Монополистический капитал в нефтяной промышленности России. 1883 – 1914. М. – Л., Изд – во АН СССР, 1961. С. 206 – 207.（протокол собрания.）

因此可以这样说，巴库煤油生产商联盟是辛迪加，其唯一的特点是它设有三个销售办事处（而不是一个），由特定公司作为联盟的贸易代理发挥了作用。但实际上，它无非是由这些公司领导的三个垄断协会的卡特尔性质的协议。

俄国石油工业垄断形成的另一个重要特征是，90 年代初期，即在其发展的早期，这些垄断企业已积极参与了划分世界市场的斗争。[①] 结果，石油工业比大多数重工业的其他部门更早地形成了国际垄断联盟，国际垄断联盟的出现被列宁视为世界资本主义进入帝国主义阶段最重要的标志之一。

第四节　建筑材料工业中垄断协会的出现

在建筑材料工业中，垄断协会的出现可追溯到 19 世纪 90 年代。其中最早的是华沙地区砖厂厂主协议。Ст. 克姆普涅尔对此描述道："1890 年 1 月 25 日，华沙和郊区的全部砖厂厂主（14 家）签订了具有辛迪加组织形式的协议。该协议采取了建立股份公司的形式，此外，成员从缔约方中选择了五家公司，赋予他们签署权（管理事务）。公司法令由弗拉姆律师起草，他称这种伙伴关系为'经济联盟'。其中包括克利亨、施奈德合资公司和华沙城市与郊区砖公司。如协议中所述，双方缔结了这一条：'目的是以共同账户进行制砖厂的产品贸易'，同时明确指出'成员的制砖厂不成为公司的财产'……股份公司仅存在一年或半年，由于缔约方之间的分歧而破裂。"[②] Ст. 克姆普涅尔的描述最近得到了相关文件的证明。波兰历史学家 3. 普斯杜拉在写给笔者的信中说，在华沙公证人的一份档案中，他找到了 14 家砖厂的协议。

[①] 参阅 Фурсенко А. А. , Нефтяные тресты и мировая политика. 1880 – е годы – 1918 г. М. – Л. , Наука, 1965。

[②] Кемпнер Ст. , Промышленные синдикаты // Русское экономическое обозрение. 1898, № 8. С. 49.

90 年代末，新俄罗斯地区三个水泥厂试图建立一个地区协会。1899 年 3 月，季利曼斯合资公司、新俄罗斯采皮波特兰水泥公司、黑海水泥生产公司、格连吉克的法俄波特兰水泥公司的领导者们进行了谈判，并出面斡旋水泥销售事宜。在 1899 年 3 月 21 日的一次会议上讨论了该提案后，采皮公司董事会指示其成员 Э. Л. 兰德斯戈夫与季利曼斯合资公司进行谈判，商讨与黑海公司、法俄公司签订的水泥销售协议，并达成最终协议，最后将确切条件提交董事会批准。[1]

谈判持续了六个多月，但没有取得结果。在 1899 年 11 月 9 日的一次会议上，Э. Л. 兰德斯戈夫向采皮公司董事会报告，与另外两家水泥企业的代表关于"通过 Э. 季利曼斯等人代理销售水泥"的谈判没有成功，因此中止签订协议。[2]

1899 年秋天，从事镜面玻璃生产的大型公司——北部玻璃工业公司、莫斯科玻璃工业公司和俄国 – 比利时镜面玻璃生产公司达成一项关于建立"俄国镜面玻璃工厂的生产销售办事处"的协议。[3]

协议成员向办事处销售"由其生产的任何厚度的、未加工的、磨削抛光的全部镜面玻璃，以及磨光玻璃和未磨光玻璃"。

作为三家公司的集体机构，办事处代表他们与订购商的全部关系。为了对办事处的活动进行管理，设立了一个行政委员会，该委员会包括来自每家公司的若干代表，但每家公司只有一票的投票权。前六个月，行政委员会必须每月召开一次会议，后来，放宽到至少每两个月召开一次会议。以少数服从多数的方式做出会议决定。而若想对协议进行任何更改，则需要全体一致同意。

由三家公司共同选举产生的经理管理办事处的日常事务。协议规定，经

---

① ЦГИАЛ, ф. 1425, оп. 1, д. 433, л. 17.（протокол правления.）

② ЦГИАЛ, ф. 1425, оп. 1, д. 433, л. 32.（протокол правления.）

③ ЦГИАЛ, ф. 626, оп. 1, д. 582, лл. 1 – 4.（текст соглашения.）1899 年 8 月 16 日，该协议由俄国 – 比利时公司的常务董事在布鲁塞尔签署，并于 1899 年 8 月 28 日由北方公司和莫斯科公司的代表在彼得堡签署。

理不得与任何缔约方有直接或间接的联系。在事务管理中，经理必须严格遵守行政委员会的指示。

该办事处的职能不仅包括与订购商商议产品销售、运输等方面的问题，还涉及分配三家公司订单的任务。如果该年度收到的玻璃订单总量不超过 16 万平方米，则分配比例如下：40%——北部玻璃工业公司；30%——莫斯科公司；30%——俄国 - 比利时公司。如果订单总量超过 16 万平方米，那么每家公司都会获得总数 1/3 的订单。

为了防止这三家公司之一直接销售产品，该协议规定对违约者处以罚款，罚款金额高达销售额的 20 倍。办事处经理及三家公司的代表有权自行决定，或应行政委员会成员之一的要求，监察记载产品位置的记录本。但是该协议强调，"在任何情况下都不能监察生产情况"。正如我们所看到的，在产品生产方面，各成员保持了完全的独立性。

与许多较早的垄断协议一样，三家镜面玻璃公司的协议通过向彼得堡国际银行抵押以满足其条件。有争议的问题应提交仲裁法院解决。

1903 年 1 月 1 日，协议到期。但是，直到 1902 年 7 月 15 日，三个缔约方都没有提出终止协议的书面要求，所以销售办事处应继续运作三年。

协议规定若发生下列情况，则每个缔约方都可以退出协会：其中一家公司违反了协议条款；办事处收到的订单总数少于 6 个月 4 万平方米或一年 12 万平方米；该年度抛光镜面玻璃的平均销售价格低于既定最低价格（每平方俄寸 3 戈比）。

莫斯科玻璃工业公司档案中保存了俄国镜面玻璃生产销售办事处行政委员会的会议记录，让我们对正在研究的垄断协会的最初时期有所了解。

1899 年 8 月 8 日签署协议这一天，三家公司的代表决定，在销售办事处成立之前，工厂仍然直接接收订单。① 仅在 1899 年 10 月 2 日，也就是一个多月后，在行政委员会的一次会议上，参会人员一致认为销售办事处应立

---

① ЦГАМ, ф. 1091, оп. 1, д. 6, л. 1（протокол первого заседания Административного комитета）.

即开始运作。①

　　直到 1899 年 10 月 16 日，根据三家公司的协议，行政委员会批准了销售办事处的内部制度条例。同一天，决定自 1899 年 10 月 23 日起，"公司不能直接执行任何订单。② 从此日期起，销售办事处接收全部订单，公司必须向订购商答复，销售办事处将完成其委托的任务"。③

　　但是，办事处开始运作后，许多潜在的问题暴露出来。事实证明，工厂与订购商之间的直接关系不容易被打破。特别是有必要明确工厂继续与订购商进行初步谈判的条件。1899 年 11 月 4 日举行的行政委员会会议上，除先前通过的条例外，还制定了另一条总则。总则中说："公司本身可以直接或通过代理商与订购商进行初步谈判，告知订购商销售办事处的职能。只有在俄国镜面玻璃工厂销售办事处批准后，该订单才被最终接受。销售办事处为每家公司提供以下印章（印有彼得堡、锻造胡同 2）。订购商与公司联系以获取关于销售条件的信息，在各公司寄给订购商的邮件上，必须加盖此戳。"总则中还包含另一项重要规定："由于销售办事处应对其分配给工厂的订单承担责任，因此与订购商直接联系的公司不应涉及付款条件和贷款条件的问题。销售办事处根据它所获得的有关订购商偿还能力的信息，最终解决此问题。"④

　　镜面玻璃协会出现在两个历史时代的过渡期。它构思于经济高涨结束期，却建立在经济危机表露明显迹象的时期。该协会具有 19 世纪末期垄断协会的许多特征，同时又是 20 世纪初俄国第一个工业垄断协会，这样看来它为俄国垄断资本的发展开辟了一个新阶段。

　　1900 年 9 月，第四家公司（即俄国南部的镜面玻璃公司）加入了镜面

①　ЦГАМ, ф. 1091, оп. 1, д. 6, л. 8.

②　ЦГИАЛ, ф. 626, оп. 1, д. 582, лл. 6 - 30（французский текст《Положения о внутреннем устройстве》и приложений к нему）; ЦГАМ, ф. 1091, оп. 1, д. 6, лл. 12 - 58（перевод на русский язык, пресс - копия）.

③　ЦГАМ, ф. 1091, оп. 1, д. 6, л. 11（протокол заседания 16 октября 1899 г.）.

④　ЦГАМ, ф. 1091, оп. 1, д. 6, лл. 74 - 80（текст《Общей инструкции》, приложенный к протоколу от 4 ноября 1899 г.）.

玻璃协会。① 1901 年 1 月 27 日，四家公司签署了一项协议，取代了之前的协议。② 1902 年，它们缔结了一项新条约，在文献中有此记载。③

第五节　俄国工业的垄断规模及垄断协会
起源和发展的一般规律

上文研究了工业生产资料部分的垄断协会。对这些行业的垄断研究对于阐明金融资本的形成过程尤为重要。

但是，在 19 世纪末期俄国出现了其他行业的垄断。在 19 世纪后期，俄国最大的垄断协会之一是糖业工厂主联盟（成立于 1887 年 2 月）。这里无须阐述其历史和组织结构。相比于其他协会，该协会拥有更全面的文献资料。最近在文献资料方面又补充了关于糖业工厂主联盟出现和活动的历史。④

在文献中，多次提及了酿酒工业中的垄断协会。1893 年，А. М. 金采夫指出了西伯利亚的酒商罢工。⑤ 一年半后，Вл. 比留科维奇写道："80 年代初期，西伯利亚某些地区和欧俄东部各省的酿酒厂存在辛迪加。"⑥ И. Х. 奥泽罗夫详细介绍了 "东部地区酒商和工厂主的罢工"。他写道："在这里，酒商成立了符合规章的代表大会，并确定了酒价。由于农业协会在其境内有权允许或禁止进行酒贸易，因此酒商购买了许可权，从而稳固了酒销售的垄断权。在城市中，他们有时通过向慈善事业捐赠大量资金来给城市管理部门一些好处，从而成功地掌握了城市酒贸易。建立垄断后，酒商抬高了酒价，

---

① ЦГИАЛ, ф. 626, оп. 1, д. 582, л. 39.

② ЦГИАЛ, ф. 626, оп. 1, д. 582, л. 1.

③ 参阅 Гиндин И. Ф., Государственный банк и зеркальный синдикат《Из истории империализма в России》. М., -Л., Изд -во АН СССР, 1959。

④ 参阅 Каменецкая И. М., Возникновение монополии в свеклосахарной промышленности // История СССР. 1965, № 6。

⑤ Кинцев А. М., Французские синдикаты // Русское Богатство. 1893, № 7. С. 34.

⑥ Бирюкович Вл., Промышленные синдикаты // Вестник Европы. 1895, № 2. С. 598.

制作假酒，导致消费税收入随着消费额的减少而减少，使国家财政资金遭受损失。这就是酒垄断最初是在东部省份引入的原因，在那里酒贸易垄断取得了最显著的效果。"[1] 但是，正如 И. Х. 奥泽罗夫所指出的那样，引入（国家垄断专卖的）官酒垄断并不排除工厂形成辛迪加以提高价格的可能性。[2]

深入研究这个问题，我们会发现很多有趣的东西。

在纺织工业中建立垄断通常要晚于其他工业。俄国在这方面也不例外。[3] 但是在 90 年代的俄国纺织业中，曾有建立垄断性协会的尝试。[4]

现在，让我们在一个表格中总结我们知道的 80～90 年代俄国工业垄断存在的全部可靠事实（见表 2-13），根据表内容我们容易明白垄断不是俄国工业中的唯一现象。19 世纪末最重要的工业分支在某种程度上受到垄断过程的影响，特别表现为约 20 个相对稳定的垄断协会的出现。

表 2-13　19 世纪 80～90 年代俄国工业垄断情况

工业行业	垄断产品	垄断持续时间
煤炭行业	煤炭	1）顿巴斯煤炭生产商的短期协议——1888 年初、1893 年底、1897 年初 2）顿巴斯矿区煤炭生产商联盟——90 年代下半期
石油工业	煤油	1）诺贝尔兄弟公司——80～90 年代 2）里海－黑海石油工业贸易公司——80 年代末至 90 年代 3）巴库标准协会——90 年代 4）七家大公司联盟——1892 年底至 1893 年初 5）巴库煤油生产商联盟——1893 年 10 月至 1897 年 10 月

① Озеров И. Х. , Основы финансовой науки, вып. 1, изд. 5. М. , 1917. С. 487 – 488.
② 参阅 Озеров И. Х. , Основы финансовой науки, вып. 1, изд. 5. М. , 1917. С. 489。
③ 参阅 Лаверычев В. Я. , Монополистический капитал в текстильной промышленности России（1900 – 1917гг. ）. Изд – во МГУ, 1963.
④ I. Pietrzak – Pawlowska. Krolestwo Polskie w poczatkach imperializmu. 1900 – 1905. Warszawa, 1955, s. 49；Семенюк Г. Ф. , Борьба московской《текстильной》буржуазии за рынки сбыта и экономическая политика царизма в конце XIXв // Некоторые вопросы истории Москвы и Московской губернии в XIX – XX вв. М. , изд. МГПИ им. Ленина, 1964. С. 107.

续表

工业行业	垄断产品	垄断持续时间
黑色金属加工	钢轨	1) 钢轨制造商联盟——1882 年 6 月至 1887 年 1 月 2) 普梯洛夫工厂与亚历山德罗夫工厂之间的协议——1887 年 3 月至 1888 年 7 月 3) 钢轨工厂联盟——1890 年 12 月至 1895 年 1 月
	垫板、盖板、螺栓和拐钉	钢轨配件制造商联盟——1884 年 5 月至 1891 年 12 月
	道岔	三公司临时联盟——1887 年 3 月
	轮箍、半轮轴、轮轴、弹簧和发条钢	铁路配件制造工厂联盟——不迟于 1888 年 11 月至 1897 年 3 月
	轴架、弹药箱	轴架制造工厂联盟——1884 年 3 月至 1892 年 11 月
	供市场销售的铁	普梯洛夫公司与彼得堡轧铁线材公司的协议——1886 年 11 月至 1888 年 7 月
	铁丝、钉子	1) 轧铁、线材制钉厂公约——1886 年底 2) 关于在彼得堡建立俄国线材制钉厂代理机构的协议——1890 年 3 月至 90 年代中期(?)
	总计	一些工厂的联盟,其中包括 M. 格尼格和 И. Г. 普利亚捷尔 - 济别勒特的工厂——80 年代
铜加工	黄铜	罗森克兰茨轧铜制管公司和科利丘金黄铜轧铜公司的协议——1888 年 1 月至 90 年代中期(?)
	铜、黄铜管、薄片/条	罗森克兰茨轧铜制管公司和法俄公司的协议——1886 年 4 月至 90 年代末(?)
	铜管和黄铜管	罗森克兰茨轧铜制管公司、法俄公司、诺尔布林公司、布赫兄弟公司、T. 韦尔纳公司的协议——1895 年 4 月至 90 年代末(?)
	机车火箱及其配件、红铜片/条	罗森克兰茨轧铜制管公司和科利丘金黄铜轧铜公司的协议——1886 年 4 月至 90 年代末(?)
	弹药筒	Ф. Г. 吉连什米德特合资公司图拉弹膛工厂——80~90 年代
机械制造	蒸汽机车	科洛缅卡公司的垄断——1884~1892 年
	车厢	1) 车辆辛迪加——不晚于 1889 年底至 1891 年 4 月 2) 五家车辆制造公司协会——1892 年 5 月至 1895 年 4 月 3) 车辆联盟——1896 年 8 月至 1898 年 11 月
	炮架	普梯洛夫公司、布良斯克公司和华沙工业公司的临时协会——1887 年 3 月

续表

工业行业	垄断产品	垄断持续时间
建材行业	砖	华沙地区的公司——1890 年
	镜面玻璃	三家公司协会——1899 年 8 月至 1901 年 1 月
化学工业	硝酸钾和火药	制造、销售火药的俄国公司的垄断权——80 ~ 90 年代
	氢氧化钠	柳比莫夫、索利韦合资公司——80 ~ 90 年代 *
食品工业	糖	糖业工厂主联盟——1887 年 4 月至 90 年代中期
	酒精饮料、伏特加	东部省份酒商"罢工"——80 年代至 90 年代上半期

注：* См. Гессен Ю. Ю. , Очерки истории производства соды. Л - М. , Госхимиздат, 1951. С. 140 - 143.

　　这意味着，尽管我们掌握的信息不完整，但 19 世纪 80 ~ 90 年代仍被视为卡特尔广泛发展基础的重要时期，在发达的资本主义国家中，先出现垄断协会，然后垄断才转变为经济生活的所有基础之一。俄国垄断历史中的这一重要阶段比先进的资本主义国家晚了十年。在先进的资本主义国家，卡特尔广泛发展的起点是 70 年代初的经济危机，在俄国始于 80 年代初的经济危机。

　　因此，无论是在先进的资本主义国家，还是在俄国，经济危机都是卡特尔广泛发展的起点。垄断的出现和发展与经济状况之间的联系很早就被人们发现。P. 希法亭特别指出了这一点，他在谈到"限制竞争的普遍趋势"时还指出，"类似趋势的出现取决于工业情况的某些阶段"。他对自己的想法解释如下："在上升过程中，需求高于供给……但是，如果需求高于供给，那么市场价格将由生产条件最恶劣的企业决定。至于那些在相对较好的条件下生产的企业则会产生超额利润。即使没有签订任何协议，这时的企业家们也代表着一个密切联结的整体。在萧条时期会发生比较矛盾的现象，每个人都站在自己的立场上维护自身利益，而这一行为却恰好是在损坏他人利益。"[1] 他表达的意见值得我们认真思考。

　　同时，P. 希法亭回顾了马克思的一篇非常有趣的声明。内容如下："说到供给和需求，那末供给等于某种商品的卖者或生产者的总和，需求等于这

――――――――――

① Гильфердинг Р. , Финансовый капитал. М. , Соцэкгиз, 1959. С. 256.

同一种商品的买者或消费者（包括个人消费和生产消费）的总和。而且，这两个总和是作为两个统一体，两个集合力量来互相发生作用的。个人在这里不过是作为社会力量的一部分，作为总体的一个原子来发生作用，并且也就是在这个形式上，竞争显示出生产和消费的社会性质。"

"在竞争中一时处于劣势的一方，同时就是这样一方，在这一方中，个人不顾自己那群竞争者，而且常常直接反对这群竞争者而行动，并且正因为如此，使人可以感觉出一个竞争者对其他竞争者的依赖，而处于优势的一方，则或多或少地始终作为一个团结的统一体来同对方相抗衡。如果对这种商品来说，需求超过了供给，那末，在一定限度内，一个买者就会比另一个买者出更高的价钱，这样就使这种商品对全体买者来说都昂贵起来，提高到市场价值以上；另一方面，卖者却会共同努力，力图按照高昂的市场价格来出售。相反，如果供给超过了需求，那末，一个人开始廉价抛售，其他的人不得不跟着干，而买者却会共同努力，力图把市场价格压到尽量低于市场价值。只有各方通过共同行动比没有共同行动可以得到更多好处，他们才会关心共同行动。只要自己这一方变成劣势的一方，而每个人都力图找到最好的出路，共同行动就会停止。其次，只要一个人用较便宜的费用进行生产，用低于现有市场价格或市场价值出售商品的办法，能售出更多的商品，在市场上夺取一个更大的地盘，他就会这样去做，并且开始起这样的作用，即逐渐迫使别人也采用更便宜的生产方法，把社会必要劳动减少到新的更低的标准。如果一方占了优势，每一个属于这一方的人就都会得到好处；好象他们实现了一种共同的垄断一样。如果一方处于劣势，每个人就企图通过自己的努力来取得优势（例如用更少的生产费用来进行生产），或者至少也要尽量摆脱这种劣势；这时，他就根本不顾他周围的人了，尽管他的做法，不仅影响他自己，而且也影响到他所有的同伙。"[1]

---

① Маркс К. и Энгельс Ф.，Соч.，т. 25，ч. I，С. 212－213. 译者注：照录中共中央编译局编译《马克思恩格斯全集》第 25 卷，人民出版社，1974，第 216～217 页。

P. 希法亭针对马克思的意见写道："因此，出现了以下矛盾：在最没有必要限制竞争时，恰恰处于繁荣时期，仅需批准现有的条约，便可以轻松地限制竞争。相反，在萧条时期，当最有必要限制竞争时，订立协议特别困难。"他进一步说道："这种情况说明了为什么在繁荣时期或至少在萧条结束时，卡特尔的组织工作无比轻松，而在萧条时代，卡特尔经常崩溃，特别是组织不严格的卡特尔。"①

P. 希法亭没有引用任何事实证实他的主张。他在注释中引用的他人作品摘录在一定程度上与自己的意见不符。② 但是，在危机年代，有许多卡特尔崩溃的案例。有一些例子亦表明卡特尔在繁荣时期的出现。但是，除非证明这些案例遵循了普遍规律，而不是各种情况凑在一起的巧合，否则它们将不能被视为可靠的证据来证明 P. 希法亭的观点。

同时，在理论方面，有人提出了反对意见。按照 P. 希法亭的说法，卡特尔只有在基本上不需要它们时才出现，而当需要时，卡特尔就会瓦解。因此，不是资本主义发展某个阶段存在的客观必要性，导致卡特尔的出现，而是在一个行业的企业家之间，在供不应求而竞争减弱的情况下，容易达成卡特尔协议。垄断是自由竞争的直接对立面，但是我们眼看着自由竞争开始转化为垄断，③ 而

---

① Гильфердинг Р. , Финансовый капитал. М. , Соцэкгиз, 1959. С. 257 – 258. （курсив мой. – В. Б. ）

② 其中一位说道："确实，经验表明，卡特尔可以被称为'有需要的孩子'，而成员追求联合的意愿主要是在经济条件恶化或危机时形成的。但是，在相对有利的情况和市场情况极好的条件下，与需求相关的、维持优惠价格的计算方法进一步激励了人们巩固共同利益，最容易产生卡特尔。然而，行动的一致性难以实现以任何价格（甚至是最低价格）接收订单并拦截竞争对手的订单。"参阅 Dr. Volker. Referat über den Verhand deutscher Druckpapierfabriken. Kontradiktorisch Verhandlungen。关于卡特尔的历史参阅 Heinrich Cunow. Die Kartelle in Theorize und Praxis // ИеиеZeit. XXIII, 2, S. 210。P. 希法亭还引用了格尔曼·莱维关于美国钢铁业的书，其中说道："因此，在 1892 年价格下跌之际，由于内部主要成员'卡内基'和'伊利诺伊钢铁公司'之间的冲突，轨道赢利分配联盟瓦解了。在 1896 年短暂的价格上涨期结束之后，1897 年，第二个轨道赢利分配联盟瓦解了。市场普遍萎靡不振，1898 年底再次鼓励制造商采取措施——共同建立新的钢轨卡特尔。"（курсивмой. – В. Б. ）

③ Ленин В. И. , Соч. , т. 22, С. 252. 译者注：照录中共中央编译局编译《列宁全集》第27卷，人民出版社，1990，第40页。

且没有障碍可以干扰这一进程，因为它是资本主义发展的客观规律的体现，为资本主义向帝国主义的转化奠定了经济基础。P. 希法亭指出一个矛盾最终被另一个矛盾所中和：危机和萧条时期日益激烈的竞争，阻碍了卡特尔协议的缔结，大大加剧了生产集中的过程，从而进一步促进了垄断的实现，促进垄断成为迫切需要。P. 希法亭在研究垄断的起源时写道："行业发展的特点恰恰是，如果全部都是小型企业，竞争是摧毁小型企业最快的方法（请回顾一下电气行业的某些部门）。大型企业占主导地位时，这些拥有强大资本的大企业彼此之间越来越相似，而且具有竞争优势的技术给企业带来的经济差异越来越小。这是一场平等的斗争，而且可能在很长一段时间内看不到竞争结果，需要所有斗争者做出同样的牺牲。"P. 希法亭进一步指出，"正是在这些领域中，很容易出现利润率长期低于平均水平的情况。在资本足够强大的情况下，自由竞争最终被破坏"。①

事实上，在这里我们谈论的一个事实是，在一定的生产集中度下，竞争企业之间达成协议的可能性要比使它们分离的可能性更大，因为与长期的破坏性竞争行为相比，缔结这样的协议在经济上更加有利，而且，在竞争对手的力量几乎相等的情况下，无法预见竞争的结果。但是，P. 希法亭并未提出集中生产是将竞争转变为垄断的决定性条件。

在以"从旧资本主义到新资本主义，从一般资本统治到金融资本统治"② 为特征的那些变化中，生产集中的作用被低估了。P. 希法亭没有意识到这一点，这是 P. 希法亭观点最大的缺陷之一。列宁反对他对金融资本的定义，即金融资本就是由银行支配而由工业家运用的资本，他写道："这个定义不完全的地方，就在于它没有指出最重要的因素之一，即生产和资本的集中发展到了会导致而且已经导致垄断的高度。"③

---

① Гильфердинг Р. , Финансовый капитал. М. , Соцэкгиз, 1959. С. 252 – 254.
② Ленин В. И. , Соч. , т. 22, С. 213. 译者注：照录中共中央编译局编译《列宁全集》第 27 卷，人民出版社，1990，第 361 页。
③ Ленин В. И. , Соч. , т. 22, С. 214. 译者注：照录中共中央编译局编译《列宁全集》第 27 卷，人民出版社，1990，第 362 页。

在谈到马克思的《资本论》时，列宁对它的解释不同于 P. 希法亭的一个特征是："在半个世纪以前马克思写《资本论》的时候，绝大多数经济学家都认为自由竞争是一种'自然规律'。官方学者曾经力图用缄默这种阴谋手段来扼杀马克思的著作，因为马克思对资本主义所作的理论和历史的分析，证明了自由竞争产生生产集中，而生产集中发展到一定阶段就导致垄断。"[①] 但是在这种情况下，在垄断的出现和形成的历史中，起决定性作用的不是竞争减弱的时期，而是竞争加剧的时期。这就是列宁认为危机是垄断进程加速器的原因。他写道："危机（各种各样的危机，最常见的是经济危机，但不是只有经济危机）又大大加强了集中和垄断的趋势。"[②] 列宁对垄断历史的分期也证明了这一点。

通常，卡特尔是关于价格的基本协议。在竞争减弱的条件下，卡特尔组织十分简易，导致其软弱无力和无法生存。但是，正如 P. 希法亭所指出的那样，"只有在繁荣时期内，甚至仅在一定范围内价格趋于上涨时，才能达成简单的价格协议。但是，仅凭价格协议是不够的。价格上涨正在推动生产扩大、供应增加，最终导致无法遵守协议。随着萧条的发生，这种卡特尔通常会解体"。[③]

危机和萧条时期，在生产者之间竞争特别激烈的情况下，最简单的卡特尔协会解体了，这意味着限制竞争的需求尚未发展成为经济发展的客观需求。因此，这种协会只有在垄断过程的最早阶段才是典型的，之后，它们失去了独立的意义，变成了更发达形式的垄断协会的附属物。

毫无疑问，在 19 世纪末的俄国工业中，形成了许多简单的卡特尔协议，但是俄国显然不知道在垄断发展的初期，典型的垄断协会是"几乎看不见的胚胎"。在俄国资本主义的发展为垄断的出现做好准备时，发达

[①]　Ленин В. И. , Соч. , т. 22, C. 188. 译者注：照录中共中央编译局编译《列宁全集》第27卷，人民出版社，1990，第336页。

[②]　Ленин В. И. , Соч. , т. 22, C. 197. 译者注：照录中共中央编译局编译《列宁全集》第27卷，人民出版社，1990，第344页。

[③]　Гильфердинг Р. , Финансовый капитал. М. , Соцэкгиз, 1959. C. 272－273.

的资本主义国家已经建立了足够强大和稳定的垄断协会组织形式。因此，俄国建立垄断不是从最简单的卡特尔价格协议开始，而是从代表卡特尔发展最高阶段的协会开始（不仅制定价格，还规定定额，甚至试图履行接收和分配订单的职能）。而且这些协会并不是在繁荣的情况下出现的。在 19 世纪 80 年代中期和下半期，即上面提到的大多数卡特尔类型的垄断协会成立之时，冶金、金属加工和机械制造等重工业中最重要的部门正处于严重萧条的状态。与 70 年代初几乎没有影响俄国重工业的危机不同，80 年代初的危机对其造成了沉重打击。结果，到 80 年代中期，俄国的机械制造业已降至 70 年代初的水平，钢轨的产量减少了一半以上。所有这些情况导致对黑色金属的需求急剧下降，铜消耗量明显减少。甚至重工业中新生的分支，即煤炭和石油业，也受到了危机的影响。首先表现为 1884 年煤炭产量略有下降，其次是 1882 ~ 1883 年石油产量和石油产品产量的增长率下降。

这场危机过后是漫长的萧条。直到 80 年代末，重工业中最重要的分支，即黑色金属、有色冶金、金属加工和机械制造业，尽管受到波动的影响，但基本上保持在同一水平；80 年代和 90 年代之交，终于有了小幅增长；但是 90 年代初，大多数重工业部门的产量再次下降；仅在 90 年代中期，俄国的重工业才进入稳定且持续增长的时期。

结果，仅在 1889 年钢铁生产量就超过了 80 年代初的水平；1892 年铜消耗量超过了 80 年代初的水平；1893 年机械制造和钢轨生产量超过了 80 年代初的水平。在煤炭和石油等新兴行业中，没有出现这种持续停滞的现象，但是，经常出现短期的产量下降或增长率下降的情况。1886 ~ 1887 年，煤炭行业和石油行业都出现了生产过剩的现象；1890 年，煤炭行业的产量再次下降。几乎同时，石油行业也出现了危机；1889 ~ 1890 年和 1891 ~ 1892 年，俄国境内销售煤油存在严重困难，只有通过增加出口才能解决问题，但是很快这种补救方式也无济于事了；1894 年，巴库煤油在俄国国内的销量和出口的销量都下降了。

通过将上述讨论的卡特尔类型垄断协会的出现时间与相关行业的发展指

标进行比较（见表 2 - 14），我们可以确信，这些协会通常是在销售困难以及相关生产下降或停滞的情况下产生的。

表 2 - 14　1880 ~ 1899 年某些产品的生产量和销售量

单位：百万普特

年份	机械和铸造品生产量	钢轨生产量	钢铁生产量	铜生产量	煤生产量	煤油销量		
						国内	国外	总计
1880	55.1	12.0	36.6	—	200.8	—	—	—
1881	53.8	12.5	35.7	753	213.3	—	—	—
1882	53.7	9.8	33.3	202	230.2	—	—	—
1883	49.3	7.1	33.3	471	242.8	—	—	—
1884	41.6	5.6	34.7	647	239.9	—	—	—
1885	37.5	5.8	33.9	500	260.6	—	—	—
1886	43.7	6.9	36.9	401	279.4	—	—	—
1887	44.2	5.4	36.9	345	276.8	—	—	—
1888	48.3	3.9	35.8	313	316.6	24.0	28.0	52.0
1889	50.8	5.5	41.9	530	379.4	28.1	35.1	63.2
1890	47.4	10.6	49.5	613	367.2	28.7	41.3	70.0
1891	46.1	10.4	53.8	654	380.5	31.2	45.0	76.2
1892	45.0	12.0	61.9	912	424.1	32.1	48.9	81.0
1893	67.0	14.5	73.2	1174	464.8	37.9	50.0	87.9
1894	—	15.3	78.3	1079	534.9	30.1	43.4	73.5
1895	—	18.4	81.6	1069	555.5	32.3	51.3	83.6
1896	—	—	92.8	1314	572.5	37.6	52.5	90.1
1897	—	—	106.1	1252	683.9	41.6	52.4	94.0
1898	—	—	127.5	1360	751.4	42.5	56.2	98.7
1899	—	—	136.0	1214	853.1	40.0	69.0	109.0

资料来源：该表中的数据是从以下作品中引用的：Яковлев А. Ф.，Экономические кризисы в России. М.，Госполитиздат，1955（机械、铸造品、钢铁生产、煤矿开采）；Кеппен А.，Материалы для истории рельсового производства в России. СПб.，1899（生产钢轨）；Брейтерман А. Д.，Медная промышленность России имировой рынок，ч. II. Пг.，1924（铜消耗量）；Першке С. и Л.，Русская нефтяная промышленность，ее развитие и современное положение в статистических данных. Тифлис，1913（煤油的销售）。这部分突出显示了生产量或销售量下降的时期。

　　同时，大多数协会都没有持续到 90 年代的工业恢复，这并非偶然。每个协会的崩溃可能是由于其特定原因，但是此处的一般规律是显而易见的：在工业恢复期，80 年代和 90 年代初出现的卡特尔类型垄断协会几乎都不复存在。

　　现在让我们再次回顾马克思的上述陈述。毕竟，到目前为止，我们仅考虑了工业企业充当生产者（即卖方）的情况。但是，另外很大一部分工业企业同时还充当各种工业产品的消费者（即买方）。这主要与需要原材料和燃料来生产成品的加工工业企业有关。因此，在以供不应求为特征的工业繁荣期，当一个行业的企业之间成品销售的竞争减弱时，这些企业作为原材料和燃料的购买者开始激烈竞争。在这种情况下，如何限制竞争的需要？似乎可以通过创建买方协会来实现预期的结果。但是实际上，加工工业企业协会购买原材料或燃料并不常见。19 世纪末，在俄国，目前只知道存在联合购买废金属的协会。① 显然，原因在于此类协会的成员必须同意限制甚至暂停生产，也就是说，在繁荣时期做出不可估量的牺牲。结果，企业家面临两种选择：要么在争夺原材料的斗争中不惜代价，要么购买专有的原材料。后一个选择导致了联合。根据列宁的定义，联合是"把不同的工业部门联合在一个企业中，这些部门或者是依次对原料进行加工（如把矿石炼成生铁，把生铁炼成钢，可能还用钢制造各种成品），或者是一个部门对另一个部门起辅助作用（如加工下脚料或副产品，生产包装用品，等等）"。②

---

① 因此，例如，1888 年 6 月，普梯洛夫工厂、亚历山德罗夫钢轨工厂和彼得堡轧铁线材工厂就即将举行的"华沙铁路彼得堡商店中的旧金属拍卖"达成了协议。根据该协议，普梯洛夫工厂"宣布价格，并将拍卖所得的金属按以下比例划分：亚历山德罗夫工厂为 30%；彼得堡轧铁线材工厂为 30%；普梯洛夫工厂为 40%"。参阅 ЛГИА, ф. 1309, оп. 1, д. 1, л. 128 – протокол правления О – ва Путиловского завода от 8 июня 1888 г. 1888 年春，试图建立用于购买废金属的永久性辛迪加，除上述三个企业外，还应包括在利耶帕亚的贝克尔工厂，显然没有成功。参阅 ЛГИА, ф. 1309, оп. 1, д. 1, лл. 94, 101 – протоколы от 26 и 30 марта 1888 г.

② Ленин В. И., Соч., т. 22, С. 186. 译者注：照录中共中央编译局编译《列宁全集》第 27 卷，人民出版社，1990，第 334 页。

P. 希法亭在描述这种联合的产生时写道：

> 在繁荣时期，生产正在扩大。一般在资本相对较少、生产可以在短时间内扩张的地方扩展最快，而且在许多地方，这种迅速的扩张在某种程度上妨碍了价格的上涨。尤其是在制造成品的行业。相反，在采矿业中，铺设新矿山的道路、建造新高炉需要相对较长的时间，生产不能以这种速度扩大。在繁荣期的第一阶段，通过更密集地利用生产能力来满足不断增长的需求。但是在市场情况极好的情况下，生产成品的增长速度快于采矿业的增长速度。因此，原材料的价格增速快于制成品的价格增速。另外，缺乏原材料会阻碍市场条件的发展。
>
> 在萧条期间，情况相反。与成品生产领域相比，原材料供应部门的资本外流和生产限制更加困难，损失更大。因此，在原材料供应部门，利润率低于平均水平的时间更长。反之，这有助于将加工工业的利润率降低到正常水平。同时在原材料生产中，萧条更加持久和严重。
>
> 利润率的这种差异应予以消除，但只有将采矿工业与加工工业联合起来才能消除。联合的动力可能根据市场情况所处的阶段而有所不同。在高涨期间，加工工业企业起首倡作用，从而应对原材料的高价格甚至短缺问题。在萧条时期，原材料生产商试图并入加工这种材料的企业，避免以低于生产的价格销售其材料。它们开始自己进行加工，并从成品中获得更高的利润。[①]

关于这一特征，应该指出的是，这两种相反的联合趋势取决于经济周期的阶段，在实践中，加工工业和采矿业并不总是势均力敌的。采矿业企业与加工业企业联合的愿望表现在经济萧条时期，即最难以实施的时候。在这种情况下，可以通过另一种不需要额外成本的方式来实现相同的目标，即维持

---

① Гильфердинг Р. , Финансовый капитал. М. , Соцэкгиз, 1959. С. 258 - 261.

或提高利润率，通过建立采矿企业的行业协会，消除它们之间在销售各种原材料和燃料方面的竞争。

一方面，如上所述，在高涨期，建立加工工业协会以消除它们之间在购买各种原材料和燃料时的竞争，这是极其困难的。但另一方面，这些条件为加工工业企业联合创造了真正的机会。

在卡特尔类型垄断协会的范围内无法满足联合的需要。正如我们所见，卡特尔的影响范围只能横向扩展，这是因为卡特尔对一个行业内企业的覆盖范围日益扩大。托拉斯类型的垄断协会不同。由于相关行业企业的加入，托拉斯的影响范围不仅可以横向扩展，而且能够纵向扩展。从诺贝尔兄弟公司发展的例子中可以很清楚地看到这一点。

上文已经指出俄国石油工业所特有的一些特征。特征之一是石油生产成本相对较低。另一个是石油产品的生产者和消费者之间存在异于寻常的运输障碍。这些特征也决定了诺贝尔兄弟公司作为托拉斯类型垄断协会的独特性。在 1879 年建立公司之时，2/5 的资产投入购买各种运输工具中（见表 2 - 15）。在接下来的几年中，公司的资产增长了将近 7 倍，其中 3/5 的资产用于增加运输工具。1883 年，运输工具的价值达到公司财产总值的 62.8%。至于生产建设方面的投资，尽管在过去几年中已大大增加，但在公司总资产中所占的份额从 40.7% 降至 24.5%。因此，诺贝尔兄弟公司在第一阶段，主要是作为一家运输公司发展起来的。

表 2 - 15 1879 ~ 1900 年诺贝尔兄弟公司的资产情况

单位：千卢布，%

财产种类	1879 年		1883 年		1900 年		1879 ~ 1883 年		1883 ~ 1900 年	
	价值	所占比例	价值	所占比例	价值	所占比例	价值增加额	所占比例	价值增加额	所占比例
土地	29	1.6	124	1.0	403	1.1	95	8.8	279	1.3
油矿财产	192	10.3	203	1.6	4412	12.8	11	1.0	4209	19.2
工厂财产	566	30.4	2884	22.9	8279	24.0	2318	21.6	5395	24.6
仓库及其设备	297	16.0	1474	11.7	8428	24.4	1177	10.9	6954	31.7

续表

财产种类			1879 年		1883 年		1900 年		1879~1883 年		1883~1900 年	
			价值	所占比例	价值	所占比例	价值	所占比例	价值增加额	所占比例	价值增加额	所占比例
运输工具		合计	776	41.7	7923	62.8	13004	37.7	7147	66.5	5081	23.2
	其中	船舶和驳船	536	28.8	4400	34.9	8980	26.0	3864	36.0	4580	20.8
		油罐车	49	2.6	2643	20.9	2616	7.6	2594	24.1	-27	—
		输油管	191	10.3	880	7.0	1408	4.1	689	6.4	528	2.4
总计			1860	100.0	12608	100.0	34526	100	10748	100.0	21918	100.0

资料来源：参阅 Сост. Гулиев А. Н.，Найдель М. И.，Нардова В. А.，Монополистический капитал в нефтяной промышленности России. 1883 - 1914. М. - Л.，Изд - во АН СССР，1961。（С. 751，таблица 36.）

建立公司时，3/4 的生产资本花费在石油加工厂的建筑物和设备上，1/4用于建立采油场。到 1883 年，工厂资产的价值增长了 5 倍以上，而同时油矿资产的价值仅增长了 5.7%。后来，石油加工厂的建筑物和设备与采油场的比例发生了显著变化，从 3:1 变为 14:1。

遗憾的是，我们没有掌握在接下来的 16 年中（即直到 1900 年）关于公司资产价值的完整信息。不过，通过比较 1883 年和 1900 年的数据可以看出，在此期间，资产结构发生了重要变化，笔者希望更深入地研究其进程。1883~1900 年，油矿资产的价值增加了 20 倍；仓库及其设备的价值增加了近 5 倍；工厂财产的价值增加了近 2 倍；运输工具的价值增加了0.6 倍。奇怪的是，资产价值增加额最高的是仓库。工厂财产的增长量和运输价值的增长量几乎相同。此外，运输工具价值增加的 90% 以上来自船舶和驳船价值的增加。公司可用的油罐车的价值不仅没有增加，甚至略有下降。至于油矿财产的价值增加额，尽管不及上述类别资产的价值增加额，但仍高达 420 万卢布。最后，1900 年工厂财产价值与油矿财产价值之比变为 2:1。

让我们从公司原油的生产、购买数据开始进行研究（见表 2 - 16）。正如

表 2—16 1879~1900 年诺贝尔兄弟公司原油、煤油和重油的相关数据

单位：千普特，%

年份	原油					煤油					重油				
	开采		购买		合计	生产		购买		合计	生产		购买		合计
	数量	所占比例	数量	所占比例		数量	所占比例	数量	所占比例		数量	所占比例	数量	所占比例	
1879	0.3	18.7	1.3	81.3	1.6	0.3	—	?	—	?	?	—	?	—	?
1880	0.1	1.6	6.0	98.4	6.1	1.5	—	?	—	?	?	—	?	—	?
1881	2.7	26.2	7.6	73.8	10.3	3.1	—	?	—	?	6.5	—	?	—	?
1882	6.8	42.8	9.1	57.2	15.9	4.4	—	?	—	?	9.3	—	?	—	?
1883	15.5	57.8	11.3	42.2	26.8	6.5	—	?	—	?	13.1	—	?	—	?
1884	14.4	38.6	22.9	61.4	37.3	9.7	—	?	—	?	22.7	—	?	—	?
1885	17.7	50.4	17.4	49.6	35.1	10.7	—	?	—	?	19.1	—	?	—	?
1886	23.9	74.0	8.4	26.0	32.3	10.7	—	?	—	?	14.3	—	?	—	?
1887	28.8	67.6	13.8	32.4	42.6	14.2	—	?	—	?	21.9	—	?	—	?
1888	26.2	61.1	16.7	38.9	42.9	12.8	—	?	—	?	21.0	—	?	—	?
1889	31.9	75.8	10.2	24.2	42.1	15.7	—	?	—	?	29.3	85.2	5.1	14.8	34.4
1890	45.2	85.8	7.5	14.2	52.7	16.7	90.7	1.7	9.3	18.4	34.6	82.2	7.5	17.8	42.1

续表

年份	原油					煤油					重油				
	开采		购买		合计	生产		购买		合计	生产		购买		合计
	数量	所占比例	数量	所占比例		数量	所占比例	数量	所占比例		数量	所占比例	数量	所占比例	
1891	35.7	68.8	16.2	31.2	51.9	17.3	88.3	2.3	11.7	19.6	30.1	64.4	16.6	35.6	46.7
1892	30.1	52.3	27.6	47.7	57.7	16.6	80.2	4.1	19.8	20.7	32.5	82.7	6.8	17.3	39.3
1893	25.1	44.4	31.4	55.6	56.5	16.5	75.7	5.3	24.3	21.8	33.3	52.5	30.1	47.5	63.4
1894	24.4	42.0	33.7	58.0	58.1	18.5	86.4	2.9	13.6	21.4	39.5	60.2	26.1	39.8	65.6
1895	29.3	33.4	58.3	66.6	87.6	19.4	73.5	7.0	26.5	26.4	44.5	60.6	28.9	39.4	73.4
1896	28.7	40.3	42.5	59.7	71.2	15.7	58.8	11.0	41.2	26.7	39.7	56.1	31.0	43.9	70.7
1897	28.4	37.1	48.2	62.9	76.6	?	—	7.5	—	?	43.2	50.4	42.5	49.6	85.7
1898	43.4	49.0	45.1	51.0	88.5	21.0	68.0	9.9	32.0	30.9	51.6	51.0	49.5	49.0	101.1
1899	93.3	75.2	30.8	24.8	124.1	23.0	61.7	14.3	38.3	37.3	59.8	58.8	41.8	41.2	101.6
1900	84.4	71.3	34.0	28.7	118.4	31.6	78.8	8.5	21.2	40.1	70.1	58.1	50.6	41.9	120.7

资料来源：参阅 Сост. Гулиев А. Н., Найдель М. И., Нардова В. А., Монополистический капитал в нефтяной промышленности России. 1883 – 1914. М. – Л., Изд – во АН СССР, 1961. С. 752 – 754。

所见，在最初的几年中，诺贝尔兄弟公司的石油加工厂几乎完全用购买的石油工作。[①] 自 1881 年以来，公司自身的石油产量开始增加。80 年代下半期，它已成为原油的主要生产公司。当时（1885 ~ 1890 年）公司开采的数据呈稳定上升的趋势（只有 1888 年略有下降），而购买的数据波动很大，形成了一条折线。这表明购买石油开始发挥额外的作用，弥补了公司自身的石油产量难以满足石油加工厂的需求的不足。

90 年代初期，石油产量开始下降，1892 ~ 1897 年保持大致相同的水平。但是在接下来的两年中，石油产量急剧增长。1898 年，产量增长了 52.8%，1899 年又增长了 114.9%。显然，这一骤增并非偶然。1897 年，公司的股份资本和债券资本增加了 66.7%。同年，公司拥有的土地价值上涨了 20.0%。第二年，油矿资产的价值也急剧增加（增长 48.9%），而 1892 ~ 1897 年，价值波动很小。

现在，我们研究诺贝尔兄弟公司煤油和重油的业务数据。遗憾的是，我们没有掌握 80 年代该公司购买煤油和重油的信息。到 1890 年，这些购买量已经达到相当大的规模。这里购买量的波动要大于其自身产量的波动。1886 ~ 1896 年自身的煤油产量保持在同一水平，波动幅度在 1570 万 ~ 1940 万普特，而采购量波动较大，从 170 万普特增加到 1100 万普特。在重油业务中也观察到了类似的情况，唯一的区别是，重油的产量稳定增长，而购买量却有所减少或增加。一般来说，公司在需求量较低的情况下减少了采购量，反之，随着需求量增加而扩大采购量，从而保护生产不受影响。但是，尽管公司领导者看重自身生产的煤油和重油，但工厂购买的用于运输和随后转售的石油产品数量巨大。此外，90 年代，购买量显然有增加的趋势。

所以，诺贝尔兄弟公司在成立之初是一家联合企业，由两个生产部门组成：石油加工业和石油产品运输业。前几年，石油产品运输业发展最快。但是不久之后，公司的石油加工业发展迅速。此外，自 80 年代初以来，公司

---

① 诺贝尔兄弟公司有时会出售购买和生产的部分原油，但这一部分比例很小。在 1879 ~ 1900 年的 22 年间，诺贝尔兄弟公司购买和开采了 11.364 亿普特原油，并售出 1860 万普特原油（1.6%）。其余的全部进行蒸馏，以满足诺贝尔兄弟公司自身的需求。

开始发展自己的石油生产。结果，在 80 年代，石油加工业和石油产品运输业合并，采矿业加入其中。

1890～1896 年，诺贝尔兄弟公司的煤油和重油生产稳定为 90 年代初的水平。显然，这与 1891～1894 年公司自身的石油产量减少有关；1895～1897 年，公司自身的石油产量更是没有增长趋势。但在 90 年代公司的贸易额中，转售其他公司生产的煤油和重油占据很大一部分比例。这就需要进一步丰富运输手段，尤其需要加强石油产品的存储。

但是，在 90 年代后期，诺贝尔兄弟公司自身的生产再次进入了快速增长阶段。

因此，与我们研究的卡特尔类型的联盟不同，诺贝尔兄弟公司作为一个垄断性协会，在经济高涨时期，它的兴起和发展最为迅速。而在危机和萧条时期，它也继续发展并扩大其影响范围。

诺贝尔兄弟公司是最卓越的联盟，但不是俄国工业联合发展的唯一例子。俄国南部最大的冶金企业也朝着联合生产的方向发展。它们通常拥有（所有权或租赁）矿井和煤井。金属加工企业还寻求获得自身的原材料基地。因此，早在 1873 年，科洛缅卡工厂就收购了库列巴基冶金厂。

在 90 年代的工业繁荣背景下，联合生产的趋势更加强烈。

1899 年初，科洛缅卡公司董事会认为有必要对冶金生产进行几项重大改进。特别是，要求"获得公司的所有权，或希波夫工厂及林场，或布图耶弗工厂的矿山和林场，并使其生产 150 万～200 万普特的生铁"。[①]

大约在同一时间，索尔莫沃钢铁机械公司的负责人计划收购伏尔加－维舍拉冶金公司。[②]

---

① ЦГАМ, ф. 318, оп. 1, д. 18, л. 2（проект доклада правления чрезвычайному собранию акционеров о-ва, назначенному на 26 марта 1899 г.）.

② ЦГАМ, ф. 323, оп. 1, д. 36, л. 60（проект письма правления О-ва з-в《Сормово》министру финансов, без даты）, лл. 83－85（отпуск докладной записки правления министру финансов от 3 сентября 1899 г.）; ЦГИАЛ, ф. 23, оп. 24, д. 211, лл. 3в－6（подлинник докладной записки от 3 сентября 1899 г.）. 从随后的通信中可以看出，该计划没有实施。

在 90 年代工业高潮的条件下，由资本主义生产发展的客观需要引起的对联合的渴望在许多情况下体现在成立子公司中。

上文多次提到了布良斯克钢轨轧制、制铁和机械公司。该公司成立于 1873 年，最初拥有一家企业——别热茨克工厂，该工厂主要从事钢轨生产。1886 年，它开始在亚历山德罗夫建立冶金厂。随着发展，别热茨克工厂开始转向金属加工和机械制造业。90 年代上半期，布良斯克公司有了自己的煤井，获得了在刻赤地区开采铁矿石的权利，并很快在那里建造了另一座冶金厂。

1896 年底，布良斯克公司董事会成员兼最大股东之一——В. Ф. 戈卢别夫创立了布良斯克煤矿公司。通过将其转移到新公司，布良斯克公司换取了股票控制额。[①]

两年后，1898 年 12 月 12 日举行的布良斯克公司的特别股东会议决定"建立一家股份公司，用于经营刻赤工厂和矿山"。结果，1899 年 3 月出现了另一家子公司——刻赤工厂和矿山公司。由于转让给其一定的资产，布良斯克公司获得了 26667 只股票（共计 53333 只）。[②]

我们不得不回到创建子公司的问题。在此重要的是，不同经济周期，生产集中过程的方向不同：在危机和萧条的情况下，横向集中的趋势加强，在工业高涨期，纵向集中以及联合生产的需求增强。第一种趋势为卡特尔或辛迪加等类型的垄断协会的出现创造了条件，第二种趋势则成为出现更高形式的垄断协会的基础。

---

① ЦГИАЛ, ф. 23, оп. 24, д. 309（об учреждении О – ва Брянских каменноугольных копий）.
② ЦГИАЛ, ф. 23, оп. 24, д. 612（об учреждении О – ва Керченских заводов и рудников）.

第三章
银行与工业融合的开始

第一节　俄国银行转向金融工业

19 世纪 90 年代初，俄国进入了前所未有的经济繁荣时期。它最重要的表现是铁路建设规模空前扩大，工业尤其是重工业发展迅速。

在繁荣期，俄国的资本积累扩增。这不仅体现在信贷机构的存款增长方面，还体现在俄国招股证券的数量增长方面。尽管国内货币市场对信贷资本的需求依旧大大超过其供给，但是俄国在1893～1900 年发行的证券中超过1/3 被销售到国外，多年来投放在俄国的证券数量增长非常明显：从 50.54亿到 74 亿卢布，几乎增长了 50%。此外，股息增长值最大。结果，它们在该国证券总量中的份额从 14.6% 上升到 23.4%（见表 3 – 1[①]）。

---

① 表 3 – 1 至表 3 – 3 中提供的有关国家证券、有担保股票、抵押银行的抵押单据和城市贷款债券的数据引用自 И. Ф. 金丁的数据。参阅 Гиндин И. Ф. , Русские коммерческие банки. Из истории финансового капитала в России. М. , Госфиниздат, 1948. С. 444 – 445。在这种情况下，公债券指的是国家证券、有担保股票、政府担保债券和私营铁路公司的股份。贵族和农民银行的抵押单据与其他抵押银行的抵押单据一起结算。俄国股份制企业的股份数量是根据 Л. Е. 舍佩廖夫的最新计算得出的。参阅 Шепелев Л. Е. , Акционерное учредительство в России // Из истории империализма в России. М. – Л. , Изд – во АН СССР, 1959. С. 135 – 182。为了确定投放在国内货币市场上的数量，使用了 П. В. 奥丽雅有关俄国外国投资的数据，减去了执行外国条例的公司的股份资本。表中的股份公司的债券不予考虑。

表 3 - 1   俄国证券发行及国内募股情况

单位：百万卢布，%

年份	俄国发行证券总额	类型							
		国家证券和有担保股票（不包括贵族银行和农民银行的抵押和票据）		抵押银行的抵押单据		城市贷款债券		股份制企业的股份	
		数额	所占比例	数额	所占比例	数额	所占比例	数额	所占比例
1893 年	8185	5768	70.5	1547	18.9	17	0.2	853	10.4
1900 年	11767	7231	61.4	2412	20.8	87	0.8	2037	17.3
1893～1900 年的增长量	3582	1463	40.8	865	24.1	80	2.2	1184	33.1

年份	国内募股总额	类型							
		国家证券和有担保股票（不包括贵族银行和农民银行的抵押和票据）		抵押银行的抵押单据		城市贷款债券		股份制企业的股份	
		数额	所占比例	数额	所占比例	数额	所占比例	数额	所占比例
1893 年	5054	2808	55.6	1489	29.5	17	0.3	740	14.6
1900 年	7518	3399	45.2	2278	30.3	83	1.1	1758	23.4
1893～1900 年的增长量	2464	591	24.0	789	32.0	66	2.7	1018	41.3

在俄国的股息价值中，工商业公司的股份和股金比重增加较多（达到62.7%），在 1893~1900 年增加了 168.4%。其余股份制企业集团的股份资本增幅则明显较小（见表 3-2）。

表 3-2　1893~1900 年各企业的股份资本及增长额

单位：百万卢布

企业类型	1 月 1 日的股份资本		1893~1900 年的增长额
	1893 年	1900 年	
工商业公司	476.0	1277.5	801.5
商业银行股份公司	118.5	199.7	81.2
地区银行股份公司	52.4	66.4	14.0
保险公司	26.4	32.9	6.5
公共设备公司	27.3	47.7	20.4
航运公司	41.4	52.4	11.0
铁路公司	80.7	101.7	21.0
混合公司	30.2	258.8	228.6
合计	852.9	2037.1	1184.2

工商业公司的股息证券组成发生了极为重要的变化。

1893~1900 年，从事生产资料（采矿工业、冶金和金属加工、矿物和化学制品加工）生产的企业的股份资本增加了 4.5 倍。它的增长远远超过了生产消费品的企业的股本增长。结果，重工业企业在工业公司总股本中的份额从 30.4% 增加到 59.1%（见表 3-3）。

彼得堡交易所的资产业务也证明俄国货币市场发生了重大变化。[1] 重要的是，19 世纪 90 年代，股息证券成为交易所投机活动的主要对象。其中，我们看到了许多重工业企业的股份：布良斯克公司、普梯洛夫公司、谢尔吉

---

[1]　参阅 Судейкин В. Т.，Биржевая игра на Петербургской бирже // Журнал Юридического общества. 1897，№ 10；Брандт Б. Ф.，Торгово - промышленный кризис в Западной Европе и в России（1900 - 1902 гг.），ч. 2. СПб.，1904. С. 33 - 57；Левин И. И.，Акционерные коммерческие банки в России，т. I. Пг.，1917. С. 262 - 265；Гиндин И. Ф.，Русские коммерческие банки. Из истории финансового капитала в России. М.，Госфиниздат，1948. С. 84 - 86。

諾－乌法列伊矿厂合作企业、波罗的海车辆制造公司、索尔莫沃钢铁机械公司、马利措夫公司、里海合作企业、巴库石油公司等。

表 3－3　1893~1900 年工业公司及贸易公司的股份资本及增长额

单位：百万卢布

企业类型	1 月 1 日的股份资本		1893~1900 年的增长额
	1893 年	1900 年	
Ⅰ. 工业公司	501.9	1507.8	1005.9
类别			
采矿工业	97.9	274.1	176.2
冶金和金属加工	40.6	486.0	445.4
矿物质加工	8.1	61.6	53.5
化学制品	16.0	69.4	53.4
纤维质加工	219.6	384.1	164.5
食品工业	90.8	160.7	69.9
动物产品	8.1	9.9	1.8
木材加工	6.6	18.7	12.1
造纸和印刷	14.2	43.3	29.1
Ⅱ. 贸易公司	36.0	51.1	15.1
Ⅰ + Ⅱ 合计	537.9	1558.9	1021.0
其中　俄国的	476.0	1277.5	801.5
外国的	61.9	281.4	219.5

1893~1900 年，只出现了 6 家新银行。其中，只有一家（俄华银行）在彼得堡。[①] 由于原来的两家银行（包括彼得堡的一家银行）被宣布无力偿债，另有一家银行关闭，因此银行总数略有增加。俄国股份制商业银行网络的发展始于 19 世纪 90 年代，主要通过加强现有银行和设立众多分支机构的方式来扩展其业务。从 1893 年到 1900 年，股份制商业银行的固定资本增加了 3/4，主要负债几乎翻了一番。股份制商业银行的业务也扩大到了同样的规模。到 1900 年，它们已占商业信贷系统资产的 3/5。

———

① 此外，1899 年，一家西伯利亚银行将其董事会从叶卡捷琳堡转移到了彼得堡。

И. Ф. 金丁在分析 1893～1900 年期间股份制商业银行集中度的变化时指出，5 家大型银行在主要负债总额中所占的份额略有下降，但随后的七家大型银行所占比例却显著增加，结果，前 12 家银行的比重增加了。同时，彼得堡主要银行的作用进一步增强。[1] 确实，1893 年，前 12 家银行中包括 6 家彼得堡银行，而到 1900 年，已经扩展到 8 家。8 家彼得堡银行在 1893 年占该国主要股份制商业银行负债的 42.1%，在 1900 年占 46.6%。[2] 在熟悉自己的资产业务后，彼得堡银行的价值更加明显地增长。

表 3-4 给出了 1900 年 1 月 1 日股份制商业银行固定资产结构的情况。[3] 笔者注意到，彼得堡、莫斯科和地方银行在固定资产总额中所占的比例保持不变。但是，如果除伏尔加－卡马银行以外的较早的彼得堡银行曾撤出该省，那么现在它们不仅回归了，并且在该省的业务占资产业务总量的 2/5。И. Ф. 金丁认为，俄国股份制商业银行已深入全省的工商业流通中，这是繁荣时期俄国信用体系发展的最重要特征之一。[4] 彼得堡银行在这种"增长"中发挥了至关重要的作用，它们在该省的资产业务增长超过了省级银行。最终，彼得堡银行的业务范围拓展到首都之外，并开始具有真正的全俄意义。这是俄国股份制商业银行发展的新趋势，这种趋势在 19 世纪 90 年代就已显现出来。

通过比较 1893 年和 1900 年股份制商业银行资产业务的数据（见表 3-5）可以发现，在此期间，票据和商品抵押交易增长最快，它们增长了近 1.5 倍，增长量占所有固定资产增长量的一半以上。

自有证券和有价证券贷款的增幅明显较小，仅增长了 49.0%。

此外，票据和商品抵押交易的份额显著增加，相反证券交易（无来账）

---

① 参阅 Гиндин И. Ф., Русские коммерческие банки. Из истории финансового капитала в России. М., Госфиниздат, 1948. С. 95-96。

② 参阅 Гиндин И. Ф., Русские коммерческие банки. Из истории финансового капитала в России. М., Госфиниздат, 1948. С. 214。笔者还把 И. Ф. 金丁单独研究的伏尔加－卡马银行列入彼得堡银行之内。

③ Гиндин И. Ф., Русские коммерческие банки. Из истории финансового капитала в России. М., Госфиниздат, 1948.

④ 参阅 Гиндин И. Ф., Русские коммерческие банки. Из истории финансового капитала в России. М., Госфиниздат, 1948. С. 88。

表 3-4 1900 年 1 月 1 日股份制商业银行固定资产结构情况

单位：百万卢布，%

银行	票据和商品抵押交易		其中包括			有担保的票据交易		其中包括 数额			
	数额	比例	期票贴现 数额	透支票据 数额	货物抵押贷款	数额	比例	自有证券	贷款	透支	来账
I.彼得堡	194.7	32.0	181.1	3.6	10.0	76.5	12.6	34.3	9.6	18.2	14.4
包括：											
a.董事会	68.1	18.9	66.8	0.2	1.1	55.2	15.3	32.1	2.9	8.3	11.9
b.分支机构	126.6	51.1	114.3	3.4	9.9	21.3	8.6	2.2	6.7	9.9	2.5
II.莫斯科	120.3	55.0	100.5	9.9	9.9	31.4	14.4	11.5	9.2	9.9	0.8
III.地方	193.4	49.3	165.4	8.4	19.6	62.0	15.8	29.4	10.8	19.8	2.0
总计	508.4	41.7	447.0	21.9	39.5	169.9	13.9	75.2	29.6	47.9	17.2

银行	未有担保的票据交易		其中包括				其他代理账户		其中包括			所有重大资产
	数额	比例	自有证券	贷款	透支 数额	来账	数额	比例	未账中货物票据 数额	未账中货款票据 数额	任账	数额
I.彼得堡	221.4	36.4	21.9	5.5	114.0	80.0	115.6	19.0	59.9	24.1	31.6	608.2
包括：												
a.董事会	161.8	44.9	19.8	2.0	70.4	69.6	75.4	20.9	35.4	16.1	23.9	360.5
b.分支机构	59.6	24.1	2.1	3.5	43.6	10.4	40.2	16.2	24.5	8.0	7.7	247.7
II.莫斯科	48.9	22.4	3.7	11.7	30.6	2.9	18.0	8.2	7.6	5.6	4.8	218.6
III.地方	74.8	19.1	12.3	14.8	39.7	8.0	61.9	15.8	26.4	22.0	13.5	392.1
总计	345.1	28.3	37.9	32.0	184.3	90.9	195.5	16.1	93.9	51.7	49.9	1218.9

表 3 - 5　1893 年和 1900 年股份制商业银行资产业务情况

单位：百万卢布，%

| | 票据和商品抵押交易 | | 期票贴现 | | 其中包括 | | | |
| | | | | | 商品贷款 | | 期票贷款 | |
	数额	比例	数额	比例	数额	比例	数额	比例
1893 年	208.2	32.2	195.1	30.2	13.1	2.0	—	—
1900 年	508.4	41.7	447.0	36.7	39.5	3.2	21.9	1.8
1893~1900 年的增长额	300.2	52.3	251.9	43.9	26.4	4.6	21.9	3.8

| | 证券交易（无未账） | | 其中包括 | | | | 代理行 | | 所有重大资产 |
| | | | 有价证券贷款 | | 自有证券 | | | | |
	数额	比例	数额	比例	数额	比例	数额	比例	数额
1893 年	273.0	42.3	211.9	32.8	61.1	9.5	164.5	25.5	645.7
1900 年	406.9	33.4	293.8	24.1	113.1	9.3	303.6	24.9	1218.9
1893~1900 年的增长额	133.9	23.4	81.9	14.3	52.0	9.1	139.1	24.3	573.2

的份额却减少了。代理账户的份额保持不变。

自 19 世纪中叶以来，信贷统计提供了更多有关股份制商业银行运作的详细信息。这方便我们更详细地研究证券交易的性质。特别是，我们可以从总数量中区分出由证券担保的同业往来的代理账户，这些证券代表不同银行的辛迪加业务。这种业务在 90 年代得到了极大的发展。1900 年 1 月 1 日，业务额相当可观，达到了 1.081 亿卢布。如果将其添加到已提及的证券业务中，那么它们的总金额（5.150 亿卢布）将超过票据和商品抵押交易额。因此，证券业务继续在银行活动中占据首要位置。

1900 年 1 月 1 日，担保和非担保证券的交易比例为 1：2。彼得堡银行占无担保价值业务的 3/5 以上，这些业务主要集中在其董事会中。

在无担保证券的业务中，最大的一项是透支放款。甚至 Б. Ф. 勃兰特在描述 90 年代"银行参与提高交易所买卖证券的价格"时指出，透支放款数额巨大，在银行业务中发挥了重要作用。同时他又指出，透支放款几乎是银行利润的主要来源，因为许多银行的透支业务利润高达其净利润的 1/2 ～ 2/3，有时甚至几乎是它的全部净利润。[1]

但是，透支业务的意义不仅仅在于增加的利润。И. Ф. 金丁和 Е. Л. 格拉诺夫斯基的研究表明，在俄国这些业务已经成为金融业最重要的形式之一。为了在客户中募股，俄国银行广泛使用透支业务。[2] 很明显，它们在 90 年代的繁荣时期也借鉴了这一点。

同业往来的代理账户在非担保有价证券业务中排名第二，反映了银行参与发行和干预（多家银行、企业等为一个大项目协商实现的）共同放款情况。已发行证券的总量应按由无担保证券做抵押的同业往来的代理账户余额的 3 倍计算，随后该金额降至"抵押证券、非工业企业的股份以及汇率差

---

① 参阅 Брандт Б. Ф., Торгово – промышленный кризис в Западной Европе и в России（1900 – 1902），ч. 2. СПб., 1904. С. 50 – 52。

② 参阅 Гиндин И. Ф., Банки и промышленность в России до 1917 г. М. – Л., 1927. С. 101 – 111；Грановский Е. Л., Монополистический капитализм в России. Л., Прибой, 1929. С. 56，64 – 67；Гиндин И. Ф., Русские коммерческие банки. Из истории финансового капитала в России. М., Госфиниздат, 1948. С. 320 – 321，331 – 333。

异"的 50%。И. Ф. 金丁初步确定了俄国股份制商业银行参与 1893～1900 年发行工业企业的股份，金额为 1.5 亿卢布。[1] 正如我们所看到的那样，在指定时期内俄国工业公司的股本增加了大约 8 亿卢布。这些数字在一定程度上反映了股份制商业银行参与 90 年代工业扩张的融资程度。其中约 3 亿卢布增长为轻工业，而轻工业在分配股本时几乎没有借助银行。此外，约有 2 亿卢布被投放到国外。[2] 但另一方面，俄国银行参与了在俄国建立工业企业的外国股份公司的证券发行。1893～1900 年，俄国重工业企业的资本收益中约 1/2 是通过俄国银行的中介而筹集的。

1900 年银行的非担保证券（金融机构等持有某种有价证券的）总存量及其证券担保贷款的数据表明，在复苏的几年中，大量兴起或增加了资本的工业企业，其股票入驻银行。这意味着银行与工业企业之间已经建立了相当稳定的关系，相互依存、相互帮助。也就是说，正是这种关系的出现和发展，促进了银行与工业的融合。

遗憾的是，由于我们掌握的信息不完整，几乎不可能对这些关系进行可靠的定量描述。[3] 但是，对于我们来说，重要的是要利用俄国股份制商业银行发展概况的统计数据证明这种关系存在的事实，因为这无疑表明了银行与工业融合的过程的开始。现在让我们尝试研究此过程的具体表现。

首先从彼得堡国际银行开始。国立列宁格勒中央历史档案局中保存了该银行的独特文档集，使我们可以在 19 世纪末全面了解其与行业的关系。

国际银行由一群职业创业者于 1869 年成立，到 90 年代初，它已成为俄

---

① 参阅 Гиндин И. Ф., Русские коммерческие банки. Из истории финансового капитала в России. М., Госфиниздат, 1948. С. 90–91。

② 1893～1900 年，俄国工商业公司的外资增长额（约 3000 万卢布）超过了俄国股份制公司的外资增长额（见表 3–1），这显然是外资从股份制其他分支机构流入工业所致。1893 年 1 月 1 日和 1900 年工商业公司的外资额度根据 1891 年 1 月 1 日和 1901 年其在外国投资总额中所占的份额确定。参阅 Оль П. В., Иностранные капиталы в народном хозяйстве довоенной России. Л., 1925, табл. 2。

③ 需要确定到 1900 年，俄国工业企业中有多少股份由俄国银行占有。但是，即使估计大约数值也非常困难，因为这至少需要从集中在银行中的非保证证券总量中分离出工业公司的份额，并确定其票据价值。

国最大的股份制商业银行之一。在总负债方面，它仅次于伏尔加－卡马银行。在俄国银行中，国际银行在资源、广泛的外交关系以及与财政部的密切联系方面都脱颖而出。

沙皇政府在 80 年代末开始向法国货币市场投放一系列俄国政府公债时，便选择了国际银行作为其中介机构之一。1888 年，国际银行与彼得堡贴现贷款银行以及一些外国信贷机构和银行大股东作为政府的协作单位，接管了 1889 年俄国 4% 黄金贷款的发放，票面价值 1.25 亿卢布，用于在 1877 年兑换 5% 的外部贷款。次年，它参加了政府所有的金融和信贷业务。[①]

1888～1892 年，当时的财政部部长 И. А. 维什涅格拉茨基不止一次地责成国际银行经理（首先是 В. А. 利亚斯科，然后是 А. Ю. 罗特施泰因）与巴黎银行家针对在法国投放这些贷款的条件进行谈判。接替 И. А. 维什涅格拉茨基担任财政部部长的 С. Ю. 维特延续了这种做法。此外，他非常赞赏 А. Ю. 罗特施泰因的业务素质和商业关系，因此他任命其为国家对外金融交易的主要顾问。[②]

70～90 年代，国际银行多次改变经营方向。最初，它最重要的收入来源是定期放款，主要以商品做抵押，与银行代售糖密切相关。[③] 1873～1876 年，该银行的定期贷款利息平均为每年 100 万卢布，几乎占其利息总额的一半。

但是，1877 年，定期贷款的利息开始急剧下降。1875～1876 年，糖价

---

① 1889 年 4 月 2 日和 1890 年 4 月 7 日，银行董事会股东大会上的报告。《Отчет по операциям Петербургского Международного коммерческого банка》 за 1888 и 1889 гг. СПб. , 1889, 1890.

② 1890 年春季，А. Ю. 罗特施泰因与巴黎银行家就在俄国担保下向中国提供贷款进行的谈判中发挥了极其重要的作用。正是由于 А. Ю. 罗特施泰因于 1895 年 5 月底的巴黎之行，这些谈判才圆满结束，并获得了 С. Ю. 维特认为有重要意义的贷款。参阅 Соловьев Ю. Б. , Франко － русский союз в его финансовом аспекте （1895 － 1900 гг. ）// Французский ежегодник. 1961. М. , Изд － во АН СССР, 1962. С. 165 － 169。

③ 1878 年 4 月 9 日，银行董事会股东大会上的报告。《Отчет по операциям Петербургского Международного коммерческого банка》 за 1877 г. СПб. , 1878.

由于新一波加剧的经济危机而下跌。[①] 1876 年底，由于南部局势紧张，国际银行被迫关闭在哈尔科夫的分支机构。基辅分支机构的存在也受到威胁。1877 年 3 月 30 日，银行董事会在提交给股东大会的报告中指出，"由于制糖业普遍处于困境，主要客户不满"。[②]

一年后，银行董事会在 1878 年 4 月 9 日的股东大会上解释了定期贷款利息急剧减少的原因，表示它承认放弃代售糖是有利的，并且这项措施的直接结果是大量减少了商品贷款。[③]

1877～1878 年，银行从兑换业务中获利最多：每年超过 100 万卢布。但是后来，银行倒汇的收入开始迅速下降。

同一年，银行转向了买卖证券业务。在此之前，银行董事会没有将这一业务视为银行直接获利的来源，只允许在紧急情况下将其用于储备银行的资本并满足其客户的要求。[④] 现在，董事会对上述业务的态度发生了明显变化。1879 年，该银行从中获利了大约 50 万卢布，此外，超过 25 万卢布是证券利息。但是在 80 年代上半期，虽然这项业务规模相当大，但并未为银行带来可观的收入。

70 年代末至 80 年代初，俄国银行正处于困难时期，国际银行的领导者们试图开展银行的各种资产业务。1880～1883 年，期票贴现（每年约 4 亿卢布）、透支放款（每年约 60 万卢布）和同业往来账户（每年约 45 万卢布）为银行带来了高额利润。

在随后的几年中，银行每年从期票贴现中赚取的利润开始持续下降，[⑤]相反，透支放款带来的收入却开始增加。1889～1894 年，借贷收入总额超

① Яковлев А. Ф. , Экономические кризисы в России. М. , Госполитиздат, 1955. С. 119.

② 《Отчет по операциям Петербургского Международного коммерческого банка》 за 1876 г. СПб. , 1877.

③ 《Отчет по операциям Петербургского Международного коммерческого банка》 за 1877 г. СПб. , 1878.

④ 1873 г. 4 月 11 日，银行董事会股东大会上的报告。《Отчет по операциям Петербургского Международного коммерческого банка》 за 1872 г. СПб. , 1873.

⑤ 19 世纪 90 年代下半期，国际银行再次发起了一项票据业务，但主要在其分支机构中，尤其是在莫斯科。

过了 100 万卢布，1895~1898 年，借贷收入约每年 200 万卢布。

自 80 年代末以来，该银行从买卖证券中获得的利润再次增加。此外，银行（金融机构等持有某种有价证券的）总存量所收取的利息数额一直在增加。结果，该银行的证券年收益为 100 万~150 万卢布。

银行收到的同业往来账户利息，经过长时间的剧烈波动，到 90 年代中期稳定为 50 万卢布，然后开始迅速增长，到 1898 年超过了 100 万卢布。

所以，到 90 年代中期，国际银行最重要的收入来源就是这些业务，这些业务的发展不可避免地导致证券集中在银行中。国际银行提供的透支放款以有价证券为抵押。同业往来账户的贷款也主要由证券担保。截至 1895 年 12 月 31 日，该银行抵押的证券总额将近 3600 万卢布。其中，超过 2900 万卢布是非担保证券。三年后，1898 年 12 月 31 日，银行抵押的有价证券金额达到 5200 万卢布。其中，超过 4500 万卢布是非担保证券。[①]

至于证券买卖业务，在 90 年代初期，从世界银行持有的证券总存量来看，非担保证券在此业务中的作用已大大提高。但是，到 1895 年为止，在银行拥有的证券中，还没有计算工业公司的股票或债券。当然，基于对银行持有的证券总存量的分析，不可能完全了解其参与购买和转售的证券的性质。此业务与透支放款和为同业往来账户提供贷款密切相关。因此，很大一部分（很可能是不断增长的部分）的未销售证券不在银行持有证券的总存量结算范围内，而是作为贷款担保品或同业往来账户的贷款，在抵押总存量中计算。

国际银行档案馆的公文材料表明，工业证券的业务活动是在 90 年代上半期开展的，但具有偶然性。

例如，1890 年 2 月，巴黎 N. J&S. 巴达克银行邀请国际银行参加由法国家具信贷银行牵头的买卖布良斯克公司债券的辛迪加。国际银行接受了这个

---

① 《Отчет по операциям Петербургского Международного коммерческого банка》за 1895 и 1898 гг. СПб., 1896, 1899;《Статистика краткосрочного кредита. Операции акционерных банков коммерческого кредита в 1894 – 1400 гг》, под ред. Голубева А. К., СПб., 1901.

提议。当时，它只占 200 个债券。①

一年后，法国 N. J&S. 巴达克银行邀请国际银行在巴黎贴现银行的领导下参与买卖布良斯克公司债券的辛迪加。这次，国际银行的参与份额大大增加：在 6000 股中占 1100 股。这完全是在银行的子参与者（董事会成员和理事会成员）之间制定的。② 但是，在 1891 年，辛迪加仅销售了 40% 的股份。在 12 月，它解散了，剩余的股份分配给了成员。③

由于 90 年代上半期国际银行的存档材料存在明显的遗漏，因此不排除该银行参与其他此类业务记录丢失的可能性。但非常奇怪，所有这些业务在 90 年代上半期全部完成。同时，在保存得更好的 90 年代下半期的文档中，我们找不到这些业务的任何记录，这些业务的开始应该追溯到更早的时间。

此外，直到 90 年代中期，俄国的股息证券业务尚未得到广泛发展。根据 Л. Е. 舍佩廖夫的计算，在 90 年代初期，俄国股份制企业的股本增幅很小。④ 1893 ~ 1894 年，发生骤变，之后创建和发行业务的数量急剧增加。这些都反映在国际银行的活动中。

1894 年春，索尔莫沃钢铁机械公司成立了。⑤ 它是几家彼得堡银行和银号（俄国对外贸易银行、贴现贷款银行、俄国工商业银行、И. В. 云克尔合资银行和 Э. М. 迈尔合资银行）的合资企业，背后有外国金融集团的

---

① ЦГИАЛГ, ф. 626, оп. 1, д. 417, лл. 4 – 6.（переписка между Международным банком и фирмой N. J&S. Bardac, февраль – март 1890 г.）

② ЦГИАЛ, ф. 626, оп. 1, д. 417, лл. 8 – 11.（письма фирмы N. J&S. Bardac и Banque d´ Escompte de Paris Международному банку, январь – март 1891 г.）

③ ЦГИАЛ, ф. 626, оп. 1, д. 417, л. 13.（письмо N. J&S. Bardac от 1 декабря 1891 г.）, л. 16（записка о распределении субучастий.）

④ Шепелев Л. Е., Акционерное учредительство в России // Из истории империализма в России. М. – Л., Изд – во АН СССР, 1959. С. 141, табл. 1в.

⑤ 该公司的成立是为了收购和经营下诺夫哥罗德附近的索尔莫沃工厂，该厂属于 Д. Е. 别纳尔达基的继承人。它的创办人是 Н. Н. 波格丹诺夫（俄国对外贸易银行董事会的成员）、Фем. И. 佩特罗科基诺（大型交易所生意人，以与法国银行界的联系而闻名），还有 М. Н. 茹拉夫廖夫（他显然是金茨布尔戈夫的委托人，但是实际上并没有参与公司的建立）。

支持。① 俄国对外贸易银行承建该公司。

　　国际银行长期以来与俄国对外贸易银行有着密切的业务联系，И. Н. 舍米亚金发现的 1881 年关于共同发行新证券的协议充分证明了这一点。国际银行与上述事件中其他参与者之间的关系也是友好的，特别是贴现贷款银行和 И. В. 云克尔合资银行。不大可能不邀请国际银行参与新成立公司的股本配售，尤其是银行董事会成员 И. Л. 戈利德什坦德和 А. Ю. 罗特施泰因本人亲自收到了此类邀请。② 的确，在其存档材料中，没有找到寄给银行的相应文件，但通常关于此类事件的通信只是使早先达成的口头协议正式化。而在国际银行的档案中，有文件表明其领导者对这家成立的公司感兴趣。③ 但是，很可能银行的参与问题被否定了，仅限于少量的个人参与。显然，国际银行董事会的两名成员正是以这种身份参加了索尔莫沃钢铁机械公司第一次股东大会，因为他们中没有一个人参加本次会议选出的公司董事会。④

　　也许上述措施的成功实施促使国际银行的领导们认为他们的恐惧是多余的。从 1894 年秋天起，他们明显开始对工业证券的业务感兴趣。这一年

---

① 1894 年 6 月 17 日，俄国对外贸易银行在给财政部的信中，请求加快批准索尔莫沃钢铁机械公司的章程，其中指出："此公司是在外国资本的参与下创建的，自 1894 年 7 月 1 日起，工厂必须转交到外国资本家手中。"参阅 ЦГИАЛ，ф. 20，оп. 4，д. 3871，л. 24. 其中所提到的外国集团的组成是未知的。在索尔莫沃钢铁机械公司第一次股东大会上，认购了 30000 股，只有俄国金融界的代表出席了会议。随后，只有很少一部分人（少于1/4）出席了公司股东大会。外国银行或行业协会的代表通常不会出席这些会议。他们不属于公司董事会的组成部分。只在 1897 年的短暂时间内，俄美制造公司的代表才能进入其中。公司的全体大会由董事会中三家俄国银行的代表领导：俄国对外贸易银行、贴现贷款银行以及俄国工商业银行。参阅 ЦГИАЛ，ф. 20，оп. 4，д. 3871，лл. 35 – 38，43 – 44，219 – 221；ЦГАМ，ф. 333，оп. 1，д. 55，лл. 1 – 67。

② ЦГИАЛ，ф. 626，оп. 1，д. 420，лл. 1 – 4.

③ ЦГИАЛ，ф. 626，оп. 1，д. 420，лл. 6 – 13（копия проекта устава общества），лл. 14 – 17（копия договора между учредителями общества и опекунским управлением над имуществом и делами наследников Д. Е. Бенардаки от 7 мая 1894 г.）.

④ ЦГИАЛ，ф. 20，оп. 4，д. 3871，лл. 35 – 38（протокол первого общего собрания акционеров О - ва от 29 июля 1894 г.）. 公司董事会选举 Н. И. 苏晓夫为国际银行理事会副主席。但是，值得怀疑的是，在这种情况下，他是否担任银行代表。

9 月，国际银行开始发行普梯洛夫公司新债券，总额为 250 万卢布。^① 并且在 11 月，它收购了亚历山德罗夫铸钢公司的股份。^② 我们不知道银行的领导者们采取这些行动的目的是什么。与普梯洛夫公司达成协议后，银行的领导者们没有深入研究普梯洛夫公司的业务。他们的目的显然是通过已发行的证券获利。而银行收购亚历山德罗夫铸钢公司股份的情况有所不同。该公司于 1894 年 5 月出现，前身是亚历山德罗夫钢轨厂。^③ 尚不清楚公司所有者的情况。在合作企业成立的头几年，法国巴黎贴现银行对此在某种程度上感兴趣。

作为中介，1879～1881 年贴现贷款银行向合伙企业提供贷款，用于在英国购买生铁。^④ 随后几年，合伙企业与贴现贷款银行的关系极有可能得到了加强。在 90 年代初，银行董事会成员 Я. И. 乌京是合伙企业董事会成员之一。但是，贴现贷款银行在该企业中没有发挥领导作用。

不管怎样，合伙企业的业务情况不容乐观。几年来，它遭受了重大损失，并背负着沉重的债务。其领导者试图改善企业，将合伙企业转变为公司。新公司的股本确定为 150 万卢布（6000 股，每股 250 卢布面额）。从此以后，主要从事专门的装甲钢板、炮弹和枪支的生产。公司资产负债表上亏损 200 多万卢布，财产和材料的价值下降。还清债务后，公司发行了 100 万卢布债券。^⑤ 在这种情况下，1894 年 11 月，巴黎亨式兄弟公司与国际银行达成协议，公司将以 85% 的面值价格销售给银行 5000 股亚历山德罗夫铸钢公司的股份，即总计 1062900 卢布。该协议特别指出，"本次交易基于 1894

---

① ЦГИАЛ, ф. 626, оп. 1, д. 422, лл. 1–5（пресс – копия письма Международного банка О – ву Путиловских заводов и письмо О – ва банку от 17 сентября 1894 г.；в них зафиксированы условия соглашения о покупке банком облигации О – ва）. 在国际银行创建的财团中，股票的分配情况如下：国际银行——27.5%；В. Н. 捷尼舍夫大公——25%；И. В. 云克尔合资公司——10%；М. Д. 戈利坚别尔格——10%。参阅 ЦГИАЛ, ф. 626, оп. 1, д. 422, л. 6.

② ЦГИАЛ, ф. 626, оп. 1, д. 424, лл. 3–5.

③ 该名称定于 1880 年 6 月。1879 年 3 月，别尔多夫钢公司由贝尔德钢厂单独组建。

④ ЦГИАЛ, ф. 598, оп. 2, дд. 456, 457.

⑤ ЦГИАЛ, ф. 23, оп. 24, д. 180, л. 144（копия протокола общего собрания акционеров О – ва Александровского сталелитейного завода от 14 декабря 1894 г.）.

年 6 月 30 日亚历山德罗夫铸钢公司的资产负债表"，其准确性由巴黎亨式兄弟公司保证。①

在认购的股票数量中，国际银行仅留下了 650 股。剩余的数量在辛迪加成员之间分配，其中我们再次看到 B. H. 捷尼舍夫大公（1000 股）、И. B. 云克尔合资银行（900 股）和 M. Д. 戈利坚别尔格（900 股），以及银行董事会的几名成员及其近亲。②

在进行此项交易时，国际银行的领导者们仔细审查了亚历山德罗夫铸钢公司的业务。银行的特别授权代表研究了公司的账簿，核实了 1894 年 6 月 30 日的资产负债表的正确性，并熟悉了公司的后续运作。1894 年 12 月 10 日，特别授权代表向银行提交了一份相关报告。③ 12 月 14 日，举行了亚历山德罗夫铸钢公司全体股东大会，选举了董事会的新成员，包括国际银行的两位代表：担任理事会主席的 Ф. Ф. 科赫和担任常务董事的 И. И. 维贝尔。④

从保存在国际银行档案馆中有关亚历山德罗夫铸钢公司的信件中可以看出，所有关于债务人以及巴黎亨式兄弟公司的进一步计算都是在银行的控制下进行的。到 1895 年 6 月中旬，计算才完成。⑤ 但是国际银行档案馆中却没有之后的信件——也就是说，从那以后银行与公司之间断了联系。因为有许多迹象表明国际银行仍然对亚历山德罗夫铸钢公司感兴趣。但是，它对这家企业的兴趣程度和性质已经改变。

1895 年 10 月 7 日，亚历山德罗夫铸钢公司的董事会通知财政部，它已选择法国里昂信贷银行作为信贷机构，其收据可以由无记名股票持有人提交

---

① ЦГИАЛ, ф. 626, оп. 1, д. 424, лл. 3 – 5.

② ЦГИАЛ, ф. 626, оп. 1, д. 424, л. 7（записка за подписью Ротштейна А. Ю. от 30 ноября 1894 г.）. 顺便一提，截至 1894 年 12 月 31 日，在国际银行的股票总存量中，没有亚历山德罗夫公司的股票。

③ ЦГИАЛ, ф. 626, оп. 1, д. 424, лл. 8 – 9.

④ ЦГИАЛ, ф. 23, оп. 24, д. 180, л. 144. 在历届前任经理中，只有 Я. И. 乌京成为董事会的新成员。

⑤ ЦГИАЛ, ф. 626, оп. 1, д. 424, л. 60（письмо О – ва Александровского завода от 14 июня 1895 г.）.

董事会，以获得出席股东大会并投票的权利。① 这仅意味着亚历山德罗夫铸钢公司的一部分股份交到了法国里昂信贷银行的客户手中。值得注意的是，在随后的几年中，向公司全体股东大会提交的股份数量非常少，仅占总数的1/4～1/3。国际银行在公司财务状况有所改善（或出现了这种改善的迹象）之后，② 将其大部分股份转售给了国外。但是保留了其中一些股份，③ 留在公司董事会及其代表（Ф. Ф. 科赫和 И. И. 维贝尔）手中。因此，国际银行摆脱了为亚历山德罗夫铸钢公司提供资金的主要负担，以法国里昂信贷银行或某些外国金融集团合作伙伴的身份继续影响其事务。

国际银行的领导者们于 1894 年秋天构想的另一项业务引起了人们的特别关注，在 1894 年 10 月 20 日 A. Ю. 罗特施泰因的一封信（极有可能是写给 C. Ю. 维特的）中阐明了其实质。这是关于建立一个酿酒公司的计划。在俄国引入酒专营权的过程中，④ A. Ю. 罗特施泰因证明了大型工业企业比小型私营企业更有优势。他写道："最适合整个业务的是对现有酿酒公司的改编，必须对其章程和名称进行相应修改。公司可以将酿酒公司安排在不同的地方，其规模、设置等将取决于特定的初步协议。政府将按照一定年限为每家工厂提供一定的工作量，但要收取一定的费用。如果某些工厂的产量超过一定的限度，则上缴的费用可打一定的折扣，以用于建立特殊数据和条件。与政府签订的协议，规定要设立工厂。但是，随着协议快要到期，工厂的大部分收益开始下滑，这就导致了工厂的总收益逐渐减少。"在"经营权，即租赁协议"期满后，国际银行制定了将酿酒厂赎回至国库的规定。此外，国际银行的领导者们在"先前的

---

① ЦГИАЛ, ф. 23, оп. 24, д. 180, л. 153（письмо правления О – ва Александровского завода в Министерство финансов от 7 октября 1895 г.）.

② 在 1894/1895 年，这家企业有史以来第一次发放股息。参阅 Пушкин Н. Е., Статистика акционерного дела в России, вып. 3. СПб., 1898. C. 255。

③ 国际银行代表在亚历山德罗夫公司全体股东大会上购买的股份数量波动较大。但是通常他们在这些会议上有约 1/3 的选票。

④ 1894 年 6 月 6 日，通过了关于在彼尔姆、奥伦堡、乌法和萨马拉省官营专卖酒的法律。

建议"中表示希望"政府同意放贷……在一定时期内偿还 4% 设施所需的资本"。[①]

如我们所见，国际银行的领导者们不仅寻求获得以独特的私人垄断组织来补充国有酒垄断的批准，还希望由政府承担费用创建私人垄断组织，并要私人垄断组织自己承担风险和后果。

在国际银行的资料中，没有任何对 А. Ю. 罗特施泰因的信的答复。笔者在财政部的档案中也未找到相关资料，可以推测出其中所包含的建议未被接受。但是，国际银行的领导者们没有打消这个念头。1895 年夏天，列韦利酿酒公司被改造为酿酒公司。联合资本为 100 万卢布，分为 1000 股记名股票，每股票面价值为 1000 卢布。仅此一点就表明，新成立的合伙企业的股份并不打算广泛销售。邀请了两家"友善"的银行参加酿酒公司的辛迪加股份，即贴现贷款银行（100 股）和俄国对外贸易银行（100 股），以及几家与国际银行紧密合作的银行——Г. 瓦韦尔贝尔格银行（50 股）、И. В. 云克尔合资银行（30 股）、Г. 舍列舍夫合资银行（15 股）、华沙的 И. Г. 布洛赫公司（50 股）、莫斯科的德扎姆加罗夫兄弟公司（40 股）。国际银行保留 200 股合作企业的股份，其余股份则由银行董事会成员和与银行有密切业务关系的人士（М. Д. 戈利坚别尔格、Ф. И. 佩特罗科基诺等）分配。[②]

正如我们所看到的，发行辛迪加的创建主要是为了参与者之间共同承担风险。И. Ф. 金丁对俄国银行的辛迪加业务进行了详细研究，他针对此主题写道："通过依次参与发行辛迪加，大型银行作为管理者，独立且几乎不受控制地进行发行。作为参与者，它们彼此分担了风险，对已发行证券的进一

---

① ЦГИАЛ, ф. 626, оп. 1, д. 625, лл. 1–4（пресс–копия письма Ротштейна А. Ю. от 20 октября 1894 г.; адресат не указан）.

② ЦГИАЛ, ф. 626, оп. 1, д. 629, л. 1;（关于酿酒公司辛迪加股份分配的记录。该记录上有两个日期：1895 年 6 月 30 日和 1895 年 11 月 30 日。显然，第一个日期标志着辛迪加行动的开始，第二个日期标志着辛迪加行动的结束。）л. 7（литографированный текст циркулярного письма Международного банка участникам《синдиката》от 30 июня 1895 г）.

步发展不感兴趣，也没有与其他银行资助的企业融合。"① 当然，在我们研究的时候，仅形成了发行工业证券的技能和传统。

但是，以酿酒公司的辛迪加股份为例，可以证明发行辛迪加的参与分配具有正式意义，因为银行管理发行证券，负责发行。因此，国际银行可以将1000 股股份中的 905 股提交给酿酒公司的第一届股份持有者全体大会。② A. Ю. 罗特施泰因本人当选为公司董事会成员。从国际银行档案馆中保存的零散文件来看，该银行在随后的几年中继续庇护该公司，使该公司合并了相当多的酿酒厂。③

1895 年，在国际银行活动中，工业证券发行业务所占的比重急剧增加。但是，开展这些业务的倡议大多数不是由国际银行提出的，而通常是由其他发挥领导作用的银行合作伙伴提出的。

1895 年 4 月，国际银行参加了由俄国对外贸易银行创建的辛迪加，以销售当时的俄国 – 比利时冶金企业的股本。④ 5 月，它与俄国对外贸易银行一起发行了科洛缅卡公司的新股。⑤

在许多情况下，国际银行是贴现贷款银行的合作伙伴。Ф. И. 佩特罗科基诺为它们在工业证券中的合作运营做出了很大贡献。贴现贷款银行 Д. И. 佩特罗科基诺董事的兄弟——国家顾问 Ф. И. 佩特罗科基诺长期离开国家机关队伍，完全从事金融诈骗。1880 年，他积极参与了法俄银行在巴黎的创立，根据创始人的说法，该银行原本是为了缓解法国资本向俄国国民经济的

---

① Гиндин И. Ф. , Русские коммерческие банки. Из истории финансового капитала в России. М. , Госфиниздат, 1948. С. 327 – 329；Гиндин И. Ф. , Банки и промышленность в России до 1917 г. М. – Л. , 1927. С. 126 – 134.

② ЦГИАЛ, ф. 626, оп. 1, д. 629, л. 22（список владельцев паев Товарищества）.

③ ЦГИАЛ, ф. 626, оп. 1, д. 625, лл. 5 – 11. 酿酒公司的活动值得专门研究。

④ ЦГИАЛ, ф. 626, оп. 1, д. 429, лл. 1 – 2（письма Русского для внешней торговли банка на имя Ротштейна А. Ю. от 22 апреля 1895 г. ）. 国际银行仅持有 800 股（共 32000 股）。A. Ю. 罗特施泰因本人认购了 100 股。

⑤ ЦГИАЛ, ф. 626, оп. 1, д. 425, л. 6（записка о распределении участий в синдикате акций 2 – го выпуска Коломенского о – ва, датированная 18 мая 1895 г. ）. 国际银行的股份仍为 800 股，但这次股份总数为 4000 股。此外，约 600 股股份被银行的董事及其近亲占有。

渗透而创建。①

80 年代初的经济危机阻碍了这些计划的实施。但是，一旦法国和俄国工商界再次表现出合作的意愿，Ф. И. 佩特罗科基诺就开始在他们之间发挥中介作用。1895 年初，正是他发起了两个合作：贴现贷款银行和国际银行与法国信贷机构的合作。

第一个合作是建立了俄国采矿公司。1895 年 3 月成立了一个金融集团，该金融集团认购了将要成立的公司的股份。外国参与者的份额约为 1/3。在 1895 年 5 月 26 日举行的公司第一次全体股东大会上，外国股东认购了 18750 股（共有 50000 股）。② 其中，巴黎荷兰银行（3639 股）、巴黎国际银行（2500 股）以及著名的巴黎以弗所和波吉斯银行（1000 股）、N. J&S. 巴达克银行（500 股）、德马齐和赛利埃（400 股）、霍廷古尔公司（312 股）等。

俄国股东名单上只有两家银行——贴现贷款银行及国际银行。但是，伏尔加 - 卡马银行、俄国对外贸易银行、彼得堡私人银行、俄国工商业银行的领导者们以个人名义向会议认购了股份。在建立俄国采矿公司时，国际银行的股份并不多，它只保留了 1875 股，1999 股在董事会成员和职员之间进行分配。贴现贷款银行购买了 4113 股，董事会成员和职员分配了 4142 股。佩特罗科基诺兄弟购买了 10949 股，尽管他们不是该银行的正式代表，但与该银行有密切联系，算上之前持有的股份，实际上，他们手中总共有 19204 股。

还应该指出的是，在 1895 年 5 月 26 日的会议上，在大型外国股东中，只有巴黎国际银行的经理 T. 隆巴多认购了股份。其他股份共计 10058 股，

---

① 《Биржевой указатель》，1880，№ 7（17 февраля），8（24 февраля），89（10 декабря）．

② 外国股东名单中包括 Фем. И. 佩特罗科基诺（2253 股）和俄国在巴黎的财政代理人 Арт. Ф. 拉法洛维奇（250 股）。在俄国股东中有巴黎荷兰银行经理 Э. 涅茨林（250 股）、巴黎国际银行经理 T. 隆巴多（125 股）。显然，根据俄国和法国金融集团之间的协议，它们都承诺将牺牲自己的份额为这些人提供个人参与。顺便一提，笔者在俄国股东名单中看到 Фем. И. 佩特罗科基诺（7884 股）、Э. 涅茨林（362 股）也是法国股东。

向贴现贷款银行的职员发送了授权书。^①

在 1895 年 4 月 8 日从巴黎寄给 А. Ю. 罗特施泰因的一封信中，Фем. И. 佩特罗科基诺首次阐述了阿尔泰业务。其中涉及两年前 Э. 布兰日耶获得公司章程的批准，在库兹涅茨克附近的阿尔泰市为大型冶金厂提供设备。^② Фем. И. 佩特罗科基诺写道："这家企业是为了制造金属产品而建立的，这对于建设西伯利亚铁路的重要部分以及刺激西伯利亚的消费增长都是必要的，西伯利亚的消费正在从伏尔加河和乌拉尔河中寻求满足。我真的很喜欢这个地理位置，因为钢厂将建在西伯利亚铁路上，前方和后方都有巨大的空间，没有其他任何工厂。布兰日耶先生在这里拥有非常好的环境，但是在彼得堡他没有成功地开展业务，尽管该章程在 1893 年就已获得批准，但至今尚未收取法定资本，法定资本从最初的 2000 万法郎已减少至 1200 万法郎。"Фем. И. 佩特罗科基诺说，沙皇政府已同意向公司订货，以固定价格连续 5 年每年生产 1500 万吨的钢轨。他进一步指出："法国工程师对此给出肯定的评价，因此沃龙佐夫－达什科夫伯爵支持这一交易，如果巴黎银行不与勒克勒佐（法国城市）相关联，别人将做这件事。但是，由于

---

① 1895 年 5 月 26 日，Б. А. 罗曼诺维发布了有关俄国采矿公司股东的组成信息。参阅 Романов Б. А. , Россия в Манчжурии（1892 - 1906）. Очерки по истории внешней политики самодержавия в эпоху империализма. Л. : Изд. Восточного института. 1928。公司第一次全体股东大会的资料参阅 ЦГИАЛ, ф. 79, оп. 1, д. 2. Фем. И. 佩特罗科基诺致国际银行有关俄国采矿公司成立的信参阅 ЦГИАЛ, ф. 626, оп. 1, д. 181, л. 13（от 23 мая 1895 г.）, л. 22（от 19 июня 1895 г.）; д. 292, лл. 68 - 69（от 31 мая 1895 г.）; д. 294, лл. 4 - 9（от 22 марта 1895 г.）. 从 1895 年 5 月 31 日的信中可以看出，出于商业利益，贴现贷款银行及国际银行从其股票中划分出 800 股转让给巴黎报纸，1800 股交付给彼得堡的其他人。

② 《工厂业通报》报道说："Э. 布兰日耶在法国出版了一本前往西伯利亚旅行的书（Э. Буланжье. Notes de voyage en Sibérie. Paris, 1891），引起了巴黎金融工业界对西伯利亚的注意，因此，很快就形成了 500 万卢布黄金的资本，在彼得堡成功地批准了公司的章程。"（статья Н. А. Б - ъ《Иностранные капиталы в Сибири》в № 3 - 4 за 1894 г.）这则消息是媒体报道不准确的另一个示例。实际上，Э. 布兰日耶和 М. А. 科索夫公司的创始人在章程批准后（1893 年 7 月）无法筹集到必要的资金。在他们的一再要求下，支付期限被延长了数次。ЦГИАЛ, ф. 20, оп. 4, д. 3802（дело об учреждении Сибирского металлургического и горного о - ва.）.

在研究了此业务之后，我告诉他们（银行经理 – В. Б. ），这有利可图且利润丰厚，在任何竞争和所支持的地区，他们都打算发挥自己的作用。戈京格尔公爵向当地企业推荐此事，因为成员中有他的亲戚，我相信他也将参加。结果，我们可以预料，1200 万法郎的资本中至少有 600 万将由以下列举的团体以及由我命名的两个机构支付。[1] 如果您基本上有兴趣，请与贴现银行达成协议。在这种情况下，您将扮演与贴现银行在俄国采矿公司中相同的角色。"[2]

А. Ю. 罗特施泰因用电报答复了这封信，他在电报中说，国际银行已做好参与的准备，金额为 200 万法郎。于 1895 年 4 月 12 日给 А. Ю. 罗特施泰因的下一封信中，Фем. И. 佩特罗科基诺通知他收到电报后，立即着手执行业务。他特别建议将彼得堡的所有琐事交托给俄国对外贸易银行董事会成员、索尔莫沃钢铁机械公司的创始人和常务董事之一，后来是俄国采矿公司理事会成员和车辆联盟主席的 Н. Н. 波格丹诺夫。事实证明，他与当时的御前大臣 И. И. 沃龙措维 – 达什科夫有密切关系。[3] 1895 年 4 月 21 日在巴黎签署了金融集团成员之间的协议，该协议销售了西伯利亚矿业与冶金业公司的股本。[4] 向 А. Ю. 罗特施泰因报告此事件时，Фем. И. 佩特罗科基诺写

---

[1] Среди них были：барон д'Адельсваар（d'Adelswaard）– президент Aciéries de Longwy（родственник Готгингера），Роллан Г.（G. Rolland）– член правлений Aciéries, de Longwy и Société metallurgique de Gorcy，Рэнбо Ф.（F. Rainbeau）– член правления Compagnie des Mines de houille de Marles，Поль Леруа – Болье（Paul Leroy Beaulieu）– известный экономист.

[2] ЦГИАЛ，ф. 626，оп. 1. д. 292，лл. 36 – 37（письмо Петрококино Фем. И.），лл. 34 – 35（копия с этого письма）. 因为 Фем. И. 佩特罗科基诺的笔迹不是特别清楚，对这封信感兴趣的 А. И. 罗特施泰因订购了便于阅读的副本。很有趣的是，Фем. И. 佩特罗科基诺认为有必要在信的结尾处注明他未写任何有关"阿尔泰业务"的信。

[3] ЦГИАЛ，ф. 626，оп. 1，д. 292，л. 41. 从随后的通信中可以看出，Фем. И. 佩特罗科基诺的提议被接受，Н. Н. 波格丹诺夫获得与沙皇内阁进行谈判"阿尔泰业务"的权利。参阅 ЦГИАЛ，ф. 626，оп. 1，д. 419，л. 46。

[4] 从俄国方面来看，该小组的参与者是国际银行、贴现贷款银行以及 Фем. И. 佩特罗科基诺。从法国方面来看，它包括：巴黎霍廷古尔公司、巴黎荷兰银行、冯·赫默特·希金斯公司、Г. 罗兰和 Э. 布兰日耶。ЦГИАЛ，ф. 626，оп. 1，д. 419，лл. 37，39 ［копии соглашений от 21 апреля（3 мая）1895 г. ］.

道："我和两家银行签署了 550 万法郎的协议，但由于我们有义务让出 250
万法郎给布鲁塞尔的一家巴黎银行，所以我们三家平均每家有 175 万
法郎。"①

最初，А. Ю. 罗特施泰因似乎对阿尔泰业务很感兴趣。他不仅与内阁和
有关部门进行了谈判，还促进此事顺利进行。1895 年 4 月 30 日，在
Фем. И. 佩特罗科基诺的电报中，他满意地写道："内阁同意与公司订立协
议"，"布兰日耶受到希尔科维大公的热情接见"，"我们认为，立即提出两
个部门批准并增加订单的问题是有益的。为此，在内阁批准并确立订单之
后，立即签署两家彼得堡银行的报货单，自费担保资本，并由巴黎朋友负担
费用，这是非常重要的"。②

但是，谈判并未给出公司创始人所期望的结果。他们无法获得新的收
益。结果，1895 年 6 月 17 日碰面后，金融集团成员意识到在对阿尔泰业务
做出最终决定之前，有必要将工程师考察团派往工厂建设的指定地点，以便
进行进一步研究。③ 自此，А. Ю. 罗特施泰因便对阿尔泰业务失去了兴趣。④
同时，考察团访问库兹涅茨克得出的结论是，在其与西伯利亚铁路连接之
前，那里无法建立大型冶金厂。⑤

Фем. И. 佩特罗科基诺和贴现贷款银行经理 Д. И. 佩特罗科基诺负责寻
找工业证券的盈利业务。在 1895 年 8 月 11 日的一封信中，他告知 А. Ю. 罗
特施泰因、E. 戈捷（一位专门在俄国建立煤炭企业的法国商人），授予他卡

① ЦГИАЛ, ф. 626, оп. 1, д. 292, л. 60［письмо от 22 апреля（4 мая）1895 г.］.
② ЦГИАЛ, ф. 626, оп. 1, д. 292, л. 50（пресс - копия телеграммы Ротштейна А. Ю.; на
документе стоит дата《30. IV. 94》, но по содержанию он относится к 1895 г.）. 1895 ~
1905 г., М. И. Хилков大公是交通部负责人。
③ ЦГИАЛ, ф. 626, оп. 1, д. 419, л. 53［копия соглашения от 17（29）июня 1895 г.］.
④ 无论如何，国际银行都是从贴现贷款银行那里获得有关考察团进度的信息，贴现贷款银行
负责工程师前往阿尔泰的业务。参阅 ЦГИАЛ, ф. 626, оп. 1, д. 181, лл. 30, 33, 35 - 37,
41, 45 - 46, 49 - 50（копии писем и телеграмм члена экспедиции инженера Штернберга,
препровожденные Петрококино Д. И. Ротштейну А. Ю.）.
⑤ ЦГИАЛ, ф. 626, оп. 1, д. 419, лл. 56 - 97［копия доклада руководителя экспедиции
инженера Корее Ф. Ф. от 9（21）сентября 1895 г.］.

缅涅茨－波多利煤炭公司的 8685 股股份（共 32000 股），该企业为收购 M. 科丘别伊大公的煤矿而成立。此外，Д. И. 佩特罗科基诺还获得了 M. 科丘别伊大公转出的 4630 股股份的购股权。一旦公司成立，Д. И. 佩特罗科基诺确保会参与 13315 股股份的发行，并愿意卖给国际银行部分股权——3000 股。① 从 1895 年 8 月 15 日标记的子参与者的分配来看，② A. Ю. 罗特施泰因接受了这一提议，但是由于某种原因，未成立公司。

在 1895 年开始的两次创始和发行活动中，国际银行担任外国银行的合作伙伴。

创建俄国哈特曼机械制造公司的倡议，来自德斯纳银行的经理 Г. 哈特曼。建立之前的谈判历史尚不完全清楚。从 1895 年 3 月 29 日 Э. 涅茨林致 A. Ю. 罗特施泰因的机密信件中可以看出，最初参加的是巴黎荷兰银行和克鲁索公司。但他们是否决定参加设计企业，取决于与政府就提供长期官方订单的谈判结果以及对未来工厂位置的透彻研究。③ 为此，1895 年 4 月，他们向俄国派遣了两名工程师。④ 接下来发生的事情无可考证，但是当 1895 年 7 月成立创建哈特曼公司的金融集团时，巴黎荷兰银行和克鲁索公司都没有参与其中。公司的股本总额为 400 万卢布黄金，被德斯纳银行领导的德国集团

---

① ЦГИАЛ, ф. 626, оп. 1, д. 386, лл. 2－3（письмо Петрококино Д. И. Ротштейну А. Ю. от 11 августа 1895 г.）, лл. 4－12（препровожденная Петрококино Д. И. пресскопия письма Готе Е. с подробным описанием《дела》）.

② ЦГИАЛ, ф. 626, оп. 1, д. 386, л. 1.

③ 回复 A. Ю. 罗特施泰因，收到他于 1895 年 3 月 22 日的来信以及 Г. 哈特曼发到彼得堡的电报，Э. 涅茨林写道："您的来信不仅说明了希尔科夫大公关于我们企业的立场，还证实了他对谈判的兴趣。我对这种支持充满信心，并希望得到维特先生的回复。我说服银行以及勒克勒佐的同事们走得更远。作为实施项目的第一步，勒克勒佐的顾问工程师在机车制造专家的陪同下，打算在近期到达彼得堡。现在，我们将开展其他任务，深入研究选址问题。我认为，这种切实可行的开办业务的方式，将为政府提供更有说服力的证据，表明我们打算从谈判转向制订计划和提案的真诚意愿。计划和提案高度依赖于企业所在地、资源、矿产和燃料，受到工程师研究的直接影响。但是，从现在开始，我们将对您提到的问题进行更详细的研究，以便能够尽快地解决它们。" ЦГИАЛ, ф. 626, оп. 1, д. 197, лл. 2－3.

④ ЦГИАЛ, ф. 626, оп. 1, д. 197, лл. 4, 14［письма Нецлина Э. Ротштейну А. Ю. от 7 (19) апреля и 22 апреля (4 мая) 1895 г.］.

与国际银行领导的俄国集团平分。① 国际银行应得的 20000 股中的 5000 股直接保留，2500 股在银行董事会成员及其职员之间分配。国际银行分别为俄国对外贸易银行的 А. О. 弗伦克尔和贴现贷款银行的 Д. И. 佩特罗科基诺提供了 3000 股股份。此外，俄国对外贸易银行董事会成员 И. И. 克斯特林获得了 100 股股份。除巴黎德扎姆加罗夫兄弟银行之外，俄国集团还包括 И. В. 云克尔合资银行、Г. 瓦韦尔贝尔格银行、柏林银行、R. 华沙公司和门德尔松公司等。Э. 涅茨林是被授予个人参与权的经销商之一。②

哈特曼公司的创建人很仓促，他们组织了一批银行集团来为这家企业融资，却没有决定最终要做什么。向 Фем. И. 佩特罗科基诺报告关于与 Г. 哈特曼达成的协议时，А. Ю. 罗特施泰因指出，决定在俄国建造的工厂应专门生产蒸汽机车的各种零件，如锅炉、烟管等。他补充说："该工厂或许将把活动扩展到蒸汽机车的生产。"③

未来工厂的位置问题同时也被解决。在 1895 年 8 月 12 日致财政部部长的申请中，公司的创始人 Г. 哈特曼和 И. Л. 戈利德什坦德宣布，他们打算在彼得罗科夫省的索斯诺维茨克区建造一座工厂。④ 申请上附有特别说明书，用于证明所选择的地方是最合适的。⑤ 然而，十天后，哈特曼公司的创始人向财政部部长求助，要求从章程中删除将工厂建在索斯诺维茨克区这一条。他们写道："根据我们最近收到的代理商报告，不适合在该地区开设机械制造厂……"⑥ 三个星期后，И. Л. 戈利德什坦德告知财政部，工厂决定

---

① ЦГИАЛ, ф. 626, оп. 1, д. 431, лл. 2 - 3（протокол, подписанный в Петербурге 3 июля 1895 г. Гартманом Г. за себя и за Dresdner Bank и представителями Международного банка）.

② ЦГИАЛ, ф. 626, оп. 1, д. 431, л. 5（подписанная Ротштейном А. Ю. разметка участий в русской группе от 8 июля 1895 г.）.

③ ЦГИАЛ, ф. 626, оп. 1, д. 1382, лл, 54 - 55［пресс - копия письма Ротштейна А. Ю. от 8（20）июля 1895 г.］.

④ ЦГИАЛ, ф. 23, оп. 24, д. 268, л. 1.

⑤ ЦГИАЛ, ф. 23, оп. 24, д. 268, л. 2 и сл.

⑥ ЦГИАЛ, ф. 23, оп. 24, д. 268, л. 14（письмо учредителей О - ва Гартмана от 22 августа 1895 г.）.

建在卢甘斯克。①

哈特曼公司的创始人有理由加快工厂的建设。随着铁路建设进入新高潮，对蒸汽机车的需求开始迅速增长。早在 90 年代初，涅夫公司就恢复生产。随后，布良斯克工厂和普梯洛夫公司开始生产蒸汽机车。但是产量的增长依旧跟不上需求的增长。在 90 年代中期，政府表示愿意为在俄国建立专门蒸汽机车制造厂的资本家提供更优惠的政策。各种蒸汽机车供应商接踵而来。尽管哈特曼公司的创建者们积极投入争取长期订单的斗争，但是他们还是延误了时机。大部分巨款流入布埃彼得堡私人银行集团，该集团提议在哈尔科夫建立工厂。但是显然，哈特曼公司的创始人也获取了利润。

1896 年 6 月，这家公司开始运作。在 1896 年 6 月 18 日举行的第一次全体股东大会上，共发行了 40000 股股份。德斯纳银行拥有最大的份额——17950 股。此外，其经理 Г. 哈特曼和 E. 古特曼各自计入 1000 股。国际银行购买了 10975 股，其中有 5000 股是属于自己的，其余为他人委托购买，包括 R. 华沙公司、门德尔松公司和 Э. 涅茨林。国际银行董事会和职员购入约 1500 股。俄国对外贸易银行（3100 股）、贴现贷款银行（3000 股）、И. B. 云克尔合资银行（400 股）、Г. 瓦韦尔贝尔格银行（400 股）等的代表也出席了会议。② 但是只有德斯纳银行和国际银行的代表在本次会议上当选公司董事会成员。德斯纳银行进入董事会的是 Г. 哈特曼，职位为董事会主席。国际银行的代表是 A. Ю. 罗特施泰因和 Г. И. 杰尔年。目前尚不清楚 Д. C. 舍列舍夫斯基在董事会中担任什么职务，他依靠俄国集团获得了哈特曼公司的股份，但是在全体股东大会上，通常代表德斯纳银行。除了此人，根据两家银行之间的协议，又将杰出的俄国工程师和铁路科学家 A. П. 博罗

---

① ЦГИАЛ, ф. 23, оп. 24, д. 268, л. 18（письмо Гольдштанда И. Л. от 15 сентября 1895 г.）.

② ЦГИАЛ, ф. 23, оп. 24, д. 268, лл. 73 – 74（список акционеров, присутствовавших на общем собрании 18 июня 1896 г.）; ЦГИАЛ, ф. 626, оп. 1, д. 431, л. 62（список акционеров, присутствовавших на общем собрании 18 июня 1896 г.）; ЦГИАЛ, ф. 626, оп. 1, д. 431, л. 63（список лиц, приславших доверенности на имя Международного банка）.

金引入了公司董事会。至于董事会成员候选人（Ф. Ф. 科尔韦和 Ф. А. 普费费尔），他们都是国际银行的代表。①

令人奇怪的是，尽管在建立哈特曼公司期间，国际银行与巴黎荷兰银行的合作并未展开，但它们的领导者们显然不打算放弃已建立的业务联系。А. Ю. 罗特施泰因提议 Э. 涅茨林参加由哈特曼公司出资的俄国临时合伙人，显然具有献殷勤的目的。Э. 涅茨林迅速做出回应。在 11 月 2 日的一封信中，他宣布在墨西哥创建金砂矿的研究协会，邀请 А. Ю. 罗特施泰因参加"几个朋友的小合作"。②

1895 年中期，彼得堡国际银行与巴黎国际银行首次建立业务联系。遗憾的是，由于图书馆中缺少必要的专业文献和手册，因此我们无法很清晰地描述巴黎国际银行的全貌。它出现于 1889 年，前身是已停办的法兰西埃及银行。董事会成员包括巴黎国际银行布鲁塞尔分部的经理 P. 波耶尔和印度支那（东南亚）银行常务董事 E. 杰列谢尔。巴黎国际银行的股本相对较小，仅为 2500 万法郎，远少于法国最大的银行的资本。

巴黎国际银行是巴黎贴现银行的一部分，该公司在 1891 年初从 C. 波利亚科夫手中收购了俄国南部煤炭工业公司的全部股份，然后在法国货币市场上销售。在这方面，公司董事会于 1892 年 9 月向商业及手工业部提出上诉，请求允许其从全体股东大会上的参会股东那里接受由三家法国银行发行的托管或质押其股票的收据，这三家银行分别是巴黎国际贴现银行、里昂存款与工业信贷银行和巴黎国际银行。随后，商业及手工业部要求这些银行提供贷款办公厅的信息。1892 年 10 月 17 日的信中说，前两家银行都在社会上享有较高的声誉，开展的业务也很持久。至于巴黎国际银行，贷款办公厅在答复中进一步说："目前，无法收集到有关其财务状况的完整信息，但是，贷款办公厅认为有义务补充一点，该银行价值 500 法郎的股票以约 420

---

① ЦГИАЛ, ф. 23, оп. 24, д. 268, л. 66 и сл. （копия протокола собрания акционеров от 18 июня 1896 г.）.

② ЦГИАЛ, ф. 626, оп. 1, д. 197, л. 157.

法郎的价格在市场上流通。"①

　　但是，尽管巴黎国际银行不是法国金融界的支柱之一，但 Ю. Б. 索洛维约夫机智地表示，巴黎国际银行将与它们并肩而行。② 这种模棱两可的措辞几乎就是我们对巴黎国际银行和其他法国银行之间关系的认识。我们只能补充一点，巴黎国际银行与巴黎荷兰银行最为相近。

　　值得注意的是，在 90 年代中期，著名的俄国事务专家 T. 隆巴多被任命为巴黎国际银行的常务理事。他用杰出的精力和坚定的目的性以实现这样的目标：在 90 年代下半期，巴黎国际银行成为最大的银行集团之一的中枢，该银行集团率领法国资本向俄国国民经济领域扩张。

　　1895 年春，巴黎国际银行的领导者们建议 А. Ю. 罗特施泰因一起参与"列夫达－比谢尔季业务"，并愿意为乌拉尔的"列夫达－比谢尔季"业务成立一家公司。В. А. 拉季科夫－罗日诺夫和工程师 Ф. Ф. 科尔韦通过研究，认为该业务具有可行性。最终，А. Ю. 罗特施泰因同意与巴黎国际银行的领导者合作。③ 对巴黎国际银行的领导者们来说，这是出乎意料的。到达彼得堡与 В. А. 拉季科夫－罗日诺夫进行谈判的 T. 隆巴多，收到了巴黎国际银行董事会主席 Э. 梅关于 А. Ю. 罗特施泰因同意的电报，将他出发与彼得堡国际银行的董事会面的行程推迟了一天。1895 年 6 月 4 日晚，T. 隆巴多在欧洲饭店致 А. Ю. 罗特施泰因的信中写道："我很高兴收到 Э. 梅的消息，您基本上同意在列夫达业务中与巴黎国际银行各占一半。您知道，很久以来

---

① ЦГИАЛ，ф. 20，оп. 4，д. 3729，л. 117（письмо правления О－ва Южно－Русской каменноугольной промышленности в департамент торговли и мануфактур от 4 сентября 1892 г.）；ЦГИАЛ，ф. 20，оп. 4，д. 3729，л. 122（письмо Особенной канцелярии по кредитной части от 17 октября 1892 г.）．

② Соловьев Ю. Б.，Петербургский Международный банк и французский финансовый капитал в годы первого промышленного подъема в России（образование и деятельность 《Генерального общества для развития промышленности в России》），《Монополии и иностранный капитал в России》. М.－Л.，Изд－во АН СССР，1962. С. 377.

③ ЦГИАЛ，ф. 626，оп. 1，д. 433，лл. 5－6（записка Корве Ф. Ф. о《деле Ревда－Бисерть》от 28 мая 1895 г.）．

我一直寻找机会在您的帮助下安排一些业务。"① 不久之后，在谈到有关"列夫达 – 比谢尔季业务"的谈判时，巴黎国际银行董事会主席 Э. 梅致信 А. Ю. 罗特施泰因说："我对我们之间在此问题上达成的一致意见感到特别满意，并且向您保证，我将尽一切力量使我们在其他方面达成一致意见。"② 巴黎国际银行的领导者们已经在准备其他方面的业务。1895 年夏天，他们提出了一个创建大公司的项目，以资助俄国的铁路建设以及生产铁路设施和机车的工厂。③ Т. 隆巴多在 1895 年 7 月 26 日写给 А. Ю. 罗特施泰因的信中概述了新项目的内容，他总结道："在这种情况下，由于迫切希望加强我们刚刚共同建立的联系，Э. 梅委托我告诉您之前的所有情况，并向您保证，在您所提及的感兴趣事项上，我们尽力避开您不同意的所有事情。"④

　　这里没有对上述两个项目进行进一步的研究和讨论。不过显然，正是这些人让这些新计划得以实现，这些新计划的执行对随后巴黎国际银行在俄国的活动以及其与彼得堡国际银行的关系都至关重要。对"列夫达 – 比谢尔季业务"的研究显然引起了巴黎国际银行的领导者们对乌拉尔的兴趣。1895 年夏天，根据彼得堡国际银行和巴黎国际银行之间的协议，决定派技术代表团前往乌拉尔，对"列夫达 – 比谢尔季业务"进行进一步研究，⑤ 其中巴黎国际银行利用了来自查迪隆和科芒特里锻造公司的"朋友性"的服务。⑥ 笔者

---

① ЦГИАЛ, ф. 626, оп. 1, д. 198, лл. 1 – 2.

② ЦГИАЛ, ф. 626, оп. 1, д. 198, лл. 5 – 6 [письмо Мэя Э. Ротштейну А. Ю. от 23 июля (4 августа) 1895 г.].

③ 参阅 Соловьев Ю. Б., Петербургский Международный банк и французский финансовый капитал в годы первого промышленного подъема в России (образование и деятельность 《Генерального общества для развития промышленности в России》), 《Монополии и иностранный капитал в России》. М. – Л., Изд – во АН СССР, 1962. С. 386 – 389。

④ ЦГИАЛ, ф. 626, оп. 1, д. 198, лл. 7 – 8.

⑤ ЦГИАЛ, ф. 626, оп. 1, д. 433, л. 7 (копия письма двух банков – Петербургского Международного и Banque Internationale de Paris – Ратькову – Рожнову В. А. от 5 июля 1895 г.).

⑥ ЦГИАЛ, ф. 626, оп. 1, д. 433, л. 75 [письмо Мэя Э. Ротштейну А. Ю. от 27 сентября (9 октября) 1895 г.].

无法知晓银行与这个公司的友好关系已有多长时间。但事实是，1895 年 6 月 14 日，它们之间就"共同研究和组织俄国的采矿和冶金企业"达成了一项协议。[1] 根据该协议，向乌拉尔派出了技术代表团。它并不局限于研究"列夫达－比谢尔季业务"。值得注意的是，它关于此业务的报告是在察里津撰写的。[2] 在乌拉尔和伏尔加盆地建立大型联合冶金企业的可能性吸引了访问团的注意力。因此，除先前的协议（1895 年 11 月 15 日）外，巴黎国际银行、查迪隆和科芒特里锻造公司之间就一个专门的"研究公司"达成一项协议，该协议的任务是进行所有必要的研究和准备工作，以便在乌拉尔和伏尔加盆地建立一个大型的冶金"业务"。该公司的资本确定为 300000 法郎，其中 75000 法郎（1/4）属于查迪隆和科芒特里锻造公司，其余的 225000 法郎（3/4）属于巴黎国际银行。[3] 巴黎国际银行事先得知彼得堡国际银行同意加入创建公司的行列。上述协议在巴黎签署一周之后，当时出现在俄国首都的 T. 隆巴多将一份副本转交给了 A. Ю. 罗特施泰因，同时以书面形式确认了巴黎银行就彼得堡银行参与"研究公司"让价 12.5% 的初步口头协议。[4]

那些年里，钢铁行业中以非常廉价的油渣为燃料的做法广为流传。[5] 1895 年，在俄国工商业银行的积极参与下，伏尔加钢铁公司成立了。1896

[1]　后来的巴黎国际银行与查迪隆和科芒特里锻造公司之间的条约（1895 年 11 月 16 日）中提及此协议，将在下文进行讨论。

[2]　ЦГИАЛ, ф. 626, оп. 1, д. 433, лл. 8 – 74（копия доклада от 28 августа 1895 г.）.

[3]　ЦГИАЛ, ф. 626, оп. 1, д. 434, лл. 2 – 5 [копия договора от 15 (27) ноября 1895 г., заверенная Ломбардо Т.].

[4]　ЦГИАЛ, ф. 626, оп. 1, д. 434, л. 1. 根据 T. 隆巴多的信，11 月 22 日正式确认彼得堡国际银行参加"研究公司"，而随函附送的协议副本的日期则为 11 月 23 日。在 1895 年 11 月 23 日，T. 隆巴多向 A. Ю. 罗特施泰因发送了另一封非正式信件，其中写道："我想在离开彼得堡之前解决与创建此业务有关的一些重要问题，如果我能与佩特罗科基诺公爵会面交流关于'研究公司'的意见，那么我将非常高兴。当我回到巴黎与沙季利诺－科曼特里进行谈判时，不但有自己的见解，而且更重要的是，了解了盟友的意见，他们的威望和职权比我要高得多。"参阅 ЦГИАЛ, ф. 626, оп. 1, д. 198, лл. 16 – 17。

[5]　参阅 Брандт Б. Ф. , Торгово － промышленный кризис в Западной Европе и в России（1900 – 1901 гг. ）, ч. II. СПб. , 1904. C. 105。

年初，在巴黎，巴黎荷兰银行和克鲁索公司将共同建立伏尔加－维舍拉采矿冶金公司。在这种情况下，巴黎国际银行的领导者们与来自查迪隆和科芒特里锻造公司的朋友急于执行他们的计划。没有经过必要的研究，[1] 他们就开始组织业务，且业务规模庞大。预计，未来的冶金公司不仅接受沙皇政府的钢轨订单，而且将获得武器订单。1895 年 11 月 15 日的查迪隆和科芒特里锻造公司协议为其提供了技术援助。另外，出于扩大规模的目的，公司还开展了无头螺钉业务。组织者确定公司的主要资本为 3000 万到 4000 万法郎。他们希望通过发行股票获得大约一半的资金，其余的部分计划发行债券来筹集。最初，巴黎国际银行的领导者们根据 1895 年 11 月 15 日的协议，在业务的财务方面，确定了 1600 万法郎的股本。但是很快他们得出结论，这笔钱不足以满足所有帮助创建市场的人。结果，股本总额增加到了 1800 万法郎。T. 隆巴多在 1896 年 4 月 6 日给 A. Ю. 罗特施泰因的信中报告了上述信息，然后说服他同意将彼得堡国际银行的股份从 3600 股减少到 3000 股（平均每股 500 法郎），以便使所有相关方满意。[2] 最终彼得堡国际银行不得不认购 4000 股。[3] 4 月中旬（5 月上旬）在巴黎举行了乌拉尔－伏尔加冶金公司的股东成立大会。俄国股东购买了超过 1/3 的股份。[4]

该公司是根据法国宪章成立的，其组织者可能认为，获得沙皇当局的许可，外国公司更容易在俄国采取行动，履行与在俄国章程中成立股份公司有关的所有手续。但是，尽管会议结束后立即将所有必要的文件发送到了彼得

---

① 根据巴黎国际银行与彼得堡国际银行之间关于清算"研究公司"的计算，所有的花销都用于征地。ЦГИАЛ，ф. 626，оп. 1，д. 434，лл. 9 - 10 [письмо Banque Internationale de Paris на имя Ротштейна А. Ю. от 14 (26 мая) 1897 г.]．

② ЦГИАЛ，д. 626，оп. 1，д. 198，лл. 40 - 43.

③ ЦГИАЛ，ф. 626. оп. 1，д. 439，л. 14 [письмо Banque Internationale de Paris на имя Ротштейна А. Ю. от 22 мая (3 июня) 1896 г.]．以下情况很奇怪。4 月，进行了认缴股款，5 月，根据一项初步协议，彼得堡国际银行将应得的 4000 股转让给了一个特别辛迪加，特别辛迪加由 3 家银行组成的理事会领导：巴黎国际银行、彼得堡国际银行和彼得堡贴现贷款银行。最初这个辛迪加的有效期为一年，后来又被多次延长。参阅 ЦГИАЛ，ф. 626. оп. 1，д. 439，лл. 15 - 16，18 - 19.

④ ЦГИАЛ，ф. 23，оп. 24，д. 336，лл. 65 - 716.

堡，但由于专制政体的官僚机构运转缓慢，新成立的公司花了六个月的时间才开始执行预定计划。为了加快它缓慢的步伐，需要了解其运作的实际动机。在 А. Ю. 罗特施泰因的帮助下，该问题最终于 1896 年 10 月在巴黎得到解决。①

彼得堡国际银行于 1894～1895 年开展这些工业证券业务。只要熟悉这些业务清单，就可确定这些选择中缺少何种内容。很明显，银行创办发行工业证券具有自发性。

在蓬勃发展的工业高潮和成立银行的高潮中，尽管国际银行起初对工业证券业务表现出了比较谨慎的态度，但是其领导者们仍在金融业中稳定投入。"我们希望更少参与到独立的机关、团体等中，而更多地尽快参与到稳定的业务中"，А. Ю. 罗特施泰因在 1895 年 5 月致 N. J&S. 巴达克银行 Ж. 斯皮特采尔代表的一封信中阐明了他的立场。② 在创办发行时，国际银行的领导者们显然不打算将它与正在建立的企业的命运绑在一起。

1894～1895 年，国际银行的领导者们对工业证券业务的态度发生改变。最初，该银行仅限于现有企业的证券业务，避免参加建立索尔莫沃钢铁机械公司的活动。它参加辛迪加，以便出售俄国–比利时冶金公司的股本（占股份总数的 1/40）。银行着手配销普梯洛夫公司的债券和科洛缅卡公司的股票，但对这些企业的事务不感兴趣。它们的证券畅销，这使银行有希望获得丰厚的收入。显然，银行没有设定其他目标。

国际银行的领导者们极有可能将亚历山德罗夫铸钢公司的股份经营视为投机交易。但是，为了从低价购买的公司股票中获利，有必要提高其价格。最后，银行掌控了公司。尽管后来它销售了手中大部分股份，但它仍然与这家公司继续保持着某种联系。1899 年 11 月，А. Ю. 罗特施泰因设法求得

---

① ЦГИАЛ, ф. 626, оп. 1, д. 198, лл. 44 – 45, 81 – 82 [письма Ломоардо Т. Ротштейну А. Ю. от 16 (28) апреля и 12 (24) октября 1895 г.].

② 参阅 Соловьев Ю. Б., Петербургский Международный банк и французский финансовый капитал в годы первого промышленного подъема в России (образование и деятельность 《Генерального общества для развития промышленности в России》), 《Монополии и иностранный капитал в России》. М. – Л., Изд – во АН СССР, 1962. С. 381。

С. Ю. 维特授予亚历山德罗夫工厂政府订单。①

亚历山德罗夫铸钢公司的事件表明，国际银行的领导者们对工业证券业务的态度出现了转折。他们开始沉迷于此的另一个迹象是建立"整流公司"的提议。尽管谈论的是创建一个非常特殊的企业的问题，但其收入实际上是政府保障的，不过，正是这一提议使国际银行成立了第一家工业企业（酿酒公司）。

1895 年春天，国际银行的领导者们已不反对在重要事务中担任主要角色，但是他们仍然避免单独行动。到 1895 年底，该银行对他人事务的参与已不能满足自己的要求。当时邀请一位特别顾问工程师在国际银行任职并非偶然。1895 年 11 月 14 ~ 15 日，银行与工程师 Ф. Ф. 科尔韦签订了协议。根据协议，工程师 Ф. Ф. 科尔韦需对银行收到的建议把关，还需为银行经理解答技术问题。同时，凡是与银行（道德或者财务利益）有关的事情，相关工业企业的董事会需按照银行的规定行事。② 国际银行的领导者们选择冶金工程师 Ф. Ф. 科尔韦并不费解。③ 1896 年，银行建立的最重要的工程项目是冶金企业：尼科波尔 - 马里乌波尔采矿冶金公司和钢公司。

1896 年 3 月 16 日，彼得堡国际银行举行了一次会议，其参加者分为三组。在其中一个组中，我们看到了国际银行负责人 А. Ю. 罗特施泰因、А. Ф. 科赫以及贴现贷款银行的 Д. И. 佩特罗科基诺。另一个组由俄国工业界知名人士组成，包括彼得堡冶金厂董事会成员 А. А. 施瓦茨、顿涅茨克 - 尤里耶夫冶金公司董事会成员 А. К. 阿尔切夫斯基、顿涅茨克 - 尤里耶夫冶金公司和彼得堡轧铁线材公司的常任董事 Б. Б. 格尔别尔茨。最后，第三小

---

① ЦГИАЛ, ф. 23, оп. 24, д. 494, лл. 30 - 32（письмо Ротштейна А. Ю. на имя Витте С. Ю. от 3 ноября 1899 г., препровождавшее записку О - ва Александровского завода с перечнем просимых им заказов）.

② ЦГИАЛ, ф. 626, оп. 1, д. 419, лл. 124 - 125［письмо Корве Ф. Ф. в Международный банк от 15（27）ноября 1895 г.］.

③ 前克鲁索公司的工程师 Ф. Ф. 科尔韦加入银行之前，曾是顿涅茨克钢铁生产公司的总工程师。

组由俄美制造公司 Э. Д. 史密斯（副主席）和 С. Я. 戈登（主任）的代表组成。该公司在美国成立，准备在俄国建造蒸汽机车制造和钢轨轧制厂。但是，尽管它多次尝试从沙皇政府获得长期官方订单，却均未成功。随后，公司领导与俄国工业界和银行界进行了接触。1895 年秋天，索尔莫沃钢铁机械公司和俄美制造公司之间达成了一项协议，后者提供技术援助，在索尔莫沃工厂开展蒸汽机车生产业务。①

在 1896 年 3 月 16 日的一次会议上，开始讨论建立一家名为马里乌波尔 – 尼科波尔冶金采矿公司的股份公司的问题。这项任务委托给 А. К. 阿尔切夫斯基、Э. Д. 史密斯和 А. Ф. 科赫负责。他们应与米哈伊尔·尼古拉耶维奇大公进行谈判，② 还要解决将尼科波尔地区经营锰矿的权利移交给新成立的公司，以及与哈尔科夫商人 И. А. 鲁宾斯坦合作的问题。③ 他们与大公签署了有关未来公司转让的相关协议，并确定了公司的股本为 300 万卢布（分为 24000 股，平均每股的价格为 125 卢布）。这笔款项的一部分供大公和 И. А. 鲁宾斯坦算清欠账之用，其余部分则在"三个小组"之间进行等分。④

根据 1896 年 3 月 16 日的会议决定发起的谈判取得了成功。早在 1896

---

① 俄美制造公司致力于为索尔莫沃钢铁机械公司提供全部计划、蒸汽机车制造厂及机车建造的图纸和详细信息、派工程师加入正在建设的工厂等。索尔莫沃钢铁机械公司本应将其股本增加 200 万卢布，分为 20000 股，其中 8000 股应给俄美制造公司。此外，它将获得"工厂销售的机车价格"的 1.5%，分六年收款。ЦГИАЛ，ф. 20，оп. 4，д. 3871，лл. 205 – 206［копия предварительного соглашения между О – вом заводов《Сормово》и Russian – American Manufacture C° от 28 августа（9 сентября）1895 г.］. 1895 年 11 月 26 日举行的索尔莫沃钢铁机械公司股东特别大会批准了该协议。ЦГИАЛ，ф. 20，оп. 4，д. 3871，лл. 65 – 68（прошение правления О – ва на имя министра финансов от 9 декабря 1895 г.）.

② 1863 ~ 1881，尼古拉一世的儿子米哈伊尔·尼古拉耶维奇大公曾任高加索地方长官，然后任国务院主席。С. Ю. 维特说："他在某种程度上热爱生命的物质方面，即金钱和财产，甚至是某些国有土地。"参阅 Витте С. Ю.，Воспоминания，т. 1. М.，Соцэкгиз，1960. С. 40。

③ 早在 1895 年 4 月，《交易所公报》报道说："在彼得堡，И. А. 鲁宾斯坦等人建立的俄国第一家锰铁合伙企业成立，由米哈伊尔·尼古拉耶维奇大公租用叶卡捷琳诺斯拉夫省格鲁舍夫的锰矿，并很快开始在顿涅茨克盆地建立一座冶炼锰铁和辉赤铁矿的工厂。财政部向该合伙企业承诺提供长期贷款（第 111 号；1895 年 4 月 24 日）。"报纸预见到了这些事件。直到 1895 年 12 月，И. А. 鲁宾斯坦才向财政部提出批准俄国第一个锰铁和冶金厂章程的正式请求。参阅 ЦГИАЛ ш 90 оп. 4，д. 3953，л. 1。

④ ЦГИАЛ，ф. 626，оп. 1，д. 437，л. 3（протокол совещания от 16 марта 1896 г.）.

年 5 月 10 日，新公司的章程就获得了"最高认可"。И. А. 鲁宾斯坦同意以 41.5 万卢布现金让出他所缔结的协议以及矿场中属于他的财产。此外，И. А. 鲁宾斯坦有义务采取一切措施和努力，保证公司的创始人和大公之间达成协议。[1] 至于大公，正如创始人于 1896 年 7 月 6 日在尼科波尔－马里乌波尔采矿冶金公司第一次股东大会上所报告的那样，他不仅"同意从现有的股份公司那里获取优惠，并根据新签订的补充协议，用公司的股份代替票面价格为 200000 金卢布（金卢布为之前的一种货币）的现金"，甚至"在鲁宾斯坦先生已签订价格的基础上，降低锰的价格"。在第一次全体大会上，创始人还设法与马里乌波尔城市管理局完成了一块土地的预售（以便建立一个区域），并签订了 1500 万英镑铁矿石的供应协议。[2]

全体股东（共 14 位）出席了第一次全体大会，代表自己或委托方（只有两名）的尼科波尔－马里乌波尔采矿冶金公司的全部 24000 股股份。奇怪的是，股东名单中没有包括 1896 年 3 月 16 日会议的参与者——A. A. 施瓦茨、A. К. 阿尔切夫斯基和 Б. Б. 格尔别尔茨。由于某些原因，他们终止了"业务"。[3] 最多数量的股票是 14095 股，为国际银行所有。此外，银行的董事会成员和职员认购了 1225 股。俄美制造公司总计 3230 股。Э. Д. 史密斯和 С. Я. 戈登有 1500 股。股东中还有贴现贷款银行（1400 股）和 И. B. 云克尔合资银行（2000 股）。[4]

尼科波尔－马里乌波尔采矿冶金公司的"业务"次级参与者的名单保

① ЦГИАЛ, ф. 626, оп. 1, д. 437, лл. 6－7（текст обязательства Рубинштейна И. А. от 8 апреля 1896 г.）; л. 8（письмо Рубинштейна И. А. в банк от 9 апреля 1896 г., подтверждающее факт подписания им обязательства от 8 апреля 1896 г.）.

② ЦГИАЛ, ф. 626, оп. 1, д. 437, лл. 19－20（копия протокола собрания акционеров о－ва от 6 июля 1896 г.）; ф. 23, оп. 24, д. 332, л. 54（копия протокола собрания акционеров о－ва от 6 июля 1896 г.）.

③ 作为尼科波尔－马里乌波尔采矿冶金公司的创始人，两个小组的代表 A. Ю. 罗特施泰因和 Э. Д. 史密斯在 1896 年 3 月 16 日会议上发言。ЦГИАЛ, ф. 23, оп. 24, д. 332, л. 1（прошение учредителей от 19 апреля 1896 г.）.

④ ЦГИАЛ, ф. 23, оп. 24, д. 332, л. 56（список акционеров, присутствовавших на общем собрании 6 июля 1896 г.）.

存在国际银行的档案馆中。银行在 1896 年 7 月 6 日会议上所发行的大多数股份属于次级参与者。次级参与者中包括巴黎国际银行、彼得堡国际银行（1600 股）和俄美制造公司（2970 股）。国际银行将约 2000 股股份转让给了关系融洽的私营钱庄（巴黎德扎姆加罗夫兄弟银行、И. В. 云克尔合资银行、Г. 瓦韦尔贝尔格银行）、银行活动家和交易所经纪人。国际银行保留了 3800 股，其中 1400 股用于销售。最初分配给 B. H. 捷尼舍夫大公的 2000 股，留在银行作为储备金。此外，事实证明，在国际银行第一次全体大会上记录的股份数量包括应付给大公的 1600 股股份。[1] 但是，大公选择立即销售掉大部分股份，以便获得可观的利润。早在 1896 年 7 月 25 日，银行收到大公典仪的来信，信中说"米哈伊尔·尼古拉耶维奇大公在尼科波尔－马里乌波尔采矿冶金公司拥有 1600 股股份，票面值为 200000 金卢布，现要求银行以每股溢价 100 卢布的价格购买 1200 股股份，销售所得的 345000 卢布存入内阁办公室的往来账户中，还从银行接受了该公司其余 400 股的缴款股票"。[2] 因此，该银行又持有了 1200 股股份。

尼科波尔－马里乌波尔采矿冶金公司的董事会成员和候选人包括国际银行的三名代表（成员——A. Ю. 罗特施泰因、Ф. Ф. 科尔韦；候选人——A. P. 科赫）和俄美制造公司的两名代表（成员——C. Я. 戈登；候选人——Э. Я. 史密斯）。剩下的三名董事会成员按照国际银行和俄美制造公司之间的协议从俄国商人中选举产生。[3] A. П. 博罗金担任董事会主席，A. Ю. 罗特施泰因担任董事会副主席。[4]

建立钢公司的倡议可能并非来自银行。从保存在国际银行档案中的文件中，没有发现这种"业务"，可以推测出米哈伊尔·尼古拉耶维奇大公的亲戚对他的事业并不看好，但他的侄子——彼得·尼古拉耶维奇大公也决定在

---

[1] ЦГИАЛ, ф. 626, оп. 1, д. 437, л. 41.

[2] ЦГИАЛ, ф. 626, оп. 1, д. 988, л. 1（письмо управляющего двором великого князя Михаила Николаевича генерал－майора Озерова от 25 июля 1896 г.）.

[3] ЦГИАЛ, ф. 23, оп. 24, л. 54; ф. 626, оп. 1, д. 437, лл. 19－20.

[4] ЦГИАЛ, ф. 626, оп. 1, д. 437, лл. 21－22（копия протокола № 1 правления о－ва от 6 июля 1896 г.）.

工业领域碰碰运气。[①]

1894 年，普梯洛夫公司开始在奥洛涅茨省建造维德利茨克炼铁厂。次年，一群工业家在奥洛涅茨地区建立了许多公司。1895 年底，财政部批准了另建立一家企业的请求，即拉多加采矿工业公司。在奥洛涅茨省建造炼铁厂，似乎对在首都附近部署冶金生产的想法是大有裨益的。正是这个想法吸引了大公亲信的注意，其承诺"安排"可盈利的"生意"。[②] 在图尔莫湖地区（位于拉多加湖 40 俄里处），大公租有约 42000 俄亩的土地，并有权开采矿藏。此后，大公的代表——秘书 С. Г. 杰梅尼和工程师 А. А. 卡雷舍夫——担任钢公司的创始人，并指出大公同意将租赁权转让给新成立的公司。[③] 但是，为了创建大型冶金企业，需要大量货币资金。他们需要进行必要的勘测、铺设道路、建造各种建筑物、组织铁矿石开采、生产木材和木炭、建设高炉和钢厂等活动。大公本人和他的代理人都没有这种手段。因此，他们不得不通过哈尔科夫商人 И. Ю. 法因贝格的中介作用，维系 С. Г. 杰梅尼、А. А. 卡雷舍维和 А. Ю. 罗特施泰因、Д. С. 舍列舍夫斯基之间的关系，并于 1896 年 4 月就钢公司的最新融资达成了协议。我们无法找到协议的内容，但从随后的信件中可以看出，如果专家对图尔莫湖矿床的鉴定结果不理想，那么 А. Ю. 罗特施泰因和 Д. С. 舍列舍夫斯基认为，有必要保留一个月拒绝签订协议的权利。而且，非常奇怪的是，他们确实拒绝了该协议，并在 1896 年 5 月 21 日写给 С. Г. 杰梅尼、А. А. 卡雷舍夫的信中，说明了拒绝的理由，即"在协议规定的区域、时间内，年生产量低于年消耗

[①] 尼古拉·尼古拉耶维奇的长子是彼得·尼古拉耶维奇大公。С. Ю. 维特在形容他时说道："从过去到现在，彼得·尼古拉耶维奇一直都是一个可爱伶俐的家伙，但是他目光短浅，从商人的角度来看，他是不成功的。"参阅 Витте С. Ю.，Воспоминания，т. 1. М.，Соцэкгиз，1960. С. 163。

[②] С. Ю. 维特回忆说："彼得·尼古拉耶维奇大公的事务是由一位年轻人掌管的，这位年轻人是前任家庭教师的儿子（看来他的姓氏是久梅尼）。有一个时期，交易所的事务极度混乱，或许大公知道这个年轻人不务正业。"参阅 Витте С. Ю.，Воспоминания，т. 2. М.，Соцэкгиз，1960. С. 265。

[③] 他们于 1896 年 1 月 8 日提交了申请，并于当年 5 月获得许可。ЦГИАЛ，ф. 20，д. 3958，лл. 1，46.

量（800 万至 100 万普特），而且当地的条件不利于这种工厂的建设"。①

在 1896 年 6 月 22 日举行的钢公司创始人会议上，应 С. Г. 杰梅尼和 А. А. 卡雷舍夫的邀请，参与的有 А. Ю. 罗特施泰因、Г. И. 杰尔年（国际银行董事会成员）、А. Ф. 科赫（国际银行董事会成员、官方代表）和 Д. С. 舍列舍夫斯基。本次会议的会议纪要反映了大公代表与国际银行代表就钢公司关系达成的协议要点。决定将该公司的股票（共计 67000 股）平均分配给两组。国际银行各组的成员应立即认购保留的股份，头期款为每股 30 金卢布。因为这笔费用列入大公 "为公司提供的协议和协议" 的部分，所以大公集团的成员可免除这笔费用。由于大公应得 1333333 金卢布，而 33500 股头期款的金额为 1005000 金卢布，所以还留有一部分应付给大公的现金。②

创始人会议之后，立即举行了钢公司第一届全体股东大会。在本次会议上当选的董事会成员包括大公的三名代表（С. Г. 杰梅尼、А. А. 卡雷舍夫、И. Ю. 法因贝格）和国际银行的三名代表（А. Ю. 罗特施泰因、Г. И. 杰尔年和 Д. С. 舍列舍夫斯基），董事会候选人包括大公的一位代表（杰·罗什福尔公爵）和国际银行的两位代表（Ф. Ф. 科尔韦和 А. А. 阿布拉姆松）。③

1896 年 6 月 22 日，С. Г. 杰梅尼代表大公向国际银行做出书面承诺，答应按第一期的价格购买银行所持的全部股票（33500 股），前提是在大公租用和由钢公司转移给大公的土地上，品质优良的铁矿石（其铁含量不少于 50%，硅含量不超过 10%）未达到 9 亿普特。因此，钢公司需要 "立即利用一切手段确定矿石量，以便国际银行有机会在 8 月 15 日之前通过这些前期工作确定

① ЦГИАЛ, ф. 626, оп. 1, д. 441, л. 19（пресс - копия письма от 21 мая 1896 г. за лодписью Шерешевского Д. С., выступавшего как от себя лично, так и от имени Ротштейна А. Ю.）.

② ЦГИАЛ, ф. 626, оп. 1, д. 448, лл. 5 - 8（копия протокола заседания 22 июня 1896 г.）.

③ ЦГИАЛ, ф. 626, оп. 1, д. 448, лл. 9 - 12（копия протокола собрания акционеров О - ва 《Сталь》 22 июня 1896 г.）; ф. 20, оп. 4, д. 3958, лл. 52 - 55（копия протокола собрания акционеров О - ва 《Сталь》 22 июня 1896 г.）.

矿石的数量和质量"。"如果有理由怀疑是否有 9 亿普特数量的矿石，那么由大公内阁和国际银行共同同意后，召集一个理事会，① 在 1896 年 9 月 20 日之前确定矿石的数量和质量。"在此之后，大公的义务到期了。作为执行该协议的保证，大公为自己保留的 32350 股股份已存入国际银行。②

　　是什么促使国际银行的领导者们在选择融资对象时表现得极为谨慎，来应对这一明显具有风险的"业务"？在建立新公司之前，国际银行的领导者们拥有的将钢公司的股份转让给大公的权利具体是什么？在建立新公司时，他们是否能够或愿意参与其中？在这种情况下，我们没有信息可以用来判断国际银行的领导者们的动机。即便如此，也可以明显看出，他们开始了某些艰难的竞赛。③

　　无论国际银行的领导者们的意图是什么，他们都利用召开一次专家

---

① 该理事会将包括来自双方的三位成员，他们有权"在需要或意见分歧的情况下"选出第七位成员。

② ЦГИАЛ, ф. 626, оп. 1, д. 443, л. 31－32（副本письма Деммени С. Г. в Международный банк, без даты, не заверенная）. 银行收到了 С. Г. 杰梅尼的来信，这一事实得到了由 А. Ю. 罗特施泰因和 А. Ф. 科赫签名，致彼得·尼古拉耶维奇大公办事处的信的副本的证实，该信件日期为 1896 年 6 月 22 日。信中说："我们很荣幸确信您收到了 С. Г. 杰梅尼先生的信，根据今年 6 月 22 日大公的委托，按照 С. Г. 杰梅尼在信中委托签署的条件，钢公司创始人 32350 股的票据保留在我们银行。"ЦГИАЛ, ф. 626, оп. 1, д. 443, л. 1.

③ 1896 年 6 月 22 日，另一份由国际银行致 И. Ю. 法因贝格的文件也证实了这一点。其中说："在您的协助下，我们与钢公司的创始人、国家顾问 А. А. 卡雷舍夫、七等文官 С. Г. 杰梅尼达成了由我们及我们的受邀人以其票面价格（即 3350000 金卢布）收购钢公司 50% 的股份的协议，现在我们收到了这些股票的收据（每股 30 金卢布的首期付款）。我们有义务协助您完成上述交易，同时，为了补偿您为该企业所耗费的开支和劳力，1896 年 9 月 20 日，向您或您的订单支付 670000 金卢布。"就 И. Ю. 法因贝格而言，他必须从银行购买 6000 股钢公司股份，此外，需通过首期付款支付其 20% 票面价值的溢价，即每股约 50 金卢布。这项协议的执行还取决于是否在该区域发现了 9 亿普特的矿石。参阅 ЦГИАЛ, ф. 626, оп. 1, д. 444. В этом деле находятся：1）черновой проект письма（лл. 86－9）；2）машинописная копия с окончательного текста письма（л. 4）；3）пресскопия письма（лл. 5－7）и；4）подлинный текст письма за подписью Коха А. Ф. и Ротштейна А. Ю.（лл. 2－8）. 从银行的资料中找到了该信件的原始文本，说明以下事实：从进一步的通信中可以看出，由于银行履行了其义务，该信件被盖销了。理事会的巨款非常令人惊讶。（事实上，它本应达到 55 万金卢布，其中 18 万金卢布以股份支付，钢公司的首期费用已支付，其余 37 万金卢布以现金支付。）在完成交易时由国际银行支付给 И. Ю. 法因贝格"协助费"，但该银行的领导者们似乎非常不情愿。

理事会的权利来确定图尔莫湖地区铁矿石的数量和质量。① 但是，不出所料，该理事会的工作并未取得成果。在 1896 年 8 月 31 日的会议上，大公和国际银行代表的意见完全相反。前者声称符合质量的矿石储量远远超过了 9 亿普特，而后者认为这些储备比 9 亿普特少得多。Ф. Ф. 科尔韦坚持申请获得详细的勘探情况，但他的建议没有通过。选举理事会第七位成员的尝试也失败了。各位专家意见相左。② 然后，在 1896 年 9 月 3 日的一封信中，钢公司董事会转向 И. В. 穆什克托夫（俄国最受尊敬的地质学家之一）寻求建议，И. В. 穆什克托夫回复道："我已经查阅并补充了图尔莫湖矿产地的文献资料，尽管证明了图尔莫湖矿藏的可靠性，但并不能确定铁矿石的储量和精度。"了解到专家给出的矿藏规模估计值之间存在巨大差异后，И. В. 穆什克托夫继续说道："在确定矿床地质条件的情况下，在计算储量方面却存在如此巨大的差异，这完全是由于缺乏深度的详细情报，凭空进行各种假设，又利用这些假设进行各种计算……事实上，可以做出许多不同的假设，并且可以根据这些假设进行数十年的论证。但是，如果缺乏新的可靠证据，结论永远不统一。只能通过组织合理的勘察活动，才能提供可靠的事实数据。目前，根据现有数据，肯定不能调和所有分歧和争端。"И. В. 穆什克托夫强调需要进行组织有序的、有深度的勘探，他总结道："长期以来，图尔莫湖矿产地吸引了工业家们的注意，并激发了工业家们探索的欲望。我认为，图尔莫湖矿藏值得彻底探索，或者揭露其矿藏不丰富，或者消除分歧和争端，矛盾带来的责难和疑虑只会破坏人们对财富的信心，而财富注定将在俄国的经济生活中发挥重要作用。"③

---

① 1896 年 8 月 18 日和 21 日，银行告知大公召集理事会发表声明的愿望。笔者没有找到信的副本，但根据 С. Г. 杰梅尼的回信判断，银行的声明中包含动机。ЦГИАЛ，ф. 626，оп. 1，д. 443，л. 2。

② ЦГИАЛ，ф. 626，оп. 1，д. 443，лл. 8 - 12（复件 протокола заседания экспертной комиссии 31 августа 1896 г.，препровожденная в Международный банк письмом правления О - ва《Сталь》от 16 сентября 1896 г.，за подписью Деммени С. Г.）。

③ ЦГИАЛ，ф. 626，оп. 1，д. 448，лл. 32 - 37（复件 заключения профессора Мушкетова И. В. от 6 сентября 1896 г.，препровожденная О - вом《Сталь》в Международный банк）。

1896 年 9 月 19 日国际银行致大公的信中，谈到 1896 年 6 月 22 日的协议并指出"无法证实"铁矿石数量，此外，其中的二氧化硅含量"远远高于协议所规定的数量"，告知大公"被迫行使上述协议授予银行的权利"，"恭敬地提请大公下达适当的命令，从银行认购 33500 股股份，按其价值的 30% 付费，即向银行支付 1005000 金卢布"。

信的下一段中写道："无论如何，彼得堡国际商业银行不得不提醒大公注意以下事实：一些专家估计的矿石量约为 6 亿普特，可以满足钢公司的冶金生产需求；对从地下提取的矿石进行化学分析后，发现其质量完全符合钢公司的规定。国际银行对此做出的全部假设，都是基于穆什克托夫教授和约萨教授的分析，但是遗憾的是，这些假设都没有被接受。因此，银行可能失去了一项创建和发展企业业务的机会。"最后，正如在这封信上签字的银行代表所建议的那样，"忠诚地表示，希望大公将大部分注意力转移到上述不理想但是十分客观的问题上，彼得堡国际商业银行则提出必要的建议，并根据执行情况下达命令"。[①]

这封信是一式两份的，两份都保存在银行的档案中，附带存储了两份信件说明情况。其中一份寄给 С. Г. 杰梅尼，并说明他收到了银行于 1896 年 9 月 19 日发出的一封信。[②] 另一份直接寄给大公，并说明："信从彼得堡国际商业银行寄出，于 1896 年 9 月 19 日寄到彼得·尼古拉耶维奇大公手中。"[③] С. Г. 杰梅尼于 1896 年 9 月 20 日所做的说明，回答了为什么信函的原始文本保存在档案中的问题："我特此声明，这封信于 1896 年 9 月 19 日收到，一式两份，一份寄给彼得戈夫的彼得·尼古拉耶维奇大公，另一份交给我，信件随附于 9 月 20 日达成的协议返回到彼得堡国际银行。"[④] 那么 1896 年 9 月 20 日究竟达成了什么样的协议？

---

①　ЦГИАЛ, ф. 626, оп. 1, д. 444, лл. 14 – 15（экземпляр, адресованный великому князю）, 16 – 17（экземпляр, адресованный Деммени С. Г.）.

②　ЦГИАЛ, ф. 626, оп. 1, д. 444, л. 19.

③　ЦГИАЛ, ф. 626, оп. 1, д. 444, л. 18.

④　ЦГИАЛ, ф. 626, оп. 1, д. 444, л. 14.

在这一天，作为大公代表和国际银行的领导者的 C. Г. 杰梅尼 "希望两个主要股东更合适地参与钢公司董事会，并同意从国际银行的代表中选出大多数董事会成员和候选人。在这方面，已决定将董事会成员的人数增加至 7人，其中包括大公的 3 名代表和银行的 4 名代表。并商定在大公典仪的领导下，选举产生的董事会成员不能参加董事会会议，而是由彼得堡国际银行小组选出的候选人代替"。①

至此，国际银行成功地迫使大公退出对董事会成员的管理和控制。想必，正是因为追求这个目标，国际银行才威胁要停止 "业务"。现在，"业务" 掌握在国际银行手中。②

尼科波尔 - 马里乌波尔采矿冶金公司和钢公司的建立历史表明，1896年，国际银行从被动地参与 "他人的" 业务，发展成为独立的发起人。如

---

① ЦГИАЛ，ф. 626，оп. 1，д. 448，л. 79（копия письма Деммени С. Г.，в котором было зафиксировано соглашение от 20 сентября 1896 г.，заключенное на срок до 1 января 1899 г.）. 1896 年 9 月 30 日，为召集全体股东临时大会，以解决董事会人数增加的问题，钢公司董事会通过一项决议。在这次会议上，将 А. А. 卡雷舍夫开除出董事会，由候选人 Ф. Ф. 科尔韦代替参加。就在那个时候，授予钢公司 1000 万普特钢轨和 500 万普特钢板的订单（用于海军部），并在收到这些订单后着手在彼得堡建造铸钢轧钢厂。参阅 ЦГИАЛ，ф. 626，оп. 1，д. 448，лл. 86 – 87，копия протокола заседания правления. 1896 年 11 月 10日，举行了钢公司全体股东临时大会，决定向财政部申请增加董事会成员人数，并指示董事会在获得适当许可后，选出七位成员。ЦГИАЛ，ф. 626，оп. 1，д. 448，л. 122，копия протокола собрания. 但是公司的申请被商业及手工业部拒绝。ЦГИАЛ，ф. 20，оп. 4，д. 3958，л. 82.

② 如上所述，这是由 И. Ю. 法因贝格促成的，国际银行承诺为此向 И. Ю. 法因贝格提供 1005000 纸币卢布（670000 金卢布）。在规定的期限内（即 1896 年 9 月 20 日前），银行仅向 И. Ю. 法因贝格支付了 755000 纸币卢布，剩余的 250000 纸币卢布，И. Ю. 法因贝格同意仅在 "在图尔莫湖中发现了足够的矿石，完全适合加工" 的条件下获得。ЦГИАЛ，ф. 626，оп. 1，д. 444，л. 20，копия письма Файнберга И. Ю. банку от 20 сентября 1896 г. 一天前，即 9 月 19 日，И. Ю. 法因贝格根据 1896 年 6 月 22 日在拉姆湖达成的协议，以与他承诺购买的 6000 股相同的条件，从银行购买了 4000 股钢公司的股份。ЦГИАЛ，ф. 626，оп. 1，д. 444，л. 13，письмо Файнберга И. Ю. банку от 19 сентября 1896 г. 结果，几乎所有应付给 И. Ю. 法因贝格的手续费都由银行用钢公司股份支付：1 万股相当于 750000 纸币卢布。但是，无论国际银行支付上述手续费的条件发生了什么变化，И. Ю. 法因贝格接受手续费这一事实很重要，因为这一事实表明 И. Ю. 法因贝格向银行提供的此类服务显然超出了他作为公爵集团代表的职责范围。

果早先它没有表现出创始和发行业务的意图，那么现在这种意图就非常明显了。同时，该银行开始通过将其代表引入其他公司的领导机关，努力巩固其在新成立公司业务中的主导地位。

在国际银行的档案中，保存了有关尼科波尔－马里乌波尔采矿冶金公司和钢公司相关活动的大量文件，包括董事会证明文件、各种证明书、报告、结论及各种信函的副本。例如，从该资料中可以看出，在银行经理的直接监督下，美国尼科波尔－马里乌波尔采矿冶金公司轧管厂将产品运往俄国。这是一项非常庞大的业务，需要三家大型轮船运输公司向该公司提供机械、设备和建筑材料，特别是对于从费奥多西亚运送来的物资，从卸货地运到工厂施工现场需要数百辆车。银行领导为了克服轮船卸货时遇到的困难，在获得所需数量的车辆等方面付出大量的努力。[①]

银行与公司的人事结合（工业垄断组织与银行垄断组织融合而形成金融寡头的主要形式之一）导致它们之间的明确界限逐渐被消除了。有时无法确定联合中的 А. Ю. 罗特施泰因和 А. Ф. 科赫代表什么身份：是作为银行的领导者还是代表公司的董事会成员？银行档案中包含的材料对于公司档案具有重要意义。笔者要特别指出的是，А. Ф. 科赫与比利时安特卫普省海事商业公司的通信中，涉及尼科波尔－马里乌波尔采矿冶金公司向比利时安特卫普省海事商业公司供应锰的问题。[②]

国际银行管理处处理了尼科波尔－马里乌波尔采矿冶金公司董事会管辖范围内的许多问题。值得注意的是，Т. 隆巴多认为有必要联系 А. Ю. 罗特施泰因，以将尼科波尔－马里乌波尔采矿冶金公司的焦炭供应转让给俄国南部煤炭工业。[③]

国际银行与尼科波尔－马里乌波尔采矿冶金公司之间的联系变得越来越

① ЦГИАЛ, ф. 626, оп. 1, д. 447（переписка Гордона С. Я. с Ротштейном А. Ю. и Кохом А. Ф. за август – декабрь 1896 г.）.

② ЦГИАЛ, ф. 626, оп. 1, д. 482（за период с июля по сентябрь 1899 г.）.

③ ЦГИАЛ, ф. 626, оп. 1, д. 198, л. 65［письмо Ломбардо Т. Ротштейну А. Ю. от 9（21）июля 1896 г.］. 此申请是由于巴黎国际银行资助了俄国南部的煤炭工业。

紧密。1897 年 7 月，该银行向该公司提供了 100 万卢布的票据贷款，作为回报，该银行获得了公司即将发行债券的销售权。① 根据已达成的协议，1898 年 3 月，该公司发行债券的票面总额为 300 万卢布，以 95% 的正常价格出售给国际银行。②

大多数人非常看好尼科波尔－马里乌波尔采矿冶金公司的发展前景，不过仍有少数人对此表示怀疑。显然，其领导者并不特别希望勘探图尔莫湖矿产地的结果理想。自 1896 年底以来，他们开始力求租赁由伊若拉工厂海事部管理的钢公司，以便完成政府订单。1897 年 1 月，A. Ю. 罗特施泰因就此致信 C. Ю. 维特，特别敦促参与钢公司的"业务"，甚至在钢公司的规模明显扩大之后都没有停止督促。A. Ю. 罗特施泰因写道："我作为董事会成员参与钢公司，钢公司的股本总额为 1000 万卢布，几乎 2/3 属于彼得·尼古拉耶维奇大公及其近亲，其余的 1/3 则由国际银行及其伙伴掌握。"此外，信中注明了伊若拉工厂出租钢公司的条件：租赁期为 12 年；在此期间，租赁公司有义务向钢公司投资 250 万卢布，用于扩展和完善公司；同时，政府必须向钢公司提供 300 万到 400 万卢布的订单。确定 C. Ю. 维特不会反对后，A. Ю. 罗特施泰因告知尼科波尔－马里乌波尔采矿冶金公司董事会 C. Ю. 维特的意见，并准备正式向海事部提交租赁钢公司的申请。③

C. Ю. 维特没有回复 A. Ю. 罗特施泰因，而是指示商业及手工业部部长 B. И. 柯瓦列夫斯基提醒 A. Ю. 罗特施泰因，其所提出的问题"是最接近海事部管辖范围的"。④

尽管钢公司董事会在财政估算时愿意增加"改善工厂"的生产费用，

---

① ЦГИАЛ, ф. 626, оп. 1, д. 457, л. 1 (письмо Никополь－Мариупольского о－ва в Международный банк от 18 июля 1897 г.).

② ЦГИАЛ, ф. 626, оп. 1, д. 457, л. 5 (письмо Никополь－Мариупольского о－ва в Международный банк от 31 марта 1898 г.).

③ ЦГИАЛ, ф. 20, оп. 4, д. 3958, лл. 83－84 (письмо Ротштейна А. Ю. Витте С. Ю. от 31 января 1897 г.; это письмо, носившее личный характер, было написано на бланке Международного банка).

④ ЦГИАЛ, ф. 20, оп. 4, д. 3958, л. 85 (отпуск письма Ковалевского В. И. Ротштейну А. Ю. от 24 февраля 1897 г.).

但 1897 年 3 月，与海事部负责人的正式谈判没有取得成功。①

同时，由于进行了勘探和前期工作，1897 年夏，人们清楚地发现，以图尔莫湖矿产地为基础建立大型冶金企业的想法并不理想。矿山分散、产矿层薄弱、矿石中铁元素含量低、矿石成分不稳定、缺乏劳动力、道路无法通行等条件使得开采图尔莫湖矿产地的利润并不高。

1897 年 6 月 20 日，Ф. Ф. 科尔韦在致钢公司董事会的报告中，总结了这一年的工作成果，分析了"业务"的潜在前景，他表示必须在彼得堡近郊建造铸钢厂和轧钢厂，并将企业重心从生铁生产转移到半成品和成品的生产。②

在没有特殊风险的情况下，可以在彼得堡附近建造生产钢、钢材的工厂，沙皇政府停止向钢公司提供政府订单，③ 国际银行的领导者们开始采取措施停止"业务"。这里应该说明的是，在形式上，相较于钢公司，国际银行拥有相对较少的股份。国际银行所持有的 33500 股股份通常在子参与者之间分配，这些子参与者组成了一个秘密的独特的辛迪加来资助钢公司。④ 但

---

① 就建立钢公司而言，董事会没有向海事部提出申请。ЦГИАЛ, ф. 20, оп. 4, д. 3958. 但是，1897 年 2 月 28 日，董事会在写给 С. Ю. 维特的一封信中说明打算向海事部负责人提出租赁伊若拉工厂的请求，请求 С. Ю. 维特积极协助，不要拒绝此申请。ЦГИАЛ, ф. 20, оп. 4, д. 3958, л. 86. 还包含 1897 年 3 月 14 日，钢公司董事会致海事部负责人的信的副本，其中提到预估生产费用有可能增加。ЦГИАЛ, ф. 20, оп. 4, д. 3958, л. 89. 从国际银行档案中所包含的钢公司董事会副主席 М. Л. 巴拉巴诺夫的报告副本可以看出，与海事部就伊若拉工厂的租赁进行了谈判，谈判一直持续到 1897 年夏天，依然毫无结果。ЦГИАЛ, ф. 626, оп. 1, д. 464, л. 129.

② ЦГИАЛ, ф. 626, оп. 1, д. 458, лл. 1–22（машинописный текст доклада, подписанный автором）.

③ 为此，1897 年 3 月，Г. И. 杰尔年和 Ф. Ф. 科尔韦拜访了财政部部长维特。（ЦГИАЛ, ф. 626, оп. 1, д. 444, лл. 28–29 – копия письма Дернена Г. И. Коху А. Ф. от 21 марта 1897 г.）1897 年 8 月，钢公司董事会再次向海事部提出了要求获得国家订单的请求。（ЦГИАЛ, ф. 626, оп. 1, д. 464, л. 129 – копия доклада Балабанова М. Л., без даты.）

④ 在此业务中，国际银行子参与者中所占份额最大的为：И. Ю. 法因贝格（10000 股）、俄国商业贸易银行（3600 股）、俄国对外贸易银行、彼得堡 - 亚速银行、拉扎尔和列夫·布罗茨基（各 1800 股）。国际银行有 3835 股。银行董事会成员、雇员及其亲属的持有总数大致相同。（ЦГИАЛ, ф. 626, оп. 1, д. 448, л. 75 – записка о распределении акций О - ва 《Сталь》 между субучастниками Международного банка на 20 сентября 1896 г.）

是，如果国际银行的附属企业倒闭，子参与者无法继续资助钢公司，那么国际银行的道德或物质责任不能免除。除 И. Ю. 法因贝格外，上述辛迪加的参与者包括银行的常客。他们名下的股票仍留在银行中，担保往来透支账户。只有将这些股份转让给局外人，才能使银行避免一些可能出现的麻烦。

根据 1897 年 9 月 16 日与国际银行达成的协议，И. Ю. 法因贝格承诺从国际银行购买 3 万股钢公司的股份。[①]

И. Ю. 法因贝格将股份提供给以 B. A. 赫鲁多夫为首的莫斯科资本家集团。1897 年 10 月初，莫斯科资本家集团只同意购买 1 万股股份，没有一次性购买全部 3 万股股份。[②] 同时，根据 1897 年 9 月 16 日的协议，И. Ю. 法

---

① 在 1897 年 9 月 16 日达成协议之前，进行了长时间的谈判。在谈判过程中，最初计划是 Д. С. 舍列舍夫斯基从银行购买钢公司的股份，然后将其转售给 И. Ю. 法因贝格。1897 年 7 月上旬，银行与 Д. С. 舍列舍夫斯基之间起草了有关协议。（ЦГИАЛ，ф. 626，оп. 1，д. 444，лл. 33 – 34 – письмо банка Шерешевскому Д. С. от 11 июля 1897 г.）Д. С. 舍列舍夫斯基和 И. Ю. 法因贝格之间也起草了有关协议。（ЦГИАЛ，ф. 626，оп. 1，д. 444，лл. 30 – 32 – черновики письма Шерешевского Д. С. Файнбергу И. Ю. от 1 июля 1897 г. на русском и немецком языках с визой Ротштейна А. Ю.）但是后来它们被取消了（ЦГИАЛ，ф. 626，оп. 1，д. 444，лл. 96 – 99 – письмо Шерешевского Д. С. банку и пресс – копия письма банка Шерешевскому Д. С.，без дат.）。1897 年 8 月 25 日，И. Ю. 法因贝格直接与银行达成协议。根据该协议，他从银行购买了 1 万股钢公司的股份，分两批支付，共计 40 金卢布（60 纸币卢布）和 105 万纸币卢布（每股 105 纸币卢布），此外，还获得了在相同条件下再购买 2 万股股份的权利。И. Ю. 法因贝格用他所购入的 1 万股向银行抵押了 35 万纸币卢布的定金，其余则必须不迟于 1897 年 9 月 15 日支付。同时，他获得剩余的 2 万股股份的权利也受到限制。（ЦГИАЛ，ф. 626，оп. 1，д. 444，лл. 39 – 43 – пресс – копия письма банка Файнбергу И. Ю. и ответное письмо последнего，датированные 25 августа 1897 г.）但是，在规定的期限内，И. Ю. 法因贝格未履行他的义务。或许他没来得及与客户进行谈判，或许他决定与银行讨价还价，为自己争取更有利的条件。不管怎样，1897 年 9 月 16 日，И. Ю. 法因贝格与银行达成了新的协议。现在 И. Ю. 法因贝格同意从银行购买全部 3 万股，但价格为 28 纸币卢布，分三期付款：10 月 1 日，第一批 4000 股股份，42 万纸币卢布；10 月 12 日，第二批 6000 股股份，28 万纸币卢布；10 月 15 日，第三批 2 万股股份，210 万纸币卢布。（ЦГИАЛ，ф. 626，оп. 1，д. 444，лл. 44 – 46 – письмо Файнберга И. Ю. в банк и пресс – копия ответного письма банка，датированные 16 сентября 1897 г.）

② 在 1897 年 10 月 11 日莫斯科的来信中，И. Ю. 法因贝格指示国际银行将 6000 股钢公司的股份转让给 B. A. 赫鲁多夫，根据 1897 年 9 月 16 日的协议，付款期限为 1897 年 10 月 12 日之前。参阅 ЦГИАЛ，ф. 626，оп. 1，д. 444，л. 22。从以下文件中可以看出，И. Ю. 法因贝格承诺在不迟于 1897 年 10 月 1 日赎回第一批 4000 股股份，再转卖给 B. A. 赫鲁多夫集团。

因贝格的付款截止日期为 1897 年 10 月 15 日，其余 2 万股股份应支付 210 万卢布纸币，他请求延期支付这笔款项。银行的领导者们可能为此做出让步。И. Ю. 法因贝格在 1897 年 11 月 3 日从莫斯科发来的电报中写道："我衷心地感谢您为我提供的重要帮助，在很大的困难下，我设法说服了有钱的、有名望的人在每年这个时候去图尔莫湖，这是我第 7 次动身出发。结果非常确定。请您一定要等我回来，否则我在出发前对借款的坚持会被误解。延长一个月的付款期限，让我有机会在一年的时间里，克服困难，完整地结束所管辖的工作。"① 1897 年 11 月 27 日，B. A. 赫鲁多夫同意再购买钢公司 1 万股股份。②

1897 年底，"该业务转交到别人手中"。③ 在钢公司 3.35 万股的股份中，2 万股股份属于 B. A. 赫鲁多夫集团，1 万股股份属于 И. Ю. 法因贝格，剩下的被国际银行所占有。④

据此，公司董事会的组成发生了变化，B. A. 赫鲁多夫当选为成员，执行董事由 Н. Л. 马尔科夫担任。⑤

但是，将钢公司移交给"其他人"是有条件的，为了让 B. A. 赫鲁多夫购买上述 2 万股股份，国际银行被迫向他提供了一笔单张票据抵押贷款，并规定逐步付款。在交易完成之前，B. A. 赫鲁多夫购买的股票应继续抵押在

---

① ЦГИАЛ, ф. 626, оп. 1, д. 444, л. 48.

② 在 1897 年 11 月 27 日的信中，И. Ю. 法因贝格指示国际银行将 1 万股钢公司股份转让给 B. A. 赫鲁多夫。参阅 ЦГИАЛ, ф. 626, оп. 1, д. 444, л. 49。同一天，国际银行通知钢公司辛迪加成员将 2 万股股份销售给 B. A. 赫鲁多夫。（ЦГИАЛ, ф. 626, оп. 1, д. 444, л. 51а - отпуск конфиденциального письма банка, адресованного всем участникам 《синдиката》, от 27 ноября 1897 г.）

③ 1898 年 12 月 14 日，И. Ю. 法因贝格在给 А. Ю. 罗特施泰因的一封信中描述了他付出"难以置信的努力"的结果。参阅 ЦГИАЛ, ф. 626, оп. 1, д. 444, л. 64。

④ 1898 年 12 月 14 日，И. Ю. 法因贝格在给 А. Ю. 罗特施泰因的一封信中指出，国际银行"对此事的兴趣仍然不超过 5%"。参阅 ЦГИАЛ, ф. 626. оп. 1. д. 444, л. 64а, б。根据保存在银行档案中的资料，在向 B. A. 赫鲁多夫集团销售 2 万股钢公司股份后，国际银行及其客户共剩下 3290 股股份。参阅 ЦГИАЛ, ф. 626. оп. 1. д. 444, л. 93。

⑤ 1898 年初，Н. Л. 马尔科夫当选为钢公司董事会主席。（ЦГИАЛ, ф. 626, оп. 1, д. 464 - копии протоколов правления за 1898 г.）

国际银行。① 另外，И. Ю. 法因贝格持有股票，② 因此国际银行的代表们继续担任公司的董事会委员。③ 尽管该银行设法将很大一部分未来损失转移给了钢公司的新合作伙伴，但仍然无法摆脱糟糕的"业务"。④

无论由国际银行建立的上述两家企业的命运有何不同，它们都有一个共同点——与这家银行保持着密切的联系。基于银行与由其融资的企业的利益交织，国际银行主持尼科波尔－马里乌波尔采矿冶金公司和钢公司的筹款活动，并直接研究它们的实际活动，因为只有这样，银行才能确保自己的利益。如果企业经营状况良好，那么银行不仅对它进行维护，而且大力加强与它的联系。如果企业经营状况不佳，那么银行也无法抽身。

因此，国际银行从参与"别人的业务"到领导创建、发行业务的过渡，为它与工业融合奠定了基础。同时，这意味着该银行的创始、发行业务失去了昔日的偶发性特征，成为金融工业逐步发展的有针对性政策的连续环节。1896 年，建立了该政策的第一个对象——冶金工业。

俄国工业总会创立的历史充分表明了彼得堡国际银行与工业"业务"的关系在不断变化。

正如 Ю. Б. 索洛维约夫所确定的那样，1895 年 1 月上旬，巴黎 N. J. &S. 巴达克银行的代表 Ж. 斯皮特采尔在给国际银行经理 A. Ю. 罗特施泰因的信中，介绍了企业主诺埃尔·巴尔达克的新想法，即着手将俄国工业证券引入法国货币市场的问题。为此，初步计划创建一个专门的组织，Ж. 斯皮特采尔试图吸引 A. Ю. 罗特施泰因参加该组织。⑤ Ю. Б. 索洛维约

---

① 因此，他在上述 1897 年 11 月 27 日的机密信中，向钢公司股票辛迪加的银行参与者告知了向 B. A. 赫鲁多夫销售 2 万股股份的条件。（ЦГИАЛ, ф. 626, оп. 1, д. 444, л. 51a.）

② ЦГИАЛ, ф. 626, оп. 1, д. 479, лл. 1–4（письмо Маркова Н. Л. Ротштейну А. Ю. от 20 января 1889 г.）.

③ ЦГИАЛ, ф. 626, оп. 1, дд. 464 и 480（копии протоколов правления О–ва《Сталь》за 1898 и 1899 гг.）.

④ 参阅 ЦГИАЛ, ф. 23, оп. 24, д. 966。

⑤ 和贴现贷款银行的经理 Д. И. 佩特罗科基诺一样。

夫在他的文章《俄国第一次工业繁荣期间的彼得堡国际银行与法国金融资本》中详细介绍了已经开始的谈判。最初，А. Ю. 罗特施泰因似乎对诺埃尔·巴尔达克的想法很感兴趣。但是巴黎 N. J. &S. 巴达克银行代表在谈判中表现得愈坚定和急切，А. Ю. 罗特施泰因就愈消极和回避。[①] 1895 年 4 月和 9 月两次，诺埃尔·巴尔达克的想法几乎已经实现。4 月，事情已发展到讨论未来公司董事会组成的地步。然而，当时该组织并没有成立。9 月 6 日，聚集在别特曼男爵巴黎霍廷古尔公司的代表们、А. Ю. 罗特施泰因、诺埃尔·巴尔达克、Ж. 斯皮特采尔和别特曼男爵认为，为俄国建立工业协会非常合适，并决定立即组建一个团体，该团体不仅负责认购新公司的全部股本，还要为新公司的建立做全部准备。但是，只有当"第一个案例、业务或研究将为它提供一个良好的开始"时，才同意将其合法化。[②]

然而，А. Ю. 罗特施泰因不仅没打算为新公司寻找合适的"生意"，而且拒绝了巴黎伙伴提出的全部建议。

随着时间的流逝，1896 年时，А. Ю. 罗特施泰因厌烦了 Ж. 斯皮特采尔的来信，9 月 6 日的会议决定仍是一纸空文。

А. Ю. 罗特施泰因的行为有其自己的原因。1895～1896 年，外国资本大量流入俄国股份公司。列宁注意到国家经济生活中的这一重要因素时写道："最近一个时期，外国资本家特别愿意把自己的资本投到俄国来，在俄国建立自己的分厂，设立公司，以便在俄国开办新的企业。他们贪婪地向年轻的国家扑来，因为这个国家的政府比其他任何国家的政府都更加对资本有好感、更加殷勤，因为他们在这个国家可以找到不如西方工人那样团结、那样善于反抗的工人，因为这个国家工人的生活水平低得多，因而他们的工资

---

① 参阅 Соловьев Ю. Б. , Петербургский Международный банк и французский финансовый капитал в годы первого промышленного подъема в России (образование и деятельность 《Генерального общества для развития промышленности в России》), 《Монополии и иностранный капитал в России》. М. - Л. , Изд - во АН СССР, 1962. С. 380 - 384。

② ЦГИАЛ, ф. 626, оп. 1 , д. 529, лл. 2 - 3 (《Протокол собрания 18 сентября 1895 г. у г - на барона Бетмана》 - текст рукописный, без подписей).

也低得多，所以外国资本家可以获得在自己的国家闻所未闻的巨额利润。"①

在流入俄国工业的外国资本中，法国资本起到了最重要的作用。90年代中期，少量的法国资本家试图在俄国创建或收购各种工业企业。除了罗斯柴尔德银行对俄国工业中的石油业务感兴趣外，其他的法国著名银行通常都没有参与。法国唯一在俄国设立分支机构的大型银行——里昂信贷公司，对任何有风险的业务畏之如火，尤其是工业证券方面的业务。②

80年代末和90年代初，俄国在法国的贷款为法国资本直接渗透到俄国工业奠定了基础。作为这种渗透的倡导者，法国银行并不反对在彼得堡的大型银行中收买盟友。

在这种情况下，A. Ю. 罗特施泰因仔细研究了国际银行潜在的合作伙伴，他非常热衷于参加谈判，但并不急于做出最终选择。诺埃尔·巴尔达克的提议迫使国际银行的领导者们需要解决"与哪个法国银行集团结盟，国际银行能够最成功地从事工业业务"的问题。由于该问题的解决方案尚未成熟，因此 A. Ю. 罗特施泰因故意推迟了谈判。为了了解这些谈判的气氛，1895年4月16日，Фем. И. 佩特罗科基诺从巴黎寄给 A. Ю. 罗特施泰因的信引起了人们的注意。这封信回应了 A. Ю. 罗特施泰因、Фем. И. 佩特罗科基诺、B. H. 捷尼舍夫公爵一起进入公司董事会的提议，协商了关于董事会的创建问题。③ Фем. И. 佩特罗科基诺拒绝了进入公司董事会的提议，他

---

① Ленин В. И., Соч., т. 2, C. 93. 译者注：照录中共中央编译局编译《列宁全集》第2卷，人民出版社，1984，第82页。

② 参阅 Бувье Ж., Учреждение отделения Лионского кредита в царской России и предыстория 《русских займов》. 《Французский ежегодник, 1961》. М., Изд - во АН СССР, 1962. C. 141 - 161。

③ Ж. 史匹哲在1895年4月10日的一封信中通知 A. Ю. 罗特施泰因，全部董事会的法国候选人均已被选出。参阅 Соловьев Ю. Б., Петербургский Международный банк и французский финансовый капитал в годы первого промышленного подъема в России (образование и деятельность 《Генерального общества для развития промышленности в России》), 《Монополии и иностранный капитал в России》. М. - Л., Изд - во АН СССР, 1962. C. 380 - 381。

写道："亲爱的 A. Ю. 罗特施泰因，能够与您合作是我的荣幸，我已经向您证明了这一点，我还会与捷尼舍夫公爵保持良好的关系。但是，我没有看出这项提议的意义，因为诺埃尔·巴尔达克的目的是建立一个小型信贷流动站或托拉斯，以 1000 万法郎的小本钱和股份从事业务，少数人持有大部分股份。出于各种原因，诺埃尔·巴尔达克不会担任董事会成员，但他可能会引荐奥斯曼银行的人。土耳其人对俄国事务鲜有好感，他们将与我们成为募股的第一批中间人，但如果由于某些原因他们对这种业务不感兴趣，我们将承担被拒绝的风险……至于我们，因为我们非常了解业务，且在俄国拥有所有必要的关系，即使在本国，我们也总是会找到愿意投资的资本家。此外，那些想要与我们同行的人，在与我们联合后，立即会变成我们的竞争对手，而不是我们所能动用的力量；我们还需对不利于本国的每一项业务持反对立场，例如西伯利亚（阿尔泰）的冶金新业务。前段时间，诺埃尔·巴尔达克等人对该业务不感兴趣。经过我的解释、巴黎银行工程师贡斯巴尔克和拉捷的研究及您宣布愿意参加后，他们发现有 3/4 的业务可以受理。与我交谈之后（我建议他为自己采取一些措施），诺埃尔·巴尔达克突然在（已经与戈京格尔达成协议，并且注意到戈京格尔不打算高度参与）星期五早上要求戈京格尔和奥斯曼银行集团投入 200 万法郎，同时分配剩下的 5 亿法郎，因为巴黎银行及其集团表示要投入 250 万法郎，以使布鲁塞尔略有兴趣。现在您将看到，如要合作，我们将要面临多少困难和可能的灾难。大多数巴黎的先生习惯于认为我们需要他们，有时会提出很多要求。但是我认为，我们应该做正确的事情，保持现状，保持独立，每个人都认真聆听，并尽我们所能为他们提供服务。"①

也许这封信使 A. Ю. 罗特施泰因看清了"巴尔达克业务"的问题，也许信只是证实了他本人的疑虑，但事实是在 1895 年春，关于"巴尔达克业务"的谈判陷入僵局。Ю. Б. 索洛维约夫认为，这里的主要角色是由巴

---

① ЦГИАЛ, ф. 626, оп. 1, д. 292, лл. 48 и 42.

黎荷兰银行的反对派扮演的。① 但在笔者看来，巴黎荷兰银行的领导者们对诺埃尔·巴尔达克的想法持否定态度，与 A. Ю. 罗特施泰因在与法国 N. J. &S. 巴达克银行代表的谈判中表现出的顽固态度有关。正是在 1895 年春，彼得堡国际银行与巴黎荷兰银行开始互相联系，并逐渐靠近。3 月底和 4 月，它们就建立哈特曼公司进行谈判；4 月底它们参与创建一个银行集团来为俄国采矿公司提供资金；5 月，它们共同努力筹备了一笔来自中国的贷款。У. Ж. 斯皮特采尔在 1895 年 4 月 28 日的信中斥责 A. Ю. 罗特施泰因道："如果没有这一点（也就是说，没有参加，只是讨论了相关公司的创建），巴黎银行对您的合作和对自己的有利影响绝对有信心。"②

在巴黎荷兰银行与国际银行的合作中，难道不是这种"信心"最终阻止了和解吗？尽管如此，在没有巴黎荷兰银行参与的情况下，国际银行实施的"哈特曼业务"无疑稍微动摇了这种"信心"。但是，在建立哈特曼公司期间，与德斯纳银行的接触显然取代了国际银行与法国银行的合作。1895 年 9 月，A. Ю. 罗特施泰因签署了关于"巴尔达克业务"的初步协议。但是，正如 A. Ю. 罗特施泰因的进一步行为所表明的那样，此步骤并不意味着他做出了最终选择。

1896 年 2 月中旬，A. Ю. 罗特施泰因告知法国 N. J. &S. 巴达克银行 1895 年 9 月 6 日的会议决定对他来说并不合适。③ 4 月初，他再次抵达彼得

---

① 参阅 Соловьев Ю. Б. , Петербургский Международный банк и французский финансовый капитал в годы первого промышленного подъема в России (образование и деятельность 《 Генерального общества для развития промышленности в России 》), 《 Монополии и иностранный капитал в России 》. М. – Л. , Изд – во АН СССР, 1962. С. 381。

② 参阅 Соловьев Ю. Б. , Петербургский Международный банк и французский финансовый капитал в годы первого промышленного подъема в России (образование и деятельность 《 Генерального общества для развития промышленности в России 》), 《 Монополии и иностранный капитал в России 》. М. – Л. , Изд – во АН СССР, 1962. С. 381 – 382。

③ 参阅 Соловьев Ю. Б. , Петербургский Международный банк и французский финансовый капитал в годы первого промышленного подъема в России (образование и деятельность 《 Генерального общества для развития промышленности в России 》), 《 Монополии и иностранный капитал в России 》. М. – Л. , Изд – во АН СССР, 1962. С. 384。

堡时，与 T. 隆巴多谈论了成立公司的计划。显然，A. Ю. 罗特施泰因也通知了巴黎荷兰银行公司的领导者们，希望吸引巴黎国际银行参与上述"业务"，因为 T. 隆巴多刚回到巴黎后，Ж. 斯皮特采尔就与他就这个问题进行了谈判。[①] 根据 T. 隆巴多和 Ж. 斯皮特采尔在随后写给彼得堡国际银行的信判断，之后的谈判是朝着满足 A. Ю. 罗特施泰因意愿的方向进行的。A. Ю. 罗特施泰因的意愿大概可以归结为以下几点：俄国集团参与份额的增加；奥斯曼银行被排除在法国集团之外；通过吸引一些有影响力的巴黎银行以及一些德国银号，法国集团的成员数量有所增加。5 月初，巴黎国际银行和巴黎 N. J. &S. 巴达克银行的代表们就建立托拉斯的形式和条件达成一致（在信函中此类公司以此为名），[②] 并决定于 1896 年 5 月，Ж. 斯皮特采尔前往彼得堡，以便将谈判的结果告知 A. Ю. 罗特施泰因。[③] 我们有理由推测，这些结果不能使 A. Ю. 罗特施泰因满意。法国银行家们愿意将俄国集团的份额从 1/4 增加到 1/3，但 A. Ю. 罗特施泰因认为这样的让步是不够的。最后，A. Ю. 罗特施泰因将此比例调高到 40%。A. Ю. 罗特施泰因不同意 Ж. 斯皮特采尔和 T. 隆巴多拟定的法国集团的组成。根据他们的规划，该集团将由两个小组组成：巴黎国际银行、查迪隆和科芒特里锻造公司的联盟；巴黎 N. J. &S. 巴达克银行和它的"朋友们"。A. Ю. 罗特施泰因则坚持将巴黎荷兰银行、贴现银行等银行引入法国集团，并作为独立小组的负责人。此外，巴黎国际银行和巴黎 N. J. &S. 巴达克银行的领导者们最初打算创建一个无法律效力的法人实体——类似不断运转的"研究型辛迪加"，后来才转变为一家股份公

---

① ЦГИАЛ，ф. 626，оп. 1，д. 198，л. 44［письмо Ломбардо Т. Ротштейну А. Ю. от 16 (28) апреля 1896 г.］.

② ЦГИАЛ，ф. 626，оп. 1，д. 198，л. 47［письмо Ломбардо Т. Ротштейну А. Ю. от 3 (15) мая 1896 г.］д. 207，лл. 61 – 62［письмо Спитцера Ж. Ротштейну А. Ю. от 6 (18) мая 1896 г.］.

③ ЦГИАЛ，ф. 626，оп. 1，д. 198，лл. 48 – 49［письмо Ломбардо Т. Ротштейну А. Ю. от 11 (23) мая 1896 г.］. 此外，详细告知了当时一直在彼得堡的巴黎国际银行的代表弗列杰里克斯谈判结果。

司。在此问题上，A. Ю. 罗特施泰因持不同意见，认为有必要立即将正在创建的企业正规化。[1] 结果，巴黎国际银行和巴黎 N. J. &S. 巴达克银行的领导者们需要对他们的初步协议进行一些重大更改。6 月中旬，他们吸引了巴黎荷兰银行参与企业。同时，他们又做出另一次让步，拨出 15% 的集团份额。作为补偿，巴黎荷兰银行行长 Э. 涅茨林加入未来的"托拉斯"理事会。[2]

令 A. Ю. 罗特施泰因的巴黎合作伙伴们感到惊讶的是，到 6 月为止，他们唯一的愿望——与彼得堡国际银行一样加入彼得堡贴现贷款银行的集团——仍未实现。我们不知道是什么原因促使法国银行家们做出让步，但事实就是：他们同意，仅由彼得堡国际银行来领导俄国集团。确实，T. 隆巴多利用这种情况，试图以牺牲俄国集团的方式，在某种程度上加强巴黎国际银行的地位。佩特罗科基诺兄弟拒绝加入创建的公司理事会后，T. 隆巴多提议 A. Ю. 罗特施泰因安排巴黎国际银行代理人 H. O. 库利任斯基扶持东南铁路公司董事会主席。T. 隆巴多在 1896 年 6 月 12 日致 A. Ю. 罗特施泰因的一封信中指出："选择 H. O. 库利任斯基是有依据的，因为我们的托拉斯肯定也将涉及铁路事务。"他写道："但为了确保与 H. O. 库利任斯基合作，有必要为他提供数量庞大的个人参与。我想请您对于我们在这里所做的牺牲给出一小部分赔偿，尤其是为了使巴黎银行满意，您的全部成员减少必要的份额，以便有可能让库利任斯基先生获得 2% 的股票（即1000 股）。"[3]

A. Ю. 罗特施泰因装作不理解 T. 隆巴多的提议，他告诉 Ж. 斯皮特采尔，希望彼得堡国际银行行长 A. Ф. 科赫加入"托拉斯"董事会。而T. 隆巴多答复道，他没有反对 E. O. 库利任斯基的资格，但无法为他提供

---

[1] 我们没有文件直接反映 A. Ю. 罗特施泰因与 Ж. 史匹哲的谈判内容。因此，通过比较 T. 隆巴多和 Ж. 史匹哲的信件内容，确定 A. Ю. 罗特施泰因在彼得堡进行谈判之后的立场。

[2] ЦГИАЛ. ф. 626，оп. 1，д. 198. л. 56 [письмо Ломбардо Т. Ротштейну А. Ю. от 12 (24) июня 1896 г.].

[3] ЦГИАЛ. ф. 626，оп. 1，д. 198. л. 57.

40% 的参与权，这 40% 的参与权是为彼得堡银行保留的。[①] 然后，T. 隆巴多在写给 A. Ю. 罗特施泰因的信中说道："在您的意愿下，托拉斯由几个不同的元素或组构成，每个元素或组都将贡献自己的业务、联系和经验，并且每个元素或组都将有自己的代表担任董事会成员。因此我们付出了很多努力设法将我们周围的盟友分组，例如巴黎银行、贴现银行、沙季利翁－科曼特里公司等。尤为重要的是，我们设法争取到涅茨林，甚至很可能还有列奥纳·列维的个人协助，与我们和来自巴黎高特银行的巴尔达克集团一起，代表 5 或 6 种不同的元素。您非常清楚，如果不强迫每个人自愿地做出必要的牺牲，来让所有人分一杯羹，就不可能实现这一目标。但是，由于参与者人数众多，所以每人分得的部分很小。为了获得您希望的结果，我们被迫将份额提高到比往常更多的程度，才能达到彼得堡代表40% 的股份，但这其中还不包括杰尔年先生（只是其中一家银行的一部分）。"关于候选人 H. O. 库利任斯基提议"补充业务中涉及的俄国元素"，T. 隆巴多试图唤起 A. Ю. 罗特施泰因的正义感："需要我们赋予H. O. 库利任斯基的参与权并不多，尽管 60% 的参与权已在第五或第六小组之间分配，占据了很大一部分的数量和影响力，到目前为止，分配给彼得堡的达到了 40%，还不包括打着彼得堡国际银行招牌的杰尔年。"他强调该问题是一个本质问题，并继续说道："我想提醒您，牺牲一部分巴黎股份，能够更多地赋予李普曼先生、罗森塔尔公司以及布吕克罗德银号参与权，我们将尝试向瓦尔堡银号等提供一些其他东西。结果，会形成这样的情况：尽管彼得堡的股份为 400 股或 500 股甚至更多，但巴黎的股票有限，最多只能有 100 ~ 200 股（不包括巴黎银行和我们的银行在内）。"针对 A. Ю. 罗特施泰因呼吁的"微小牺牲"，T. 隆巴多得出结论：赋予H. O. 库利任斯基 600 ~ 800 股，使得 H. O. 库利任斯基和 Э. 梅准备牺牲个人股份，来增加必要数量的股份。他还认为，H. O. 库利任斯基当选为

---

① ЦГИАЛ, ф. 626, оп. 1, д. 198, л. 60 [письмо Ломбардо Т. Ротштейну А. Ю. от 18 (30) июня 1896 г.].

理事会委员并不妨碍 A. Ф. 科赫的加入，并告知 A. Ю. 罗特施泰因，法国银行家同意将俄国集团代表的理事会席位增加到五个（到目前为止，其中一个是空着的），前提是法国银行家有权任命理事会的七名成员。[①] 最终，A. Ю. 罗特施泰因同意从彼得堡 40% 的股份中转让给 H. O. 库利任斯基 600 股股份，但条件是巴黎国际银行将 300 股股份转让给彼得堡国际银行。[②] T. 隆巴多在 1896 年 7 月 9 日致 A. Ю. 罗特施泰因的一封信中表示，到 1896 年 7 月初，解决了全部的基本问题，"我们的托拉斯朝着最终的企业迈进了一大步，最近，公证人正注册其章程"。[③] 1896 年 9 月底，这个构想的公司最终被称为俄国工业总会（"Société Générale pour l'Industrie en Russie"，后来缩写为 "S. G. I. R."）。[④] 董事会中的席位划分如下：俄国集团占据四个席位，其中三个由彼得堡国际银行的代表（A. Ю. 罗特施泰因、A. Ф. 科赫、Г. И. 杰尔年）担任，第四个代表是 H. O. 库利任斯基。法国集团获得了五个席位，分别为巴黎国际银行（Э. 梅和 T. 隆巴多）、查迪隆和科芒特里锻造公司（Л. 列维）、巴黎荷兰银行（Э. 涅茨林）和高特银行集团（别特曼男爵）的代表。

我们可以确信，1896 年建立俄国工业总会的谈判过程与一年前就此问题进行的谈判大不相同。该倡议原本来自法国银行界人士诺埃尔·巴尔达克，他主张创建拥有俄国证券业务的公司，此时却由彼得堡国际银行的领导者们确定谈判的方向。然而，彼得堡国际银行在俄国工业总会事务中采取的

---

① ЦГИАЛ, ф. 626, оп. 1, д. 198, лл. 59 – 61 [письмо Ломбардо Т. Ротштейну А. Ю. от 18 (30) июня 1896 г.].

② ЦПИАЛ, ф. 626, оп. 1, д. 198, лл. 62 – 63 [письмо Ломбардо Т. Ротштейну А. Ю. от 24 июня (6 июля) 1896 г.].

③ ЦПИАЛ, ф. 626, оп. 1, д. 198, л. 65.

④ Ю. Б. 索洛维约夫指出俄国工业总会的成立日期为 1896 年 10 月 18 日（未注明来源）。这一时间可能并不准确。从 1896 年 9 月 14 日 T. 隆巴多致 A. Ю. 罗特施泰因的信中可以看出，公司的股东会议定于 1896 年 9 月 21 日。参阅 ЦПИАЛ, ф. 626, оп. 1, д. 198, л. 69об。本次会议得到了储存在彼得堡国际银行中的档案，即 1896 年 10 月 14 日俄国工业总会董事会会议协议草案的证实。从其内容看，这不是俄国工业总会的第一次董事会会议。参阅 ЦПИАЛ, ф. 626, оп. 1, д. 207, лл. 143 – 147。

立场显然不足以使其利用该组织，因为这违背了法国银行集团的利益。
Ю. Б. 索洛维约夫非常成功地刻画了俄国工业总会内部关系的复杂性。① 在
讨论俄国工业总会的第一步实际任务时，彼得堡国际银行和巴黎国际银行的
领导者们对任务的看法存在本质上的分歧。彼得堡国际银行的领导者们显然
希望在俄国工业总会的帮助下获得更多资源，以扩大创始和发行业务的范
围。巴黎国际银行的领导者们则援引不利局面，反对成立新企业。T. 隆巴
多于 1896 年 10 月 5 日从巴黎写给 A. Ю. 罗特施泰因的信中表示："到目前
为止，您无须考虑参与新事务，因为在很长一段时间内，市场完全无力购
买任何类型的证券，尤其是工业证券。这一事实导致在建立一个新公司之
前，必须完成目前无法清算的业务。这使我们无法早日建立一个公司，违
背了您的意愿。如果站在旁观者的角度看，我们可以清晰地发现，目前的
全部市场（尤其是您的那部分）都处于风暴中，不过遗憾的是，我认为平
息的日子还有很长时间才能到来。据此，我们认为，目前应从您的交易所
已开盘的股票业务入手，在有利的条件下购买，当价格下降加剧风暴的破
坏力时，新业务的研究更加遥遥无期。我们建议尽快研究新业务，利用第
一笔业务的利润作为经费，这样的话就可以不动本金。至于接下来要开展
的需要资金投入的新业务，我们觉得，只有在您彼得堡的朋友投入几乎全
部资本的前提下才能考虑，毕竟目前在巴黎找不到开展新业务的资
本家。"②

　　应当指出的是，T. 隆巴多关于市场不好的说法并不可靠。相反，1896
年，法国连续几年的股价下跌终于停止了，从第二年开始出现了急剧的上升
趋势。1896 年也是建立新股份公司的转折点（见表 3 - 6）。

---

①　Соловьев Ю. Б. , Петербургский Международный банк и французский финансовый капитал
　　в годы первого промышленного подъема в России (образование и деятельность
　　《Генерального общества для развития промышленности в России》), 《Монополии и
　　иностранный капитал в России》. М. - Л. , Изд - во АН СССР, 1962. С. 393 - 397.

②　ЦГИАЛ, ф. 626, оп. 1, д. 198, лл. 78 - 79.

表 3-6　1891~1900 年法国股票价格指数及新建股份公司的情况

单位：个，百万法郎

年份	股票价格指数 （1890 年为 100）	成立股份公司	
		数量	名义资本
1891	98.8	620	534
1892	93.9	536	608
1893	91.5	532	324
1894	90.3	594	459
1895	87.8	635	500
1896	89.1	710	395
1897	97.6	805	540
1898	104.9	1085	1429
1899	107.4	1291	2674
1900	103.7	1138	998

资料来源：Мендельсон Л. А., Теория и история экономических кризисов и циклов. т. II, М. Соцэкгиз, 1959. С. 703。

　　至于俄国，1895 年 8 月在这里爆发的股灾是短暂而轻微的。1896 年初，工业证券的股票价格再次上涨。冶金和金属加工企业的股价虽然没有进一步上涨到 1895 年中期的水平，但仍然保持较高水平。至于其他一些证券，尤其是石油证券，其股价从 1896 年中期开始以前所未有的速度增长。[1]

　　股份公司的数据也证明了 1896 年俄国的形势有利于建立新的商业企业（见表 3-7）。

---

[1]　参阅 Брандт Б. Ф., Торгово - промышленный кризис в Западной Европе и в России（1900 - 1901 гг.），ч. II. СПб., 1904. С. 46 - 50. Б. Ф. 勃兰特在描述 1895 年股灾时说："最后，其行动只限于最接近的领域，仅明显地影响到了交易所的生意人和对交易所投机感兴趣的公众。渐渐地，之前的交易结束，信任得到恢复，之前的限制取消，实行某些自由的形式。由于工业发展的条件仍然是有利的，所以工业继续得到了发展，只是经历了上述货币限制带来的暂时困难。大约在此时，外国资本的不断涌入进一步推动了这一发展，同时最终消除了之前缺乏资金的痕迹。工业的持续增长，导致现在工业的规模更大了，影响到了交易所，而交易所已经忘记了刚刚遭受的扰动，再次开始谋划新成立的公司从工业扩张中获得益处，唯一的不同是这次交易所的目标转向了其他证券。"

表 3 - 7　1891 ~ 1900 年俄国股份公司的相关数据

单位：个，百万卢布

年份	成立		开张		取消		增加资本		减少资本	
	股份公司数量	股票资本总额	股份公司数量	股票资本总额	股份公司数量	股票资本总额	股份公司数量	股票资本总额	股份公司数量	股票资本总额
1891	34	26.3	22	19.0	10	7.6	4	2.7	—	—
1892	33	27.5	28	26.5	4	7.9	3	2.9	—	—
1893	60	92.6	49	73.4	13	87.2	14	13.9	2	3.2
1894	63	54.6	63	54.6	16	160.9	10	7.4	—	—
1895	94	116.6	94	116.6	—	—	16	11.2	1	1.0
1896	131	197.3	131	197.3	—	—	19	11.4	—	—
1897	136	192.9	98	115.3	—	—	8	4.3	1	0.4
1898	176	229.8	132	152.5	—	—	—	—	—	—
1899	328	374.4	163	430.8	—	—	?	26.1	—	—
1900	198	257.5	116	250.7	—	—	?	66.7	?	15.8

资料来源：参阅 Шепелев Л. Е., Акционерное учредительство в России // Из истории империализма в России. М. - Л., Изд - во АН СССР, 1959. С. 141, табл. 1в。

在这种情况下，由 Т. 隆巴多制订的俄国工业总会活动计划并不能让彼得堡国际银行的领导者们满意。彼得堡国际银行的领导者们显然不打算只局限于操纵股票行情，建立俄国工业总会主要是为了参与俄国新工业企业的组织。根据彼得堡国际银行针对俄国工业总会提出的建议，银行需要帮助其建立的公司分配股本，或创建一些新兴"业务"以"分担风险"。但是，俄国工业总会的巴黎参与者们根本不希望这个组织对彼得堡国际银行的"业务"发挥辅助推动的作用。因为巴黎国际银行希望将创建俄国工业总会活动的领导权掌握在自己手中，所以 Г. 隆巴多对 А. Ю. 罗特施泰因关于成立新企业的意见持有异议。

1897 年初，巴黎国际银行的领导者们提出了在俄国建立一些新的股份制公司的倡议。

1897 年 2 月，彼得堡国际银行聘任了另一位顾问——矿业工程师 Г. А. 科耳伯尔格①，这证明了彼得堡国际银行的领导者们并不止步于已取得的成

① ЦГИАЛ, ф. 626, оп. 1, д. 452, лл. 1 - 2（автобиография Кольберга Г. А., （转下页注）

就。起初，Г. A. 科耳伯尔格参与了尼科波尔－马里乌波尔采矿冶金公司在克里沃罗格铁矿区寻找矿床的工作。同时，他被指派研究希波夫业务。[1] 位于坦波夫省和下诺夫哥罗德省的希波夫公司冶金厂是 H. H. 希波夫将军的唯一企业。但是，1897 年，这家公司完全陷入了债务泥潭，其工厂被抵押给国家和下诺夫哥罗德－萨马拉省的土地银行。[2] 国际银行的领导者们提出了建立一家股份公司购买希波夫工厂的想法。最初，他们打算将此"业务"委托给俄国工业总会，但遭到了法国伙伴的抵制。[3] 然后他们亲自着手。1897 年 11 月 29 日，在彼得堡就建立一个金融集团达成了协议，该金融集团建立后着手成立一家股份公司，以购买希波夫工厂。

该公司的资本为 150 万卢布（6000 股股份，每股 250 卢布）。除了彼得堡国际银行（共计 2200 股），还包括：俄国对外贸易银行（1000 股）；彼得堡贴现贷款银行、Г. 瓦韦尔贝尔格银行、И. B. 云克尔合资银行、Э. M. 迈尔合资银行、巴黎国际银行（平均每家 400 股）；H. H. 波格丹诺夫、A. Ю. 罗特施泰因、Г. И. 杰尔年和俄国工业总会（平均每家 200 股）。[4] 根

（接上页注①）от 2 февраля 1897 г.），л. 3（письмо Кольберга Г. А., в котором выражалось согласие поступить на службу в банк в качестве инженера － консультанта, от 4 февраля 1897 г.），л. 4（пресс － копия предложения, сделанного правлением банка Кольбергу Г. А., от 4 февраля 1897 г.）.

① ЦГИАЛ, ф. 626, оп. 1, д. 449（письма и доклад Кольберга Г. А., март 1897 г.）.

② 参阅 Гиндин И. Ф., Неуставные ссуды Государственного банка и экономиче － ская политика царского правительства // Исторические записки. 1950, т. 35. С. 96 － 97; Гиндин И. Ф., Государственный банк и экономическая политика царского правительства（1861 － 1892 годы）. М., Госфиниздат, 1960. С. 186 － 187。

③ 参阅 Соловьев Ю. Б., Петербургский Международный банк и французский финансовый капитал в годы первого промышленного подъема в России（образование и деятельность 《Генерального общества для развития промышленности в России》），《Монополии и иностранный капитал в России》. М. － Л., Изд － во АН СССР, 1962. С. 398 － 399。

④ ЦГИАЛ, ф. 626, оп. 1, д. 449, л. 57（текст соглашения Петербургского Международного банка с российскими участниками группы），л. 58（текст соглашения Петербургского Международного банка с Banque Internationale de Paris и S. G. I. P.）. Эта согласия предусматривала, новосозданной公司的管理机构为理事会和董事会。理事会成员为 H. H. 希波夫将军、A. E. 斯特鲁维将军（董事会成员，也是科洛缅卡公司最大的股东之一）、H. H. 波格丹诺夫、Г. И. 杰尔年和 A. Ю. 罗特施泰因。Г. A. 科耳伯尔格被任命为董事会主席，其他两名成员将通过共同协议确定。

据该协议，彼得堡国际银行应向国家银行提议建立一家股份公司来收购希波夫工厂，并坚持认为该公司的章程中"不包括对股票盘价的任何限制"，并"打算建造经过希波夫工厂的莫斯科 – 叶戈里耶夫斯克 – 阿拉特里铁路"。[①]

但是，国际银行极有可能无法与国家银行达成协议。[②] 预定的行动没有进行。

随后，国际银行的领导者们的注意力开始从冶金业转向金属加工和机械制造业。这可能有助于促进哈特曼公司的业务发展。1898 年，卢甘斯克工厂的铸铁、轧制、制管和造锅炉部门均已投入生产。该工厂开始生产蒸汽机车零件。1898 年下半年，分别于 7 月 1 日和 11 月 25 日两次召开公司临时股东大会，两次都探讨了企业进一步扩展的问题。第一次会议决定在卢甘斯克工厂引进蒸汽机车的生产，计划为此发行价值 300 万卢布的债券；第二次会议决定增加 300 万卢布的公司股本。[③] 在这两次会议上，国际银行均拥有绝对多数票。[④] 根据银行档案中储存的有关公司董事会活动和 1898～1899 年卢甘斯克工厂运行的大量信息来看，[⑤] 这些年来，银行对哈特曼公司的兴趣日益浓厚。自 1899 年 5 月以来，Н. И. 丹尼列夫斯基（主要的蒸汽机车专家、普梯洛夫公司的前任董事）受国际银行邀请担任哈特曼公司的董事会成员，进行企业生产和技

---

① ЦГИАЛ, ф. 626, оп. 1, д. 449, лл. 69 – 70（подлинное письмо Петербургского Международного банка за подписью Ротштейна и Вебера, адресованное Государственному банку от 1 декабря 1897 г. На документе пометка：аннулировано）.

② В архиве Международного банка сохранился проект этого соглашения. ЦГИАЛ, ф. 626, оп. 1, д. 449, лл. 71 – 73.

③ ЦГИАЛ, ф. 23, оп. 24, д. 268, лл. 106, 116（копии протоколов чрезвычайных общих собраний акционеров О – ва Гартмана от 1 июля и 25 ноября 1898 г.）.

④ ЦГИАЛ, ф. 23, оп. 24, д. 268, лл. 107 – 108, 117 – 120（списки акционеров）.

⑤ 该银行的资料包括哈特曼公司董事会的会议记录副本、哈特曼公司商务经理 Г. 特雷克的报告书、卢甘斯克工厂生产状况的证明文件、产品成本的计算甚至是会计部门的管理规则。参阅 ЦГИАЛ, ф. 626, оп. 1, д. 442. 卢甘斯克工厂经过一项专门的市场调查，1898 年 11 月，比利时工程师 П. 特拉泽斯捷尔草拟了一份详尽的报告。参阅 ЦГИАЛ, ф. 626, оп. 1, д. 476, лл. 1 – 35。

术方面的管理。①

同一年，国际银行对普梯洛夫公司的兴趣显著增加了。1897 年 11 月，国际银行同意承销普梯洛夫公司 850 万卢布的债券。② 该操作与向公司提供大笔贷款（最高 250 万卢布）有关。③ 1899 年 5 月，国际银行认购了普梯洛夫公司价值 300 万卢布的增股。④

我们从保留在银行资料中的一封致海事部负责人的信中可以看出，1898 年春，在国际银行内部，建立大型造船企业的计划开始成熟。信中说："俄国在舰队建设上花费了巨额资金，做出了重大牺牲，如果俄国工业没有抓住这个机会进一步发展，那将是令人痛心的。上述意见使以彼得堡国际银行为首的一批俄国资本主义企业家提出了在波罗的海港口建造一个大型造船厂的想法，并为此成立一家股份公司，根据订单需要，资本金至少设为 600 万卢布。"该信的作者还报告说，他们预先征得了德国火山公司的同意，为未来的公司提供技术援助："除了提供大量的金融和技术力量，德国著名的火山造船学会同意投入一定的费用制定结构和设备方案，以保证业务的完成。"⑤ 此处所引用的文档很可能是一封信的草稿，因为它没有确切的日期：只标注了年和月（1898 年 5 月），在标明数字的地方也有所缺漏。公司以"俄国造船公司"命名，在银行中，还保留了公司的章程方案。⑥ 但笔者没有查明阻止该公司成立的原因。

1898 年，国际银行主要负责建立图拉轧铜与弹药公司，Ф. Г. 吉连什米德特、Г. И. 斯坦杰尔特舍利德、К. С. 舍卡拉津贸易公司转移到

---

① 此邀请是根据 Н. И. 丹尼列夫斯基和国际银行之间的协议产生的。（ЦГИАЛ, ф. 626, оп. 1, д. 442, лл. 62 - 64 – письма Данилевского Н. И. в банк от 21 и 28 апреля 1899 г.）.

② 这笔贷款的大部分（560 万卢布）用于公司优先债券的兑换。

③ ЦГИАЛ, ф. 626, оп. 1, д. 459, лл. 9 - 23, 44（переписка банка с О – вом Путиловских заводов, ноябрь 1897 г.）; д. 71, лл. 18 - 20（письмо Коха А. Ф. Ротштейну А. Ю. 18 июля 1897 г.）.

④ ЛГИА, ф. 1309, оп. 1, д. 4, лл. 68 - 69（протоколы правления О – ва Путиловских заводов от 5 и 8 мая 1899 г.）.

⑤ ЦГИАЛ, ф. 626, оп. 1, д. 471, л. 1.

⑥ ЦГИАЛ, ф. 626, оп. 1, д. 471, лл. 2 - 44.

了图拉。创建这家公司的倡议来自国际银行在俄国工业总会的巴黎合作伙伴。[1] A. Ю. 罗特施泰因首先对他们的想法表示怀疑,[2] 但最终,国际银行从 14500 股中销售了 5160 股。[3] 显然,它将其中的一部分转移到了贴现贷款银行。在 1898 年 5 月 8 日举行的图拉轧铜与弹药公司第一次股东会议上,国际银行及其直接代表认购了 4430 股优先股,占总数的 1/4 以上。[4] 此外,国际银行的三位代表（A. Ю. 罗特施泰因、A. Ф. 科赫和 E. Г. 沙伊克维奇）进入了由六位委员组成的董事会。[5]

1898 年,国际银行还参与创建了俄国最大的两家采金业公司——俄国西门子 - 加利斯克公司和俄国联合公司。B. C. 佳金详细介绍了它们

---

① 1897 年 7 月 11 日,俄国工业总会在俄国的代表 P. 德兰加别、П. 达西与吉连什米德特合资贸易公司达成了关于公司发行股票条件的初步协议。参阅 ЦГИАЛ, ф. 626, оп. 1, д. 868, лл. 80 – 84 - копия соглашения。在 1897 年 7 月 26 日的一次会议上审议了该协议后,由别特曼男爵、T. 隆巴多和 Э. 梅组成的俄国工业总会董事会决定立即向图拉发送技术任务并创建一个特殊的辛迪加以研究各金融集团在俄国工业总会董事会中代表的业务。参阅 ЦГИАЛ, ф. 626, оп. 1, д. 868, лл. 89 – 90 - копия протокола заседания。1897 年 11 月 5 日,T. 隆巴多代表俄国工业总会与吉连什米德特合资贸易公司签署了最终协议。（ЦГИАЛ, ф. 626, оп. 1, д. 461, лл. 2 – 4 - подлинный текст договора; д. 463, лл. 144 – 145 – копия письма S. G. I. R. участникам финансовой группы, взявшей на себя реализацию акций учреждаемого общества）. 1898 年 1 月,图拉轧铜和弹药厂的创始人（包括 A. Ю. 罗特施泰因在内）向财政部提交了一份正式申请。（ЦГИАЛ, ф. 23, оп. 24, д. 373, л. 6.）

② 参阅 Соловьев Ю. Б., Петербургский Международный банк и французский финансовый капитал в годы первого промышленного подъема в России（образование и деятельность 《Генерального общества для развития промышленности в России》）,《Монополии и иностранный капитал в России》. М. – Л., Изд – во АН СССР, 1962. С. 401。

③ 剩余的 9340 股分配如下：俄国工业总会——870 股、巴黎国际银行——3310 股、巴黎荷兰银行——2520 股、德贝斯曼公司——1940 股、某些商人——700 股。ЦГИАЛ, ф. 626, оп. 1, д. 463, лл. 82 – 84（записки о распределении привилегированных акций Тульского о - ва）.

④ ЦГИАЛ, ф. 23, оп. 24, д. 373, л. 72（список акционеров）. 图拉公司的股本为 600 万卢布,分为 32000 股。其中一半是优先股。对于转让给该公司的价值 510 万卢布的财产,吉连什米德特合资贸易公司收取了 180 万卢布现金、1400 股优先股和 16000 股普通股。（ЦГИАЛ, ф. 23, оп. 24, д. 373, лл. 51 – 61 - копия протокола собрания от 8 мая 1898 г.）

⑤ ЦГИАЛ, ф. 23, оп. 24, д. 373, лл. 51 – 61.

成立的历史以及国际银行在其中发挥的作用。俄国西门子 - 加利斯克公司与德斯纳银行一起行动，俄国联合公司是德意志银行的合作伙伴。国际银行同时与几个彼此竞争的外国集团合作，并巧妙地利用它们之间的矛盾，1898 ~ 1899 年国际银行甚至试图在俄国电气制造行业中占据主导地位。[①]

1898 年底，俄国南部出现真正的煤荒时，彼得堡国际银行对尼科波尔 - 马里乌波尔采矿冶金公司和哈特曼公司很关注，领导者认为有必要确保为这些企业提供不间断的煤炭供应。所以，90 年代末，他们的目光转向了顿巴斯的煤炭工业。

1899 年 2 月，国际银行与 С. П. 古博宁达成了一项初步协议，获得了在顿河军队地区租用无烟煤研制的权利。为了运营这些矿山，有人提议成立一家资本金为 250 万卢布的股份公司。[②] 但是，银行领导很可能对古博宁的业务并不十分满意。一番犹豫之后，他们决定放弃这个提议。[③]

同时，Г. А. 科耳伯尔格被指派去研究在叶卡捷琳诺斯拉夫省斯拉维亚诺谢尔布斯克县切尔卡瑟村庄（卢甘斯克附近）创建煤炭开采公司的前景。[④] 1899 年 5 月底，布良斯克煤矿公司董事会主席 В. Ф. 戈卢别夫加入了切尔卡瑟的业务，向国际银行提议按平等原则成立股份公司，资本金为 400

---

① 参阅 Дякин В. С., Из истории проникновения иностранных капиталов в электропромышленность России (《Большой русский синдикат 1899 г.》). 《Монополии и иностранный капитал в России》. М. - Л., Изд - во АН СССР, 1962. С. 208 – 239。

② ЦГИАЛ, Ф. 626, оп. 1, д. 393 л. 3 (копия письма Международного банка Губонину С. И. от 10 февраля 1899 г.), лл. 5 – 6 (ответное письмо Губонина С. И. от 11 февраля 1899 г.).

③ 1899 年 3 月 31 日，国际银行董事会向 С. П. 古博宁请求将最终答复的期限延长到 1899 年 4 月 5 日，С. П. 古博宁表示同意。在此之后，他们之间的初步协议失效。(ЦГИАЛ, ф. 626, оп. 1, д. 393, лл. 4 и 20 - пресс - копия письма банка Губонину С. П. от 31 марта 1899 г. и ответное письмо Губонина С. П., датированное тем же днем).

④ ЦГИАЛ, ф. 626 оп. 1, д. 394 (переписка по 《Черкасскому делу》). 1899 年 2 月，国际银行授权哈尔科夫商人 С. А. 韦斯拜因在 Г. А. 科耳伯尔格的指导下与切尔卡瑟村的农民就土地租赁问题进行谈判。(ЦГИАЛ, ф. 626 оп. 1, д. 394, лл. 1 - 2 - пресс - копия доверенности банка на имя Вейсбейна С. А. от 15 февраля 1899 г.).

万卢布。① A. Ю. 罗特施泰因对这项提议表示支持，当即拟定了新公司的董事会组成（В. Ф. 戈卢别夫、Ю. М. 戈里亚伊诺夫、Н. С. 阿夫达科夫和Г. А. 科耳伯尔格）。② 然而，该银行代表尽管做足了准备，却只租到了一部分必要的土地。③

1899 年 11 月，国际银行的领导者们退出这个"业务"之后，着力建立一家股份公司，用于开发叶卡捷琳诺斯拉夫省日洛夫庄园的煤炭矿藏。④ 在 1899 年 12 月 7 日发给财政部商业及手工业部的申请中，国际银行代表 А. А. 达维多夫作为新公司的创始人写道："鉴于煤炭市场的当前状况，我们不仅注意到燃料成本不断上涨，还考虑到今后燃料短缺的可能性。在了解到上述庄园的销售情况后，一些冶金公司及一些资本家发现自己收购该庄园并建立一个经营公司非常合适。同时，要使该公司受特殊协议的约束，根据该协议，冶金公司有权以之后商议的特定价购买该公司开采的全部煤炭……"⑤ 日洛夫煤矿场和矿山公司于 1900 年夏季开始运营。⑥

早在 1895～1896 年，彼得堡国际银行的领导者们就开始密切关注石油行业。从银行档案中保存的资料来看，当时他们对特尔－阿科波夫和塔吉耶夫的企业感兴趣。银行收到的有关这些企业的首批信息证明利

---

① ЦГИАЛ, ф. 626, оп. 1, д. 394, л. 18 (письмо Голубева В. Ф. Ротштейну А. Ю. от 22 мая 1899 г.) .

② ЦГИАЛ, ф. 626, оп. 1, д. 394, лл. 25 – 26 (письмо Голубева В. Ф. Ротштейну А. Ю. от 1 июня 1899 г.), лл. 34 – 35 (копия письма Ротштейна А. Ю. Спитцеру Ж. от 26 мая 1899 г.) .

③ ЦГИАЛ, ф. 626, оп. 1, д. 394, лл. 11 – 12, 59 – 60 (письма Кольберга Г. А. от 8 мая и 18 декабря 1899 г.) .

④ 1899 年 11 月 19 日，按照国际银行的委托，日洛夫煤矿场和矿山公司的创始人 А. А. 达维多夫签订了 М. А. 巴拉诺夫斯基拥有，并位于叶卡捷琳诺斯拉夫省斯拉维亚诺谢尔布斯克县的不动产买卖协约。(ЦГИАЛ, ф. 626, оп. 1 д. 395, лл. 4 – 5 – письмо Давидова А. А.) .

⑤ ЦГИАЛ, ф. 23, оп. 24, д. 736, л. 43.

⑥ ЦГИАЛ, ф. 23, оп. 24, д. 736, л. 68 (копия протокола первого общего собрания акционеров о – ва от 16 июня 1900 г.) .

益不多。① 不过，塔吉耶夫的业务显然激发了该银行领导者们最美好的希望。但是，他们又同样不敢在没有强力伙伴支持的情况下，去插手一个不熟悉的行业。因此，目前的任务是找到这样的同伴。

国际银行与巴黎罗斯柴尔德银行保持着长期的联系。② 这种联系还为巴黎罗斯柴尔德银行庇护里海－黑海石油工业贸易公司提供了一些帮助。③ 也许正是这些情况决定了 А. Ю. 罗特施泰因的选择。1895 年底至 1896 年初，他开始就塔吉耶夫的业务与巴黎罗斯柴尔德公司的代表通信。А. Ю. 罗特施泰因很快与里海－黑海石油工业贸易公司的经理 А. М. 法伊格利找到了共同语言，他们都对塔吉耶夫在巴黎的企业感兴趣。但是，我们不必急于得出结论。④ 由于没有从巴黎罗斯柴尔德公司得到明确的答案，А. Ю. 罗特施泰因于 1896 年秋试图吸引新成立的俄国工业总会对塔吉耶夫的"业务"进行重组，但他遭到了巴黎国际银行的强烈抵抗。⑤

1896 年 12 月，巴黎罗斯柴尔德公司的总工程师 Ж. 阿伦抵达俄国，与国际银行就石油业务进行的谈判进入了一个新阶段。Ж. 阿伦放弃了购买和重组塔吉耶夫企业的想法。罗斯柴尔德家族很可能不打算在石油生产和石油加工方面进行大量投资，因为他们是否能够掌握从巴库运至销售市场的最重要的石油输送通道，决定了争取巴库石油工业统治权的结

---

① ЦГИАЛ, ф. 626, оп. 1, д. 356, лл. 1 – 3 (пресс – копия справки о предприятии Тер – Акопова), л. 4 (данные о добыче нефти на промыслах Тер – Акопова).

② ЦГИАЛ, ф. 626, оп. 1, д. 144, 145, 169 (переписка Ротштейна А. Ю. с фирмой Ротшильдов за 1891 – 1893 гг.). 参阅 Соловьев Ю. Б., Франко – русский союз в его финансовом аспекте (1895 – 1900 гг.). 《Французский ежегодник. 1961》. М., Изд – во АН СССР, 1962. С. 162 – 169。

③ ЦГИАЛ, ф. 626, оп. 1, д. 348 (переписка банка с Каспийско – Черноморским о – вом по вопросам экспорта нефтепродуктов на Дальний Восток).

④ ЦГИАЛ, ф. 626, оп. 1, д. 352, лл. 5, 6 – 7, 16 – 18. 参阅 Фурсенко А. А., Нефтяные тресты и мировая политика. 1880 – е годы – 1918 г. М. – Л., Наука, 1965. С. 94 – 95; Фурсенко А. А., Парижские Ротшильды и русская нефть // Вопросы историй. 1962, № 8. С. 35。

⑤ 在 1896 年 10 月 5 日的信中，Т. 隆巴多通知 А. Ю. 罗特施泰因巴黎国际银行在研究了塔吉耶夫的业务之后，最终表示拒绝处理。(ЦГИАЛ, ф. 626, оп. 1, д. 198, л. 78об.)

果。有两条这样的输送通道：里海和伏尔加河；巴库－巴图姆铁路。第一条通向国内市场，第二条通向国外市场。国外市场对巴库煤油的销售非常重要。[1] 1891～1900 年的十年间，国内煤油销售量与向国外出口的总量之比为 2:3，同期国内外售出煤油的总价值之比为 1:2。但是，由于重油消耗量的迅速增加，自 90 年代初以来，煤油在石油产品销售中的比例急剧下降。80 年代中期仍无法销售的那些"油渣"，现在的需求量却越来越大。它们被广泛用作工业企业中的蒸汽机车、蒸汽机船和蒸汽机的燃料，甚至一些企业尝试在冶金生产中使用它们。重油的需求增长明显快于煤油，价格上涨得也更快。这就导致在 90 年代下半期，俄国石油生产商几乎将重油全部销往了国内市场，无论在国内还是在国外，重油的销售量都远超过煤油。

因此，在国外和国内市场上销售的石油产品的总价值比例已经明显发生了变化，国内市场销售占优势。90 年代初，国内销售的煤油和重油的价格略高于出口的价格，到 20 世纪第一个十年末，价格差距变得十分大。[2] 在目前的条件下，罗斯柴尔德公司把美国标准石油公司排挤出国外市场，并与诺贝尔兄弟公司达成协议，决定加入争夺俄国国内市场的斗争，现在占领俄国国内市场变得尤为重要。在这个方面，波利亚克兄弟贸易公司吸引了他们的注意，该公司位于欧俄中部省份，从事石油产品的销售，并拥有里海和伏尔加河流域的驳船，铁路上的油罐车，阿斯特拉罕、索尔莫沃、雅罗斯拉夫尔和莫斯科的油罐以及贸易代理网。在巴库逗留期间，Ж. 阿伦熟悉了波利亚克兄弟贸易公司的活动后，显然得出了这样的结论：相比于购买塔吉耶夫的作业场地和工厂，收购它的"生意"更符合罗斯柴尔德家族的利益。因此，他产生了在波利亚克兄弟企业的基础上，创建一家名为"重油"的大型运输和贸易公司的想法。A.

---

① 参阅 Першке С. и Л., Русская нефтяная промышленность, ее развитие и современное положение в статистических данных. Тифлис, 1913. С. 191－193。

② 参阅 Першке С. и Л., Русская нефтяная промышленность, ее развитие и современное положение в статистических данных. Тифлис, 1913. С. 191－193。

A. 富尔先科①详细地介绍了罗斯柴尔德家族企业的历史。这里应指出，国际银行在这段历史中发挥了重要作用。如果没有国际银行的协助，罗斯柴尔德家族很难实现他们的想法。

随着重油运输和贸易公司的建立，巴黎罗斯柴尔德公司与国际银行在石油领域的长期合作开始了。但是，这种合作绝不影响国际银行的独立行动。国际银行继续与诺贝尔兄弟公司保持业务关系。② 应该指出的是，1898 年 2 月，Э. Л. 诺贝尔在国际银行的调解下，试图与巴黎罗斯柴尔德公司达成协议。③ 1897 年底，А. Ю. 罗特施泰因忙于先于 С. Ю. 维特建立重油公司的同时，强烈反对罗斯柴尔德公司通过俄国工业总会的中介购买马克西莫夫企业作业场地的提议。④ 在随后的几年中，除了与罗斯柴尔德公司的联合业务、

---

① Фурсенко А. А. , Нефтяные тресты и мировая политика. 1880 - е годы – 1918 г. М. - Л. , Наука, 1965. С. 95 - 104; Фурсенко А. А. , Парижские Ротшильды и русская нефть // Вопросы историй. С. 35 - 41. 参阅 Сост. Гулиев А. Н. , Найдель М. И. , Нардова В. А. , Монополистический капитал в нефтяной промышленности России. 1883 - 1914. М. - Л. , Изд - во АН СССР, 1961. № 54, 55, 56. 62, 63, 65, 68, 72, 73. 重油公司于 1898 年 3 月 28 日开始运营。在 16000 股股份（平均每股 250 卢布）中，4000 股股份被转让给波利亚克兄弟企业。其余的则分配给法国集团（9600 股，占 80%）和国际银行（2400 股，占 20%）。法国集团公司董事会（Бр. 罗斯柴尔德和 А. 捷依奇兄弟）由三名代表成员（Ж. 阿伦、E. 捷依奇、М. 耶弗鲁西）和一名候选人（А. 万舍伊德）组成，国际银行有一名成员（А. Ю. 罗特施泰因——董事会主席）、一名候选人（А. А. 达维多夫），波利亚克兄弟企业有一名成员（С. Г. 波利亚克）。此外，波利亚克兄弟企业代表（М. Г. 波利亚克）受邀担任公司的常务董事。

② 1896 ~ 1899 年，银行定期向公司提供临时支付给消费税管理局（为保证支付煤油消费税）的证券，总额超过 5 亿卢布（按市场价值）。ЦГИАЛ, ф. 626, оп. 1, д. 353, лл. 3 - 4.

③ Сост. Гулиев А. Н. , Найдель М. И. , Нардова В. А. , Монополистический капитал в нефтяной промышленности России. 1883 - 1914. М. - Л. , Изд - во АН СССР, 1961. С. 217.

④ 参阅 Иотолов С. И. , Начало монополизации грозненской нефтяной промышленности (1893 - 1903гг) // Монополии и иностранный капитал в России. М. - Л. , Изд - во АН СССР, 1962. С. 117; Соловьев Ю. Б. , Петербургский Международный банк и французский финансовый капитал в годы первого промышленного подъема в России (образование и деятельность 《Генерального общества для развития промышленности в России》), 《Монополии и иностранный капитал в России》. М. - Л. , Изд - во АН СССР, 1962. С. 402; Сост. Гулиев А. Н. , Найдель М. И. , Нардова В. А. , Монополистический капитал в нефтяной промышленности России. 1883 - 1914. М. - Л. , Изд - во АН СССР, 1961. С. 213 - 214.

主要涉及俄国石油产品对外贸易的重油公司，国际银行还根据俄国对外贸易银行的建议，参与建立了两家大型石油公司——巴拉罕石油公司和 А. И. 曼塔舍夫合资公司。① 有时，国际银行的领导者们在石油业务中起首倡作用。

　　自 1897 年以来，英国资本开始积极渗透到俄国的石油工业中。在这一年年底，一批英国资本家收购了 Г. З. А. 塔吉耶夫的企业。为了继续经营，英国资本家成立了一家俄国石油和液体燃料公司——硫酸公司。很快，С. М. 希巴耶夫合资公司（生产俄国矿物油的公司）的控股额（3500 股中的 2500 股）最终由英国莱恩与麦克安德鲁公司掌控，后者从 80 年代中期开始从事俄国煤油的出口。为了经营所获得的股票，该公司的领导者们于 1893 年 2 月成立了一家特殊的公司——斯基拜夫石油公司。1898 ~ 1899 年，阿拉费洛夫合资银行、布达戈夫兄弟公司、阿达莫夫兄弟公司、察图罗夫合资银行、杰·布尔公司等巴库公司的企业转移到英国金融集团。② 1898 年 6 月 3 日外国资本参与俄国石油工业特别会议的记录簿中，对英国资本的流入做出如下解释："在英国，要想在与美国标准石油公司的竞争中占据优势，进口俄国煤油的公司必须花费至少 2000 万卢布用于在英格兰城市中建设油罐（运输工具）。当然，还需要保证煤油供应充足且稳定，而不是卖家一时兴起提供一点煤油。因此，上述公司决定成为巴库一些大型企业的所有者。这很好地解释了为什么英国人购买 Г. З. А. 塔吉耶夫公司和希巴耶夫公司。这可并不是一项小规模的业务。如果缺乏运输工具，俄国煤

---

①　国际银行投入 1899 年 5 月建立的巴拉罕石油公司 25 万卢布。（ЦГИАЛ, ф. 23, оп. 24, д. 579, лл. 1, 44, 64, 66, 69; ф. 626, оп. 1, д. 367, лл. 1, 2, 5.）投入 1899 年 6 月建立的 А. И. 曼塔舍夫合资公司 75 万卢布。（ЦГИАЛ, ф. 23, оп. 24, д. 620, лл. 1 - 2, 69, 70, 74 - 75; ф 626, оп. 1, д. 369, лл. 1 - 2, 9.）

②　参阅 Гефтер М. Я., Шепелев Л. Е., О проникновении английского капитала в нефтяную промышленность России (1898 - 1902) // Исторический архив. 1960, No 6; Фурсенко А. А., Нефтяные тресты и мировая политика. 1880 - е годы - 1918 г. М. - Л., Наука, 1965. С. 105 - 108; Сост. Гулиев А. Н., Найдель М. И., Нардова В. А., Монополистический капитал в нефтяной промышленности России. 1883 - 1914. М. - Л., Изд - во АН СССР, 1961. С. 665, (прим. 4 к док. No 6.) 685 - 686. (прим. 1 к док. No 71.)

油的进口商只能向少数几个住区提供煤油,那么来自美国的竞争对手完全可以在这些少数地方降低煤油的售价,在俄国煤油无法供应的地方提高价格,从而很轻松地战胜俄国人。因此,俄国煤油的进口商必须利用充足的资本与美国人竞争。该业务的负责人目前是英国莱恩与麦克安德鲁公司。"① 它并不仅仅满足于对 C. M. 希巴耶夫合资公司的控制,1899 年 1 月,它要求沙皇政府批准,授予阿普歇伦半岛油田开发的特权。A. Ю. 罗特施泰因比其他人更清楚这样的请求完全不可能被批准,并毫不犹豫地利用了这种情况。

1899 年 1 月初,国际银行的领导者们在某处获悉,打算销售油田的本肯多夫合资贸易商行给予莫斯科一等商人登博特在一定时间内以 500 万卢布的价格购买它们的权利。② 国际银行立即与 И. C. 登博特进行了谈判,1899 年 1 月 20 日,他们之间达成了一项协议。根据协议,И. C. 登博特将购买本肯多夫合资贸易商行油田的机会转移给了国际银行,国际银行承诺成立一家资本金为 75 万英镑的英国股份公司。③ 1 月末到 2 月初,到达彼得堡的英国莱恩与麦克安德鲁公司代表意识到不应该指望沙皇政府能积极回应。A. Ю. 罗特施泰因建议他们参与 "本肯多夫的业务"。结果,1899 年 2 月 6 日,英国莱恩与麦克安德鲁公司的代表在与国际银行的通信中,援引口头谈判,表示赞同与国际银行共同收购本肯多夫油田的提议,并承诺为此建立一个资本为 75 万到 80 万英镑的英国公司。公司成立及发行股本相关的全部费用均由英国莱恩与麦克安德鲁公司承担,并决定按以下方式划分发行辛迪加的份额:伦敦——40 万英

---

① Сост. Гулиев А. Н., Найдель М. И., Нардова В. А., Монополистический капитал в нефтяной промышленности России. 1883 – 1914. М. – Л., Изд - во АН СССР, 1961. С. 225.

② ЦГИАЛ, ф. 626, оп. 1, д. 365, л. 3 (копия письма неизвестного лица Коху А. Ф. от 12 января 1899 г., написанного, судя по его содержанию, в ответ на запрос адресата).

③ ЦГИАЛ, ф. 626, оп. 1, д. 365, лл. 5 – 7 (письмо Дембота И. С., адресованное правлению Международного банка, от 20 января 1899 г.).

镑，彼得堡——35 万英镑。[1]

　　十天后，在巴库国家财产管理局的拍卖会上，国际银行的代表 H. E. 弗兰格尔男爵获得比比埃巴特石油公司一部分油区的租赁权。[2] 但是，1899 年 5 月，比比埃巴特石油公司的章程草案获得批准时，其组织者无法筹集预计的股本。[3] 很少有人自愿参与销售比比埃巴特公司股份的辛迪加。其中，只有 И. E. 金茨布尔格和 Г. 瓦韦利别尔格认购了大笔款项。[4] 将罗斯柴尔德家族卷入这一业务的尝试没有成功。[5] 就像 A. Ю. 罗特施泰因本人被迫承认的那样，该业务"难以实施"。[6] 结果，1899 年 10 月，比比埃巴特公司的创建者不得不请求延长投入资本的期限。[7] 但是不久，国际银行商定与巴黎荷兰银行一起参加辛迪加。[8] 1899 年 12 月 17 日，比比埃巴特公司股东大会正式举行。在这次会议上，国际银行及其直接代表认购了 2/3 的股份。银行代表占公司董事会 3/4 的席位。[9]

　　1900 年，国际银行将比比埃巴特公司全部的 10000 股以可获利的价格销售给了由英国莱恩与麦克安德鲁公司领导的英国集团，英国莱恩与麦克安

① ЦГИАЛ, ф. 626, оп. 1, д. 365, лл. 14 – 15.

② 参阅 Фурсенко А. А. , Нефтяные тресты и мировая политика. 1880 – е годы – 1918 г. М. – Л. , Наука, 1965. С. 128。

③ ЦГИАЛ, ф. 23, оп. 24, д. 670, л. 1.

④ ЦГИАЛ, ф. 626, оп. 1, д. 371, л. 9（предварительная разметка участий в《синдикате》акций Биби – Эйбатского о – ва）, лл. 10 – 36（переписка банка с участниками этого《синдиката》, май 1899 г.）.

⑤ 参阅 Соловьев Ю. Б. , Петербургский Международный банк и французскийфинансовый капитал накануне кризиса 1900 – 1903 гг. 《Очерки по истории экономики и классовых отношений в России конца XIX – начала XX в.》. М. – Л. , Наука, 1964. С. 92。

⑥ 参阅 Фурсенко А. А. , Нефтяные тресты и мировая политика. 1880 – е годы – 1918 г. М. – Л. , Наука, 1965. С. 129。

⑦ ЦГИАЛ, ф. 23, оп. 24, д. 670, л. 38.

⑧ 参阅 Соловьев Ю. Б. , Петербургский Международный банк и французскийфинансовый капитал накануне кризиса 1900 – 1903 гг. 《Очерки по истории экономики и классовых отношений в России конца XIX – начала XX в.》. М. – Л. , Наука, 1964. С. 117。

⑨ ЦГИАЛ, ф. 23, оп. 24, д. 670, лл. 49 – 50（копия протокола общего собрания акционеров Биби – Эйбатского о – ва от 17 декабря 1899 г.）, л. 51（список акционеров）. В правление вошли от банка: Кольберг Г. А. , Кох А. Ф. и барон Врангель Н. Е. 。

德鲁公司又创建了另一家股份公司——比比－埃巴特石油公司。国际银行还获得了新公司的股份。①

90 年代末，彼得堡国际银行的兴趣不仅限于重工业。如上所述，自 1895 年以来，该银行还控制着酿酒公司。1898 年春，国际银行建立了对莫斯科玻璃工业公司的控制权。该公司于 1897 年 3 月开始运营，其中一个创始人是国际银行董事会成员 Н. И. 菲利皮耶夫（莫斯科玻璃工业公司的常务董事）。② 但是，这家企业的股票控制额却掌握在其他人手中。③ 1898 年 3 月，由国际银行组织的辛迪加从俄国对外贸易银行那里收购了莫斯科玻璃工业公司 7500 股的股份。④ 后者的董事会立即向 А. Ю. 罗特施泰因提出"请求两名成员出席董事会会议，以便他们密切熟悉公司事务"。⑤ 关于改变董事会构成的谈判很快开始。⑥ 在 1898 年 5 月 5 日的全体大会上，董事会再次改选。现在，除了 Н. И. 菲利皮耶夫外，还有 А. Ф. 科赫和 Г. А. 科耳伯尔格担任董事会成员。⑦

---

① 参阅 Фурсенко А. А. , Нефтяные тресты и мировая политика. 1880 – е годы – 1918 г. М. – Л. , Наука, 1965. С. 129 – 132。

② ЦГИАЛ, ф. 22, оп. 5, д, 16, л. 1（прошение учредителей общества от 16 августа 1696 г.）, лл. 58 – 61（копия протокола первого общего собрания акционеров 9 марта 1897 г.）.

③ 从参与 1897 年 3 月 9 日和 1898 年 3 月 4 日股东大会的名单来看，该公司的大部分股份由俄国工商银行和俄国对外贸易银行持有。参阅 ЦГИАЛ, ф. 22, оп. 5, д, 16, лл. 57, 163。

④ ЦГИАЛ, ф. 626, оп. 1, д. 578, лл. 1 – 2（письма Русского для внешней торговли банка Международному банку от 3 и 6 марта 1898 г.）, лл. 5 – 23（переписка Международного банка с участниками《синдиката》, март – июнь 1898 г.）, л. 24（список участников《синдиката》）. 除了国际银行，"友好相处的银行"（俄国对外贸易银行、彼得堡贴现贷款、俄国工商银行）和英国公司（Г. 瓦韦尔贝尔格银行、И. В. 云克尔合资公司、Г. 舍列舍夫合资公司、德扎姆加罗夫兄弟公司）也加入了辛迪加。其参与者还包括国际银行董事会成员、雇员和一些交易商。莫斯科玻璃工业公司的股份总数为 12000 股。

⑤ ЦГИАЛ, ф. 626, оп. 1, д. 578, л. 3（письмо Фплипьева Н. И. Ротштейну А. Ю. от 23 марта 1898 г.）.

⑥ ЦГИАЛ, ф. 626, оп. 1, д. 579, л. 2（письмо Филипьева Н. И. Ротштейну А. Ю. от 29 марта 1898 г.）.

⑦ ЦГИАЛ, ф. 22, оп. 5, д. 16, лл. 166 – 167（копия протокола общего собрания акционеров Московского стеклопромышленного о – ва от 5 мая 1898 г.）.

　　1898 年下半年，纺织企业成为国际银行创建和发行业务的对象，例如博利舍夫纺织公司和日拉尔杜夫的希列与迪特里希纺织公司。[①]

　　20 世纪初的危机中断了国际银行风起云涌的创始业务活动。1901 年，财务部对银行的运作进行了审计，总结了活动的成果。结果发现五家公司（尼科波尔－马里乌波尔采矿冶金公司、俄国金矿开采公司、图拉轧铜与弹药公司、莫斯科玻璃工业公司和日洛夫煤矿公司）欠银行约 1400 万卢布。国际银行不仅充当债权人（大约 300 万卢布的空白票据贷款），而且作为几乎一半的股份和大部分债券的所有者。因此，在核查银行的总存量时，发现了尼科波尔－马里乌波尔采矿冶金公司 13735 股股份（共 24000 股）和 150 万卢布的债券。如审计所示，除上述五家公司外，国际银行还"参与了许多其他企业"。[②]

　　我们还有机会熟悉彼得堡私人银行的工业"业务"。在俄国的银行体系中，它不是第一名。就总负债额而言，该银行在 90 年代中期不仅逊色于彼得堡和莫斯科的多家银行（伏尔加－卡马银行、彼得堡国际银行、俄国对外贸易银行、彼得堡贴现贷款银行、莫斯科商人银行、莫斯科贸易银行、俄国工商银行、莫斯科国际银行），甚至要差于一些省级银行（亚速－顿河银行、华沙商业银行、敖德萨贴现银行）。

　　资金构成和私人银行资产业务的性质是俄国商业银行的典型特征，净资本占其总负债额的 1/3 以上。长期以来，证券交易在私人银行的活动中占有重要地位。但是，直到 90 年代中期，工业证券在这些业务中几乎没有扮演

---

① ЦГИАЛ, ф. 626, оп. 1, д. 595, лл. 8－266（переписка банка относительно организации 《синдиката》для размещения акций О－ва Жирардовских мануфактур）; д. 599, лл. 8－184（переписка и различные материалы, связанные с учреждением О－ва Большевской мануфактуры）.

② Левин И. И., Акционерные коммерческие банки в России, т. I. Пг., 1917. С. 270. 特别是，该银行拥有 11836 股股份和价值 300 万卢布的哈特曼公司债券。有关核查，参阅Брандт Б. Ф., Торгово－промышленный кризис в Западной Европе и в России（1900－1901 гг.）, ч. II. СПб., 1904. С. 142－144. 关于核查结果的报告承认，"该银行的业务活动超出了章程的限制，通过收购新兴工业企业的股份和提供贷款的方式向新兴工业企业投入了大量资金"。

过重要角色。

从私人银行的董事会记录来看，[①] 它进入金融工业的时间早于扩大工业贷款业务的时间：90 年代上半期，该银行比以往更愿意向工业企业开放贷款，从向工业企业提供单独的贷款，转为向其提供定期贷款。

1891 年，私人银行接受了"费尔德泽勒公司代理俄国制糖业工厂主的建议"，"通过代售砂糖，偿还上述贷款"。[②] 此后，银行信贷支持的工业企业圈不断扩大。1898 年 4 月，该银行向亚历山德罗夫钢铁合伙企业开立了贷款（单张汇票的最高金额为 15 万卢布），并向贝克曼伏特加合资公司的大部分股份的所有者——K. H. 科尔夫男爵提供了贷款（以公司股份做抵押，单张汇票的金额不超过 20 万卢布）。[③] 一年多之后，这两家企业成为银行融资的首要对象。

1894 年 4 月，亚历山德罗夫合伙企业的票据贷款增加到 4 万卢布，前提是按每 100 股新债券 91.5 卢布的价格提供给银行，名义金额为 100 万卢布，该计划是与即将将合伙企业转变为公司有关的。[④] 1894 年 8 月，当进行上述改革时，随之而来的是信贷的再次增加——高达 50 万卢布。[⑤] 不久，计划的债券便开始发行了。在实施后，私人银行只追求纯粹的投机目标，它达成的交易并没保证与亚历山德罗夫铸钢公司的长期合作。[⑥]

这就导致同一年又进行了另一项银行业务。1894 年 5 月，私人银行董事会决定收购贝克曼伏特加合资公司的 4500 股股份。[⑦] 我们不知道是什么

---

① 遗憾的是，90 年代私人银行董事会的记录变得比以前更加简洁了。在很多情况下，我们在其中只能看到公式化的记录，例如："董事会审查了银行经理提交的资产负债表和过去一周的银行业务。"以前在记录开立贷款时，必须指出抵押品的性质，现在这种记录非常模糊。

② ЦГИАЛ, ф. 597, оп. 2, д. 30, л. 40（протокол правления от 13 мая 1891 г.）.

③ ЦГИАЛ, ф. 597, оп. 2, д. 30, лл. 90–91（протокол правления от 14 и 26 апреля 1893 г.）.

④ ЦГИАЛ, ф. 597, оп. 2, д. 30, л. 117（протокол правления от 22 апреля 1894 г.）.

⑤ ЦГИАЛ, ф. 597, оп. 2, д. 30, л. 126（протокол правления от 3 августа 1894 г.）.

⑥ 至于亚历山德罗夫公司的股本，如上所述，1894 年 11 月，其控股股份转让给了国际银行领导的一个金融集团。该集团成员中没有私人银行。

⑦ ЦГИАЛ, ф. 567, оп. 2, д. 30. л. 120（протокол правления от 25 мая 1894 г.）. 贝克曼伏特加合资公司的资本为 1200 万卢布，分为 6000 股。

原因导致了这一决定，以及银行领导追求的目标是什么。但是结果，在很长一段时间内，该银行对这家企业感兴趣。此外，贝克曼合资公司超过 800 股股份"长期停留"在其总存量中。①

1894 年 12 月 28 日，私人银行董事会决定"收购北部玻璃工业公司 75 万卢布的股份，并以此公司做担保，提供给一等商人马克斯·弗兰克 50 万卢布"。② 该公司于 1894 年 11 月开始运作，创始人之一是 M. 弗兰克。固定资本为 150 万卢布，分为 6000 股。③ 与 M. 弗兰克达成交易的结果是，北方玻璃和工业公司的大部分股票控制额转让给私人银行。实际上，在 1894 年 12 月 30 日（银行董事会会议的第二天）举行的股东大会上，该银行的代表 Э. В. 蒙季戈认购了 3000 股股份。④ 在这次会议上，一位董事会成员婉言申请辞职，Э. В. 蒙季戈接替他的职位。⑤ 1900 年，私人银行控制了北部玻璃工业公司。⑥

1895 年，私人银行开始尝试创办活动。这一年夏，它与法国布埃公司一起建立了俄国蒸汽机车及机械工程公司。

早在 1894 年，法国布埃公司就向沙皇政府提出了在俄国建立大型蒸汽机车厂的提议，并向它提供长期的蒸汽机车订单，该提议最终被接受。1895 年 7 月，交通部国有铁道管理局代表与法国布埃公司签署了相关协议。1897 ~ 1902 年，在收到订购 480 台蒸汽机车的订单后，法国布埃公司承诺在俄国建立一家股份制公司，该公司的资本至少为 350 万金卢布，蒸汽机车年产量达到了 150 台。在这个方面，法国布埃公司的代表菲力浦·布埃呼吁私人商业银行提供协助，这些银行表示同意参与此业务。结果，Ф. 布埃与私人银

---

① ЦГИАЛ，ф. 597，оп. 2，д. 38，39，41（отчеты банка за 1896 – 1898 гг.）.
② ЦГИАЛ，ф. 597，оп. 2，д. 30，л. 137（протокол правления банка от 28 декабря 1894 г.）.
③ ЦГИАЛ，ф. 23，оп. 24，д. 200，лл. 1 – 2.
④ ЦГИАЛ，ф. 23，оп. 24，д. 200，л. 43a（список акционеров）.
⑤ ЦГИАЛ，ф. 23，оп. 24，д. 200，л. 44（копия протокола общего собрания от 30 декабря 1894 г.）.
⑥ ЦГИАЛ，ф. 23，оп. 24，д. 200，лл. 67，74，89，104，131，138（списки акционеров, предъявлявших акции для участия в общих собраниях в 1896 – 1899 гг.）.

行董事会成员 А. Я. 普罗霍罗夫、А. И. 穆拉尼一起成为俄国蒸汽机车及机械工程公司的创始人。银行自行承担了俄国蒸汽机车及机械工程公司的股本招募。法国布埃公司则应该在 12 年内"为它免费提供协助"。①

1895 年 8 月 8 日，举行了俄国蒸汽机车及机械工程公司第一次股东大会。会上发行了全部 28000 股股份。股份持有者的构成很复杂。私人银行及其代表认购了约 6000 股；法国布埃公司认购了约 4000 股；其余的则被俄国和外国大量的私营银号、工业活动家和股票经纪人认购。显然，私人银行没有吸引到一流的俄国银行加入这一"业务"。在首都的银行中，只有彼得堡 - 亚速银行参与其中。但是在公司的股东名单中，我们还看到这样的票号和贸易行，例如 И. В. 云克尔合资银行、Г. 瓦韦尔贝尔格银行、Г. 舍列舍夫合资银行、Э. 巴斯提安合资银行、Г. 沃尔科夫兄弟银行。大股东是 Л. И. 布罗茨基、В. Н. 捷尼舍夫大公和 М. Д. 戈利坚别尔格。至于外国参与者，其中有著名的法国兴业银行、巴黎 Е. 霍尔公司、德雷福斯公司、莱格鲁与塞缪尔公司，还有德意志银行和尼格斯伯格公司。通常情况下，它们对拥有少量股份也表示满意。总结起来，包括法国布埃公司在内的外国股东约拥有俄国蒸汽机车及机械工程公司的 7000 股股份。此外，其中许多人很可能是私人银行的子参与者。②

1895 年 8 月 8 日，私人银行代表 А. И. 穆拉尼、А. И. 格鲁别和 В. М. 伊万诺夫当选为俄国蒸汽机车及机械工程公司董事会成员。剩下的成员为：Ф. 布埃、俄国 - 比利时冶金公司成立前不久的董事会主席 А. А. 本格、马利措夫工厂董事会成员 М. Ф. 诺尔佩。③

---

① ЦГИАЛ, ф. 597, оп. 2, д. 297, лл. 6 - 7（доклад учредителей общества первому - собранию его акционеров）；《История Харьковского паровозостроительного завода. 1895 - 1917 гг. 》. Сборник документов и материалов. Харьковское областное издательство, 1956, № 1. （из устава Русского паровозостроительного и механического о - ва）.

② ЦГИАЛ, ф. 597, оп. 2, д. 279, л. 1（《Список лиц, принимающих участие в образовании Русского паровозостроительного и механического о - ва》）；ГАХО, ф. 930, оп. 1, д. 1（материалы об учреждении о - ва）.

③ ЦГИАЛ, ф. 597, оп. 2, д. 279, л. 4（копия протокола первого общего собрания акционеров О - ва）.

随后很快就发现，法国布埃公司无法履行其义务。特别是，它无法及时地开发建设工厂的项目。1896 年 1 月 5 日，俄国蒸汽机车和机械制造公司的董事会会议表示："法国布埃公司向董事会承诺免费开发和交付建设哈里克夫工厂的详细图纸、核算和预算。除发送铸造图纸外，未履行其他义务。没有提供承诺的重要数据，仅收到法国布埃公司对于建筑哈尔科夫工厂完全没用的总体布局（该规划是阿萨卡公司管理部门编写的，并附有简要说明）。按照协议，董事会在等待法国布埃公司完成工厂的详细设计方面耗费了两个多月的时间，因此被迫在没有外国工厂和公司帮助的情况下开发自己的项目。"[①] 结果，法国布埃公司的代表被迫从俄国蒸汽机车和机械制造公司的董事会辞职。[②] 之后，私人银行的地位进一步得到加强：1898 年，К. Л. 瓦赫捷尔当选为公司董事会成员。[③]

1895 年春，私人银行的领导者们又对另一个"业务"产生了兴趣。А. И. 穆拉尼在吉尔吉斯草原获得了开采矿井（原属公司已停办，包括塞米巴拉敦斯克附近的三个煤矿和几个铜矿）的权利。为了研究私人银行的这些矿产地，1895 年 5 月成立了一个特别的辛迪加，巴黎以弗所和波吉斯银行、Э. 巴斯提安合资银行、К. Л. 瓦赫捷尔等参加了该组织。但是结果并不理想，也没有成立另一个新企业。[④]

1896 年，私有银行参与现有企业的趋势正在加强。银行通常通过开展增资业务、对股份公司进行财务重组以及对个体公司进行股份制改革来实现其目标。早在 1895 年 7 月，该银行董事会就决定"承担在巴库组建的利安诺佐夫石油公司的 50 万卢布的股票发行"。[⑤] 俄国石油工业公司是为 Г. М. 利安诺佐夫工厂和油田的收购和运营而成立的。该公司的股本最初确定为 200 万卢布。[⑥] 因

---

① 《История Харьковское паровозостроительного завода》，№ 8（протокол правления）.

② ЦГИАЛ，ф. 23，оп. 24，д. 817，л. 1（отчет о – ва за 1895/96 г.）.

③ ЦГИАЛ，ф. 23，оп. 24，д. 817，л. 3（отчет о – ва за 1898/99 г.）.

④ ЦГИАЛ，ф. 597，оп. 2，д. 268，лл. 1 – 5，14 – 35（переписка，апрель – май 1895 г.）.

⑤ ЦГИАЛ，ф. 597，оп. 2. д. 30，л. 152（протокол правления от 26 июля 1895 г.）.

⑥ ЦГИАЛ，ф. 23，оп. 24，д. 273，лл. 1 и сл. 在最后批准该公司宪章的文本中，将其资本确定为 180 万卢布。

此，银行发行的股票占总数的 1/4。俄国石油工业公司的建立由于某种原因推迟了。第一次股东大会在 1896 年 5 月 8 日举行。在这次会议上，私人银行及其代表认购了 1/3 以上的股份。① 显然，K. И. 格鲁别从银行加入了公司董事会。他的一位代表 Э. B. 蒙季戈当选为董事会候选人。② 从股东名单和俄国石油工业公司董事会的组成来看，在接下来的几年中，私人银行保留了其地位。③

1896 年，私人银行对 1886 年成立的电气照明公司的参与十分重视。B. C. 佳金在他的作品中详细描述了它是如何成功的。事实证明，该银行的领导者们"进行了试验"：当他们在 1896 年初向电气照明公司贷款时，要求银行销售新发行的公司股票。然后，该银行成为发行集团的负责人，拥有了大量股权。1886 年 8 月 8 日举行的公司股东特别会议选举 A. И. 穆拉尼和 Б. Б. 多恩为银行董事会的代表。然而，事实证明，私人银行对电气照明公司的参与是短期的。④

1898 年 3 月，其代表从公司董事会辞职。1896 年初，私人银行的领导者们开始对欧勒与帕斯托尔细木工、机械、铸造公司表现出兴趣。该合伙公司成立于 1893 年，具有家族特色。它的股东人数很少。在原定于 1896 年 3 月 10 日举行的股东大会之前，私人银行设法收购了合伙企业的一定数量的股份。结果，3 月 10 日，银行代表 P. И. 格鲁别和 Б. Б. 多恩出席了股东大会。显然，他们的出现并非偶然，会议议程包括讨论增加合伙企业资本以引入汽车制造业的问题。⑤ 1896 年 10 月，私人银行董事会决定销售欧勒与帕斯托尔细木工、机械、铸造公司新发行的股份（后改称为彼得堡车辆制造

---

① ЦГИАЛ, ф. 23, оп. 24, д. 273, л. 84（список акционеров）.

② ЦГИАЛ, ф. 23, оп. 24, д. 273, лл. 78 и сл（протокол первого общего собрания акционеров）.

③ ЦГИАЛ, ф. 23, оп. 24, д. 273, лл. 100. 131, 134 – 135.

④ 参阅 Дякин B. C., Иностранные капиталы в русской электроэнергетической промышленности в 1890 – 1900 – х годах // Об особенностях империализма в России. М., Изд – во АН СССР, 1963. С. 349 – 351。

⑤ ЦГИАЛ, ф. 23, оп. 24, л. 158, лл. 48. 51（копия протокола общего собрания пайщиков т – ва 10 марта 1896 г. ; список пайщиков）.

合伙企业），总计 75 万卢布，并认为有必要将这笔款项的 1/3 留给银行。根据已发行的股份，合伙企业开立了贷款。[①] 结果，银行代表 Э. В. 蒙季戈和 B. M. 伊万诺夫在 1897 年当选为合伙企业的董事会成员。在随后的几年中，私人银行继续向彼得堡车辆制造合伙企业提供贷款，并逐渐增加，到 1899 年春合伙企业欠银行的债务超过 90 万卢布。5 月，合伙企业董事会决定"通过销售第三批股票获得的款项来"来弥补由此产生的债务。[②] 但是在 1899 年下半年，股票发行没有成功。

1896 年，私人银行与另一家金属加工企业——多布罗夫和纳布戈利茨铸铁和机械制造伙伴企业建立了合作关系。该伙伴企业成立于 1890 年，两年后开始受到政府的管理。显然，该银行的领导们认为进行财务改革是合理的。1896 年 4 月，该银行向合伙企业的管理部门设立贷款。最初，它的数量不多，只有 7 万卢布。[③] 但到了 1896 年 6 月，它已增至 40 万卢布。[④] 第二年，管理部门被裁撤，新发行了合伙企业的股份，私人银行也参与了配股。结果，私人银行的代表 Я. А. 科利加入了合伙企业的董事会。[⑤] 后来，银行对这家企业继续关注。1899 年 9 月，银行向多布罗夫和纳布戈利茨公司重新开放了大额贷款（最高 72 万卢布），这次是由合伙企业的全部财产担保的。[⑥]

银行的许多新"业务"可以追溯到 1898 年。6 月，其董事会决定向俄国工商银行购买 2500 股股份和伏尔加钢铁公司的 74 万卢布债券。[⑦] 在俄国工商银行的参与下，伏尔加钢铁公司成立于 1895 年，在萨拉托

① ЦГИАЛ, ф. 597, оп. 2. д. 30, л. 184（протокол правления банка от 16 сентября 1896 г.）；ЛГИА, ф. 1206, оп. I, д. 233, л. 33（протокол правления т - ва 26 сентября 1896 г.）.

② ЛГНА, ф. 1206, оп. 1, д. 246, л. 23（протокол правления т - ва от 19 мая 1899 г.）.

③ ЦГИАЛ, ф. 597, оп. 2, д. 30, л. 170（протокол правления банка от 3 апреля 1896 г.）.

④ ЦГИАЛ, ф. 597, оп. 2, д. 30, л. 174（протокол правления байка от 4 июня 1896 г.）.

⑤ ЦГИАЛ, ф. 23. оп. 24, л. 76（об учреждении Т - ва Добровых и Набгольц）；ЦГАМ, ф. 633, оп. 2. д. 9（список пайциков т - ва）.

⑥ ЦГИАЛ, ф. 597, оп. 2, д. 40, л. 25（протокол правления банка от 1 сентября 1899 г.）.

⑦ ЦГИАЛ, ф. 597, оп. 2, д. 30, л. 229（протокол правления банка от 24 июня 1898 г.）.

夫附近建立了一家工厂，用于生产工具钢、高级平炉钢、异型钢铸件、特殊型材的锻钢和辊轧钢等。该公司的创始人希望该工厂能够使用购买的铸铁运行。但是，他们的打算落空了，因为在工厂建设期间，铸铁的价格急剧上涨。公司财政开始困难。1897 年 11 月 27 日举行的股东大会决定发行价值 75 万卢布的债券。上文讨论了这个问题。但是，发行债券并不能改善公司的业务状况。然后，在 1899 年 1 月 23 日的股东会议上，公司决定建造自己的高炉，用于从乌拉尔铁矿石、顿涅茨克无烟煤或焦炭中冶铁，该公司的股本从 150 万卢布增加到 300 万卢布。① 在会议召开的前几天，私人银行就建立一个辛迪加进行谈判，以向伏尔加钢铁公司提供 120 万卢布的预付款，并将此列入新发行的股票之内。② 私人银行对于伏尔加钢铁公司的兴趣也有所增加，其代表 K. Л. 瓦赫捷尔在 1899 年初加入公司董事会。③

1898 年 8 月，私人银行的领导者们决定重组特罗伊茨科 - 达什科夫造纸公司，④ 并收购其 50 万卢布的股份。⑤

就在那个时候，私人银行设法获得了高加索石油公司的主要股份。向该公司提供了 130 万卢布的贷款后，银行同时获得了价值 65 万卢布的股份。1899 年 6 月，在上述贷款即将到期时，银行董事会决定再购买高加索石油公司价值 65 万卢布的股份。⑥ 这些股份很可能在结算贷款时转移到了银行。

---

① ЦГИЛЛ, ф. 22, оп. 4, д. 91（материалы об учреждении О - ва Волжского стального завода）; ф. 597, оп. 2, д. 284（записка без даты и подписи о целях учреждения о - ва）.

② ЦГИАЛ, ф. 597, оп. 2, д. 284, лл. 33 - 35（письма участников 《синдиката》 от 21 - 22 января 1899 г）. 参加辛迪加的有：私人银行和工商银行——各 40 万卢布，И. В. 云克尔合资公司和 Г. 瓦韦尔贝尔格银行——各 20 万卢布。

③ ЦГИАЛ, ф. 22, оп. 4, д. 406, лл. 8 - 16（отчет О - ва Волжского Стального завода за 1898/99 г）.

④ 为了收购和经营 Н. Н. 沃龙措夫 - 达什科夫男爵的工厂，于 1896 年成立该公司。

⑤ ЦГИАЛ, ф. 597, оп. 2, д. 30, л. 233（протоколы правления банка от 5 и 13 августа 1898 г）.

⑥ ЦГИАЛ, ф. 597, оп. 2, д. 30, лл. 230, 233; д. 40, л. 19（протоколы правления банка от 1 июля и 5 августа 1898 г. и 2 июня 1899 г.）.

1898 年 9 月，私人银行与巴库石油工业家 И. К. 雷利斯基进行了关于其企业股份制的谈判。这些谈判是由高加索石油公司董事会成员 Я. М. 托比阿斯代表银行在巴库进行的。И. К. 雷利斯基接受了银行提出的将其公司进行股份制改革的"理由"，同意只将未来公司 1/3 的股份转让给银行。① 而银行领导坚持持有 50% ~ 55% 的股份。长时间的谈判开始了。1898 年 10 月 16 日，Я. М. 托比阿斯和援助他的银行法律顾问 М. Я. 温捷尔尼茨（彼得堡）发电报说："我找到了可靠的知名企业，并通过费伊格利调解进行国际贸易。我们需要快速地制定出方案，否则我们会错过这个绝佳的机会。我同意让出 40% 的股份。随着时间的推移，我们完全有希望再获得 10% ~ 15% 的股份……我们建议您不要错过这项业务。"② 第二天，银行董事会决定"收购巴库石油工业家在雷利斯基石油业务 40% 的股份"。③ 但与此同时，银行的领导者们提出了新的融合方案。他们提议雷利斯基保留要建立公司的 3/8 到 5/8 的股份，但"条件是要将 3/8 以上的辛迪加股份转让给他（该辛迪加由银行组织以销售股票），此外，雷利斯基受到上述辛迪加为所有参与者建立的全部条件的约束"。④ 正如我们所看到的，该银行的领导者们以某种方式寻求建立对未来公司的控制权。但他们未能与 И. К. 雷利斯基达成一致。旷日持久的谈判没有取得任何结果。

类似的最后一个"业务"是 1899 年由私人银行主持、为收购并经营 A. 贝克尔合资贸易公司而成立的利巴夫钢铁公司（由 6. 贝克尔等人合资）。⑤

在建立股份制公司（其目的是创建新的工业企业）过程中，私人银行在 90 年代下半期通常没有发挥主导作用。唯一的例外是它于 1898 年底建立

---

① ЦГИАЛ, ф. 597, оп. 2. д. 218, л. 21（телеграмма Рыльского И. К. от 13 сунтября 1898 г.）.

② ЦГИАЛ, ф. 597, оп. 2. д. 218, л. 40（телеграмма Тобиаса Я. М. и Винтерница М. Я. 16 октября 1898 г.）.

③ ЦГИАЛ, ф. 597, оп. 2, д. 40, л. 3（протокол правления банка от 17 октября 1898 г.）.

④ ЦГИАЛ, ф. 597, оп. 2, д. 218, лл. 41 – 45（пресс – копия письма Мурания А. И. Винтерницу М. Я. от 8 декабря 1898 г.）.

⑤ ЦГИАЛ, ф. 597, оп. 2, д. 40, л. 14（протокол правления банка от 10 марта 1899 г.）.

了南俄冶金公司。① 在这种情况下，它通常是外国金融集团的合作伙伴。

1898 年底，私人银行参加了由几家比利时银行建立的阿拉吉尔采矿和化工公司。②

同时，它和法国迪尔与巴卡伦公司建立了合作关系，后者开始在特维尔建立车辆制造厂。③ 它们于 1897 年春共同建立了制造铁路材料的伏尔加河上游公司。董事会成员包括银行代表 К. Л. 瓦赫捷尔和 А. И. 穆拉尼。1898 年 3 月，银行向它提供了 50 万卢布的贷款。四个月后，工厂竣工前不久，贷款额增加到 100 万卢布。④

1897 年，私人银行与一批法国企业和俄国公司一起制造和销售火药，建立了俄国南部制造和销售碳酸钠公司，用于制造和销售碳酸钠和其他化学产品。1897 年 8 月 13 日举行的该公司第一次股东会议上，该银行及其直接代表认购了大约一半的股份。公司董事会主席是 А. И. 格鲁别（银行董事会成员）。⑤

1897～1899 年，私人银行多次参加（通常是相当少量的份额）在国外创建的用于销售俄国和外国多家电气企业股份的辛迪加。⑥

---

① ЦГИАЛ, ф. 597, оп. 2, д. 40（протокол правления банка от 25 ноября 1898 г.）; ф. 23, оп. 24, д. 247（материалы об учреждении Южно - русского Азовского металлургического о - ва）. 这家公司于 1898 年 12 月 31 日开始运作，它拟收购叶卡捷琳诺斯拉夫省巴赫穆特县的米哈伊洛夫卡冶金厂。该工厂的卖方是彼得·尼古拉耶维奇大公的著名秘书——С. Г. 杰梅尼。

② ЦГИАЛ, ф. 23, оп. 24, д. 256（материалы об учреждении О - ва《Алагир》）. 在这家公司、私人银行、Э. М. 迈尔合资银号的俄国股东中，我们看到了皇室的另一位代表——海军部总负责人阿列克谢·亚历山德罗夫大公。

③ ЦГИАЛ, ф. 597, оп. 2, д. 30, лл. 183, 188（протоколы правления банка от 2 октября и 4 декабря 1896 г.）.

④ ЦГИАЛ, ф. 597, оп. 2, д. 30, лл. 221, 230（протоколы правления банка от 4 марта и 8 июля 1898 г.）.

⑤ ЦГИАЛ, ф. 23, оп. 24, д. 367, лл. 1 - 43, 77 - 78（материалы об учреждении общества）; ф. 1523, оп. 1, д. 2（материалы об учреждении общества）.

⑥ ЦГИАЛ, ф. 597, оп. 2, д. 3, лл. 200, 211, 214, 222, 223; д. 40, л. 13（протоколы правления банка от 21 мая, 10 октября и 19 ноября 1897 г., 11 и 26 марта 1898 г., 24 февраля 1899 г.）.

1899 年春，它还参加了在布鲁塞尔成立的别良斯基高炉公司。①

彼得堡私人银行工业证券的运作方式不同于彼得堡国际银行的工业业务的运作方式。私人银行的资本要少得多，因此它的业务范围和其他实施方法的范围较小。不过很明显，私人银行与国际银行一样，是在无活动计划的情况下自发地进行这些业务的。最初，从事此类业务的领导者们根本不寻求建立对工业企业的控制权。他们有时追求明确的投机目标。因此，1896 年 10 月收购了 И. А. 阿赫韦尔多夫合资公司的 2000 股股份，银行董事会决定"尽快利用一切机会销售"。② 在另一些情况下，银行的领导者们似乎不想错过以低价购买任何工业企业的股票或以优惠条件向其提供信贷的机会，因此显然并没有考虑他们所采取措施的后果。但是，他们视为短期投机交易的业务通常导致银行长期参与工业企业的业务。此类参与的数量逐渐增加。1897 年 5 月，银行董事会做出了一项特殊决定："在银行参与的所有企业中，指派 А. И. 穆拉尼（董事会经理和董事会成员）接替董事会成员的工作。"③ 银行在工业企业中的长期参与，促使银行控制了工业企业的活动。之后，"雷利斯基业务"的谈判历史证明，建立这种控制已经成为银行的主要目

---

① ЦГИАЛ, ф. 597, оп. 2, д. 40, л. 16（протокол правления банка от 31 марта 1899г.）; д. 283, лл. 2, 11, 12（переписка и другие материалы об участии банка в учреждении общества, апрель – июль 1899 г.）. 在这种情况下，该倡议来自法国 – 比利时金融集团，该集团于 1895 年底与比利时公司的彼得堡 – 亚速银行共同成立了旨在发展顿涅茨克盆地的煤矿的别良斯基煤炭公司。早在 1896 年春，该集团开始就在同一地点建立冶金企业进行谈判。1896 年 5 月 22 日，在巴黎举行了会议，E. 卡列扎代表了别良斯基煤炭公司、比利时资本家集团的利益，还作为俄国 К. Л. 姆斯齐霍夫集团（高炉公司主席、德纳与丹津炼钢厂副主席 А. 别尔纳勒；隆格维钢铁公司副主席 Г. 罗兰德）的受托人参加：如果收集到的信息是积极的，则决定立即派技术代表团前往俄国，成立一家股份制公司，资本金为 1800 万法郎，包括彼得堡私人银行与彼得堡亚速银行在内的俄国集团占有1/3股本金。但是由于某种原因，当时没有建立冶金公司。ЦГИАЛ, ф. 616, оп. 1, д. 502, лл. 1 – 2 ［копия соглашения, заключенного 22 мая（3 июня）1896 г.］, лл. 4 – 7 ［пресс – копии писем Петербургско – Азовского и Петербургского Частного банков от 12（24）июня 1896 г., в которых содержались окончательные условия участия русских банков в упомянутом 《деле》］.

② ЦГИАЛ, ф. 597, оп. 2, д. 30, л. 183（протокол правления банка от 2 октября 1896 г.）.

③ ЦГИАЛ, ф. 597, оп. 2, д. 30, л. 200（протокол правления банка от 21 мая 1897 г.）.

标，为了实现这一目标，银行准备放弃部分参与。

在研究 90 年代下半期的彼得堡国际银行和彼得堡私人银行的活动时，可以清楚地看出进入为工业企业融资的道路不可避免地导致银行与工业的融合。

即使我们所掌握的关于其他银行活动的信息非常有限，我们也可以得出这样的结论：彼得堡国际银行和彼得堡私人银行与工业的关系不是稀有现象。

正如列宁指出的那样，在 90 年代工业繁荣的背景下，"银行对工业界的参与是如此普遍，以至于即使是最著名的莫斯科保守银行——莫斯科商人银行，也无法摆脱这种风气的影响"。[1] 奇怪的是，1895 年中期，彼得堡国际银行仍然对创立发行业务持谨慎态度。莫斯科商人银行邀请其共同资助成立莫斯科车辆制造公司。莫斯科商人银行和彼得堡国际银行向该公司的创始人承诺，保留 1/3 股本（总价值为 150 万卢布，分为 6000 股，平均每股的名义价格为 250 卢布），"以名义价格的 2/3 销售剩余股本"。[2] 1896 年 1 月，在即将批准莫斯科车辆制造公司的宪章时，莫斯科商人银行的领导者们向彼得堡国际银行提出了新建议。他们在 1896 年 1 月 19 日的机密信中说："根据莫斯科汽车制造公司的章程，可以预测本地大资本家的需求会超过指定的股票数量，我们认为通过设置一些奖励金，可能满足他们的需求。""一些奖励金"应该是非常可观的数额。信中写道，他们认为销售一定数量的股份是正确的，并建议"每只股票收取 40% 的诚意金，约 100 卢布，最终原始股价确定为 175 ~ 200 卢布"。因此，在所有保守的莫斯科银行

---

① Левин И. И. , Акционерные коммерческие банки в России, т. I. Пг. , 1917. С. 267.

② ЦГИАЛ, ф. 626, оп. 1, д. 427, лл. 4 – 5（письмо Московского Купеческого банка от 11 августа 1895 г. ）, лл. 7 – 8（пресс - копия ответа Петербургского Международного банка от 17 августа 1895 г. ）. Но, следует отметить, что公司提出的关于销售股票的建议虽然遭到了莫斯科商人银行董事会许多成员的反对，但董事会最终以 7 票比 5 票接受该建议。此外，支持销售股票的 7 票中有 2 票建议银行保留少于 800 股的股份。ЦГАМ, ф. 253, оп. 1, д. 97; лл. 272 – 273（журнал совета от 4 августа 1895 г. ）; д. 107, лл. 99 – 100（копия протокола правления от 2 августа 1895 г. ）, лл. 100 – 101（копия журнала совета от 4 августа 1895 г. ）.

中，最著名的银行的领导者们打算在其所资助公司的股票炒作中大赚一笔。同时，他们告诫彼得堡国际银行的合作伙伴："为了避免我们之间的竞争，为了维护我们的共同利益，应集中在一处进行销售，或者提前商议好相同的售价。"①

我们在上文中看到，俄国对外贸易银行发起了许多主要的创始发行业务。它领导的金融集团于1894年成立了索尔莫沃钢铁机械公司。随后，该银行理事会的三名成员——H. H. 波格丹诺夫、E. E. 卡尔塔夫佐夫和 H. H. 苏晓夫当选为新公司的董事会成员，H. H. 波格丹诺夫当选常务董事。② 该辛迪加以俄国对外贸易银行为首，负责筹得俄国 – 比利时冶金公司的股本。银行理事会成员 H. H. 苏晓夫加入该公司董事会。③ 在俄国对外贸易银行的领导下，巴拉罕石油公司和 A. И. 曼塔舍夫合资公司于1899年成立。这两家公司通过人事结合与银行建立联系。银行理事会成员 E. E. 卡尔塔夫佐夫和董事会成员 A. Я. 波默出席董事会会议。④ A. Я. 波默还当选为 A. И. 曼塔舍夫合资公司的董事会成员。⑤

遗憾的是，由于90年代关于对外贸易银行的档案材料未能保留，我们必须通过各种间接数据来推测其活动。银行理事会成员 C. И. 彼得罗夫斯基

---

① ЦГИАЛ, ф. 626, оп. 1, д. 427, лл. 9 – 10.

② ЦГИАЛ, ф. 626, оп. 1, д. 420, лл. 1 – 4 (письма Русского для внешней торговли банка участникам 《синдиката》 акций О – ва заводов 《Сормово》 от 30 апреля 1894 г.); ф. 20, оп. 4, д. 3871, лл. 35 – 38 (протокол первого собрания акционеров о – ва от 29 июля 1894 г.); ЦГАМ, ф. 323, оп. 1, д. 36, лл. 13 – 14 (пресс - копия письма о – ва банку от 25 октября 1894 г.); д. 55, лл. 1 – 12 (отчет правления о – ва за 1894/95 г.).

③ ЦГИАЛ, ф. 626, оп. 1, д. 429, лл. 1 – 2 (письма Русского для внешней торговли банка от 22 апреля 1895 г.); ф. 23, оп. 24, д. 818, лл. 1 – 9 (отчет Русско – Бельгийского о – ва за 1895/96 г.).

④ ЦГИАЛ, ф. 626, оп. 1, д. 367, лл. 1 – 2 (письма Русского для внешней торговли банка от 23 октября 1898 г. и 21 мая 1899 г.); ф. 23, оп. 24, л. 69 (копня протокола первого собрания акционеров Балаханского нефтепромышленного о – ва от 25 мая 1899 г.).

⑤ ЦГИАЛ, ф. 626, оп. 1, д. 369, лл. 1 – 2 (письмо Русского для внешней торговли банка от 3 января 1899 г.); ф. 23, оп. 24, д. 620, лл. 1 – 2 (письмо Русского для внешней торговли банка на имя Витте С. Ю. от 31 декабря 1898 г.), лл. 74 – 75 (копия протокола первого собрания акционеров О – ва 《Манташев А. И. и К°》 от 29 июня 1899 г.).

和 B. H. 捷尼舍夫大公证明了对外贸易银行与该国最大的冶金和金属加工企业（以布良斯克公司、普梯洛夫公司、南俄第聂伯公司为代表）存在某些联系。该银行还通过人事结合的方式（Д. A. 本肯多夫）与鲁德尼基波特兰水泥公司建立了联系。[①]

如我们所见，彼得堡贴现贷款银行在 90 年代的工业创建中发挥了积极作用。在其档案馆所包含的零散文件中，有关银行参与的辛迪加运作的账簿具有重大参考价值。[②]

早在 20 世纪 20 年代，И. Ф. 金丁就对其展开研究。根据他的统计，1895～1899 年贴现贷款银行参与工业证券发行的总金额约为 1000 万卢布。[③]特别是，该银行参与了以下企业销售证券的辛迪加。

1895 年——列韦利酿酒公司（13.3 万卢布）；乌拉尔 - 伏尔加冶金公司（10.2 万卢布）。

1896 年——哈特曼公司（24.3 万卢布）；尼科波尔 - 马里乌波尔采矿冶金公司（10.5 万卢布）；俄国 - 比利时公司（10 万卢布）；彼得堡边远奥焦尔波特兰水泥公司（8.3 万卢布）。

1897 年——伏尔加 - 维舍拉公司（9.6 万卢布）。

1898 年——6. 韦伊海利特公司（117 万卢布）；里海纺织公司（85 万卢布）；列斯纳公司（73.6 万卢布）；利克费利德公司（65 万卢布）；奥尔巴赫合资公司（60.7 万卢布）；伊里诺夫斯科 - 施吕瑟尔堡公司（32 万卢布）；巴里纺织公司（28.1 万卢布）；西门子 - 加利斯克公司（11 万卢布）；重油公司（10 万卢布）。

1899 年——索尔莫沃钢铁机械公司（80 万卢布）；A. И. 曼塔舍夫合资公司（65.5 万卢布）；希列与迪特里希纺织公司（11.6 万卢布）。

应该指出的是，此处仅给出贴现贷款银行直接参与的金额。同时，银行

---

① 它与 1827 年的俄国保险公司（B. A. 波洛夫佐夫、A. И. 普罗沃罗夫）、蝾螈火灾保险公司（Э. E. 林杰斯）和一些运输企业建立了同样的联系。

② ЦГИАЛ, ф. 598, оп. 1, д. 361.

③ Гиндин И. Ф., Банки и промышленность в России до 1917 г. М. - Л., 1927. С. 49.

通过向次级参与者提供适当的贷款来保证它们实现自我价值。此外，上面的清单也没有反映该银行参与了辛迪加，该辛迪加招募了索尔莫沃钢铁机械公司（1894 年）和俄国金矿开采公司（1895 年）的股份。同时，从贴现贷款银行代表在这些公司股东会议上认购的原始股数量来看，它在两家公司中的参与比例都很高。[①]

贴现贷款银行的总存量包括其融资的工业企业的证券。截至 1897 年 1 月 1 日，该银行持有巴库石油工业公司的股份（26 万卢布）和保卡斯罗采矿公司的债券（25 万卢布）。[②] 两年后，除上述两家公司外，该银行有价证券的总存量中还包括顿涅茨克 – 尤里耶夫冶金公司（17.5 万卢布）、列斯纳公司（11.2 万卢布）和利克费利德公司的股份（10 万卢布）。[③]

1900 年危机揭示了贴现贷款银行某些业务的真相。1901 年 1 月 1 日，它的证券总存量中出现了索尔莫沃钢铁机械公司的 5459 股股份和 6. 韦伊海利特公司的 1030 股股份。列斯纳公司和利克费利德公司的股份数量增长到原来的 1.5 倍。[④]

此外，正如 И. Ф. 金丁对贴现贷款银行的同业往来账户分析的那样，1900 年，它为约 10 家企业提供了大量贷款，总额约为 300 万卢布。这些企业包括：南乌拉尔冶金公司（40 万至 60 万卢布）、巴里纺织公司（约 60 万卢布）、伊里诺夫斯科 – 施吕瑟尔堡公司（40 万卢布）和顿涅茨克 – 尤里耶夫冶金公司（40 万卢布）。一些企业从其他账户中获得贷款，其中包括南俄麻绳公司。[⑤]

贴现贷款银行与许多工业企业通过人事结合建立联系，包括俄国金矿开采公司（К. А. 瓦尔古宁、Р. А. 沙尔利耶、Д. И. 佩特罗科基诺、Я. И. 乌

---

① ЦГАМ，ф. 323，оп. 1，д. 3（материалы об учреждении О – ва заводов 《Сормово》）；ЦГИАЛ，ф. 79，оп. 1，д. 2（материалы первого собрания акционеров Российского золотопромышленного о – ва）.

② ЦГИАЛ，ф. 598，оп. 2，д. 70，лл. 9 – 10（отчет банка за 1896 г.）.

③ ЦГИАЛ，ф. 598，оп. 2，д. 72，л. 5（отчет банка за 1898 г.）.

④ ЦГИАЛ，ф. 598，оп. 2，д. 73，л. 7（отчет банка за 1900 г.）.

⑤ 参阅 Гиндин И. Ф.，Банки и промышленность в России до 1917 г. М. – Л.，1927. C. 52.

京)、首都照明公司(Д. И. 佩特罗科基诺、Ф. В. 乌捷曼)、索尔莫沃钢铁机械公司(Я. И. 乌京)、乌拉尔－伏尔加冶金公司(Я. И. 乌京)、俄美橡胶制造公司(Ф. В. 乌捷曼)、俄国绍杜阿尔轧管公司(Р. А. 沙尔利耶)和6. 罗津克兰察轧铜公司(Р. А. 沙尔利耶)。①

根据财政部的审计,列宁这样描述俄国工商银行的工业业务,他写道:"银行为东部货栈公司、伏尔加河轮船公司、伊斯季工厂、伏尔加钢铁公司、因泽尔采矿工业公司、奥焦尔公司等提供了资金,是因为考虑到了它们经常以友好方式发行期票,通过同业往来账户贷款,用其股份参与辛迪加并同时为股份本身提供贷款。"②

在我们研究的时间范围内,银行的档案材料没有保全下来。如上所述,俄国工商银行参与了索尔莫沃钢铁机械公司的建立。俄国工商银行代表А. А. 波梅兰采夫担任了索尔莫沃钢铁机械公司的董事会主席。1897 年,А. А. 波梅兰采夫成为6. К. А. 韦伊海利特莫斯科机电机械制造公司的创始人。该公司成立于1898 年2 月。其大部分股份由俄国工商银行、彼得堡贴现贷款银行和巴黎荷兰银行所有。③ 1899 年初,俄国工商银行、彼得堡国际银行、И. В. 云克尔合资银行、Г. 瓦韦尔贝尔格银行、Э. Л. 诺贝尔和Г. М. 利安诺佐夫参与了库达科石油公司的创建,该公司的发起者是П. О. 古卡索夫合资贸易商行。④

通过人事结合与俄国工商银行建立联系的工业企业包括:索尔莫沃钢铁机械公司(А. А. 波梅兰采夫)、6. 韦伊海利特公司(А. А. 波梅兰采夫)、库达科石油公司(А. А. 波梅兰采夫)、法俄矿业公司(А. А. 波梅兰采夫、К. Г. 波德梅涅尔)、俄国金矿开采公司(А. А. 波梅兰采夫)、彼得堡边远

---

① 还应注意的是贴现贷款银行与俄国保险公司(Д. И. 佩特罗科基诺、Я. И. 乌京)、1827 年的俄国保险公司(Э. В. 布列西格)和高加索水星公司(Я. И. 乌京)的人事结合。

② Левин И. И., Акционерные коммерческие банки в России, т. I. Пг., 1917. С. 269 – 270.

③ ЦГИАЛ, ф. 22, оп. 4, д. 146, лл. 1, 43 – 45 (материалы об учреждении О – ва заводов б. Вейхельта К. А.).

④ ЦГИАЛ, ф. 23, оп. 24, д. 450, лл. 1, 51, 61 – 62, 65 (материалы об учреждении О – ва 《Кудако》).

奥焦尔波特兰水泥公司（А. А. 波梅兰采夫）、水泥混凝土生产公司（А. А. 波梅兰采夫）、塔甘罗格冶金公司（И. Е. 阿达杜罗夫）、内燃机公司（И. Е. 阿达杜罗夫）、1886 年电气照明公司（И. Е. 阿达杜罗夫）、伊斯季冶金机械公司（Б. М. 克里切夫斯基、Ал‐рФ. 拉法罗维奇）、莫斯科玻璃工业公司（И. А. 涅恰耶夫、К. К. 拉库萨‐苏谢夫斯基）、格列博夫冶金公司（Н. А. 涅恰耶夫）和彼得堡铸铁铸管公司（К. К. 拉库萨‐苏谢夫斯基）。[①] 90 年代末，俄国工商银行邀请著名石油工业家 П. О. 古卡索夫担任理事会成员，此举表明俄国工商银行开始对石油行业产生兴趣。

文献中已多次提到波兰银行的工业关系。据 И. Ф. 金丁称，莫斯科国际银行、南俄工业银行和奥尔洛夫商业银行控制了莫斯科橡胶制造公司、切尔纳夫文具公司和梁赞机械公司的生产。[②]

此外，通过波兰银行的附属银行（波罗的海工商银行和科斯特罗马商业银行），波兰银行控制了另外三家企业：博特啤酒厂、约翰逊文具工厂和奥索韦茨基化工厂。[③]

彼得堡‐莫斯科银行控制了外乌拉尔采矿公司。该公司董事会上的全部职位（3 个）均被银行代表（К. М. 波列扎耶夫、М. Л. 巴拉巴诺夫和 К. П. 特罗伊茨基）占据。

彼得堡‐亚速银行参与了俄国机车制造公司的建设。1895～1899 年，它与法国‐比利时金融集团（该集团在布鲁塞尔成立了别洛伊水泥、石灰

---

① 此外，银行理事会主席 А. А. 波梅兰采夫还是两家保险公司（俄国转保公司和北方保险公司）和一家运输公司（伏尔加河轮船公司）的董事会成员。

② 还控制了许多贸易、保险、运输和市政企业（中亚和波斯贸易公司、莫斯科木材工业公司、莫斯科商业和保险公司、莫斯科专用线公司、城市轨道马车公司、莫斯科房主公司）。

③ Гиндин И. Ф., Московские банки в период империализма (1900 – 1917 гг.) // Исторические записки. 1956, т. 58. С. 79. 顺便一提，列宁指出了波罗的海工商银行和科斯特罗马商业银行在工业业务方面极高的积极性。据他介绍，在银行竞争加剧的影响下，波罗的海工商银行仍然进入了该行业，创建了文具、铁路、化学、棉纺等企业。例如雷瓦尔约翰逊文具公司、里哈德‐迈耶尔化工厂、波罗的海棉纺公司、内燃机公司等。科斯特罗马商业银行则资助了莫斯科制砖公司和哈尔科夫建设公司。参阅 Левин И. И., Акционерные коммерческие банки в России, т. I. Пг., 1917. С. 267, 271, 273。

生产公司和别良斯基高炉公司等多家公司，从事俄国工业企业的经营[①] 积极合作，彼得堡－亚速银行也参与了俄国采矿冶金工业总公司（即"俄国奥姆尼乌姆公司"）的创建。[②]

列宁在谈到彼得堡－亚速银行的工业业务时指出，"它在伊斯季工厂和古博宁的业务中遭受了损失"。[③]

银行参与工业的行为已经发展为社会的普遍现象，地方银行也不例外。1898 年，亚速－顿河银行请求将其董事会所在地转移到彼得堡，并专门解释了这一原因，"许多大型工业企业（主要是采矿企业）的董事会位于彼得堡，因此，只有那些董事会也位于彼得堡的银行，才能与这些企业保持稳定且密切的关系，实现双方的利益共赢"。[④] 同时，亚速－顿河银行仅与北顿涅茨克采矿公司保持这种关系，并与之通过人事结合（Г. И. 鲁宾斯坦）建立联系。

在地方银行中，哈尔科夫贸易银行负责工业融资，著名企业家 A. K. 阿勒切夫斯基曾利用该银行创建了一系列一流的工业企业：阿列克谢耶夫采矿公司、顿涅茨克－尤里耶夫冶金公司和南部采矿公司。[⑤]

华沙商业银行、华沙学术银行、罗兹贸易银行等以及波兰大型银行，通

---

① ЦГИАЛ, ф. 22, оп. 4, д. 199（материалы об учреждении О－ва для производства цемента и обжигания извести в Белой）, д. 316（материалы об учреждении О－ва Белянских доменных печей）, ф. 23, оп. 24, д. 320（материалы об учреждении О－ва Белянских каменноугольных копей）; ф. 616, оп. 1, д. 502（предварительное соглашение, переписка и памятная записка относительно условий учреждения О－ва Белянских доменных печей）.

② 参阅 Грановский Е. Л., Монополистический капитализм в России. Л., Прибой, 1929. С. 41–42; Соловьев Ю. Б., Петербургский Международный банк и французский финансовый капитал в годы первого промышленного подъема в России（образование и деятельность 《Генерального общества для развития промышленности в России》）, 《Монополии и иностранный капитал в России》. М.－Л., Изд－во АН СССР, 1962. С. 378–379。

③ Левин И. И., Акционерные коммерческие банки в России, т. I. Пг., 1917. С. 271.

④ Левин И. И., Акционерные коммерческие банки в России, т. I. Пг., 1917. С. 293.

⑤ Герценштейн М. Я., Харьковский крах. СПб., 1903; Белов В. Д., Алчевский А. К. М., 1904; Левин И. И., Акционерные коммерческие банки в России, т. I. Пг., 1917. С. 271–272. 没有谈到1901年清算哈尔科夫贸易银行的档案文件。间接反映出关于哈尔科夫贸易银行活动的材料很少。其中，应注意到贸易和采矿部存储的关于阿列克谢耶夫采矿公司和南部采矿公司的档案。（ЦГИАЛ, ф. 23, оп. 24, дд. 61, 498.）关于建立顿涅茨克－尤里耶夫冶金公司的档案已经丢失。

过人事结合与多家俄国股份制企业建立了联系。①

　　Э. М. 迈尔合资银行、И. В. 云克尔合资银行、Г. 瓦韦尔贝尔格银行、德扎姆加罗夫兄弟银行、Г. 舍列舍夫合资银行在工业融资中起到了很大的作用。没有它们的参与，不可能发行大量股票。这些私营银号通常是首都银行的初级合作伙伴。但是在某些情况下它们独立运作，特别是 Э. М. 迈尔合资银行和 И. В. 云克尔合资银行。

　　Э. М. 迈尔合资银行与 И. Е. 金茨布尔格合资贸易公司建立了长期合作。1880 年，它们在巴黎创立了法俄银行。1881 年，这三家企业建立了谢尔金斯科 - 乌法列伊采矿公司。② Э. М. 迈尔合资银行与这些公司一直保持着密切的联系。90 年代，它的负责人 Э. М. 迈尔担任谢尔金斯科 - 乌法列伊采矿公司的董事会成员。

　　Э. М. 迈尔合资银行与 Г. Е. 金茨布尔格男爵在金矿开采方面有着共同利益。1882 年，Э. М. 迈尔合资银行与 Г. Е. 金茨布尔格男爵、Е. В. 坎希内缔结了有关创建勒拿金矿合伙企业的协议。③ 1896 年，这家合伙企业转变为股份公司。它的创始人是 Г. Е. 金茨布尔格和 Э. М. 迈尔合资银行。Э. М. 迈尔合资银行的代表——К. Ф. 温贝格是勒拿金矿开采公司的董事会成员。М. Э. 迈尔合资银行行长的儿子当选为董事会成员候选人。④

　　Э. М. 迈尔合资银行与彼得堡金属公司还保持着原有的联系。彼得堡金属公司董事会由 Э. М. 迈尔和 А. А. 施瓦茨代表。⑤

---

① 近年来，波兰历史学家发表了许多有趣的著作，涵盖了 19 世纪末 20 世纪初的生产集中和工业与银行的融合过程。但是他们主要研究西里西亚采矿工业。参阅 например：T. Afeltowicz. Studia nad historia, banków slaskich do 1918. Wroclaw – Warszawa – Kraków, 1963。

② 《Биржевой указатель》，1880，№ 7，17 февраля；《Биржевые ведомости》，1881，№ 258 и 274（3 октября и 28 ноября）。

③ 《Ленские прииски》. Сб. док. М.，ОГИЗ，《История заводов》，1937. C. 69 – 70.（из компанейского договора участников 《Лензото》 от 10 декабря 1882 г.）

④ ЦГИАЛ，ф. 1418，оп. 1，д. 11.（материалы первого собрания акционеров О – ва 《Лензото》 от 27 мая 1896 г.）. Протокол собрания частично опубликован в сборнике 《Ленские прииски》（C. 77 – 78）.

⑤ ЦГИАЛ，ф. 23，оп. 24，д. 208（материалы об увеличении акционерного капитала Компании Петербургского Металлического завода）.

1896 年，Э. М. 迈尔合资银行成立了拉多加采矿工业公司，将银行所属的冶金厂、玻璃厂、维堡省的"铁、铜和锡矿矿山"转让给了拉多加采矿工业公司。冶金行业的许多主要人物（Б. Б. 格尔别尔茨、A. К. 阿尔切夫斯基、Ф. E. 叶纳基耶沃）在拉多加采矿工业公司的创建中发挥了重要作用，但是 Э. М. 迈尔合资银行保留对该公司的控制权。此外，公司还被首都的一些银行所领导（例如 Д. И. 佩特罗科基诺和 A. И. 穆拉尼）。① 1898 年底，Э. М. 迈尔合资银行将拉多加采矿工业公司卖给了亚历山德罗夫铸钢公司，从而成为亚历山德罗夫铸钢公司的主要参与者。②

И. В. 云克尔合资银行（该银行由 B. C. 佳金创立，1897 年拥有莫斯科轨道马车公司的控股权③）是唯一参与凤凰车辆制造及机械公司（1895 年成立）的银行机构。④ 1886 年，公司代表（Г. В. 云克尔）出现在电气照明公司董事会中，表明其参与了该企业。

90 年代末，И. В. 云克尔合资公司的领导者们开始对石油行业产生兴趣。1898 年，И. В. 云克尔合资公司负责有关库达科石油公司股票配售的谈判，并成为库达科石油公司的主要参与者。И. В. 云克尔合资公司的受托人——C. И. 所罗门，是库达科石油公司董事会的成员之一。⑤ 1899 年，И. В. 云克尔合资公司领导建立了 И. Н. 特尔 - 阿科波夫石油工业公司。

---

① 这些银行通常在拉多加公司股东大会上认购约一半数量的股份。由 A. A. 施瓦茨代表公司董事会的利益。ЦГИАЛ, ф. 20, оп. 4, д. 3947（материалы об учреждении о - ва）.

② ЦГИАЛ, ф. 20, оп. 4, д. 3947, лл. 163 – 165（копия протокола чрезвычайного собрания акционеров О – ва 《Ладога》 от 20 октября 1898 г.）; ф. 23, оп. 24, д. 494, лл. 10 – 11（копия протокола чрезвычайного общего собрания акционеров О – ва Александровского сталелитейного завода от 20 октября 1898 г.）.

③ 参阅 Дякин В. С. , Из истории проникновения иностранных капиталов в электропромышленность России（《Большой русский синдикат 1899 г. 》）.《Монополии и иностранный капитал в России》. М. – Л. , Изд - во АН СССР, 1962. С. 211 –212。

④ ЦГИАЛ, ф. 23, оп. 24, д. 848, л. 4（список акционеров о - ва）.

⑤ ЦГИАЛ, ф. 626, оп. 1, д. 361, л. 1（письмо т/д Гукасова П. О. и К° в правление Петербургского Международного банка от 15 января 1898 г.）; ф. 23, оп. 24, д. 450, лл. 61 –62（копия протокола первого собрания акционеров О – ва 《Кудако》 от 14 февраля 1899 г.）.

И. В. 云克尔合资公司的代表——А. И. 济林格加入了 И. Н. 特尔－阿科波夫石油工业公司的董事会。[①]

一些银行希望扮演更独立的角色。1898 年春天，德扎姆加罗夫兄弟银行在贝加尔湖附近修建铁工厂。[②] 但是，并未取得成功。

第二节　银行与工业融合的一些结果

俄国银行与工业的融合始于 19 世纪 90 年代的工业繁荣期，从质的角度来看，生产集中的过程进入了一个新的阶段。

工业企业与银行的融合在一定程度上维持了它们之间的长期联系。随着此类企业数量的增加，银行在工业界拥有了一定的利益领域。俄国大型银行的利益领域非常之大，影响了各行各业的公司。银行自发地走上了工业融资的道路，但并不打算与所资助企业的命运长期地结合在一起。银行的创立和发行活动逐渐开始向某些特定目标靠拢。

企业的成就是在不断竞争中艰难达成的。银行采取有针对性的工业融资政策的能力在很大程度上取决于其实力。自 1896 年以来，彼得堡国际银行在创立和发行业务方面开始出现明确的发展方向。彼得堡私人银行的工业业务在本质上充满了偶然性，多半会朝不好的方向发展。

但是，即使最有实力的银行，在创立和发行业务时，也会寻求"友好"银行的支持。，因此，它们广泛参与了"朋友"的业务。

结果，几家有竞争的企业常常处于同一家银行的利益领域内。例如，彼得堡国际银行对几家冶金公司、三家蒸汽机车企业、两家同类型的电气公司感兴趣。彼得堡私人银行参与了两家车辆制造企业。在彼得堡贴现会计银行的利益领域中，存在彼此竞争激烈的冶金公司：乌拉尔－伏尔加冶金公司和伏尔加－维舍拉冶金公司、尼科波尔－马里乌波尔采矿冶金公司和俄国－比

---

① ЦГИАЛ, ф. 23, оп. 24, д. 705（материалы об учреждении О－ва Тер－Акопова И. Н.）.

② ЦГИАЛ, ф. 626, оп. I, д. 468, лл. 1－6（письма б/д Бр. Джамгаровы в Петербургский Международный банк, март－апрель 1898 г.）.

利时公司。

长期以来，人们注意到银行力求消除其参与企业之间的竞争。俄国银行在这方面也不例外。

俄国银行与工业企业建立起人事结合关系，充分表明了它们之间的融合。一方面，随着与工业关系的加强，银行开始将最具影响力的工业人物（通常由银行理事会成员选举产生）引入其领导机关。80 年代初期彼得堡国际银行与冶金企业集团（布良斯克公司、R. 华沙公司和普梯洛夫公司）建立的持续 15 年多的联系可以由这些企业的董事会成员关系表现出来。自 1881 年以来，B. H. 捷尼舍夫大公（俄国工业界最大的金融寡头之一）就在银行理事会任职。在 90 年代的工业繁荣期，彼得堡国际银行理事会加入了许多新人。1894～1895 年，著名的糖厂资本家 П. И. 哈里东年科和 Л. И. 布罗茨基加入。在随后的几年中，尼科波尔－马里乌波尔采矿冶金公司的董事会主席兼哈特曼公司的董事会副主席 A. П. 博罗金、布良斯克公司的董事会主席 B. Ф. 戈卢别夫应邀加入了理事会。90 年代下半期，亦有新人加入理事会。在某些情况下，大多数俄国大型银行的董事会也有新人加入。

另外，银行开始派代表（通常是董事会成员或高级雇员）加入所资助企业的管理机构。列宁在《帝国主义是资本主义的最高阶段》一书中指出了银行与工业企业之间这种个人联盟的发展，提醒注意银行领导者之间正在同时形成某种分工现象。为了举例说明，他引用了德国经济学家 O. 耶德尔斯的著作，根据对柏林最大银行的人事结合的研究，得出的结论是："这种分工是在两个方面进行的：一方面，把联系整个工业界的事情交给一个经理去做，作为他的专职；另一方面，每个经理都负责监督几个企业或几组在行业上、利益上彼此相近的企业（资本主义已经发展到可以有组织地监督各个企业的程度了）。"[①]

19 世纪末，俄国出现了银行对其融资企业进行有组织监督的萌芽。

---

① Ленин В. И., Соч., т. 22, C. 209. 译者注：照录中共中央编译局编译《列宁全集》第27卷，人民出版社，1990，第357页。

1895～1896 年，А. Ю. 罗特施泰因进入了彼得堡国际银行领导（或在银行积极参与下成立）的几乎全部工业公司的管理机构。显然，他从宏观上处理银行与工业的关系，而银行的其余代表负责更具体的任务。例如，Ф. Ф. 科尔韦专门从事技术事务。

90 年代末，在银行资金的帮助下，企业的数量与类型都大幅增加，而对企业的监督变得更为复杂。因此，各类企业中，参与工业业务的银行董事会成员和职员的专业化开始形成。俄国其他主要银行的人事结合也发展得非常好。

随着人事结合的发展，银行对所资助工业企业的监督越来越有组织性，自然而然地将组织要素引入自发产生并不断扩大的工业利益领域中。随着这些领域的扩展，俄国内部正在发生一种特殊的聚合过程——相互联系的企业集团的出现。它的发展方向有两个：其一，消除同类企业之间的竞争；其二，建立相关行业企业之间的合作。

1895～1896 年，Ф. Ф. 科尔韦成为彼得堡国际银行参与成立的全部冶金公司的董事会成员并非偶然，这是为了建立功能不同的企业。后来证明，正是出于这种目的，巴黎国际银行的领导者倡议建立乌拉尔－伏尔加冶金公司。他们不希望苦心经营的产物成为彼得堡国际银行战车轮子上的五条辐条之一。①

彼得堡国际银行对俄国的西门子－加利斯克公司和俄国的统一公司这两个电工技术企业同时产生了兴趣，为消除它们之间的竞争付出了很多努力。但由于这两家公司是由相互竞争的银行集团控制的，所以这是一项艰巨的任务。尽管如此，国际银行的领导者们的努力还是取得了成功：1898

---

① 1897 年底，Ф. Ф. 科尔韦辞去了彼得堡国际银行的工作，在巴黎担任了一个更好的职位。刚刚被任命为尼科波尔－马里乌波尔采矿冶金公司常务董事的 Г. А. 科耳伯尔格被推举为乌拉尔－伏尔加冶金公司的董事会成员时，遭到了巴黎国际银行领导者的坚决反对。致 А. Ф. 科赫的信揭示了召回 Ф. Ф. 科尔韦的真正动机是将两个竞争企业的技术董事和董事会成员的职能融为一体。ЦГИАЛ, ф. 626, оп. 1, д. 453, лл. 3, 5, 6（письма Корве Ф. Ф. от 18（30）октября и 18（30）ноября 1897 г.，в связи с его отставкой）；д. 439, лл. 1－2（письмо на имя Коха А. Ф. от 16（28）января 1899 г.，подпись неразборчива）.

年底，西门子－加利斯克公司和统一公司之间出现了明显的和解迹象。①

上文指出，银行不仅销售由它资助的企业的产品，而且还向资助的企业提供原材料。因此，银行希望在利益领域内建立相关行业企业之间的生产关系。例如，任命俄国哈特曼机械制造公司的副主席 A. П. 博罗金担任尼科波尔－马里乌波尔采矿冶金公司的董事会主席就是为了实现这一目标。彼得堡国际银行的领导者们在创建日洛夫煤矿和矿场公司时，打算将其与特殊协议绑定在一起。

因此，工业与银行的融合，为发展联合工业生产的客观需要创造了特别有利的条件。

但是，建立企业之间的生产关系需要很长的时间。而在开始建立企业之间的生产关系时，工业扩张已经快要结束了（该进程在早期就中断了）。

银行与工业的融合，产生了以下事实：银行决定消除不同利益领域企业之间的竞争问题。

最典型的例子是"1899 年大俄国辛迪加"的建立。当时，在俄国大型电工技术企业的背后，有多家为不同企业提供资金的银行集团，这些银行集团共同签订了协议，建立了"1899 年大俄国辛迪加"。B. C. 利亚金曾详细描述该辛迪加的创建过程。②

还有其他的例子。1898 年春，彼得堡国际银行的领导者建立了对莫斯科玻璃工业公司的控制权后，立即开始探讨在俄国镜面玻璃的主要生产企业之间达成协议的可能性。除了莫斯科玻璃工业公司外，还有两家这样的企业：北部玻璃生产公司和俄国－比利时镜面玻璃生产公司（6. Ф. A. 别克列米舍夫）。北部玻璃生产公司由彼得堡私人银行控制。尽管其与国际银行的关系绝不是友好的，但谈判很快就取得了成功，因为这一次银行之间的利益

---

① 参阅 Дякин B. C. , Из истории проникновения иностранных капиталов в электропром ышленность России（《 Большой русский синдикат 1899 г. 》）. 《 Монополии и иностранный капитал в России》. М. － Л. , Изд － во AH СССР, 1962. C. 219 － 225。

② Дякин B. C. , Из истории проникновения иностранных капиталов в электропромыш ленность России（《Большой русский синдикат 1899 г. 》）. 《Монополии и иностранный капитал в России》. М. － Л. , Изд － во AH СССР, 1962. C. 225 － 230.

是一致的。1898 年 8 月中旬，发现了有关协调莫斯科玻璃工业公司和北部玻璃生产公司销售产品的基础。俄国 - 比利时公司的控股权归某个比利时金融集团所有，由该公司的常务董事 Ю. 热尔纳勒代表其利益。与俄国 - 比利时公司达成协议更加困难。Н. И. 菲利皮耶夫试图将国际银行董事会成员与莫斯科公司董事会主席的职能结合起来，直接与 Ю. 热尔纳勒达成协议，但未成功。领导谈判的 А. Ф. 科赫"对犹豫不定的 Ю. 热尔纳勒"很失望，决定亲自前往比利时。在 1899 年 8 月 15 日 А. Ф. 科赫致 Н. И. 菲利皮耶夫的信中，请求 Н. И. 菲利皮耶夫查询比利时这项业务的财务支持者是谁，俄国 - 比利时公司是否需要资金，是否要重建等问题。[1] 国际银行的领导者们所做努力的最终结果是，1899 年秋，三家公司签署了关于建立"俄国镜面工厂生产销售办事处"的协议。

从 1899 年 11 月 23 日巴黎国际银行经理 Т. 隆巴多致 А. Ю. 罗特施泰因的信中可以看出，彼得堡国际银行的领导者们试图保护由其赞助的图拉轧铜与弹药公司免受竞争。在这封信中，发起"建立图拉公司"倡议的 Т. 隆巴多对"图拉及其竞争对手之间就炉用铜板的供应达成协议"的结果表示满意。[2]

如果没有相关银行的同意，1896 年由各个银行控制的企业组成的"车辆联盟"几乎不可能出现。银行参与建立这个垄断性协会，并由俄国对外贸易银行董事会成员兼任索尔莫沃钢铁机械公司的常务董事 Н. Н. 波格丹诺夫领导该协会。

列宁写道："在任何情况下，在一切资本主义国家，不管有什么样不同的银行法，银行总是大大地加强并加速资本集中和垄断组织形成的过程。"[3] 一项关于 90 年代下半期俄国银行与工业融合的研究再次证实了这

---

① ЦГИАЛ, ф. 626, оп. 1, д. 86, лл. 30 - 32（копня письма）。

② ЦГИАЛ, ф. 626, оп. 1, д. 477, лл. 104 - 105. 在相关企业的档案馆中未找到该协议。Т. 隆巴多的信显然意味着图拉公司被并入了自 1886 年以来就已存在的 6. 罗津克兰察公司和卡利丘吉纳公司的联盟。一个新的协会也可能从此联盟中分出。

③ Ленин В. И., Соч., т. 22, С. 204. 译者注：照录中共中央编译局编译《列宁全集》第27卷，人民出版社，1990，第352页。

一观点。

在银行与工业融合的过程中，资本的交织逐渐呈现出特定的组织形式。最早的形式之一是发行财团（辛迪加），90 年代下半期，这种形式在俄国得到了广泛传播。И. Ф. 金丁对其进行过详细描述。[①] 但是，90 年代，这种辛迪加的主要特征就已确立，即它是银行、银号、大型交易所的经纪人和工业寡头的临时协会，其目标是分配发行证券，以及购买流通中的证券以便后续销售。[②] 这种业务往往被推迟执行。90 年代，通常没有确立某个辛迪加的具体有效期限。在某些情况下，可以预测某个辛迪加长期存在的必要性，因为它的组织者认为只有在一段时间后才有可能开始销售所获得的证券（刚刚发行或已经流通）。

因此，组织者在创建新公司（哈特曼公司）的辛迪加股份时，将全部股份都存入彼得堡国际银行，直到由三家银行代表组成的特别委员会决定将其发行为止。[③] 因此，在一段时间内，辛迪加为了发行所创建的股份而承担了管理股份的职能。

此类情况并非孤立的现象。随着银行扩大工业融资，整个辛迪加体系开始形成，在很长一段时间内，各种工业公司的大量股份由辛迪加支配。在银行与工业融合的过程中，银行与工业之间出现了非常重要的连接杆，即辛迪加。毕竟，这些辛迪加代表着银行的分支机构，同时也是股份制公司的上层建筑。它们的出现是"参与制度"在俄国兴起的起点。

值得注意的是，俄国最早参与其他企业的企业之一，是以辛迪加的形式创建的。我们正在谈论的是上文已经提到的、由 В. С. 佳金确立的"1899 年大俄国辛迪加"。它的职能包括获得租让协议、组织和重组股份公司、发行

---

① 参阅 Гиндин И. Ф., Банки и промышленность в России до 1917 г. М. – Л., 1927. С. 126 – 134；Гиндин И. Ф., Русские коммерсовые банки. Из истории финансового капитала в России. М., Госфиниздат, 1948. С. 328 – 330。

② 有时会使用类似联盟的组织形式来执行其他操作，较常见的是进行勘察工作。此刻这种联盟被称为"研究协会"。

③ ЦГИАЛ, ф. 626, оп. 1, д. 431, лл. 43 – 44（пресс - копия письма банка на имя Петрококино Фем. И. от 11 июня 1896 г.）．

公司新股份、实施建筑工程等。①

　　90 年代下半期，俄国银行反复尝试创建此类企业。上文提到 1895 年，由一批彼得堡和巴黎银行建立了俄国金矿开采公司。继宣布在俄国发展黄金开采的目标之后，这家公司的组织者谨慎地纳入了一项非常重要的规定，即它不仅能独立地进行有组织的金矿开采活动，还可以作为股东参加其他企业。② 参与其他企业成为俄国金矿开采公司的主要活动。公司的第一次股东会议决定以 6750 股（共 40000 股）的股份换取 Г. Е. 金茨布尔格男爵勒拿金矿开采公司 1/4 的股份。③ 到俄国金矿开采公司运营的第一年年底，85% 的资本用于购买许多金矿企业的股份和股金。④ 除了参加勒拿金矿开采公司之外，1895～1896 年，公司收购了阿姆贡金矿开采公司 7/10 的股份、外贝加尔斯克黄金开采公司 2/3 的股份和阿列赫姆金矿开采公司 1/3 的股份。⑤

　　参与了这些企业后，俄国金矿开采公司控制了它们的活动。俄国金矿开采公司派代表参加了"附属"企业的董事会会议。彼得堡总办事处的会计负责核实附属公司的年度报告。⑥ 俄国金矿开采公司的另一项业务是勘探金矿，购买矿地，申请提供物资、款项等，以便建立新的运营公司。

　　但是，1897 年，俄国金矿开采公司的业务扩展停止了。1897 年 3 月，当勒拿金矿开采公司（已转变为股份公司）增加了资本时，由于缺乏大量资金，俄国金矿开采公司理事会拒绝购买新股。⑦ 随后，俄国金矿开采公司

---

① Дякин В. С. , Из истории проникновения иностранных капиталов в электропромышленность России (《Большой русский синдикат 1899 г. 》) . 《Монополии и иностранный капитал в России》. М. – Л. , Изд – во АН СССР, 1962. С. 230.

② ЦГИАЛ, ф. 79, оп. 1, д. 2, лл. 12 – 13 (доклад учредителей о – ва на первом собрании его акционеров 26 мая 1895 г.) .

③ ЦГИАЛ, ф. 79, оп. 1, д. 2, лл. 14 – 18.

④ ЦГИАЛ, ф. 626, оп. 1, д. 291, лл. 46 – 50 (проект доклада о деятельности 《Золоросса》 за первый год его существования) .

⑤ ЦГИАЛ, ф. 626, оп. 1, д. 291, лл. 5, 8 – 9, 21 (копии протоколов правления и журналов совета) .

⑥ ЦГИАЛ, ф. 626, оп. 1, д. 291, лл. 23 – 25 (копия инструкции правления) .

⑦ ЦГИАЛ, ф. 79, оп. 1, д. 6, лл. 3 – 4; ф. 626, оп. 1, д. 291, лл. 71 – 73 (копии журнала совета 《Золоросса》 от 29 марта 1897 г.) .

销售了部分矿地并减少了勘察工作。显然，在俄国金矿开采公司创建者的眼中，金矿开采业已失去了曾经的吸引力。90 年代后期，俄国金矿开采公司在遇到某些困难时，出现了更有希望的新的资本投资对象。国际银行、贴现贷款银行的注意力亦发生转变。

这些银行的创建发行业务的范围越广，领导者越觉得有必要建立某种形式的投资分支机构、融资公司或专门的工业银行。彼得堡国际银行的领导者响应法国银行家的一再提议，试图为 1896 年秋在巴黎成立的俄国工业总会的利益服务。但是，加入这家公司的银行集团之间存在尖锐的矛盾，导致公司几乎完全不作为。[①]

这就是彼得堡国际银行领导者采取新措施的原因。在很大程度上，正是由于他们的努力，1899 年初，才能创建"大俄国辛迪加"。在此之后，他们针对建立英俄工业银行问题进行了谈判。[②] 同时，他们提出了建立高加索工业公司的想法，"以研究高加索边区、外里海地区、波斯、小亚细亚相邻地区的自然资源，无论是通过自费还是通过建立新的公司开发这些资源，都需要在上述地区维持和发展各种行业"。[③] 该公司的创始人 H. И. 菲利皮耶夫和 H. E. 弗兰格尔男爵尤其坚持赋予本公司"参与各种工业企业、收购这些工业企业并成为新公司的创始人"的权利。[④] 这个想法具有较强的实践性。1899 年 5 月，彼得堡国际银行组织了一个辛迪加，以销售计划建立的公司的资本。罗斯柴尔德公司、巴黎荷兰银行、巴黎国际银行、巴黎国际贴现银行、德斯纳银行、R. 华沙公司、巴黎霍廷古尔公司以及亚速 - 顿河银行也

---

① 对俄国工业总会的全面评述参阅 Соловьев Ю. Б., Петербургский Международный банк и французский финансовый капитал в годы первого промышленного подъема в России (образование и деятельность 《Генерального общества для развития промышленности в России》), 《Монополии и иностранный капитал в России》. М. - Л., Изд - во АН СССР, 1962. С. 392 – 405。

② 参阅 Соловьев Ю. Б., Петербургский Международный банк и французскийфинансовый капитал накануне кризиса 1900 – 1903 гг. 《Очерки по истории экономики и классовых отношений в России конца XIX – начала XX в.》. М. - Л., Наука, 1964. С. 95 – 110。

③ ЦГИАЛ, ф. 626, оп. 1, д. 539, л. 49 (проект устава общества).

④ ЦГИАЛ, ф. 626, оп. 1, д. 539, л. 49。

加入了该辛迪加。① 但是，该公司的章程草案引起了财政部的坚决反对。财政部特别指出，必须删除高加索工业公司建立新公司的规定。②

1899 年底，彼得堡国际银行与比利时银行家什马特采尔签署了关于建立顿涅茨克通用煤炭工业公司的协议。事实上，该公司是一家银行机构。③ 正因为如此，财政部请求 A. Ю. 罗特施泰因根据工业信贷银行宪章的主要基础，批准其提交的新公司宪章。④

其他俄国银行也做了类似的尝试。在彼得堡贴现贷款银行、俄国工商银行以及彼得堡 - 亚速银行的参与下，1897 年 2 月，俄国采矿冶金工业总公司在布鲁塞尔成立。遗憾的是，关于它的产生历史和活动，我们知之甚少。⑤ 在随后的几年中，正如 Ю. Б. 索洛维约夫所发现的那样，彼得堡贴现贷款银行的领导者提出了在法国和英国金融集团的参与下创立专门的商业银行的想法，而俄国工商银行的代表 Ал - pФ. 拉法罗维奇就"在巴黎、彼得堡和伦敦建立俄国工业托拉斯及其分支机构"的问题进行谈判。⑥

所有的这些尝试并没有特别成功，但是它们能够表明，在"参与制"开始形成时，俄国银行与工业融合的过程已经达到了怎样的阶段。

在银行与工业融合的过程中，银行的资本集中度也有所提高。

---

① ЦГИАЛ, ф. 626, оп. 1, д. 539, л. 15 (литографированный текст циркулярного письма участникам синдиката от 4 мая 1899 г.), л. 142 (список участников синдиката).

② ЦГИАЛ, ф. 626, оп. 1, д. 539, лл. 143 - 144 (письмо департамента торговли и мануфактур от 10 ноября 1899 г).

③ ЦГИАЛ, ф. 626, оп. 1, д. 396, лл. 1 - 18 (проект устава общества), лл. 20 - 23 (копия письма Ротштенна на имя Шматцера и ответное письмо последнего от 7 декабря 1899 г.).

④ ЦГИАЛ, ф. 626, оп. 1, д. 396, л. 29 (письмо Малешезского Б. Ф. Ротштейну А. Ю. от 12 января 1900 г.).

⑤ 参阅 Грановский Е. Л., Монополистический капитализм в России. Л., Прибой, 1929. С. 25; Соловьев Ю. Б., Петербургский Международный банк и французский финансовый капитал в годы первого промышленного подъема в России (образование и деятельность 《Генерального общества для развития промышленности в России》), 《Монополии и иностранный капитал в России》. М. - Л., Изд - во АН СССР, 1962. С. 378 - 379。

⑥ Соловьев Ю. Б., Петербургский Международный банк и французскийфинансовый капитал накануне кризиса 1900 - 1903 гг. 《Очерки по истории экономики и классовых отношений в России конца XIX - начала XX в.》. М. - Л., Наука, 1964. С. 98 - 102.

在上文中我们已经看到，银行在进行创始发行业务时很少单独行动，所以银行与工业企业相互参与的复杂体系逐渐建立。

工业的联合融资是银行之间建立新关系的基础。与前者不同，它们更牢固、更持久。这些联系的发展在很大程度上促进了银行垄断的出现。90 年代末，在工业联合融资的基础上，出现了一些大型的银行集团。其中四家——俄国对外贸易银行、彼得堡国际银行、彼得堡贴现贷款银行以及俄国工商银行的股份特别紧密地交织在一起。但是，这些银行尚未形成团结一致的集体。它们之间的关系非常复杂。

俄国对外贸易银行和国际银行之间的联系有着悠久的历史。早在 1881 年，这两家银行就缔结了合作实施新证券发行的协议。到 90 年代中期，两家银行的理事会均由同一人（B. A. 波洛夫措维）领导。除他之外，H. H. 苏晓夫和 B. II. 捷尼舍夫大公也加入了理事会。90 年代下半期，银行开始合作开展工业证券业务。但与此同时，它们之间保持着一定的距离。银行参与彼此的业务，但并没有干预彼此的行为。另外，这种相互参与的现象相对较少。

与此同时，国际银行与贴现贷款银行之间已经建立了更加紧密、直接的联系。它们的合作可以追溯到 1888 ~ 1889 年，当时它们共同销售国家公债。90 年代中期，在解决工业业务方面采取了主动行动之后，贴现贷款银行领导者希望在已形成的同盟中起领导作用。但是，这个角色很快就转移给了国际银行。90 年代末，两家"友好"银行的潜在竞争加剧了。1899 年 4 月，在完成俄国采矿公司领导机构的重组后，国际银行掌握了对其的控制权。[①]由此，贴现贷款银行开始提出各种反对俄国采矿公司的意见。特别是，在 1899 年 5 月 10 日阿姆贡采金公司的全体股东大会上，贴现贷款银行的代表反对俄国采矿公司代表将阿姆贡采金公司转变为股份公司的提议。[②]

---

① ЦГИАЛ, ф. 626, оп. 1, д. 291, лл. 1 – 3, 131 – 140（протоколы правления 《Золоросса》 от 2 и 28 апреля 1899 г. ）.

② ЦГИАЛ, ф. 52, оп. 1, д. 14, лл. 1 – 13；ф. 626, оп. 1, д. 299, лл. 10 – 11（материалы, общего собрания пайщиков Амгунской золотопромышленной К° от 10 мая 1899 г. ）.

为了寻求外国盟友的支持，竞争者采取了不同的方式，最终形成了竞争团体。为避免与国际银行共同参与俄国工业总会，贴现贷款银行很快成为俄国采矿冶金工业总公司的创始人之一。

俄国工商银行热切希望与上述三家银行保持业务联系，与此同时，保留自身的独立权力。

彼得堡私人银行和彼得堡－亚速银行针对彼此之间的合作，采取了更加独立的立场。

在我们的文献中，俄国银行的分类通常被认为是外资影响的结果。例如，И. Н. 舍米亚金将彼得堡国际银行与俄国对外贸易银行的合作事实与"德国参与其中"联系起来。[①] 此类论断通常没有解密神秘的外国参与并揭示其具体表现。它们基于两个错误的前提：其一，俄国最大的银行完全服从于外国银行；其二，在俄国经营的同一国家的外国银行（或金融集团）的利益统一。

在论文和教学参考书中，仍然可以找到关于俄国最大的银行是外国银行分支机构的论点。同时，在 И. Н. 瓦纳格和 С. Л. 罗恩尼的调节下，彼得堡国际银行是低价公司分支机构的创始者之一。

国际银行的文件基于具体的事实材料，保存完好，对于我们研究"其行动是否具有独立性"大有裨益。由于银行的总体活动方向和领导机构的构成是由股东会议决定的，因此我们应该从这些会议参与者的组成开始进行研究。

1879 ~ 1894 年，国际银行股东大会的成员构成几乎没有变化。其中大多数是俄国资本主义和近资本主义的各界代表，包括首都银行的经理和职员、交易所经济人、大型商人、工业经销商、达官显要、将军、有爵位的贵族们。俄国对外贸易银行曾多次参加国际银行的股东大会（股份数量从 200

---

① Шемякин И. Н., О некоторых экономических предпосылках Великой Октябрьской социалистической революции (из истории финансового капитала в России) // Социалистические преобразования в СССР и их экономические предпосылки. М., изд. МГЭИ, 1959. С. 22.

股增至 522 股）。直到 1894 年，外国信贷机构（法国霍斯基尔合资银行发行了 133 股①）才首次出现在国际银行的股东名单上。

　　1895 年，国际银行在新股发行方面的情况发生了一些变化。在 1895 年 4 月 15 日全体股东大会上认购股票的股东中，我们看到许多国内外的银行和银号，包括：俄国对外贸易银行（3000 股）、贴现贷款银行（1609 股）、Г. 瓦韦利贝尔格银行（1000 股）、华沙银行（500 股）、伏尔加 - 卡马银行（410 股）、Г. 舍列舍夫合资银行（300 股）、德扎姆加罗夫兄弟银行（150 股）、R. 华沙公司（3205 股）、低价公司（285 股）和德意志银行（100 股）。但是，在 1896 年 4 月 6 日例行会议上，上述德国信贷机构均未认购股票。它们没有参加 1896 年 6 月 21 日的临时股东大会。在 1896 年 12 月 28 日临时股东大会上认购股票的股东名单中，只有 R. 华沙公司（含 100 股）在列。在接下来的两次例行会议上（1897 年 4 月 5 日和 1898 年 4 月 1 日），同样没有任何一家德国银行公司参加。在 1898 年 5 月 23 日的临时股东大会上，认购股票的有低价公司（341 股）、门德尔松公司（135 股）和 R. 华沙公司（175 股）。在 1899 年 4 月 10 日和 1900 年 4 月 1 日举行的例行股东大会上，只有 R. 华沙公司（两次均为 2000 股）和德意志银行（两次均为 807 股）出现。②

①　ЦГИАЛ, ф. 626, оп. 1, д. 1（списки акционеров за 1879 - 1894 гг.）.

②　ЦГИАЛ, ф. 626, оп. 1, д. 5（список акционеров за 1895 - 1902 гг.）. 1895～1900 年，俄国认购国际银行股东大会股份的银行和银号为：1896 年 4 月 6 日——Г. 瓦韦尔贝尔格银行（1000 股）、贴现贷款银行（500 股）、Г. 舍列舍夫合资银行（500 股）、И. В. 云克尔合资公司（100 股）；1896 年 6 月 21 日——Г. 瓦韦尔贝尔格银行（1000 股）、贴现贷款银行（100 股）、Г. 舍列舍夫合资银行（100 股）；1896 年 12 月 28 日——俄国对外贸易银行（1335 股）、Г. 瓦韦尔贝尔格银行（1800 股）、Г. 舍列舍夫合资银行（400 股）、彼得堡 - 莫斯科银行（50 股）、俄国工商银行（25 股）；1897 年 4 月 5 日和 1898 年 4 月 1 日——Г. 舍列舍夫合资银行（100 股和 50 股）；1898 年 5 月 28 日——Г. 瓦韦尔贝尔格银行（1550 股）、И. В. 云克尔合资公司（1000 股）、贴现贷款银行（500 股）、里加第二互助信贷公司（324 股）、彼得堡私人银行（300 股）、德扎姆加罗夫兄弟公司（300 股）、基辅私人银行（261 股）、华沙商业银行（125 股）、彼得堡 - 莫斯科银行（100 股）、俄国工商银行（100 股）、亚速 - 顿河银行（50 股）、莫斯科国际银行（36 股）、俄国对外贸易银行（25 股）；1899 年 4 月 10 日——И. В. 云克尔合资公司（1100 股）、Г. 瓦韦尔贝尔格银行（1000 股）；1900 年 4 月 1 日——Г. 瓦韦尔贝尔格银行（2150 股）、里加城市贴现公司（926 股）、里加第二互助信贷公司（367）、里加外汇银行（246 股）、德扎姆加罗夫兄弟公司（150 股）。

因此，20多年的时间里，在国际银行全体股东大会上认购股票的银行机构中，通常没有低价公司。在这些会议上没有人正式代表柏林银行的利益，而为了隐瞒自己只通过非正式代表行事的可能性也极低。在为控制企业而进行的斗争中，低价公司在股东大会上意外地占据多数票，这才是合乎逻辑的。在"关系友好的"银行之间使用这种方式是没有意义的，并且与当时的银行惯例相矛盾。由于国际银行股东大会上认购的股份数量通常为总数的 1/5 至 2/5，因此我们只能得出以下结论：如果低价公司确实在国际银行的股票发行中占很大一部分，那么它或者将这些股份分配给持有人，或者认为没有必要直接干预银行的管理，对仅仅获得股息非常满意。[①] 其他任何可以支配国际银行股份的外国信贷机构也应该是这样的。

因此，在国际银行全体股东大会上，外国银行和金融集团的代表们没有发挥任何明显的作用。90年代，国际银行的领导机构中根本没有外国银行或金融集团的代表们（董事会或理事会成员均不是任何外国银行的代表）。在这方面，笔者谨回顾以下内容。1872年，国际银行在奥地利安斯塔特信用社的斡旋下，将联合资本从300万卢布增加到1300万卢布。根据银行之间达成的特别协议，需将两名安斯塔特信用社的代表引入国际银行董事会。[②] 但是，几年之后，这两名代表纷纷退出了董事会。很有可能，此时安斯塔特信用社已经完成了对国际银行股票的招募。可以举出其他一些例子，表明外国银行直接参与某些俄国银行或其他商业企业时，委派特别代表进入其管理机构。因此，90年代国际银行董事会和理事会中没有这样的成员，这在很大程度上证明外国银行对国际银行不感兴趣。

通过研究外国银行和金融集团之间关系的档案材料，所有研究人员都得

---

① И. Ф. 金丁指出了这种可能性："应该认识到，只有在外国银行参与垄断企业的最重要意义是从俄国获取超额利润这一认知的基础上，关于俄国银行业历史的一系列事实才能变得清晰。从这些观点中可以清楚地看出，为什么彼得堡国际银行与许多涉及法国金融资本的行业企业融合及彼得堡国际银行与巴黎货币市场和交易所的关系，不亚于与柏林的关系……"参阅 Гиндин И. Ф., Русские коммерческие банки. Из истории финансового капитала в России. М., Госфиниздат, 1948. С. 377 – 378。

② 《Отчет по операциям Петербургского Международного банка》, за 1872 г. СПб., 1873.

出了一致的结论，即无论条件如何，国际银行在行动中都享有高度自由。
B. C. 佳金在分析俄国电气工业中各银行集团的斗争时指出："在这场斗争
中，彼得堡国际银行并非德国资本政策或法国资本政策的中介者和指挥者，
而是追求自身的目标和利益。"[1] Ю. Б. 索洛维约夫研究了国际银行与法国
金融集团之间的关系后，得出了类似的观点。他写道："我们可以得出结
论，尽管德国资本大量参与，但国际银行并未听命于它。同时，可以确定彼
得堡国际银行与法国金融资本之间的紧密联系主要发生在 1895 ~ 1900
年。"[2] A. A. 富尔先科基于对 19 世纪末国际银行参与的石油战（在世界范
围内进行）的研究，证明了上述观点，他写道："国际银行的资本包括大量
外国投资，并且该银行受到了外国相当大的影响，但总体上说，国际银行扮
演着一个完全独立的角色，一方面是由于俄国现存的大量资本，另一方面是
由于它参与财政部的业务而获得了不同国家的支持和庇护。因此，关于长期
存在的国际银行属于德国公司的想法是完全不符合事实的。"[3]

笔者对国际银行的工业业务的研究表明，在所有这些业务中，它的地位
都与任何外国银行（或金融集团）的依赖无关。

我们有理由认为，俄国其他主要银行也不是外国银行的分支机构。
1895 ~ 1899 年，在参加贴现贷款银行和俄国工商银行股东会议的成员中，
笔者没有发现外国信贷机构或金融集团的代表。[4] 显然，他们不是这些银行

---

[1] Дякин В. С., Из истории проникновения иностранных капиталов в электропромышленность России (《Большой русский синдикат 1899 г.》). 《Монополии и иностранный капитал в России》. М. – Л., Изд – во АН СССР, 1962. С. 238.

[2] Соловьев Ю. Б., Петербургский Международный банк и французскийфинансовый капитал накануне кризиса 1900 – 1903 гг. 《Очерки по истории экономики и классовых отношений в России конца XIX – начала XX в.》. М. – Л., Наука, 1964. С. 87.

[3] Фурсенко А. А., Нефтяные тресты и мировая политика. 1880 – е годы – 1918 г. М. – Л., Наука, 1965. С. 88.

[4] ЦГИАЛ, ф. 598, оп. 2, дд. 34, 35 (списки акционеров Учетного и ссудного банка, представивших акции к общим собраниям от 26 марта 1895 г. и 23 марта 1897 г.); ф. 634, оп. 1, д. 2 (списки акционеров Русского Торгово – промышленного банка, представивших акции к общим собраниям от 2 июня 1896 г., 20 апреля 1897 г., 19 апреля 1898 г., 21 марта 1899 г. и 4 апреля 1899 г.).

董事会的成员。

彼得堡私人银行也是如此。① 顺便一提，其董事会的记录汇编中没有银行依赖于其他机构的信息。②

现在我们探讨第二个前提：在俄国经营的同一国家的外国银行（或金融集团）的利益统一。这样的团结当然不存在，也不可能如此。与之相反，在同一国家（法国、德国等国家）不同群体之间存在着激烈的竞争，为俄国银行在国家间周旋提供了便利条件。此外，这一前提基于不同国家资本利益的对立（体现在垄断资本主义以前的资本主义发展为垄断资本主义的过程中，特别是体现在形成国际垄断者联盟的密集过程中）。列宁在谈到"金融资本集团日益紧密的国际交织"时写道："它不是近几年来才有的，也不是两个国家才有的，而是全世界的、整个资本主义的趋势。"③

A. Ю. 罗特施泰因在创建俄国工业总会时巧妙地利用了法国银行集团之间的矛盾。彼得堡国际银行与彼此竞争的德国银行合作，取得了不小的成就。正是通过彼得堡银行，各种外国金融集团在俄国的土地上建立了联系。上文已经讨论了这种情况。因此，笔者将仅列举一个例子。

90 年代末，乌拉尔 - 伏尔加冶金公司把希望寄托于巴黎国际银行的领导者们倒闭，迫切需要新的投资者。而当时巴黎国际银行的经理 T. 隆巴多则要求 A. Ю. 罗特施泰因吸引"从拉菲特街来的朋友"（即罗斯柴尔德）来参加这个业务。T. 隆巴多写道："如果您认为有可能，我恳请您尽快与拉菲特街的朋友进行谈判。"④

俄国银行与外国金融集团在某项业务中充当合作伙伴，而在其他业务中

---

① ЦГИАЛ, ф. 597, оп. 2, дд. 16, 17, 18, 20, 22, 23, 25, 26, 27, 28, 32, 33, 34, 35. 36, 37, 38, 39, 41（списки акционеров Петербургского Частного банка, представлявших акции к общим собраниям в 1880 – 1899 гг.）.

② ЦГИАЛ, ф. 597, оп. 2, дд. 1. 6, 21, 30, 40（протоколы правления за 1864 – 1899 гг.）.

③ Ленин В. И. , Соч. , т. 21, С. 201 – 202. 译者注：照录中共中央编译局编译《列宁全集》第 26 卷，人民出版社，1990，第 243 页。

④ ЦГИАЛ, ф. 626, оп. 1, д. 477, лл. 104 – 105（письмо Ломбардо Т. Ротштейну А. Ю. от 5 декабря 1899 г.）.

又充当竞争对手。因此，很难厘清它们之间的关系变化。但是，出现了不同的团体。例如，巴黎荷兰银行、巴黎国际银行、罗斯柴尔德公司、高特银行的私营钱庄与法国的各种信贷机构保持业务关系；彼得堡国际银行避免与法国兴业银行合作；彼得堡贴现贷款银行和俄国工商银行主要以法国兴业银行为目标。

列宁在他的著作《帝国主义是资本主义的最高阶段》中引用了"柏林9家大银行及其附属银行"的比重数据，并写道："我们在提到'附属'银行的地方用了着重标记，因为这是最新资本主义集中的最重要的特点之一。大企业，尤其是大银行，不仅直接吞并小企业，而且通过'参与'它们的资本、购买或交换股票，通过债务关系体系等等来'联合'它们，征服它们，吸收它们加入'自己的'集团，用术语说，就是加入自己的康采恩。"[①]

列宁所指的进程始于俄国。俄国银行与工业的融合产生了分类的客观需求。在分类的过程中，最大的银行表现出明显地服从其合作伙伴的意愿。但是，银行之间为建立银行集团而进行的斗争不断加剧。到90年代末，只有波兰银行组成了一个相当紧密的集团。但是，我们没有足够的材料来判断其性质。

还应该指出的是，俄国银行集团的出现过程与国际上金融资本集团开始彼此交织紧密相关。

90年代下半期，俄国"人事结合"的发展、"参与制度"的出现证明了俄国金融寡头的形成。

"资本主义的一般特性，就是资本的占有同资本在生产中的运用相分离，货币资本同工业资本或者说生产资本相分离，全靠货币资本的收入为生的食利者同企业家及一切直接参与运用资本的人相分离。帝国主义，或者说金融资本的统治，是资本主义的最高阶段，这时候，这种分离达到了极大的程度。金融资本对其它一切形式的资本的优势，意味着食利者和金融寡头占

---

① Ленин В. И. , Соч. , т. 22, С. 199 - 200. 译者注：照录中共中央编译局编译《列宁全集》第27卷，人民出版社，1990，第347页。

统治地位，意味着少数拥有金融'实力'的国家处于和其余一切国家不同的特殊地位。至于这一过程进行到了怎样的程度，可以根据发行各种有价证券的统计材料来判断。"[1]

研究这一过程在俄国的具体表现是一项艰巨的任务。针对现在的美国，C. M. 梅尼希科夫认为"找到一个百万富翁并确定他的财富规模非常困难"。[2] 而确定 19 世纪末俄国商人财富的近似值甚至更加困难。尽管如此，仍有一些理由认为 90 年代下半期，上述所指的过程在俄国的发展相当密集。

90 年代中期，当时担任两家银行理事会成员和几家工业公司董事会董事的 B. H. 捷尼舍夫大公辞去了大部分职位。他的名字已从研究人事结合发展的手册中消失了。但是，B. H. 捷尼舍夫大公并没有离开商业活动。90 年代下半期，他是多个发行工业证券的辛迪加的成员。1894 年 9 月，在彼得堡国际银行组织的普梯洛夫公司的辛迪加证券中，他获得了 25% 的股份（62.5 万卢布）。同年 11 月，彼得堡国际银行购买了亚历山德罗夫铸钢公司的 5000 股股份，B. H. 捷尼舍夫大公得到了 1/5 的股份。[3] 成立俄国机车制造公司后，B. H. 捷尼舍夫大公获得 1325 股股份。[4] 他还在很大程度上参与了其他辛迪加。B. H. 捷尼舍夫的业务范围证明了他有极强的能力。1892 年 11 月，B. H. 捷尼舍夫以 175 万卢布的价格购买了普梯洛夫公司的一系列债券，四个月后又购买了 90 万卢布的债券。[5] 他经常为这家公司提供大量金额贷款。特别是，在 1897 年 3 月 1 日举行的普梯洛夫公司董事会会议上，B. H. 捷尼舍夫大公与之谈判，并决定贷款给公司 50 万卢布。[6]

可以肯定的是，B. H. 捷尼舍夫大公在许多工业企业中拥有大量股份。

① Ленин В. И. , Соч. , т. 22, С. 226. 译者注：照录中共中央编译局编译《列宁全集》第 27 卷，人民出版社，1990，第 374 页。

② Меньшиков С. М. , Миллионеры и менеджеры. М. , Мысль, 1965. С. 30.

③ ЦГИАЛ, ф. 626, оп. 1, д. 422, л. 6；ЦГИАЛ, ф. 626, оп. 1, д. 424, л. 7.

④ ЦГИАЛ, ф. 597, оп. 2, д. 279, л. 1.

⑤ ЛГИА, ф. 1309, оп. 1. д. 2, лл. 6 и 24（протоколы правления О – ва Путиловских заводов от 27 ноября 1892 г. и 27 апреля 1893 г.）.

⑥ ЛГИА. ф. 1309, оп. 1. д. 3, л. 77（протокол правления）.

他没有出席过股东大会。有学者猜测他是通过代理人行事的。这一推测具有一定的合理性。遗憾的是，我们不知道代理人的名字。

但是我们确信的是，俄国工商银行理事会主席兼六家工业公司董事会成员的 A. A. 波梅兰采夫是 П. П. 丰 – 杰尔维兹的代理人，而 П. П. 丰 – 杰尔维兹在银行和工业企业中没有担任任何领导职务。

研究俄国工商界的重要人物时，我们会发现 Э. Л. 诺贝尔的财富和影响力也十分重要，但他只担任诺贝尔兄弟公司董事会成员和伏尔加 – 卡马银行理事会成员。因此我们更加确信，Э. Л. 诺贝尔通过代理人采取行动。

那么，在这种情况下谁代表了不断扩大的人事结合网络呢？分析人事结合网络的成分后，得出的结论是，90 年代下半期，俄国资本主义的上层管理者开始形成。上文屡次提到的俄国大型银行的领导者们 A. И. 罗特施泰因（彼得堡国际银行）、A. Ф. 科赫（彼得堡国际银行）、Г. И. 杰尔年（彼得堡国际银行）、Д. И. 佩特罗科基诺（彼得堡贴现贷款银行）、A. И. 穆拉尼（彼得堡私人银行）正是最高级的职员。他们与 A. A. 波梅兰采夫的不同之处仅在于，他们不是为占有银行的一人服务，而是为领导他们控制银行的某些人服务。资本职能与资本所有权分离，俄国资本主义上层管理者的形成，恰恰是俄国金融寡头诞生的坏的一面。

结　语

在俄国历史上，19 世纪 80～90 年代是一个过渡时期，在旧"自由"资本主义的基础上，新的现象开始出现并成熟，逐渐转变为垄断资本主义。

很明显，这一时期分为两个阶段。第一阶段：从 80 年代初到 90 年代中期，约 15 年的时间，其特征是工业界中垄断协会的出现和发展。第二阶段：即接下来的五年，其特征是银行与工业开始融合，在此期间，俄国金融资本的组织形式开始形成。

列宁注意到俄国社会经济发展的独特性，并指出了 20 世纪初产生的最尖锐的矛盾："一方面是最落后的土地占有制和最野蛮的乡村，另一方面又是最先进的工业资本主义和金融资本主义。"[①] 一方面，俄国形成金融资本，同时保持了特别紧密的前资本主义关系网络。但是另一方面，俄国资本主义进入其发展的垄断阶段，可以"效仿"更发达的资本主义国家，并获得它们的"帮助"。由于借鉴了外国垄断的经验，因此俄国第一批垄断协会的组织结构非常完善。

俄国资本主义不仅借用了西方的经验，还从西方吸引了一些高级职员骨干，到 19 世纪末，这些高级职员骨干在俄国资本主义企业的管理机构中发挥了重要作用。

最后，西欧资本主义的"援助"也表现为外国资本流入俄国。在 19 世纪 90 年代工业繁荣的背景下，俄国境内各种股份制公司的外国投资急剧增加。

[①]　Ленин В. И., Соч., т. 13, С. 406. 译者注：照录中共中央编译局编译《列宁全集》第 16 卷，人民出版社，1988，第 400 页。

据 П. B. 奥丽雅的数据，1893 ~ 1900 年，外国资本的增加额为 4. 425 亿卢布。

外国资本中有 3/5 以上的资金用于投资在国外建立的俄国股份制公司。它们很可能是由大型外国银行或金融集团创建的，在采矿、冶金、金属加工和机械制造业中发挥了重要作用。在国民经济的其他部门，这些公司所占的份额微不足道。遗憾的是，对这些公司的研究非常薄弱。

尽管此类公司是由彼得堡的银行创建或在其大力参与下创建的，但是在大多数情况下，它们代表了外国金融资本在俄国经济中的主导地位。同时必须指出的是，外国金融集团的利益极为矛盾。它们在俄国领土上的冲突，有时会促进形成一种新的金融实体，即不同国家的金融资本集团交织在一起，并在此基础上出现了国际垄断联盟。

还应该补充一点，与殖民主义企业不同，俄国的外国公司为国民经济的需求而服务。因此，它们需要与当地资本合作。外国企业家通常无法适应俄国的社会经济条件，法律规范和商业传统的独特性也表明了他们与当地资本合作的必要性。

根据俄国宪章设立的股份制企业中的外资，则主要集中在采矿、冶金、金属加工和机械制造业中。但是，外资只是在电气工程领域起着决定性作用。总体而言，20 世纪初，在这些行业中，外资还不到所有股本的 1/3（见表 1）。其中的一部分投资到根据俄国宪章设立的公司，因为对它们的控制是由外国金融集团进行的。但外国金融集团基本上是由各种规模的企业参与组成的，国内资本拥有对这些企业的管理权。外国银行和工业公司、俄国资本家的合作也加速了俄国垄断的发展和金融资本的出现。

表 1　1900 年 1 月 1 日俄国各类股份制企业的股本

单位：百万卢布，%

俄国股份制企业的分类	1900 年 1 月 1 日的股本						
	根据俄国宪章确定的企业的资本					外国企业的资本	总计
	本国的		外国的		总计		
	数额	比例	数额	比例	数额	数额	数额
I 工商企业：	1012.0	79.2	265.5	20.8	1277.5	281.4	1558.9

俄国股份制企业的分类	1900 年 1 月 1 日的股本						
	根据俄国宪章确定的企业的资本					外国企业的资本	总计
	本国的		外国的		总计		
	数额	比例	数额	比例	数额	数额	数额
其中包括							
a. 采矿、冶金、金属加工和机械制造业	363.3	70.2	154.0	29.8	517.3	242.8	760.1
b. 其余行业	648.7	85.3	111.5	14.7	760.2	38.6	798.8
Ⅱ 银行、保险公司、运输公司、公用事业企业等	745.9	98.2	13.7	1.8	759.6	83.5	843.1
Ⅰ + Ⅱ 总计	1757.9	86.3	279.2	13.7	2037.1	364.9	2402.0

资料来源：该表是根据上文多次提到的 П. В. 奥丽雅和 Л. Е. 舍佩廖夫的数据而编制的。参阅 Оль П. В. , Иностранные капиталы в народном хозяйстве довоенной России. Л. , 1925；Шепелев Л. Е. , Акционерное учредительство в России // Из истории империализма в России. М. – Л. , Изд – во АН СССР, 1959。由于 П. В. 奥丽雅不是在 1900 年 1 月 1 日，而是在 1901 年 1 月 1 日，按国民经济部门划分了外国资本的分配，因此必须进行必要的重算。1900 年 1 月 1 日，国民经济相关部门的外国投资额是根据 1 月 1 日这些行业在外资总额中所占的比例确定的。

从本质上讲，我们所研究的 20 年仅仅是俄国金融资本的史前时期，很难高估其在该国经济命运中的重要性。19 世纪 80 ~ 90 年代奠定了俄国垄断资本主义的基础，并显露出未来的些许特征。

早期的垄断协会促成了 20 世纪初俄国最重要的工业部门的垄断。存在于早期垄断协会的那些部门，建立垄断的时间要早于其他部门。19 世纪 80 ~ 90 年代的许多垄断协会是 20 世纪初期垄断协会的前身。

早期垄断协会积累的经验是成熟的垄断势力的先决条件。19 世纪 80 ~ 90 年代的垄断实践几乎发展了垄断协会的全部组织形式。那些年里，垄断组织者反复尝试建立销售办事处并找到使贸易合法化的方法，销售办事处（以股份公司的名义运作）的创建无疑促进了垄断协会在俄国的出现。

在本书所研究时期内俄国银行的准备工作，为它在 20 世纪初扮演 “新角色” 提供了重要帮助。19 世纪 90 年代的工业繁荣期，加剧了将俄国银行转变为 “势力极大的垄断者” 的过程。银行与工业的融合产生了资本主义组织的新形式，即"参与制度"，由银行管理者与工商企业组成人事结合的广泛网络，具体体现在俄国大型工业银行"利益领域"的出现及银行集团的形成。当时出现的全部的新兴实体并非都是有发展前途的。在 20 世纪初的危机下，彼得堡私人银行无法保留其融资的企业。彼得堡贴现贷款银行的"利益领域"遭受了同样的情况。但是彼得堡国际银行更加"幸运"，在此之后，它的"利益领域"成为俄国最重要的金融集团之一的基础。

到 20 世纪初，俄国金融资本体系尚未形成，但是其各个要素都已具备。

图书在版编目（CIP）数据

俄国金融资本的起源/（俄罗斯）鲍维金·瓦列里·
伊万诺维奇著；张广翔，高笑译 . -- 北京：社会科学
文献出版社，2021.10（2023.1 重印）
　（俄国史译丛·经济）
　ISBN 978 - 7 - 5201 - 8535 - 6

　Ⅰ.①俄…　Ⅱ.①鲍…②张…③高…　Ⅲ.①金融资
本 - 研究 - 俄国　Ⅳ.①F014.391

　中国版本图书馆 CIP 数据核字（2021）第 115066 号

俄国史译丛·经济
俄国金融资本的起源

著　者 / ［俄］鲍维金·瓦列里·伊万诺维奇
译　者 / 张广翔　高　笑

出 版 人 / 王利民
责任编辑 / 冯咏梅　恽　薇
文稿编辑 / 郭锡超
责任印制 / 王京美

出　　版 / 社会科学文献出版社·经济与管理分社（010）59367226
　　　　　地址：北京市北三环中路甲 29 号院华龙大厦　邮编：100029
　　　　　网址：www.ssap.com.cn
发　　行 / 社会科学文献出版社（010）59367028
印　　装 / 北京虎彩文化传播有限公司

规　　格 / 开　本：787mm × 1092mm　1/16
　　　　　印　张：22.75　字　数：342 千字
版　　次 / 2021 年 10 月第 1 版　2023 年 1 月第 2 次印刷
书　　号 / ISBN 978 - 7 - 5201 - 8535 - 6
著作权合同
登 记 号 / 图字 01 - 2021 - 4171 号
定　　价 / 148.00 元

社会科学文献出版社（010）59367028